문화여 ─   성

KB177443

문화과학 이론신서 75

문화연구의 종말과 생성

초판인쇄 2017년 11월 30일 | **초판발행** 2017년 12월 7일

지은이 이동연

펴낸이 박진영 | **펴낸곳** 문화과학사

주소 10881 경기도 파주시 심학산로 12(서패동, 302호)
전화 031-902-0091 | **팩스** 031-902-0920
이메일 moongwa@naver.com | **홈페이지** http://cultural.jinbo.net

값 25,000원
ISBN 978-89-97305-13-1 93300

이 도서의 국립중앙도서관 출판예정도서목록(CIP)은 서지정보유통지원시스템 홈페이지(http://seoji.nl.go.kr)와
국가자료공동목록시스템(http://www.nl.go.kr/kolisnet)에서 이용하실 수 있습니다.(CIP제어번호: CIP 2017031739)

문화과학 이론신서 75

문화연구의
종말과
생성

이동연 지음

문화과학사

이 책 『문화연구의 종말과 생성』은 2010년 『문화자본의 시대』와 『대안문화의 형성』을 낸 후 7년 만에 한국의 문화연구와 문화현실에 대해 그동안 썼던 글들을 묶은 것이다. 2005년에 낸 『문화부족의 사회』을 더해 2010년 당시 내 나름대로 명명했던 한국 문화연구 3부작이 문화연구자로서 이론과 실천의 한 여정을 마무리하는 작업이었기 때문에, 지금 펴내는 이 책은 내게 새로운 여정을 다시 시작하는 이정표 같은 의미를 갖는다.

사실 문화연구와 관련하여 많은 글과 비평을 썼지만, 정작 문화연구란 무엇이고, 어떤 역사를 가지고 있으며, 이론적 쟁점은 무엇인지에 대한 메타연구는 집중적으로 하지 못했다. 앞서 언급했던 3권의 책은 한국사회 문화현실분석, 문화산업의 구조, 대안적 문화운동을 주로 다루었지, 문화연구 자체의 이론과 역사는 주된 주제가 아니었다. 생각해 보면, 문화연구가 무엇인지에 대한 메타적인 고민 없이 '문화연구'를 그냥 자명한 개념으로 간주하면서 글을 쓴 것은 아닌지 반문해 본다.

『문화연구의 종말과 생성』은 적어도 뒤늦은 이론적 성찰의 계기에서 시작된 작업들의 결과라고 말하고 싶다. 그런데 그러한 메타적인 탐구의 주된 주제가 '문화연구의 종말'이라는 게 역설적으로 보일 것이다. 개인적으로 문화연구에 대한 본격적인 탐구의 주제가 '문화연구의 종말'인 이 역설적인 상황은 나에게 문화연구란 무엇인지를 다시 질문하게 만든다.

1부에 수록된 글들 중 앞선 세 개의 글은 '문화연구의 종말과 생성'이라는 문제의식을 공통적으로 담고 있는데, 이 세 개의 글이 주장하는 바는 초기 문화연구의 이론적 실천으로의 귀환을 위해 우리는 지금 문화연구의 종말을 논의해야 한다는 것이었다. 문화연구의 종말은 동시대 문화연구의 위기의식을 담고 있으며, 제도화된, 계량화된 지금 문화연구에 대한 비판의식을 담고 있다. 문화연구의 종말은 문화연구의 생성을 위한 선언이라는 역설을 발화한다. 문화연구의 종말은 생성의 계기이자 전환 혹은 귀환의 순간이다. 1부에서 초기 문화연구의 이론적 쟁점이었던 이데올로기 비판과 정체성의 정치학을 다루었던 것이나, 주체와 해석의 정치, 그리고 정동과 이데올로기의 이론적 관계를 탐구했던 것도 종말과 생성의 역설을 논하고 싶었기 때문이다. 한국 문화연구의 역사기술학에 대한 글 역시 역사적 문화연구와 동시대 문화연구의 인식론적 단절을 통한 현실인식과 비판이론으로의 전환을 사유하는 참고자료라 볼 만하다.

2부의 글들은 문화연구의 확장된 이론에 기초해서 2011년 이후 주로 『문화/과학』의 특집 주제에 맞게 쓴 글들을 모은 것이다. 라캉과 들뢰즈의 이론은 문화연구의 중요한 이론적 토픽 중의 하나인 "욕망"을 다르게 사고하게 만들지만, 깊게 관찰해 보면 이 두 이론이 모두 '표상과 실재'의 관계를 규명하려는 공통의 문제의식을 가지고 있음을 알게 된다. 동물과 인간, 미학과 정치, 혁명과 문화, 비평과 메타비평 사이의 관계는 어떤 점에서 문화연구가 탐구하려 한 '표상과 실재'의 관계와 무관하지 않다.

　　3부의 글들은 한국 문화연구의 이론적 실천과 현실 문화운동과의 관계를 주로 다루었다. 『문화/과학』 창간부터 지금까지 함께했던 25년은 비판적 문화연구자로서의 정체성을 고스란히 체현하고 있다. 1992년 『문화/과학』에서 시작해서 1999년 〈문화연대〉 창립으로 이어진 문화운동의 이력들은 문화의 이론과 실천이라는 두 영역을 가로질러가는 데 견인차 역할을 했다. 그런 점에서 『문화/과학』의 이론적 궤적과 〈문화연대〉의 운동적 궤적을 함께 연결하는 글쓰기는 나에게 있어서는 연구자로서의 실천 연대기를 고백하는 것과 다르지 않다. 문화적 어소시에이션, 신경숙 표절사건, 그리고 촛불혁명과 광장의 정치에 대한 글쓰기 역시 『문화/과학』에서 배운 이론적 입장과 〈문화연대〉에서 배운 활동의 입장이 결합되어 나타난 것이다.

　　이 책에 수록된 글들은 문화연구의 '종말'보다는 '생성'에 무게 중심이 가있다. 문화연구의 종말을 말하는 것은 문화연구의 생성을 제안하기 위한 조건부 주장에 가깝다. 문화연구가 50년 넘게 비판이론이자 현실비평의 자양분이 되었지만, 한편으로는 대학의 제도교육 안으로 편입되고, 국가 문화정책에 개입하고, 문화자본 확대재생산에 이론적 알리바이를 제공하면서 위기를 자초한 것도 부인할 수 없는 사실이다. 문화연구의 종말은 이러한 위기의 담론에 대한 성찰을 담고 있으며 새로운 생성의 시작을 알리는 출발점이기도 하다. 한국 문화연구의 지속가능한 이론적 실천과 현실개입을 위해 이 책이 조금이라도 보탬이 되었으면 하는 바람이다.

이 책이 나오기까지 많은 분들께 신세를 졌다. 무엇보다 『문화/과학』 초창기부터 이론적 지주이자 실천의 동기 부여자였던 강내희, 심광현 두 선생님들께 깊이 감사드린다. 그리고 심혈을 기울여 함께 책을 만들고 있는 『문화/과학』 편집위원 동지들에게도 고마움을 전한다. 무엇보다 이 책의 출간을 격려해 주셨고, 교정과 편집, 출간의 과정에서 보탬을 주신 손자희 선생님과 문화과학사의 박진영 새 대표에게도 감사드린다. 문화운동의 요람이자, 실천의 보금자리 문화연대 식구들에게도 고맙다는 말을 전하고 싶다. 늘 항상 나와 함께하는 가족과도 이 책 출간의 기쁨을 나누고 싶다.

마지막으로 이 책에 실린 글들의 출처를 밝히면 다음과 같다.

★ 문화연구의 종말과 생성―비판이론과 담론의 재구성을 위하여 1(『문화/과학』 81호, 2015년 봄)
★ 문화연구의 이론적 전화와 '주체'의 문제―비판이론과 담론의 재구성을 위하여 2(이동연 외, 『좌파가 미래를 설계하는 방법』, 문화과학사, 2016)

★ 정동과 이데올로기—비판이론과 담론의 재구성을 위하여 3(『문화/과학』 86호, 2016년 여름)

★ 문화연구와 해석의 정치(『문화/과학』 71호, 2012년 가을)

★ 한국 문화연구의 역사기술학—토픽의 설정과 배치(『한국적 문화연구를 위한 대안 모색』, 한예종 전통예술원 학술심포지엄 자료집, 2006)

★ 주체의 분열과 생성: 라캉과 들뢰즈를 간파하기(『문화/과학』 65호, 2011년 봄)

★ 동물과 인간 사이, 그 철학적 질문들과 문화적 실천(『문화/과학』 76호, 2013년 겨울)

★ 비평전쟁 시대의 메타비평 메니페스토(『문화/과학』 85호, 2016년 봄)

★ 혁명의 문화, 문화의 혁명(『문화/과학』 90호, 2017년 여름)

★ 『문화/과학』의 이론적 실천과 문화운동의 궤적들(『문화/과학』 70호, 2012년 여름)

★ 문화적 어소시에이션과 생산자-소비자연합 문화운동의 전망(『문화/과학』 73호, 2013년 봄)

★ 문학장의 위기와 대안 문학생산 주체(『실천문학』 119호, 2015년 가을)

★ 촛불의 리듬, 광장의 문화역동—민주주의 정치를 위한 인식적 지도 그리기(『마르크스주의연구』 제14권 제1호, 2017)

2017. 11. 21.
이동연

contents

차례

서문 · 5

1부: 문화연구의 종말과 생성

1장 문화연구의 종말과 생성

— 비판이론과 담론의 재구성을 위하여 1 · 15

2장 문화연구의 이론적 전화와 '주체'의 문제

— 비판이론과 담론의 재구성을 위하여 2 · 64

3장 정동과 이데올로기—비판이론과 담론의 재구성을 위하여 3 · 112

4장 문화연구와 해석의 정치 · 154

5장 한국 문화연구의 역사기술학—토픽의 설정과 배치 · 181

2부: 문화연구의 이론 지평

6장 주체의 분열과 생성: 라캉과 들뢰즈를 간파하기 · 224

7장 동물과 인간 사이, 그 철학적 질문들과 문화적 실천 · 262

8장 비평전쟁 시대의 메타비평 메니페스토 · 297

9장 혁명의 문화, 문화의 혁명 · 342

3부: 개입하는 문화연구

10장 『문화/과학』의 이론적 실천과 문화운동의 궤적들 · 374

11장 문화적 어소시에이션과 생산자 - 소비자연합 문화운동의 전망 · 413

12장 문학장의 위기와 대안 문학생산 주체 · 462

13장 촛불의 리듬, 광장의 문화역동

— 민주주의 정치를 위한 인식적 지도그리기 · 479

1부
–
문화연구의
종말과 생성

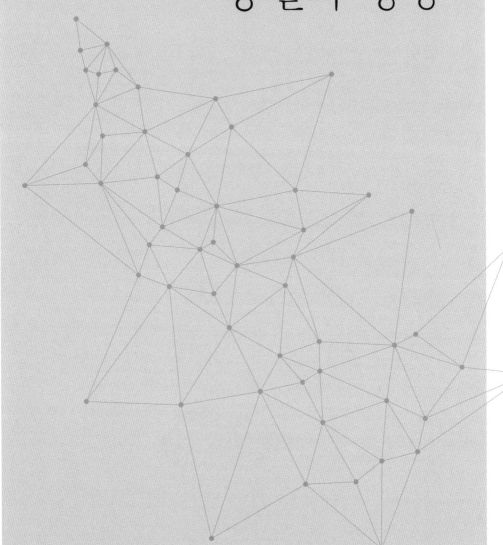

제1장

문화연구의
종말과 생성

비판이론과 담론의 재구성을 위하여 1

스튜어트 홀의 죽음과 역사적 문화연구의 종말

2014년 2월 스튜어트 홀^{Stuart Hall}의 죽음은 역사적 문화연구[1]의 종말을 상징적으로 보여준 사건이다. 그는 문화연구의 지적 출범을 공식화시킨 버밍엄현대문화연구소^{CCCS}를 이끌었고, 문화연구의 이론적 확산과 실천의 지평을 넓히는 데 분투했던 대표적인 이론가였다. 2014년 2월 10일자 『가디언』지의 부고 기사는 이렇게 쓰고 있다. "그가 주

---

1. 이 글에서 언급하는 '역사적 문화연구'는 1964년에 설립한 '버밍엄현대문화연구소 CCCS'가 주도한 '영국 문화연구'를 지칭한다. 영국 문화연구가 1980년대 이후 미국을 비롯해 캐나다, 호주, 아시아 지식인들의 비판이론에 영향을 미쳤고, 현재는 문학, 사회학, 미디어연구 전반을 관통하는 전 지구적 비판이론으로 확산되는 이론적 기초를 제공했기 때문에 역사적 문화연구의 범위와 시기를 정확하게 구분하는 것은 불가능하다. 다만 2002년 버밍엄대학 문화연구학과의 폐과와 2014년 스튜어트 홀의 죽음은 역사적 문화연구의 종말에 대한 공식적 사건으로 볼 수 있겠다.

도했던 문화연구의 창립 정신은 당시 통속적이고 낮은 지위에 있었던 문화형식들을 진지하게 말하고, 문화, 권력, 정치의 복잡한 실타래를 추적하고자 했다. 청년 하위문화, 대중미디어, 젠더와 종족 정체성과 같은 다양한 주제들을 분석하기 위해 문화연구의 간학제적 전망들은 문학이론, 언어학, 인류학들을 통합적으로 견인하고자 했다." 스튜어트 홀의 죽음은 영국 문화연구의 1세대 연구자들의 실질적인 마감을 의미하는 것만이 아니라 이들의 이론적 구성물의 역사적 변천과정과 문화연구의 전 지구적 확장에 따른 국지적 이론의 변용과 특이성에 대한 평가, 그리고 역사적 문화연구와의 단절과 전환의 현실 조건의 검토가 불가피함을 의미하기도 한다.

스튜어트 홀의 '이론-실천' 연대기는 문화연구의 역사적 궤적과 매우 흡사하다. 주지하듯 스튜어트 홀은 자메이카 흑인 이산민 출신으로 옥스퍼드대학 장학생으로 입학해 1950-60년대 반핵, 평화, 반인종차별 운동 등 다양한 사회운동에 참여했고, 1957년『뉴레프트 리뷰_New Left Review_』의 창간을 주도했다. 리처드 호가트_Richard Hoggart_ 등과 함께 1964년 CCCS의 설립과 발전에 핵심적인 역할을 했으며, 1979년터 영국의 개방대학 사회학과 교수로 18년간 재직하면서 문화연구의 확산과 사회정의를 위한 운동, 대중들의 삶에 긍정적인 변화를 가져올 수 있는 교육의 힘에 몰두했다.『인디펜던트』는 그의 추모 기사에서 "그는 신좌파의 이론이 공공의 지적 영역에 영향을 줄 수 있도록 헌신했는데, 이를 위해 그는 개방대학이 대변하고자 했던 교육정신, 즉 개방성과 접근성의 정신에 몰두했다. 이는 사람들의 삶에 긍정적인 변화를 가져다 줄 수 있는 사회정의와 교육의 힘의 승리였다."[2]라고 쓰고 있다. 홀의 이론적 작업은 "'문화에 관한 이론'이기 이 전에 '현실 개입의 정치 전략'의 일환"이고 "문화연구를 한 특수 영역에 관한 이론적 관심사로만 여기지 않고, 현대 자본주의, 특히 자신이 위치한 영국 사회의 특수한 모순을 극복하고 새로운 개혁 주체와 전략을 모색하는 장으로 삼았다."[3] 신좌파 이론가로서 그가 사회변혁에 기여했던 이론적 궤적을 일별하기 쉽지 않았겠지만, 대체로 이데올로기 비판[4]과 정체성의 정치학[5]으로 요약할 수 있지 않을까 싶다. '구조

2. Marcus Williamson, "Professor Stuart Hall: Sociologist and pioneer in the field of cultural studies whose work explored the concept of Britishness," *The Independent*, 2월 11일자 기사 참고.

3. 임영호, 「스튜어트 홀과 문화연구의 정치」, 『문화/과학』 78호, 2014년 여름, 272.

4. 스튜어트 홀은 영국 문화연구의 장에서 알튀세르의 이데올로기론을 이론적 논쟁 장으로 끌어올린 장본인이라 할 수 있다. 이에 대한 그의 글은 「이데올로기의 문제: 보증 없는 맑스주의」, 「의미작용, 재현, 이데올로기: 알튀세르와 후기 구조주의 논쟁」(이하 스튜어트 홀, 『문화, 이데올로기, 정체성』, 임영호 옮김, 컬처룩, 2015 참고) 등을 참고하면 된다. 또한 1988년에 출간된 *The Hard Road to Renewal: Thatcherism and the Crisis of the Left*는 정치 이데올로기 비판에 대한 홀의 대표적인 저서라 할 수 있다. 이 책은 대처리즘에 대한 본격적인 비판서로서, 통치이데올로기로서 대처리즘과 그 이데올로기를 지지하는 포퓰리즘의 공모관계를 다루고 있다. 대처는 영국 좌파 정당의 국정 실패의 약한 고리를 파고들면서 대중들에게 강한 영국을 만들겠다는 신념 하에 극심한 좌우 이념 갈등 조장, 노조파괴, 공기업 민영화, 부자감세 등과 같은 악랄한 정치적 슬로건들을 정당한 것으로 설득했다. 정당화의 논리는 오로지 부강한 영국의 미래라는 환상을 대중들에게 주입하는 것이었다.

5. 스튜어트 홀의 이론적 실천의 상당부분은 정체성의 정치학에 기반한다. 흑인 이산민으로 정체성에 대한 연구는 본질주의적인 관점보다는 주체의 구성적 생성의 관점으로 파악하고자 했다. 다음의 인용문을 보라. "흑인 이산 주체의 문화 정체성은, 이러한 제2의 의미에서, '있음being'의 문제만이 아니라 '되어감becoming'의 문제이다. 그것은 과거에 속해 있는 것처럼 미래에도 속해 있다. 그것은 이미 존재하거나 장소와 시간, 역사와 문제를 초월해서 존재하는 어떤 것이 아니다. 문화 정체성들은 어떤 곳에서 나타나서 다수의 역사들을 가지고 있다"(Stuart Hall, "Cultural Identity and Diaspora," in Jonathan Rutherford, ed., *Identity: Community, Culture, Difference* [London: Lawrence & Wishart, 1990] 참고).

주의와 문화주의' '이데올로기와 욕망'이란 문제설정이 문화연구의 가장 중요한 이론적 실천 토픽으로 연구되었다는 점에서 스튜어트 홀의 죽음은 반세기가 넘는 역사적 문화연구의 이론적 '공소시효'의 궁극적 마감이란 감정을 불러일으킨다. 2002년 버밍엄대학교의 학과 구조조정으로 인해 CCCS의 후신이라 할 수 있는 문화연구학과가 폐과되었고, 12년 후에 역사적 문화연구의 오랜 수장이라 할 수 있는 스튜어트 홀이 죽음을 맞이하면서 역사적 문화연구는 사실상 종언을 고했다고 볼 수 있다.

물론 역사적 문화연구의 상징적 존재였던 스튜어트 홀의 죽음이 곧바로 동시대 문화연구의 종말로 이어지는 것은 아니다. 동시대 문화연구는 여전히 전 세계에서 간학제적 비판이론으로 각광받고 있다. 콜린 스파크의 지적대로 문화연구를 하나로 정의하는 것은 대단히 어려운 일이다. 그는 "명확한 선을 긋고 그 가운데 한편에서 우리가 문화연구의 적절한 영역을 발견할 수 있다고 말하는 것도 불가능하다. 문화연구에 혹은 문화연구의 특징적인 통일된 이론이나 방법론을 지적하는 것도 가능한 일이 아니다. 문학비평, 사회학, 역사, 매체연구 등등의 실제적인 잡동사니 같은 생각들, 방법들 그리고 관심사들이 문화연구라는 편리한 이름 하에 한데 엉켜있다"[6]고 말한다. 문화연구의 이러한 간학제적인 지적 기획과 비판적 현실 개입의 특이성은 전 세계에서 분과학문의 위기를 극복하기 위한 연구방법으로, 국가 문화정책의 이론적 토대로, 비판이론의 재구성을 위한 대안담론으로 구체화되었다. 문화연구의 전 지구적 확산은 크게 보아 세 가지 경로로 설

---

6. Colin Sparks, "The Evolution of cultural studies," in John Storey, ed., *What is Cultural Studies?: A Reader* (London: Arnold, 1996), 14.

명될 수 있다.

1990년대 들어 문화연구는 미국에서 지역학과 커뮤니케이션 연구의 이론적 협소함과 비판적 성찰의 부족함을 메우는 지적 실천으로 자리매김 되었다. 미국의 대표적인 문화연구자인 로렌스 그로스버그 Lawrence Grossberg는 "문화연구는 미국의 동시대 지적, 학문적 삶의 주류로 급속하게 이동하고 있다. 커뮤니케이션 학제 안에서 문화연구는 더 이상 주변부 존재로만 취급받지 않는 듯하다. 문화연구는 커뮤니케이션 지배블록에 의해 구애를 받고 있고, 심지어는 제한된 범위에서나마 자신의 세력을 입증하고 있다. 문화연구는 지적으로 주류에 속하지 않고 정치적으로 대립적인 입장을 지닌 채 상대적으로 신생 학제의 주류 안으로 정당화되고 흡수되고 있는 몇 안 되는 지적 실천 중의 하나이다"[7]라며 1990년대 미국 대학의 인문 사회과학 분야에서 문화연구의 중요한 위치를 말하고 있다.

한편으로 문화연구는 1980년대 중반 이후 호주와 캐나다에서 국가 문화정책에 개입하는 이론적 기초를 만드는 데 큰 역할을 했다. 미건 모리스는 호주의 문화연구는 문화의 총체화를 의문시하는 것에서 출발하는 것으로 보고 있다. 그녀는 1960년대 후반에서 1970년대 초반 즈음부터 문화정체성에 대한 국가의 정책이 변화했음을 지적한다. 호주의 국가정책은 이 시기에 영국에서 전해 받은 문화적, 인종적 유산에 기반한 문화전통에서 현재 호주 인구를 구성하는 종족 다양성을 수용하는 다문화주의로 이행하였다. 미건 모리스는 "다문화주의라는 새로운 정책은 좀 더 차별화된 국가적 응집의 양식 안에서, 혹은 그

---

7. Lawrence Grossberg, "The Circulation of cultural studies," in *What is Cultural Studies?: A Reader*, 178.

것의 토대로서 문화다양성을 인지하고자 했다"[8]고 지적하는데, 이러한 국가정책의 대안을 마련하는 데 있어 문화연구가 하나의 지적 기획으로 환영받았다. 문화연구의 간학제적 지식생산과 '과정과 구성'으로서의 중층적 문화정체성에 대한 사유는 전통적인 호주의 백인중심주의를 비판하고, 백인 이주자 중심의 통합적 국가본질주의의 환상을 깨는 데 중요한 역할을 담당했다. 그래엄 터너는 호주와 영국의 이론적 실천의 주요한 차이가 "국가주의의 정체성 혹은 신화"라는 전통적 인습을 강조하는 호주의 문화비평의 특이성에서 찾을 수 있다고 말한다. 영국의 문화비평이 주로 계급과 하위문화에 관심을 가지는 반면, 호주의 문화연구는 국가에 관심을 가지는 특성을 보인다는 것이다.[9] 토니 베넷이 호주에서 기획한 문화연구 실천들의 사례[10]에서 알 수 있듯이 호주의 문화연구는 국가정체성의 본질주의 비판과 새로운 정체성의 구성에 집중한다.

8. Meagan Morris, "Australian cultural studies," in *What is Cultural Studies?: A Reader*, 346.

9. Graeme Turner, "'It works for me': British cultural studies, Australian cultural studies, Australian film," in *What is Cultural Studies: A Reader*, 327. 터너는 호주 문화연구의 정책담론 형성에 중요한 역할을 한 토니 베넷Tony Bennett의 언급을 인용하면서 영국에서 '더 네이션'의 문제가 부르주아 지배나 제국주의의 과거와 연관된 것과 달리 호주에서 '더 네이션'은 영국적인 맥락에서는 사유할 수 없는 또 다른 급진적, 정치적 잠재성을 포함하고 있다고 말한다. 이것이 무엇인지에 대해 터너가 분명하게 언급한 것은 없지만, 그의 추가 언급을 파악해보면, 마치 캐나다의 상황과도 유사한 서양의 제국주의의 지배적 위치에서 비켜서 있는 일종의 제3세계적 위치와의 혼종적인 조우를 주장하는 듯하다.

10. Tony Bennett, "Putting Policy into *Cultural Studies*," in Lawrence Grossberg et al., *Cultural Studies* (New York & London: Routledge, 1992); Tony Bennett, Michael Emmison & John Frow, "Social Class and Cultural Practice in Contemporary Australia," in Tony Bennett and David Carter, eds., *Culture in Australia: Policies, Publics, and Programs* (Cambridg & New York: Cambridge University Press, 2001).

영국 문화연구는 미국, 호주, 캐나다를 거쳐 1990년대에는 아시아 권역으로 확대되었다. 아시아에서 문화연구는 현실 사회주의의 붕괴와 후기 자본주의의 도래, 자유주의와 소비문화의 확대에 따른 새로운 문화 텍스트와 문화현상의 등장이란 사회변동의 맥락을 반영하며, 맑스주의의 전화, 포스트모던 이론의 비판적 대응이란 이론적 국면을 시사한다. 한국, 일본, 중국, 대만, 홍콩 등 아시아 문화연구는 국지적 특이성[11]을 갖고 있지만, 대체로 아시아 권역문화의 기원과 발생, 권역 내 식민지 근대성과 냉전문화의 정치적 동학, 대중문화의 순환회로의 복합적인 구조를 이해하는 중요한 지적 실천으로 각광을 받고 있고, 지적 연대를 위한 제도적 교육적 실험들을 진행하고 있다.[12]

11. 한국에서 문화연구 본격 등장은 1990년대 초 사회구성체론과 민족문학 이념논쟁을 대체하는 문화담론과 문화이론의 부상과 1990년대 중반 미디어연구와 사회학 분야에서 문화연구를 전공한 해외 유학파들이 국내에 들어오면서 새로운 비판이론으로 유행시켰다(이동연, 「한국 문화연구의 역사기술학」, 한국예술종합학교 전통예술원 학술심포지엄 자료집, 2006 참고. 이 글은 본 책에 함께 수록되어 있다). 일본에서도 1990년대 초반까지는 문화연구가 총체적으로 논의되지 않았지만, 이후에는 비판적 수용자 연구방법론으로 각광받았고, 1994년 스튜어트 홀의 동경대학교 심포지엄 참여를 계기로 일본에서 새로운 비판이론으로서 문화연구가 붐을 이루었다(요시미 순야, 『문화연구』, 박광현 역, 동국대학교출판부, 2008, 10-11 참고). 중국의 문화연구는 한국, 일본에 비해 중국 지식전통 내에서 문화연구의 근원을 발견하려는 노력이 강한 반면, 문화연구의 연구 토픽들은 한국, 일본에 비해 느린 편이었다. 그러나 최근에는 중국 당대사회의 복잡한 정치동학을 독해하고, 새롭게 변화하는 문화현실이 야기한 자본주의 문화형성에 대한 비판연구가 활발하게 진행되고 있다(임춘성·왕샤오밍, 『21세기 중국의 문화지도-포스트사회주의 중국의 문화연구』, 중국문화연구공부모임 역, 현실문화연구, 2009 참고).

12. 아래의 인용문을 보라. "아시아 문화연구는 각국의 상황이 다르긴 하지만 대체로 1980년대 후반부터 1990년대 초반에 걸쳐 등장하기 시작했고, 대체로 비슷한 역사적 진화를 거치고 있다. 아시아 문화연구는 서로 다른 입장들이 구조화된 공간으로서 전복과 배제의 권력관계를 형성하는 문화담론의 '장'을 형성한다. 문화연구의 장은 문학연구, 지역연구, 미디어연구의 장과는 다른 제도적 구성체를 형성하며, 맑스주의, 기호학, 페미니즘, 탈식민주의 이론의 장과 다른 담론구성체를 형성한다. 물론 문화연구는 위의 제도 영역과 이론 영역과 상당부분 중첩되지만, 그것의 발화위치 혹은 정치적 태도에 있

이렇듯 역사적 문화연구의 종언과 동시대 문화연구의 번성 사이의 모순과 차이는 단지 연대기적 시간과 지리-정치적 함의만의 문제는 아니다. 그것은 역사적 문화연구가 본래 가지고 있던 이론적 실천이 지금도 유효한가, 동시대 문화연구의 확산 과정에서 현실에 개입하는 비판이론으로서의 입장이 충분히 발견되는가의 문제이다. 역사적 문화연구는 아직도 유효하다거나 동시대 문화연구의 전 지구적 확산과 대중화는 역으로 문화연구의 위기와 소멸의 징후라는 지적이 나오는 것도 그런 맥락에서이다. 문화연구를 재규정해야 한다는 논쟁의 핵심은 오히려 문화연구의 전 세계적 발전에 따른 고도의 가시성과 교육 방법으로서 문화연구의 무한확장적인 유연성과 문화연구가 수정주의 이론으로 천착하는 것 때문이며, 결국 "문화연구가 국가적, 전 지구적 정치, 경제와 매체 시스템의 심오한 구조적 변화를 경험적으로 다루지 못했다"는 지적[13]과 "문화연구의 확장, 특히 미국에서의 확장은 텍스트화하는 전환에 기반하고 있다. 그 결과는 본래 문화연구 기획의 탈정치화와 사회학적 비판이론을 새로운 해석학으로 변환시켜 버렸다"는 지적[14]은 모두 현재 문화연구의 전 지구화, 대중화로 야기된 한계들 중의 하나를 간파한 것이라 할 수 있다.

어서는 특정한 입장을 구조화하는 '장의 논리'에 따라 작동한다. 따라서 '장'으로서의 아시아 문화연구는 '문화연구'의 일반적인 장의 논리에 근거하면서도 영미권 문화연구와는 다른 게임의 규칙을 개발하고자 하며, 국지적인 발생 원리를 갖는다"(이동연, 「아시아 문화연구는 있는가? : 비판적 재구성을 위한 질문들」, 『아시아문화연구를 상상하기』, 그린비, 2006 참고).

13. Marjorie Ferguson and Peter Golding, "Cultural Studies and Changing Times: An Introduction," in *Cultural Studies in Question* (London & Thousand Oaks: Sage Publication, 1997), xiii.

14. Janet Wolff, "Excess and Inhibition: Interdisciplinarity in The Study of Art," in *Cultural Studies*, 715.

문화연구의 진화와 팽창이 역으로 역사적 문화연구 본래의 비판적 실천의 지평을 계승하기보다는 무화시키는 결과로 나타났다는 것도 부인할 수 없는 사실이다. 문화연구 붐이 다른 분과학문에 영향을 준 것은 사실이지만, 결과적으로는 분과학문의 생존을 위한 도구로 활용되어 폐기처분되는 상황을 목도하고 있고, 문화 관련 학과들이 범람하게 된 이론적 근거로 악용되기도 했다. 문화연구의 이론과 방법을 차용하는 수많은 문화 관련 교육제도들의 생성에도 불구하고 정작 "문화연구" 본연의 학제는 대학제도 안에서 고전을 면치 못하고 있다.[15] 문화연구자들의 문화정책에 대한 개입 역시 정책을 정치화하는 권력을 내파시키는 데는 역부족이다. 문화담론과 비평의 정치적, 사회적 효과 역시 현저하게 그 기능이 위축되었고, 비평의 세속화, 대중화로의 급격한 변화는 비평의 현실 개입의 지위와 기능마저도 무력하게 만들었다. 이러한 지적들은 현재 한국의 문화연구가 안고 있는 딜레마이기도 하다. '방법'으로서 문화연구의 간학제적, 제도적, 정책적인 확산이 '실천'으로서 문화연구의 정치적 기획의 결핍을 야기한다면 역사적 문화연구의 종언의 전도로서 그것의 정치적 기획으로의 복원을 재론할 필요가 있을 것이다. "문화연구가 확고한 위상을 지닌 중요한 존재가 되어감에 따라 원래 문화연구가 지니고 있는 특성은 잃어가고 있다. 문화연구라는 용어가 점점 더 자주 등장함에 따라 특정한 영국식 작업내용과의 연관은 사라져가고, 과연 어떤 공간에서 우리들

---

15. 다음의 인용문을 보라. "문화연구가 제도적 인정을 획득하기 시작하는 바로 그 순간, 문화연구는 자신의 간학제적 성격을 버릴 뿐 아니라 문화연구의 초기에 독특한 정체성을 부여해 주었던 맑스주의 비판과 계급관계의 탈중심화에 의해 그 토대 또한 흔들리는 듯하다"(Angela McRobbie, "Post-Marxism and Cultural Studies: A Post-script," in *Cultural Studies*, 722).

이 거주하게 될 것인가 하는 점이 점점 더 모호해지고 있다"는 그로 스버그의 지적[16]도 문화연구의 신원주의의 상실을 안타깝게 여긴 것이라기보다는 문화연구 본래의 정치적 기획의 상실을 비판한 것이라 할 수 있다. 스튜어트 홀의 죽음을 계기로 제기된 역사적 문화연구의 종말은 역설적으로 그것의 정치적 기획의 복원을 시작한다는 것을 의미한다. 역사적 문화연구의 신원과 제도의 효과는 소멸했는지는 모르겠지만, 그것의 정치적 기획은 여전히 유효하기 때문이다.

문화연구의 정치적 기획을 다시 읽기

그렇다면 역사적 문화연구의 정치적 기획이란 무엇일까? 그것은 아마도 문화연구의 태동을 알린 CCCS가 무엇을 하기 위해 만들어진 것인지를 이해하는 것으로부터 시작될 것이다. 아니 근본적으로 문화연구에서 정치란 무엇인가, 이론적 기획이란 무엇인가 하는 문제와 직결되기도 한다. 내가 보기에 CCCS의 탄생은 두 가지 중요한 정치적 기획을 갖고 있다. 하나는 문화연구가 당대현실에 대응하는 새로운 비판이론으로서 제기되었다는 점이다. 문화연구는 단순히 이론적, 학문적 지형 내의 돌연변이라기보다는 당대의 정치적, 사회적 성격과 모순을 반영하고 있다. 전후 영국 사회는 전통적인 고전적 맑스주의가 설파하는 계급결정론이나 경제결정론으로 환원될 수 없는 계급, 정치, 경제, 이데올로기 심급의 중층적, 복합적 파급효과들이 충돌하고 있었다. 계급결정론과 경제결정론에 대한 비판은 계급적, 경제적 관점의

---

16. Lawrence Grossberg, "The Circulation of cultural studies," in *What is Cultural Studies?: A Reader,* 178.

무효를 주장하는 것이 아니라, 그것의 정치적, 문화적 효과로의 복합적인 확장을 주목한다. 문화연구의 지적 기획은 계급 그 자체가 아닌 계급의 형성 과정과 그것의 문화적 효과에 주목하면서 계급적 실재와 조건들이 재현된 텍스트를 분석하고, 계급의 사회적 실재 속에서 분화가 이루어지고 있는 문화적 현장을 탐구하고자 했다. 노동계급의 형성과정, 노동자계급 청년하위문화의 스타일, 여성주체들의 미디어 재현에 대한 이데올로기 비판 등이 그런 탐구에 해당된다. 문화연구는 계급과 경제의 문제를 포기했다기보다는 문화라는 이론적, 실재적 우회를 통해 그것의 사회적 형성 과정에 대한 구조적 효과를 보려 했던 것이다. CCCS의 초대 소장을 지낸 리처드 호가트의 『읽고 쓰는 능력의 효용』에 대해 "특정 계급의 텍스트를 독해함으로써 그 계급의 견제와 저항을 기술하고자 시도했다. 격언과 상식으로부터 잡지와 신문에 이르기까지 온갖 수준에서의 '목소리 듣기'가 필요했다. 만약 이러한 작업이 고급문화와 위대한 전통의 엘리트주의를 거부했다면 마찬가지로 그것은 엄격한 경제결정론으로 맑스주의를 이해하는 환원주의적 태도에도 반대했다"라고 말한 마이클 그린의 지적[17]은 초기 문화연구의 저작들이 단지 일상의 경험을 중시하는 문화주의의의 산물이 아니라 문화와 계급의 상관관계, 혹은 계급의 문화적 효과에 주목했음을 강조한다.

그래서 스튜어트 홀의 지적대로 문화연구의 토대가 되었던 1950년대 후반에서 1960년대 후반까지의 영국 초기 문화연구자들의 작업들, 예컨대 리처드 호가트의 『읽고 쓰는 능력의 효용』, 레이먼드 윌리엄

---

17. Michael Green, "The Center for Contemporary Cultural Studies," in *What is Cultural Studies?: A Reader,* 50.

스의 『문화와 사회』, 『장구한 혁명』과 E. P. 톰슨의 『영국 노동계급의 형성』 등은 "영국 사회와 문화에서 전개되는 장기적인 추세를 다룬" "나름대로 문화적 개입"[18]이었다. 이 책들은 전후 영국사회 상황을 반영한 것이었다. 전후 영국 사회의 안정화 국면이 "자본주의적 생산, 복지국가의 설립, '냉전' 등에 의해 규정"(204)된다고 볼 수 있는데, 이러한 국면 속에서 문화연구는 다음과 같은 질문을 던졌다. "지금 진행되는 변화로서 그러한 문화적 변화에 해당하는 것은 무엇인가? 지금까지 바로 문화적 질서 자체의 토대였던 전통적인 계급관계, 계급구성체, 계급문화에 이러한 변화가 미치는 영향은 어떤 것인가? 새롭게 부상하는 문화적 세력이나 경향은 있었는가? 무엇보다도 이러한 역사적 과정을 어떻게 질적으로 이해하고 평가할 것인가?"(204). 스튜어트 홀은 이러한 쟁점들이 전후 문화논쟁의 중요한 토픽들이었고, 문화연구의 목표와 의제를 정하는 데 중요한 질문들이었다고 말한다. 아래의 인용문은 문화연구의 지적 실천의 계기는 달라진 사회 상황에 대한 달라진 이론적 실천의 필요에 따른 것임을 분명히 한다.

이러한 주제들(리처드 호가트 류의 연구주제−필자)은 1950년대 좌파의 정치적 심연으로부터, 풍요와 부르주아화라는 십년간의 핵심 신화로부터 그 의미와 힘을 취하고자 했다. 그동안 많이 논의했었고 극도로 가시적이라고 말했던 양차 대전 사이의 경제 위기는 일종의 아주 신선하고 화려한 미래주의로 포장한 자본주의 번영의 재구조화에 의해 대체되어 버렸다. 양차 세계 대전 기간에는 단지 군데군

---

18. 스튜어트 홀, 「문화연구와 버밍엄 연구소」, 『문화, 이데올로기, 정체성』, 임영호 역, 컬처룩, 2015, 202. 이하 이 책에서의 인용은 본문에서 쪽수만 표시한다.

데 눈에 띄었을 뿐이었던 소비 제품들이 1950년대에는 막대한 규모로 국내 시장에 확장되어 발전했다. 엔젠베르거가 '의식산업'이라고 말한 매스 미디어는 소비자뿐 아니라 상품의 구경꾼으로서 여성들을 위한 새로운 장소를 축조했다. 그와 동시에 민중들과 지배계급 사이의 뚜렷한 대립은 좀 더 세련된 생산물과 복지국가의 향상된 역할과 보호를 필요로 하는 중간 매개 형 관리 그룹들로 대체되었다.[19]

문화연구는 세계 대전 이후 영국의 불안정한 사회상황에 따른 계급 모순과 탈산업사회로 이행하는 대량 문화생산 체제가 개인의 일상에 미치는 영향의 국면 속에서 발생한 것이다. 이는 결국 문화가 현실 사회와 맺는 관계에 대한 새로운 해석을 요청하는 것이다. 문화연구는 문화의 수준을 '진정성'의 논리로 위계화하려는 리비스주의적 해석과, 문화를 계급적, 정치적 이데올로기의 선전 수단으로 간주하려는 스탈린주의적 해석을 넘어서 일상적 경험 속에서 발견되는 계급적, 정치적 효과들, 그리고 그것의 정치적, 이데올로기적 의미화를 꼼꼼하게 분석하여 그것을 현실운동에 대면하는 것을 기획한다. 마이클 그린의 지적대로 문화연구의 기획은 하나의 동의된 문화주의 프로그램의 일환이 아닌 '신좌파'의 부상하는 의제들, 예컨대 반전반핵운동이나 흑인인권운동과 같은 의제들과 함께하는 정치적 응축의 프로그램이었다. 이러한 변화를 위한 의제들은 사실 공식적인 정치적 정당이나 주류 아카데미 밖에서 이루어진 것들이다. 스탈린주의의 위기나 전후 노동당의 위기들은 흑인, 학생, 여성과 같은 새로운 정치적 유권

19. Michael Green, "The Center for Contemporary Cultural Studies," 50. 이하 인용은 다시 본문에서 쪽수로만 표시한다.

자, 새로운 정치적 의제의 가능성을 열어놓았는데, 그 의제 중 가장 논쟁적인 것이 바로 학문 중립성에 대한 거부, 심지어는 군산복합체를 지지하고 그 체제에 동원되는 연구에 대한 거부였다(51-52).

문화연구의 두 번째 정치적 기획은 보수적이고 반동적인 학문제도와 지식생산에 대한 내파였다. 마이클 그린은 학제 간 한계와 벽을 허무는 방법과 문화연구의 발전된 버전 사이에는 거칠게나마 항시적으로 커넥션이 있었다고 본다. 그는 학제 간 한계를 극복하는 문화연구의 세 가지 수준의 버전을 리처드 호가트의 『읽고 쓰는 능력의 효용』에서 찾고자 했다. 특정한 문화와 하위문화의 일상적 삶의 의미에서 추출되는 "산 경험"이라는 버전, 상징적 형태가 주목을 요하는 "텍스트"라는 버전, 그리고 그것들을 좀 더 큰 틀에서 결정하는 구체적인 역사적 설명이 요구되는 사회적 구조의 버전이 그것이다(53). 그린은 경험, 텍스트, 사회구조의 세 가지 버전에 대한 문화연구의 지식생산을 서로 복합적인 쟁점들의 조우이자 학문적-정치적 이중 결합의 사례로 보고자 한다. 문화연구는 그래서 학제적인 위상을 주장하지도 않았고, 그것과 일치하지도 않았다. 그런 이유로 문화연구는 눈엣가시 같은 존재, 조화로움 속에 박힌 돌처럼 여겨졌다(53).

문화연구는 부르주아 학문을 재생산하는 데 기여한 분과학문의 형성, 주장, 사명 등에 대해 비판적인 입장을 견지했다. 그린의 지적대로 영국 문화연구의 이러한 분과학문 비판적 태도들은 초기에 "지식생산의 형식과 널리 퍼진 사회적 연구 관계들, 즉 고등교육의 노동과정에 관해서도 비판적인 자세"(54)를 통해 그 입장을 드러냈다. 그린은 문화연구의 비판적 지식생산 형태들이 1960년대 영국에서 두 가지 형태로 등장했다고 언급한다. 하나는 정치 정당들 혹은 반[半]-자율적인 정부단체에 대한 자문 혹은 연구들이었다. 예를 들어 노동당을 위한 정책 연구로서 가장 유명한 사례가 고교입학자격시험 폐지 캠페인과 합리적인 학교를 세우기 위해 아카데미 영역에서 교육 사회학자들과 학교의 개혁적 교사들 그리고 노동운동가들이 연합한 사례이다.[20] 다른 하나는 국가 기관들과는 무관하게 아주 비조직화된 독자적인 연구자 그룹들이 작업한 교육 형태들에 대한 연구인데, 그 연구를 살펴보면 문화적 탐구가 광범위하게 진행되었음을 발견할 수 있다(56). 1970년대 이후에 문화연구는 우리가 통상적으로 알고 있듯이 급진적 좌파들이 주도하는 알튀세르와 그람시로 대표되는 유럽 맑스주의의 이론적 실천에 의해 학술 진영과 출판계에 큰 영향을 미쳤고, 1970년대 후반부터 진행된 문화연구의 비판적 개입에 맹렬하게 저항한 대중적 신보수주의의 반동으로 이론적 동요와 부침 현상을 겪었다. 스튜어트 홀의 『대처리즘의 문화정치 *Hard Road to Renewal*』는 신보수주의 문화반동에 제대로 대응하지 못했던 좌파이론, 특히 비판적 문화연구의 지적 실천에 대한 반성을 담고 있다고 볼 수 있다.

이러한 문화연구의 이론적 전개과정은 어떻게 보면 1990년대에 시작한 한국의 문화연구의 이론적 전개과정과 매우 흡사한 면을 발견할 수 있다. 달라진 문화현실에 대한 새로운 급진적 비판이론의 필요

---

20. 이 연구결과물로 CCCS가 발간한 책이 『1944년 이래 영국의 비대중적 교육과 사회민주주의』(*Unpopular Education: Schooling and Social Democracy in England since 1944* [London: Hutchinson & Co. Publishers Ltd., 1981])인데 이 책은 CCCS의 고전 텍스트 시리즈로 2007년에 루틀리지 출판사에서 재출간되었다. 이 책은 CCCS의 교육 그룹에 참여한 스티브 배런, 단 핀, 닐 그랜트, 로버트 그린, 리처드 존슨이 기획한 것으로 전후 영국의 급변하는 사회 환경에 대한 대응과 교육적 실천의 다양한 이슈들을 다루고 있다.

성,[21] 분과학문의 폐해를 넘어서려는 간학제적 지식생산,[22] 그러한 비판적 지식생산을 제도화하려고 했던 작업들,[23] 그리고 문화연구의 그러한 정치적 기획을 무력화시키려는 대중적 보수주의의 반동의 과정은 영국 문화연구의 정치적 기획의 전개과정과 유사하다. 어쨌든 CCCS를 기반으로 한 영국 문화연구는 새롭게 변한 사회현실에 대한 이론적 대응, 보수적인 학문 체제를 넘어서는 새로운 지식생산의 구성이라는 특유의 정치적 기획을 가지고 있었다. "CCCS는 자신의 작업을 '새로운 형태의 정치학'과 연계하고자 했고, 새로운 정치적 지적 변화들이 엄청난 규모로 생겨나는 상황에서 문화연구의 정치적 효과는 새로운 사유가 필요하다"(59)는 그런의 적절한 지적은 문화연구의 정치적 기획의 역사적 정당성과 현재적 유효성을 강조한 것이라 할 수 있다.

요약하자면, 문화연구는 달라진 사회구조에 문화가 어떻게 정치적, 계급적 효과를 생산하는지를 탐구하고, 간학제적이고 비판적인 지식생산을 통해 지식의 현실 개입을 다양하게 기획한다. 문화연구는 그 자체로 비판이론의 완결성을 갖기보다는 그것이 운동의 국면에서 지적 기획력을 가질 때, 그것이 유기적 지식인들에게 운동의 국면을 보게 만들 때 그 힘이 발휘될 수 있다. 문화연구의 정치적 기획은 그런

---

21. 강내희, 「혁명 사상 전통 계승으로서의 1990년대 한국의 문화연구」, 『문화연구』, 2권 2호, 2013.
22. 여건종, 「영문학과 문화연구: 대중의 문화에 어떻게 개입할 것인가」, 『안과 밖』, 제20호, 2006; 이동연, 「한국예술학의 새로운 방법론 모색—문화연구와의 만남을 통해」, 『음악과 문화』 22호, 2010; 박상환, 「人文學의 위기와 文化연구를 위한 試論—분과 학문의 배타성을 넘어 공존의 학문으로」, 『大同文化硏究』 57집, 2007 참고.
23. 원용진, 「현실개입의 실천적 문화연구의 가능성」, 『한국언론정보학보』, 통권 11호, 1998년 가을.

점에서 스튜어트 홀이 현실에 대한 항시적 긴장과 개입[24]이라고 말한 "지적 프로젝트"로서의 문화연구에 가깝다. 홀은 이론의 한계를 언제나 인식하면서, 그 한계를 극복하는 방법으로 그람시가 언급한 현실에 개입하는 실제적이고, 다양한 실천을 만드는 유기적 지식인의 상을 제시한다.[25] 유기적 지식인이 기획하는 지적 프로젝트라는 말은 사실 매우 추상적이고 모호한 말이지만, 이 말 안에는 문화연구, 혹은 문화연구자들이 취해야 할 이론적 실천, 정치적 입장이 함축되어 있다. 그것은 전통적인 지식인들과 다르게 유기적 지식인으로서 문화연구자의 정치적 기획의 특수성, 즉 재현의 정치학과 그것의 현실 개입의 생산적 힘을 견지하는 것이라 할 수 있다.

스튜어트 홀은 이 문제를 구체적으로 제시하기 위해 문화연구가 에이즈 문제에 어떻게 대응해야 하느냐는 질문을 던진다. 홀은 에이즈 문제는 지금까지 여러 가지 모순된 방식으로 재현되었다고 말하면서 사람들이 거리에서 죽어나가는 시급한 상황에서 문화연구라는 게 무슨 소용인지, 재현을 연구한다는 것이 무슨 의미인지 반문한다. 그는

---

24. 다음의 인용문을 보자. "문화연구는 이 긴장 즉 모든 텍스트 관련 실천에 따르는 긴장과 더불어 사는 법을 배워야 한다. 사이드는 이 긴장을 텍스트가 속한 '제도, 기관, 기구, 계급, 학계, 기업, 집단, 이데올로기적으로 규정된 정당과 전문직, 국가, 인종, 젠더' 등과 관련지어 검토하는 것으로 묘사한다. 그런데 문화연구가 이러한 긴장과 더불어 사는 법을 배우기 전에는, 혹은 그렇게 하지 못한다면, 그 '세속적' 소명을 저버리게 될 것이다"(스튜어트 홀, 「문화연구와 그 이론적 유산」, 『문화, 이데올로기, 정체성』, 289). 이후 본문에서 인용은 쪽수만 표시한다.

25. 홀은 그람시가 영국 문화연구의 이론적 실천에서 중요한 이유는 그가 맑스주의의 일부 유산을 급진적으로 수정했다는 점에서 찾고 있다. 그는 이 급진적 수정이 어떤 의미인지를 구체적으로 설명하지 않지만, 필자가 판단하기에는 그람시가 전통적인 맑스주의 국가론, 혹은 상부구조론에 대해 새로운 해석을 제기하고, 계급투쟁과 정치적 실천에 대해 매우 구체적인 전략을 제시한 것이지 않을까 싶다.

그러면서도 그러한 근본적인 현실개입과 실천의 문제는 간단한 문제가 아니라면서 에이즈 문제는 "단순히 사람들이 거리에서 죽어간다는 사실보다는 더 복잡하고 새롭게 구성된 문제"(290)라는 점을 강조한다. 즉 재현의 관점에서 에이즈 문제는 죽음의 문제만이 아니라 욕망의 문제이기도 하기 때문이다. "문화연구는 재현 자체의 구성적, 정치적 성격에 관해, 재현의 복잡성에 관해, 언어의 효과에 관해, 그리고 사활이 걸린 장으로서 텍스트성에 관해 특정한 사안을 분석해야 한다"(291)는 지적은 문화연구의 정치적 기획이라는 것이 특정한 정치적 당파의 선택이나 특정한 계급적, 이데올로기적 입장을 표명하는 것이 아니라 그것이 재현되는 수많은 텍스트들의 모순들과 이데올로기 효과들을 간파하고 분석하는 것이라는 점을 주지하기 위함이다. 문화연구의 재현의 정치학은 재현된 현실을 망각하는 것이 아니라 그 현실의 이데올로기적, 기호적 모순을 폭로하는 것이고, 역설적으로 재현의 이데올로기 허구를 드러냄으로써, 재현되지 않는 것의 모순까지도 폭로하는 것이다. 아쉽게도 홀은 이러한 재현의 정치학의 복합적 조건들에 대해서는 충분하게 언급하지 못했다.

문화연구의 재현의 정치학은 '이데올로기의 호명'이나 '의미화 과정'이란 이론적 틀을 통해서 현실과 텍스트의 관계를 분석하려는 특이성을 가진다. 그것은 또한 재현되는 주체의 발화행위, 주체 내 모순의 복합성, 재현의 주류담론에서 배제된 하위주체들에 대한 의미의 복원이라는 점에서 정체성의 정치학이기도 하다. 앞서 언급했듯이 '이데올로기 비판'과 '정체성의 정치학'은 문화연구의 가장 중요한 이론적, 실천적 토픽으로서 텍스트, 주체, 현실 사이의 복합적인 관계의 그물망을 직조하는 씨줄과 날줄과 같은 것이다. 실제로 역사적 문화연구의 이론과 비평의 궤적은 '이데올로기 비판'과 '정체성의 정치학'을 중심으로 구성되었다. 예컨대 미디어와 권력의 관계, 생산관계의 재생산에 동원되는 문화적 장치의 문제들, 페미니즘 주체의 재현과 인종 정체성의 의미화, 청년 하위문화의 스타일의 저항 문제들이 모두 이 두 가지 이론적 토픽을 근간으로 하고 있다.

그러나 '이데올로기 비판'과 '정체성의 정치학'이란 문화연구의 두 가지 토픽에 대해 의문을 제기하는 이론적 입장들도 많다. 가장 일반적으로는 문화연구를 전통적인 맑스주의에서 빗겨간 수정주의적, 개량주의적 입장으로 해석하여 전통적으로 문화연구의 발생의 맥락과 그것이 의존하고 있는 이론적 구성에 대해 의문을 제기하는 구좌파적 입장과, 다른 하나는 달라진 사회구성체와 정치경제적 조건을 거론하면서 문화연구의 이 두 가지 틀을 낡은 패러다임으로 간주하고, 현재적 유효성에 대해 회의를 품는 새로운 정치경제학비판에 근거한 비판적 문화연구자들의 입장이다. 전자의 경우에는 주로 맑스주의의 정치경제학 비판의 관점에서 문화연구의 이데올로기 비판과 정체성의 정치학을 비판하는 입장을 보이고 있고, 후자의 경우에는 문화연구에서 주체의 자율성과 감각, 미학과 윤리의 고려가 부재한 것에 대한 비판을 담고 있다. 또한 신자유주의 이데올로기와 정치경제적 지배의 전면화로 현실 사회가 파국의 길로 접어들면서 문화연구가 기획하고자 했던 담론적, 제도적, 현실 개입 전략이 발생 초기의 국면과는 달리 불가능해졌다는 근본적인 문제제기도 있다.

한국의 전통적인 구좌파 진영은 문화연구의 발생 초기부터 문화연구를 또 다른 텍스트주의이자 이론적 개량주의로 비판했다는 점에서 큰 변화를 감지할 수 없지만, 최근에 한국의 비판적 문화연구자들의 작업들은 문화연구의 전통적인 이론적 토픽이라 할 수 있는 이데올로기 비판이나 정체성의 정치학과는 거리를 두고자 한다. 대표적인 비판적 문화연구자들이라 할 수 있는 강내희, 심광현, 서동진의 최근 연구 작업들은 대부분 전통적인 문화연구의 토픽들에서 벗어나는 작업을 진행하고 있다. 강내희는 '신자유주의 금융화'의 전면적 등장에 주목하면서 문화정치경제의 복합적인 상황을 독해하는 새로운 사회구성체론을 제시한다.[26] 강내희는 이러한 문제의식을 갖게 된 배경으로 두 가지를 언급하고 있다. 하나는 신자유주의의 현재 지배체제에서 금융화의 문제가 문화, 정치, 경제를 모두 관통하는 오늘날 자본주의의 핵심 축적 전략이라는 판단과, 문화, 정치, 경제가 서로 분리되지 않은 채 매우 복잡한 관계를 맺고 있다는 판단 때문이다.

한편 심광현은 맑스주의의 이론적 지평을 확장하기 위한 전략으로서 인지과학과 네트워크이론, 창의적 교육혁명이론을 제시하면서 전통적인 문화연구의 이론적 실천과는 다른 지적 작업을 시도한다. 그는 본격 문화연구에 대해 직접 언급하지는 않았지만, 맑스주의의 문화적 이행과 전화를 문화사회론이라는 프레임으로 발전시키고 있다는 점에서 자생적인 비판적 문화연구 이론을 구성하고 있다. 맑스주의 유물론의 핵심테제를 생산양식과 주체화 양식의 변증법적 결합으

---

26. 강내희, 『신자유주의 금융화와 문화정치경제』, 문화과학사, 2014. 다음의 인용문을 보자. "문화정치경제는 여기서 3대 사회적 실천 층위에 해당되는 문화와 정치와 경제가 복합적인 방식으로 빚어내는 관계망을 가리키는 말로 사용된다. 이들 사회적 실천 층위는 개별적으로도 방대하고 복잡한 문제들을 안고 있어서, 따로 하나씩 다루는 것도 어렵지만, 그 상호관계를 다루는 것은 더욱 어려운 일이다. 하지만 '문화정치경제'라는 관점을 견지함으로써 내가 일차적으로 눈여겨보려는 것은 세계와 사회, 그리고 개인의 삶이 재료가 되어 엮이는 사회적 실천 층위들의 관계양상, 다시 말해 그것들이 서로 침투해서 영향을 미치며 보여주는 어떤 운동성, 관련성이다"(16-17).

로 설정함으로써 문화교육의 중요성을 부각시키고, 새로운 주체형성의 이론으로 마음의 정치학을 제시하면서 '자기통치적 주체'의 창조를 새로운 문화정치의 실천 프레임으로 제안하고 있는 심광현의 작업은 이데올로기 비판과 정체성의 정치학과 같은 전통적인 문화연구의 이론적 실천과는 거리를 둔다.[27]

　마지막으로 문화의 '경제화'와 경제의 '문화화'가 가속되는 신자유주의 시대에 오히려 문화와 경제를 이데올로기적으로 분리해내려는 것을 자유주의의 착시효과로 판단하는 서동진의 주장은 문화연구의 폐기처분도, 문화연구의 본래 기획의 고수도 아닌 우리 시대 자유주의적 기획에 맞서는 새로운 비판적 대결을 주장한다. 서동진은 최근의 자유주의적 기획들이 모든 문화를 경제적인 것으로 치환해버리는 상황에서 문화연구의 본래 기획이 상실되는 상황에 맞서는 새로운 비판이론의 기획을 제시한다.[28] 1990년대 문화비평의 시대, 당시로

---

27. 심광현, 『맑스와 마음의 정치학』, 문화과학사, 2014. 심광현의 작업 역시 생산관계와 생산양식, 변증법적 유물론과 사적 유물론에 대한 탈근대적 해석을 총괄하는 거시적 메타이론의 성격을 갖지만, 그러한 이론적 실천이 나아가야 할 미래사회의 방향에 대해서는 '생태적 문화사회론'을 주창한다는 점에서 문화연구의 이론적 실천의 범주에서 완전히 별개의 것으로 간주하기 어렵다. "억압적 국가장치를 폐지해야 한다든가, 일하지 않는 소수가 일하는 다수를 착취하는 대신 모두가 평등하게 일해야 한다는 슬로건은 모두 기존의 부정적 가치의 철폐를 강조하는 것들이다. 부정적 가치체계의 문제점을 정확히 분석하고 비판하며, 그 철폐를 위해 노력하는 일은 대안사회로 나아가기 위한 첫 걸음이 분명하다. (중략) 사회 성원들 모두의 개성적이고 자립적인 활동이 보장되고 문화적 역능이 신장되며, 차별 없이 평등하게 문화적 교통과 향유가 보장되는 문화사회, 그러면서도 자연에 대한 착취가 아니라 자연과 공생할 수 있는 방식으로 인간과 자연의 신진대사를 새롭게 조정하는 생태사회, 즉 생태적 문화사회야말로 현재 상태를 지양하기 위한 모든 노력과 투쟁의 긍정적 동기가 될 것이다"(35).

28. 서동진, 「심미적인, 너무나 심미적인 자본주의」, 『경제와 사회』, 통권 92호, 2011년 겨울, 12. "이제 문화연구가 문화의 타자로서 정의했던 경제는 문화 그 자체인 것처럼 보일 지경이 되었다. 그렇다면 경제적 현실을 미(학)적·문화적 담론을 통해 표상하는 새로운

서는 낯설고 금기였던 급진적 성정치학을 주장하며 정체성의 정치학의 비판담론을 주도했던 서동진의 최근의 작업들은 신자유주의 주체형성 비판과 자본과 국가의 착취 구조의 내재화에 대한 비판으로 집중하면서 자신의 연구와 실천의 궤적을 포함해 문화연구의 역사적 실천의 단절과 전화의 국면에서 진지한 논쟁을 야기할 법하다. 문화연구가 범람하는 근대성 연구와 한류와 케이팝 연구의 방법론적 도구로 활용되거나 학문의 구조조정을 전제로 한 대학의 지식융합의 알리바이로 인용되면서, 문화연구 본래의 이론적, 정치적 개입의 동력이 실종된 것은 아닌가 하는 위기의식을 토로할 때, 한국의 대표적인 비판적 문화연구자들의 최근 작업들은 문화연구의 현 지형에서 논쟁을 촉발시킬 수 있는 계기를 만들었다. 무엇보다도 이들의 작업이야말로 최근 문화연구의 탈정치적 성향, 수용자 중심적인 텍스트 연구, 시대사 분석에 기반을 둔 근대성연구의 퇴행에 대한 우회적인 비판을 담고 있으며, 역설적으로 전통적인 문화연구의 방법론의 무용 혹은 폐기를 주장하는 것으로 평가할 수 있다.

문화연구의 가장 핵심적인 이론적 실천이라 할 수 있는 이데올로기 비판과 정체성의 정치학은 최근 비판적 문화연구자들의 작업을 기준을 할 때, 한가한 이론적 유산에 대한 향수 어린 복기이자 당사자들의 배부른 요청일 수 있다. 문화연구의 위기와 종말을 언급하는 와

경제적 서사들은 '경제와는 다른 그 문화'라는 것이 존립하지 않음을 증명하는 것일까. 혹은 더 심하게 말한다면 문화와 경제의 탈분화de-differentiation라는 새로운 자본주의의 추세는 문화연구가 이론적 기획으로 더 이상 설득력이 없음을 말해주는 것이 아닐까. 그러나 나는 이런 질문에 직접 답하려는 시도는 불가능하다고 생각한다. 또한 그런 시도 자체가 문화와 경제라는 구분을 생산한 '자유주의'에 갇혀버리는 효과를 낳을 뿐이라 생각한다"(12).

중에 문화연구의 핵심 토픽이라 할 수 있는 이데올로기 비판과 정체성의 정치학에 주목해야 한다는 주장은 얼핏 보면 모순적일 수 있다. 그러나 역설적이게도 문화연구의 종말을 이야기하는 순간, 이데올로기 비판과 정체성의 정치학은 매우 중요한 토픽이 되었다. 문화연구의 종말은 이러한 두 가지 토픽의 역사적 오류 때문이 아니라, 그것의 역사적 불충분함, 혹은 그것의 현실적인 실종에서 비롯된 것일 수 있기 때문이다. 이데올로기 비판과 정체성의 정치학은 그런 점에서 달라진 현실에 개입하는 문화연구의 이론적 실천의 구성에 있어서도 폐기할 수 없는 것들이다. 여전히 이데올로기 비판과 정체성의 정치학에 대한 이론적 실천은 불충분하다. 사실 문화연구에 대한 정치경제적, 미학적 비판의 지점들이 타당한 주장을 담고 있음에도 그것이 이데올로기 비판과 정체성의 정치학과 배리된다거나, 서로 배제한다고 보기는 어렵다. 신자유주의 지배체제는 단지 경제적 토대만의 문제가 아니라 여전히 그것을 확대재생산하는 이데올로기의 문제이기도 한다. 이데올로기 비판 없는 문화연구의 새로운 전화는 불가능하다. 마찬가지로 신자유주의 지배체제에 인지적으로 대면하는 개인들과 개인들의 연합의 국면들에서 새로운 주체형성 없는 저항이란 불가능하다. 문화연구의 종말에 대한 선언은 문화연구의 새로운 이론적 생성을 요한다. 새로운 이론적 생성은 또한 이데올로기 비판과 정체성의 정치학에 대한 새로운 해석과 실천을 요한다. 문화연구의 종말과 생성은 단절과 연속, 차이와 반복의 변증법에 대한 수사이다. 그것은 상호보완적인 관계이며, 중층적인 현실의 국면을 지시할 뿐이다. 그것은 문화연구의 미래를 기획하는 일이기도 하다. 현실의 국면에 대응하는 문화연구의 이론적 재구성을 위해 이데올로기 비판과 정체성의 정치학이 대면해야 하는 매우 까다로운 문제들을 앞으로 세 번의 연재[29]를 통해서 논의하고자 한다.

이데올로기 비판과 그 불만

문화연구에서 이데올로기 비판은 문화의 일상적 삶의 경험을 중시하는 전통적인 문화주의에 대한 회의에서 비롯된다. 스튜어트 홀은 문화주의에 반하는 이론적 입장을 통상 구조주의로 정의하고 문화주의와 구조주의를 문화연구의 두 가지 이론적 패러다임으로 제시했다.[30] 문화연구에서 이데올로기 비판은 대중들의 문화적 일상의 경험에 영향을 주는 지배적 관계들을 하나의 권력의 체계로 설정하고 그것이 어떤 방식으로 작동하여 대중들의 일상에 관여하는지를 보고자 한다. 이는 주지하듯이 리처드 호가트, 레이먼드 윌리엄스, E.P. 톰슨의 작업들로 구성된 경험주의에 기반을 둔 영국 초기 문화연구를 비판하면서 프랑스의 구조주의 철학, 특히 알튀세르의 이데올로기론

---

29. 첫 번째 연재에 해당되는 이 글은 문화연구의 이데올로기 비판의 전개과정과 그것의 반비판으로서 미학, 윤리, 감각의 문제를 다루고 있는 '정동의 정치학'의 연계 지점을 중심으로 다룰 것이다. 두 번째 연재는 문화연구의 또 다른 핵심 테제인 정체성의 정치학의 새로운 이론적 구성을 정동에 관한 세 가지 토픽을 통해 언급할 것이며, 전통적인 정체성의 정치학의 비판으로서 경치경제학의 재구성이 어떤 논쟁점들을 야기하는지를 중심으로 다룰 것이다. 이 글에서 기초적으로 다루었던 정동의 정치학이 정체성의 정치학의 재구성에 어떤 이론적 자원을 제공해 줄 수 있을지, 마찬가지로 정치경제학의 재구성에서 문화경제와 인지과학의 접목이 어떤 전망을 제시할 수 있을지를 다룰 것이다. 마지막 연재는 문화연구의 생성과 미래를 위한 이론적 실천으로서 한국 문화연구의 전화에 대해 언급할 것이다. 한국 문화연구의 이론적 실천은 21세기 비판이론으로서 어떤 토픽들로 구성될 수 있으며, 그것들이 어떻게 서로 경합하는지에 대해 논의할 것이다.

30. 스튜어트 홀, 「문화연구의 두 가지 패러다임」, 『스튜어트 홀의 문화이론』, 임영호 역, 한나래, 1996 참고.

을 이론적 기초로 한다. 여기서 알튀세르의 이데올로기론을 장황하게 설명하는 것은 바람직하지 않지만, 소위 알튀세르의 'ISAs'론이 문화연구의 이데올로기 비판에 미친 이론적 영향에 대해서는 언급할 필요가 있겠다. 문화연구가 'ISAs'론을 통해 주목했던 것은 이데올로기론에 대한 이론적 구성 그 자체였다기보다는 생산관계의 재생산을 지배하고 있는 이데올로기의 호명테제, 특히 이데올로기에 호명된 주체 형성의 문제였다.

이데올로기는 현실 인식의 문제이다. 맑스는 『독일 이데올로기』에서 당시 독일에서 팽배했던 부르주아 허위의식으로서 이데올로기 비판에 집중했다. 흥미롭게도 맑스가 이데올로기 문제를 거론하게 된 배경은 19세기 중반 상품생산의 과잉으로 인한 경제적 활동의 파행과 사회적 관계들의 사물화 상황이 가속화된 시기였는데, 이는 1950년 이후 후기산업 사회의 도래에 따른 대량문화 생산을 바라보는 문화연구자들의 이데올로기 비판의 배경과 흡사하다. 맑스는 이 당시를 철학적 격변의 시대로 규정하고 절대정신의 부패과정으로 심각하게 진단한다. "독일 시장이 공급과잉의 상태에 놓이고 온갖 노력에도 불구하고 상품이 세계시장에서도 잘 팔리지 않게 되자, 장사는 흔한 독일식으로 즉 대량생산 및 모조품 생산, 품질의 열악화, 원료의 조악성, 상표의 위조, 하위거래 어음부도, 아무런 실제적 기반도 갖지 못한 신용제도 등의 방식으로 타락했다"[31]는 지적에는 사회적 관계를 오염시키는 신흥 부르주아 지배계급의 허위의식에 대한 맹렬한 비판이 담겨있다.

---

31. 칼 맑스, 『독일 이데올로기 1』, 김대웅 역, 두레, 1989, 52. 이하 인용은 본문에 쪽수를 표시한다.

맑스의 이데올로기 비판은 부르주아 허위의식에 대한 청년 헤겔학파의 비판을 좀 더 유물론적인 입장에서 비판한 것이라 할 수 있다. 포이에르바하로 대변되는 청년 헤겔학파는 표상, 사상, 개념이 의식의 환상일 뿐이라고 비판하지만, 맑스는 그것을 의식의 산물이 아니라 인간의 물질적 활동과 사회적 관계의 총체적 산물로 보고자 한다. "이념 표상 의식의 생산은 우선 인간의 물질적 활동과 물질적 교통 및 현실적 생활의 언어 속에 직접적으로 편입되어 있다. 인간의 표상, 사유, 정신적 교통은 아직 그의 물질적인 행동의 직접적인 발현으로서 나타난다. 인간은 그들의 표상 관념들의 생산자이지만, 그는 생산력과 그에 상응하는 교통의 일정한 발전에 의해 조건지어진 그대로 현실적으로 활동한다. 의식과 의식된 존재 이외의 그 어떤 것도 아니며 인간의 존재는 그의 현실 삶의 과정"(65)인 것이다. 의식에 대한 삶의 결정론은 맑스주의 유물론의 가장 중요한 이론적 토대라 할 수 있는데, 아래의 인용문은 인간의 삶을 왜곡시키는 부르주아의 관념론적 허위의식에 대한 전복과 인간이 사회적 실재와 맺는 총체적 관계를 역설하고 있다.

오히려 현실의 역사적 지반 위에 서서 관념으로부터 실천을 설명하는 것이 아니라 물질적 실천으로부터 관념적 구성물을 설명함으로써, 다음과 같은 결론에 이른다. 그 결론이란 의식의 모든 형태 및 산물은 정신적 비판, 그리고 '자기의식'으로 해소나 '요괴', '유령', '망상' 등으로의 전화에 의해서가 아니라, 오직 이러한 관념론적 허구들이 도출되는 현실적 사회관계의 실천적 전복에 의해서만 해소될 수 있다는 것이다. 역사와 종교와 철학 그리고 그 밖의 모든 종류의 이론의 추진력은 비판이 아니라 혁명인 것이다. 이러한 역사관에서 살펴보면, 역사는 '정신에 대한 정신'으로서의 '자기의식'으로 해소됨으로써 끝나는 것이 아니다. 역사의 각 단계는 그 선조로부터 각 세대가 물려받은 물질적 성과, 생산력의 총합, 자연에 대한 그리고 개인들 상호 간의 역사적으로 창조된 관계를 포함하고 있다는 것을 보여준다. 다시 말해서 일군의 생산력, 자본, 환경이 존재하고 이것들이 한편으로는 새로운 세대에 의해 개조되지만, 다른 한편으로는 새로운 세대에 대해 그 특유의 생활조건을 규정하며, 그 세대에 일정한 발전 및 하나의 특수한 성격을 부여한다는 것을 보여준다. 그러므로 이것은 인간이 환경을 만드는 것과 마찬가지로 환경이 인간을 만든다는 사실도 보여준다. 모든 개인과 모든 세대를 소여 된 그 무엇으로 파악하는 생산력, 자본 그리고 사회적 교통형태의 이러한 총합은 철학자들이 '실체'나 '인간의 본질'이라고 생각하는 것의 그리고 그들이 신성시하고 공격하는 것의 실제적인 근거이다(81).

맑스의 이데올로기 비판은 인간 활동을 선험적 의식에 의해 규정하려는 관념론과의 단절을 시도한다. "하늘에서 땅으로 내려오는 독일철학과는 정반대로 우리는 땅에서 하늘로 올라간다"는 『독일 이데올로기』에 쓰인 유명한 수사는 이러한 맑스의 문제의식을 압축한다. 문제는 맑스의 이러한 이데올로기 비판이 부르주아의 허위의식으로서 인간을 표상하는 재현의 과정 일체를 관념적인 것으로 일변시키고 있다는 점이다. 맑스는 "우리는 인간이 말하고 상상하고 관념화시킨 것으로부터 출발한다거나 혹은 말해지고 상상되고 표상된 인간으로부터 출발하여 그로부터 육체를 가진 인간에게 도달하려는 것이 아니다. 오히려 우리는 현실적으로 활동하는 인간으로부터 출발"(65) 한다고 언급하면서 "상상되고 표상된 인간"과 "현실적으로 활동하는 인간"을 구별하고 있다. 이는 전자의 인간을 "하늘에서 땅으로", 후자의 인간을 "땅에서 하늘로" 비유하는 것과 일치한다.

바로 이 지점에서 맑스의 독일이데올로기와 알튀세르의 이데올로기론이 구분된다. 알튀세르는 "상상되고 표상된 인간"을 만드는 이데올로기를 단순한 부르주아의 허위의식이나 관념적 허구로 보지 않고 인간이 사회적 관계 속에서 맺는 구체적인 물질적 과정으로 파악하고자 한다. 알튀세르의 맑스주의는 인간주의와 경제주의로부터의 단절을 기도한다는 점에서 청년 헤겔주의자들의 관념론을 비판한 『독일 이데올로기』와 문제의식을 같이 한다. 흥미롭게도 『독일 이데올로기』에서 "상상되고 표상된 인간"이란 표현과 알튀세르가 「이데올로기와 이데올로기적 국가장치들」에서 "개인이 사회적 실재와 맺는 상상적 관계"라고 표현한 것이 이데올로기의 정의로서 거의 유사한 설명 같다. 그러나 이 두 설명은 실제로는 상상과 표상에 의한 이데올로기의 효과에 대해서는 서로 다른 판단을 하고 있다. 맑스는 "상상되고 표상된 인간"을 현실의 활동에 근거하지 않은 관념론적인 인간으로 보는 반면, 알튀세르는 "개인이 사회적 실재와 맺는 상상적 관계"를 현실에서 작동되는 매우 구체적인 것으로 파악한다. 맑스는 상상과 표상을 인간의 잘못된 현실인식 혹은 현실에 기반을 두지 않은 관념적인 사유로 보지만, 알튀세르는 이것을 근본적인 인간의 오인 효과로 보려고 한다.

주지하듯이 "개인이 사회적 실재와 맺는 상상적 관계"에서 '상상적'이란 말은 라캉의 "상상적인 것"이란 개념에서 차용한 개념이다. 알튀세르는 전통적인 인식론 기저에 있는 환영과 그것이 구체화되는 지식의 이데올로기적 개념은 라캉의 오인 개념에 대한 언급을 통해 진단될 수 있다고 제안한다. 「프로이트와 라캉」에서 알튀세르는 정신분석학이 다음과 같은 사실을 발견했다고 쓰고 있다. "인간주체는 탈중심화되어 있고, 자아의 상상적인 오인, 즉 자아가 스스로 인식하는 이데올로기 형태를 제외하고는 중심이 없는 구조에 의해 구성된다는 점을 발견했다."[32] 라캉의 오인 테제는 알튀세르로 하여금 경험주의적 지식 개념이 인간주체에 대한 경험을 구조화하는 방식을 개념화하도록 해주었다. 라캉에게 있어 자기동일성에 대한 어린아이의 인식은 자신을 거울 속에 표상시키는 과정, 즉 자기를 타자의 응시 속에서 인식하는 과정을 통해 어린 시절에 나타난다. 자아는 부인과 오인의 상태 속에서 구성되는데, 왜냐하면 실제로 주체는 철저하게 파편화되어 있기 때문이며, 어린아이가 거울 속에서, 타자의 응시 속에서 나타나게 되는 통합된 신체이미지로서 주체가 나타나지 않기 때문이다. 알튀세르에게 있어 거울 이전의 주체는 자신이 하나의 주체임을 믿는 개별자이다. 그러나 이러한 믿음은 관념과 가치들의 체계 안에서 생산되는 것이다. 이데올로기는 개인이 실재와 맺는 상상적 관계라는 정의에서 '상상적 관계'는 유아기부터 형성된 개인의 내재적 무의식적 타자화를 전제하고 있다는 점에서, 혹은 개인이 현실을 이해하는 길은 오로지 '상상적'인 관계 안에서라는 점에서 매우 근원적이다.

맑스에게 있어서 상상과 표상은 현실 인식을 통해 쉽게 극복할 수 있는 것으로 믿어지는 반면, 알튀세르에게 있어서 그것은 인간의 원

---

32. 루이 알튀세르, 「프로이트와 라캉」, 『레닌과 철학』, 이진수 역, 백의, 1997, 218-219.

초적 욕망에 근거한 것으로 쉽게 극복하기 어려운 것이다. 어떤 점에서 맑스는 "상상되고 표상된 인간"을 인간의 현실 활동과 별개로 관념적 주체로 단정함으로써, 현실 속에서 그러한 표상된 인간들이 생산되는 이데올로기적 과정에 대해 과소평가했다. 이에 비해 알튀세르의 이데올로기론은 이데올로기를 부르주아 허위의식 일반으로 단정하지 않고, 특정한 장치를 통해 개인을 구체적인 주체로 호명하는 것으로 파악하고자 했다. 말하자면 개인을 주체로 호명하는 이데올로기가 어떤 메커니즘을 통해 생산되고 작동되며, 그것이 생산관계의 재생산에 어떻게 관여하는가를 간파하고자 한 것이다.

　문화연구에서 이데올로기 비판이 맑스의 『독일 이데올로기』가 아닌 알튀세르의 「이데올로기와 이데올로기적 국가장치들」을 우회해서 구성된 것이라는 판단이 더 적절한 것은 바로 이데올로기의 상상과 표상이 문화적 재현 장치를 통해서 끊임없이 재생산되기 때문이다. 이데올로기 비판은 상상과 표상이라는 재현의 정치학을 우회한다는 점에서 문화의 기호적 속성, 즉 문화의 의미화 과정을 비판하는 것이다. 알튀세르가 허위의식으로서의 부르주아 이데올로기의 설정을 비판하면서 강조하고자 했던 이데올로기의 실천과 그 실천의 거점이 되는 장치들은 비록 그것이 이데올로기적 국가장치들로 일반화되고 그래서 그람시가 언급했던 헤게모니의 역사적 블록에 대한 여지를 봉쇄시킨 비판을 받고 있긴 하지만, 현저하게 문화의 의미화 과정과 관련되어 있다. 스튜어트 홀은 알튀세르가 정신적 사건이 사회현상으로 표현 혹은 실현되는 곳이 어디인지를 잘 알고 있다고 지적하면서 이데올로기가 작동되는 곳이 재현의 영역, 의미화의 영역이라는 점을 강조한다.

알튀세르는 관념이 어디서 사회현상으로 나타나며, 어디서 정신적 사건이 사회현상으로 표현 혹은 실현되는지에 초점을 둔다. 물론 이 것은 언어(기호사용을 포함하는 의미작용 실천이라는 뜻에서, 또 기호학 적 영역에서는 의미와 재현 영역)에서 이루어진다. 또한 이데올로기가 각인되는 사회행동이나 행위의 의식과 실천에서도 이러한 현상이 생 겨난다는 점도 이와 마찬가지로 중요하다. 말하자면 언어와 행위는 이데올로기가 물질적으로 표현되는 미디어이자 이데올로기가 기능 하는 양식이다. 이러한 의식과 실천은 항상 사회적 장소에서 사회적 장치와 연결되어 발생한다. 이 때문에 언어나 행위 속에 각인된 이 데올로기적 사고 유형을 읽어 내려면 언어와 행위를 분석하거나 해 체해 보아야 한다.[33]

이데올로기 비판은 재현의 정치학을 우회하여 사회적 관계들의 모 순과 구조를 비판하는 것이라 할 수 있다. 알튀세르의 이데올로기론 이 단지 사회적 실재에 대한 표상된 언어와 기호의 의미 결정을 주장 하는 현상학이 아닌 것은 이데올로기가 생산관계의 재생산에 개입한 다는 일관된 판단 때문이다. 홀의 지적대로 "이데올로기가 다양한 이 데올로기 장치를 통해 수행하는 것은 넓은 의미에서 생산의 사회적 관계를 재생산하는 것이다"(96). 알튀세르는 생산관계의 재생산에서 이데올로기가 관여하는 바가 절대적이라고 본다. 알튀세르에 따르면 생산관계의 재생산은 생산수단의 재생산과 노동력의 재생산 없이는 불가능하다. 이중 노동력의 재생산은 노동자들에게 임금을 지급함으

<hr />

33. 스튜어트 홀, 「의미작용, 재현, 이데올로기: 알튀세르와 후기 구조주의 논쟁」, 『문화, 이 데올로기, 정체성』, 98. 이하 인용은 본문에서 쪽수로만 표시한다.

로써 가능한데, 알튀세르는 노동력의 재생산이 단지 노동자들의 임금만으로 재생산되지 않음을 강조한다. 왜냐하면 노동자들이 노동에 합당한 임금을 받지 못하는 일반적인 상황을 스스로 받아들이지 않으면 안 되기 때문이다. 노동력의 재생산은 임금의 재생산만이 아니라 열악한 임금을 기꺼이 수용하게 만드는 훈육과정이 재생산될 때 비로소 가능하다. 알튀세르가 「이데올로기와 이데올로기 국가장치들」에서 언급한 학교에서의 선행규칙, 도덕, 시민의식, 직업의식의 규칙들이 모두 훈육과정의 재생산에 동원되는 것들이다.

노동력이 노동력으로 재생산되기 위해서는 노동력 재생산의 물질적 조건을 보장하는 것만으로는 충분치 않다. 노동력의 기술재생산도 필요하다. 그러나 이런 기술과 지식 이외에도 아이들은 학교에서의 선행의 규칙들을 배운다. 다시 말해 노동 분화 속의 각 행위자들이 자신에게 운명 지워진 직업에 따라 지켜야 할 태도 즉 도덕, 시민의식, 직업의식의 규칙들을 배운다. 실질적으로 이 모든 것들이 의미하는 것은 사회, 기술적 노동 분화에 대한 존중의 규칙들 및 궁극적으로 계급지배가 확립해놓은 질서의 규칙들이다. 달리 말해 학교는 노하우를 가르치긴 하지만, 지배이데올로기에 대한 복종심이나 그 실행에 대한 지배력을 보장받는 형태로 가르친다.[34]

지금까지 언급한 알튀세르의 이데올로기론이 물론 문화연구의 이데올로기 비판의 모든 것은 아닐 것이다. 알튀세르의 이데올로기론은

34. 루이 알튀세르, 「이데올로기와 이데올로기적 국가기구」, 『레닌과 철학』, 140.

'재생산'과 '장치'라는 개념을 통해서 이데올로기가 개인들을 호명하는 메커니즘이 특정 계급에 국한되는 것이 아니라 전면적이고 영구적이라는 점, 그것이 푸코의 통치성의 개념과는 다른 차원에서 국가 권력의 재생산에 있어 중요한 구성요소라는 점을 간파했다는 점에서 문화연구의 이데올로기 비판, 특히 미디어와 기호의 이데올로기 비판에 있어 유효한 이론적 틀을 제공한다. 그러나 문화연구에서 이데올로기 비판은 정교한 지배이데올로기 비판뿐 아니라 저항이데올로기, 혹은 대항이데올로기의 형성에 대한 이론적 보충을 요청한다. 알튀세르의 이데올로기론이 지배이데올로기만을 언급한다는 스튜어트 홀의 주장은 이론의 여지가 있지만, 구체적인 개인을 구체적인 주체로 호명하는 알튀세르의 이데올로기론이 '상상적' 관계를 매우 영구적으로 설정하여 저항이데올로기의 형성을 봉쇄시켰다는 주장[35]은 일견 일리가 있다. 알튀세르의 이데올로기론이 라캉의 '상상계'의 망령에 사로잡혀 주체호명과 오인효과의 외부를 보지 못한다는 지적과 그의 이데올로기론은 지배이데올로기로부터 개인을 호명하는 메커니즘이 얼마나 집요하고 구체적인지를 말하려는 것일 뿐 이데올로기 외부를 망각하지 않았다는 지적 사이의 차이는 알튀세르의 이데올로기론을 바라보는 관점의 차이를 드러낸다. 알튀세르의 이데올로기론이야말로 이데올로기 국가장치들의 승리를 이야기한 것이 아니라, 그가 『맑스를 위하여』에서 언급한 모순과 중층결정, 지배 내 구조, 최종심급에서의 경제결

---

35. 대표적으로 스튜어트 홀은 이렇게 언급하고 있다. "이데올로기의 모순된 장에 관해, 어떻게 피지배계급의 이데올로기가 생산되고 재생산되는지에 관해, 또한 저항, 배제, 일탈 등등의 이데올로기에 관해 의문을 제기할 때, (알튀세르의) 이 글은 아무런 해답도 주지 못한다"(97).

정론과 같은 급진적 은유에서 알 수 있듯이 정교한 계급투쟁론으로 보아야 한다는 생각도 문화연구의 이데올로기 비판에 있어 중시해야 할 부분이다.

그러나 어쨌든 문화연구의 이데올로기 비판은 알튀세르의 이데올로기론만으로는 불충분하다는 결론에 이르게 되었다. 알튀세르의 이데올로기적 국가장치와 주체호명 테제가 저항의 계기를 무력화시켰다는 주장과 함께 그 대안으로 그람시의 헤게모니론을 대안으로 설정한 것은 알튀세르 철학이 역사유물론으로서 이론적·실천적으로 적절한가의 논쟁을 떠나 당연한 선택이었다고 볼 수 있다. 실제로 문화연구의 이데올로기 비판에는 미디어 장치이론을 정교하게 분석했던 '알튀세르적 계기'가 있는가 하면, 하위문화에서 저항을 발견하려 했던 그람시적 계기가 있기도 하다.[36] 그람시의 헤게모니 이론은 알튀세르가 명명한 이데올로기 국가장치들의 영역을 시민사회의 영역으로 간주하고 이곳을 지배헤게모니와 대항헤게모니가 투쟁하는 계급투쟁의 장으로 보고 있다. 이데올로기 국가장치들 대신에 시민사회를, 이데올로기 주체 대신에 유기적 지식인을, 호명 테제 대신에 진지전과

---

36. 가령 장치이론은 미디어와 영화연구에서 주체의 이데올로기적 재현의 문제를 논쟁적으로 제시할 때 사용된 개념으로 주로 데이비드 몰리 류의 BBC와 같은 공영방송 뉴스 분석이나 영화비평지 *Screen*의 영화비평의 분석방법론으로 활용되었다(David Morley, *The "Nationwide" Audience* [London: BFI, 1980]; Graeme Turner, *British Cultural Studies: An Introduction* [London: Routledge, 1992], 29 참고). 반면 딕 헵디지, 폴 윌리스의 하위문화 연구들은 노동자계급 청년하위문화 스타일의 정체성을 프로테스탄트 윤리의식에 사로잡힌 부모세대에 대한 저항으로 간주하면서 이것을 전후 불안정한 영국의 사회 구조에 대한 대응으로 분석하고자 한다(Dick Hebdige, *Subculture: The Meaning of Style* [London & New York: Routledge, 1979]; Stuart Hall & Tony Jefferson, *Resistance Through Rituals: Youth Subcultures in Post-war Britain* [London: Hutchinson & Co. Ltd., 1975] 참고).

기동전의 테제를 제시하는 그람시의 헤게모니론은 알튀세르의 이데올로기론의 한계를 메우는 매력적인 이론적 전략이 될 수 있다. 스튜어트 홀은 "국면분석, 정치, 이데올로기와 국가처럼 그간 매우 소홀히 해온 영역이나, 다양한 정치 체제의 유형의 특징, 문화적, 국민적-대중성 문제의 중요성, 사회 내 다양한 사회세력 간의 관계 균형의 변화에서 시민사회가 수행하는 역할 등 바로 이러한 이슈들에 관해서는 그람시가 기여할 부분이 엄청나게 많다"[37]고 평가한다. 정치적 투쟁에서 "시민사회가 직접적인 경제적 요소(공황, 불황 등)의 파국적 '기습'에 저항할 수 있는 복합적인 구조로 성장"하였고 "시민사회라는 상부구조는 근대적 전쟁에서의 참호체계와 같다"는 그람시의 언급[38]에서 시민사회가 국가헤게모니에 맞서는 대항헤게모니의 장소로서 기능할 수 있음을 알 수 있다.

그람시에 의하면 사실 국가의 존재는 폭력적, 군사적 기능만 있는 것은 아니다. 국가 역시 헤게모니 행사의 주체이다. 국가의 가장 중요한 기능 중 하나가 "거대한 인구대중을 특정의 문화적, 도덕적 수준(또는 형태), 다시 말하여 생산력 발전을 위한 요구, 따라서 지배계급의 이익에 부응할 수 있는 수준으로까지 끌어 올리는 데 있는 것이라는 점에서 윤리적 국가이다"(274). 야경꾼으로서 혹은 개입주의자로서의 국가가 아닌 도덕적인 수행자로서 '윤리적 국가'는 대중에 대한 지도력을 행사하려는 헤게모니를 보유한다. 부르주아 계급은 "끊임없이

37. 스튜어트 홀, 「인종과 종족성 연구에서 그람시적 함의」, 『문화, 이데올로기, 정체성』, 490.

38. 안토니오 그람시, 『옥중수고 I』, 이상훈 역, 거름, 1986, 247-248. 이후 인용은 본문에서 쪽수로만 표시한다.

운동하는 유기체" "전 사회를 자기 자신의 문화적, 경제적 수준으로 동화시킬 수 있는 유기체"로서 자신 자신을 제시한다. 부르주아 계급이 장악한 국가의 일체의 기능이 변화하면서 국가는 "이제 교육자가 되었다"(276). 이러한 윤리적 국가는 폭력적인 국가와는 다르게 시민사회와 시민사회에서 부상하는 세력들에게 역사적으로 주도권이 이행되는 국가를 의미한다는 점에서 시민사회의 헤게모니를 행사하는 진지전의 장소라 할 수 있다. 그람시에게 있어서 국가와 시민사회는 정치적으로 도덕적으로 완전히 구별되는 것이 아니다. 그람시는 "여전히 국가와 지배를 동일시하는 풍토 속에 있는데, 이 동일시야말로 경제적, 조합주의적 형태의 표현, 다시 말하여 시민사회와 정치사회 사이의 혼동을 보여주는 표현이다"(279)라고 말하면서 국가의 정의를 정치사회와 시민사회의 결합, 궁극에는 윤리적 국가, 혹은 시민사회로 전환하는 조절된 사회로의 이행을 전망한다.

그람시의 윤리적 국가는 어떤 점에서는 알튀세르의 이데올로기적 국가장치들과 마찬가지로 국가의 내재적 외연성의 유연화를 상상한다는 점에서 새로운 상부구조론이라 할 수 있지만, 그 방향과 전망은 다른 맥락을 가지고 있다. 알튀세르의 이데올로기적 국가장치들은 시민사회의 국가 이데올로기로의 흡수를 상상하는 것이라고 한다면, 그람시의 윤리적 국가는 폭력적 국가에 대항하는 시민사회의 헤게모니적 투쟁과 경합을 상상하는 것이라 할 수 있다. 그러나 이러한 서로 다른 상상은 문화연구의 이론적 실천에서 대립적인 위치에 있는 것만은 아니다. 이 두 이론적 실천은 어떤 점에서 "지배와 저항"의 복합적이고, 내재적인 관계들을 상호 보완적으로 설명한 것이라 할 수 있다. 전자는 지배적 생산관계의 재생산의 작동원리를, 후자는 그러한 생산관계의 내파와 저항의 작동원리를 각각 효과적으로 설명하고자 했다. 그람시의 '헤게모니론' 안에도 내재적인 국가 호명의 원리가 작동하고 있으며, 알튀세르의 '이데올로기론' 안에도 내재적 계급투쟁의 원리가 작동하고 있다. '헤게모니'와 '이데올로기 호명'이라는 언표는 재현의 정치학으로서, 정체성의 정치학으로서 문화연구의 이론적 실천에 있어 상호 보완적인 토픽들이라 할 수 있다.

이데올로기 비판을 넘어서—메타이론의 전환

그러나 이러한 접합의 가능성과 달리 알튀세르의 '이데올로기론'과 그람시의 '헤게모니론'은 그간의 문화연구의 이론적 실천에 있어서 대립된 입장을 대표한다고 볼 수 있고, 이 이론적 대립은 문화연구자들 사이에서도 한동안 연구자 자신들의 입장을 드러내는 기준이 되기도 했다. 이데올로기 비판은 지나치게 이론적이고 인식론적이며 비판적이라는 지적과 함께 문화연구에서 헤게모니론은 그러한 이데올로기 비판의 대안이자, 대항문화를 형성하는 실천이론으로 각광을 받았다. 1990년대 한국의 현장 문화운동가들이나 비판 커뮤니케이션 이론에 기반한 진보적 미디어 연구자들 중에서 알튀세르의 이데올로기론보다는 그람시의 헤게모니론을 더 선호한 이유도 이런 맥락에서이다. 다른 한편 그람시의 헤게모니론은 이데올로기에 대한 과학적 인식의 결여로 인해 개인을 주체로 호명하는 국가장치들의 구조적 작동 메커니즘을 너무 쉽게 간과한다는 비판이 뒤를 따랐다. 어쨌든 문화연구에서 이데올로기는 문화주의와 구조주의의 논쟁, 혹은 주체호명과 헤게모니의 논쟁에서도 빼놓을 수 없는 토픽이다.

문화연구에서 이데올로기 비판은 단일한 당파적, 정치적 입장을 공공연하게 드러내는 주의주의에 대한 비판이라 할 수 있다. 이데올로기는 특정한 계급의 당파적 이해관계로 환원될 수 없는 복잡한 사회적 양상들로 표상되기 때문이다. 제임스 커리의 지적대로 좌파들은 이데올로기를 매우 다양하게 분석하며, 정치적 행동을 위한 하나의 이데올로기만을 고집하지 않는다. 문화연구는 이데올로기를 동일한 문화 안에서 다양한 표현의 형식들로 바라보려고 한다. 이데올로기 형태들은 문화를 표현하고 수용하는 조건에 따라 그 의미와 스타일이 각기 다르게 나타난다.[39] 이데올로기 비판은 그런 점에서 현실에 대한 구체적이고 복합적인 갈등 관계에 대한 분석이 전제되어야 한다. "'이데올로기'가 전체 삶의 방식을 기술하는 용어로 기술되거나, 혹은 단지 지금 벌어지고 있는 일에 대한 또 다른 이름으로 기술될 때, 근대 사회의 풍부한 현상학적 다양성은 계급들과 분파들 간의 단조로운 갈등 분석으로 환원된다"(69)는 커리의 지적은 일리 있는 말이다.

다양한 사회적 조건들에 대한 다양한 표상의 형식을 분석하는 방법으로서의 이데올로기 비판은 재현의 정치학이란 이름으로 옹호되거나, 현상적인 텍스트주의로 비난받는 일들을 반복해 왔는데, 문화연구는 이제 이데올로기 비판의 한계를 극복하는 대안으로 헤게모니 이론이나 문화주의에서 찾기보다는 그러한 전통적인 논쟁의 대상에서 벗어나 새로운 메타이론과의 대면이 필요하다. 나는 새로운 메타이론의 전환을 '정동의 정치학'이란 문제설정을 통해 찾고자 한다. 정동affect의 정치학은 앞서 언급했듯이 문화연구의 또 다른 이론적 토

---

39. James W. Carey, "Overcoming resistance to cultural studies," in *What is Cultural Studies?: A Reader*, 68. 이하 인용은 본문에서 쪽수로만 표시한다.

픽이라 할 수 있는 정체성의 정치학과 거의 유사한 것으로 이해할 수 있다. 그러나 문화연구에서 정체성의 정치학은 전통적으로 여성주의 문화, 노동자계급 청년 하위문화, 이주자문화, 게이문화 등 사회적 소수자들의 주체성 문제로 논의되었다. 사이먼 듀링의 언급대로 1950년대 영국에서 처음 등장했을 때 문화 연구가 보인 두 가지 뚜렷한 특징 중의 하나가 "주체성subjectivity"에 초점을 맞춘 것이었다. 주체성에 대한 관심은 문화연구가 사회과학의 실증주의나 "객관주의"와 단절하고 개인적 삶과의 연관 속에서 문화를 연구했다는 것을 의미한다.[40] 정체성은 소수자들을 향한 사회적 배제와 차별에 대한 방어기제로서, 사회적으로 구성된 주체들의 차이의 실천 감각을 중시한다. 정체성의 정치학은 차이의 정치학이며, 소수자의 정치학이라 할 수 있다. 그래서 정체성의 정치학은 차이의 '정치'와 '담론', 그리고 인권에 대한 문화적 실천을 포함한다.

그러나 여기에서 제시하고자 하는 정동의 정치학은 주체성의 욕망과 차이의 정치학과 긴밀하게 연관되어 있지만, 특정한 소수자 주체들에 한정된 담론의 수준을 넘어서 동시대 문화, 정치, 경제의 현실과 그 담론에서 발견되는 감정, 감각, 윤리의 문제들을 제기하는 의미를 가진다. 신자유주의 경제 질서와 지배체제, 그리고 그것의 지배적인 이데올로기가 매우 강렬하게 사회 곳곳에 파고드는 상황에서 '호명' '장치'로서의 이데올로기 비판만으로는 설명할 수 없는 이데올로기 외부의 문제들이 등장하고 있다. 이데올로기론에서 이데올로기의 외부는 과학이라 할 수 있는데, 정동의 정치학은 과학의 발견을 위한 이론

---

40. Simon During, "introduction," in Simon During, ed., *The Cultural Studies Reader* (London & New York: Routledge, 1999, 2nd Edition) 참고.

적 실천이라기보다는 오히려 비과학적인 사이비 감정들, 예컨대 공포, 증오, 혐오, 재난의 감정들의 분출에 대해 문화연구가 취해야 할 이론적 입장과 담론적 실천들을 요구한다. 그것을 이데올로기의 외부로 볼 수 있는 것은 그러한 정동의 사회적 국면들이 이데올로기 허구효과의 수준을 넘어서 하나의 파국적 현실을 지시하고 있기 때문이다. 이는 역사적 문화연구에서 수행해 온 전통적인 이데올로기 비판으로는 도저히 해석될 수 없는 것들로서 인간, 신체, 감정에 대한 근원적인 질문을 던지게 만든다. 그렇다면 문화연구의 메타이론의 전화에서 '정동'의 문제가 어떤 의미를 가지며 그 문제의식이 중요해진 이유를 어떻게 말할 수 있을까?

첫째, 정동은 매우 흥미롭게도 맑스의 『독일 이데올로기』가 언급하고자 하는 궁극적인 문제의식을 고려해보면, 이데올로기비판과 대립적이지 않다는 점이다. 정동은 궁극적으로는 현실인식과 실천을 위해 동일한 문제의식을 공유한다는 점에서 전혀 낯선 것은 아니다. 사실 맑스가 『독일 이데올로기』와 『포이에르바하에 대한 테제』에서 청년 헤겔학파를 비판할 때 언급했던 중요한 논의 중의 하나가 바로 "인간의 감성적 활동"을 이데올로기 비판의 실질적인 대안으로 논의한다는 점이다. 맑스는 인간도 역시 '감성적 대상'이라는 것을 통찰하고 있다는 점에서는 포이에르바하가 '순수한' 유물론자보다는 훨씬 탁월하다고 추켜세우지만, 그가 인간을 '감성적 활동'으로서가 아니라 단지 '감성적 대상'으로서만 파악하고 있다는 점에서는 불충분하다고 비판한다. 맑스는 포이에르바하가 결코 현실적으로 실존하고 활동하는 인간에 도달하지 못하고, '인간'이라는 추상물에 머물러 현실적, 개별적,

육체적 인간을 다만 감각 속에서 인정하는 데 그쳤다"[41]는 것이다. 알 다시피, 맑스의 포이에르바하의 비판은 『독일 이데올로기』에서만 아니라 『포이에르바하에 대한 테제』에서도 이어진다.[42] 맑스의 이러한 비판은 인간의 감성을 관념적 형태로서의 연애와 우정의 문제로, 혹은 상품형식의 문제로 보지 말고, 총체적으로 살아있는 감성의 활동으로 볼 것을 강조한다. 맑스가 언급한 "인간의 감성적 활동"은 이데올로기 비판으로서 문화연구의 한계를 보완할 수 있는 중요한 개념이자 실천 토픽이다. 그것은 또한 문화연구의 이론적 실천의 또 다른 영역이라 할 수 있는 '정체성의 정치학'을 신원주의나 인간주의의 함정으로부터 벗어날 수 있게 해주는 메타적인 토픽으로서 적절하다. 실제로 문화연구의 이론적 전화뿐 아니라 정치경제학의 새로운 이행을 위한 연구에서 맑스가 언급한 "인간의 감성적 활동"에 대한 재해석은 매우 중요한 경로로 진행되어 왔다. 문화연구에서는 이데올로기 비판의 구조적 인식으로는 간파하기 어려운 주체의 미학과 윤리의 문제를 다루었다.

41. 칼 맑스, 『독일 이데올로기 1』, 90.
42. 맑스의 포이에르바하에 대한 테제 중 다음 테제 1과 테제 5를 참고하라. "지금까지의 모든 유물론(포이에르바흐를 포함하여)이 갖는 주요한 결함은, 대상·현실·감각이 단지 객체 또는 직관의 형태로만 파악되고 감각적-인간적 행위, 즉 실천으로, 주체적으로 파악되지 않는다는 점이다. 따라서 행위의 측면은 유물론과는 반대로 관념론에 의해서 추상적으로 (왜냐하면 관념론은 현실적 감각적인 행위 자체를 알지 못하기 때문이다) 발전했다. 포이에르바흐는 사유대상과는 현실적으로 구분되는 감각적인 대상을 원한다. 그러나 그는 인간의 행위 자체를 대상적인 행위로 파악하지 않는다. 따라서 그는 『기독교의 본질』에서 단지 이론적인 태도만을 올바른 인간적 태도로 간주하며 반면에 실천은 오직 그 더럽고 유대인적인 현상 형태로서만 파악되고 고정화된다. 따라서 그는 '혁명적인', 실천적이고 비판적인 행위의 의미를 파악하지 못하고 있다"(테제 1). "포이에르바흐는 추상적 사유에 만족하지 못하여 감각적 직관에 호소한다. 그러나 그는 감각을 실천적인, 즉 인간적·감각적 활동으로 생각하지 않는다"(테제 5). 칼 맑스, 『칼맑스 프리드리히엥겔스 저작선집 1』, 최인호 역, 박종철출판사, 1997 참고.

문화연구에서 윤리와 미학의 문제는 문화연구가 직접적으로 다루는 주된 주제는 아니지만, 문화연구의 이론적 개입에 있어서 중요한 정당성의 근거로 논의될 수 있다. 이안 헌터의 언급대로, 문화연구 운동은 그 자체로 미학에 대한 비판으로 인식된다. 그것은 19세기 미학에서 전해 내려온 문화에 대한 제한된 개념들을 뛰어넘으려는 필요에 의해서 생겨난 것이다. 문화연구자들에게 있어서 미학은 특정한 계급이 전유한 특별한 고급문화의 취향을 반영하는 것이 아니라 삶의 총체적 방식에서 나오는 것이다. 미학의 문제가 낯설어진 것은 자본주의의 "노동의 분할" 때문인데, 노동의 분할은 미학을 사회적, 경제적 삶 속에서 통합되었던 것에서 분리시켜 그것을 고유하고 특화된 것으로 간주해버렸다. 헌터는 레이먼드 윌리엄스를 인용하면서 "총체적 삶의 방식"으로서의 문화로부터 분리된 미학은 뿌리 뽑힌 엘리트들의 순수하게 윤리적인 탐구로 전락하고 말았다고 말한다.[43] 그는 미학을 가치, 이상, 교조들로 구성되는 것이 아니라 개인들의 실제적인 삶을 구성하는 독특한 방식으로 간주하고자 한다(348).

두 번째, 문화연구에서 윤리는 최근 사회적 폭력과 증오, 도덕과 정의의 문제가 비판이론의 중요한 토픽으로 제기되면서 피할 수 없는 문제가 되었다. 문화연구에서 윤리가 전면적으로 등장하게 된 계기는 1990년대 포스트모더니즘과 연루되면서 주체구성과 정치학의 문제들과 가능성들에 대한 논쟁이 시작되면서부터이다. 문화연구는 점증하는 신우파의 정치적, 윤리적 영향력에 직면해서 개입을 위한 비판적

---

43. Ian Hunter, "Aesthetics and Cultural Studies," in *Cultural Studies*, 347. 이하 인용은 본문에서 쪽수만 표시한다.

토대를 제공해야 한다는 도전에 맞설 수밖에 없게 되었다.[44] 우파들의 정치적 윤리와 그것을 추종하는 포퓰리즘의 공세들은 좌파이데올로기를 무력하게 만들었을 뿐 아니라, 좌파의 도덕과 윤리의식마저도 무기력하게 공중분해시켜 버렸다. 이러한 문제의식을 가장 잘 드러낸 지적 작업이 아마도 스튜어트 홀의 『대처리즘의 문화정치』일 것이다. 안젤라 맥로비는 스튜어트 홀의 『대처리즘의 문화정치』를 높이 평가할 수 있는 것 중의 하나가 대중들의 의견들이나 선입관들, 그리고 깊게 각인된 도덕적 가치들과 같은 이질적인 요소들이 어떻게 보수적인 정치에 재접합되는지를 설명한 데 있다고 말한다. 민주적 포퓰리즘에 결합된 자본주의는 도덕적 힘을 가지게 되는데, 이 도덕적 힘은 1980년대 보수주의 정치학을 1960년대 후반 가치들과 신념들에 대항하는 가장 강력한 힘을 행사할 수 있는 위치까지 올려놓았다. 이러한 도덕적 힘은 신사회운동이나 게이 권리 운동을 포함한 1970년대 좌파 급진주의를 반대하는 대항 이데올로기를 행사한다.[45] 윤리가 중요해진 이유를 진보적 이념의 붕괴에서 찾고자 하는 알랭 바디우의 주장이 이와 같은 맥락이라 할 수 있다. 바디우에 따르면 인권이 위기를 맞게 되면서 윤리가 이러한 권리를 수호하고 존중하는 역할을 맡게 되었는데, 이는 인간이 원래 가지고 있는 자연권이라는 낡은 교리로의 회귀를 뜻한다고 말한다. "모든 집합적 지표들을 상실하고, '역사적 의미'에

---

44. Jennifer Daryl Slack and Laurie Anne White, "Ethics and Cultural Studies," in *Cultural Studies,* 571.
45. Angela McRobbie, *The Uses of Cultural Studies* (London, Thousand Oaks and New Delhi: Sage, 2005), 25; Joanna Zylinska, "Cultural Studies and Ethics," in *New Cultural Studies: Adventures in Theory* (Edinburgh: Edinburgh University Press, 2006), 80에서 재인용.

대한 사고를 박탈당한 채 사회 혁명을 더 이상 희망할 수 없는 상황에서 수많은 지식인들은, 그리고 그들과 더불어 의견을 만들어 내는 부분들은, 자본주의적 형태의 경제와 의회민주주의에 동조해버렸다."[46]

윤리의 문제는 자신들의 권력의 이해관계에 따라 선과 악으로 이분화 하는 우파 보수주의자들의 도덕성에 기초한 것으로 어떤 점에서는 부르주아 미학에 대한 문화연구의 반미학적 태도에 대한 반동으로 제기된 것이다. 윤리적 토대로서 도덕성을 주장하는 우파들의 정서는 1960년대와 1970년대를 풍미했던 신좌파들의 반미학, 자율주의, 감각의 해방, 표현의 자유에 대한 도덕적 저항을 가장하고 있기 때문이다. 이에 대해서는 영국의 문화연구자인 조안나 즐린스카의 언급이 참고할 만하다. 그녀는 미국과 영국에서 이른바 '포스트 911'의 당대 국면 중에서 가장 의미심장한 특징 중의 하나가 정치적 의제를 명시적으로 도덕화시키는 것이라고 말한다. 미국의 부시대통령이 911 사건이 일어난 지 9개월 후에 언급했던 "우리는 선과 악 사이에서 투쟁하고 있다"라는 발언, 그 발언을 압축하고 있는 "악의 축"이라는 수사, 그리고 영국의 블레어 총리가 언급한 "도덕적 책무"와 같은 발언들은 모두 테러와의 전쟁을 정당화시켜 주는 신자유주의 이데올로기의 도덕적 기초들이다. 이상과 같은 내용을 통해서 영국뿐 아니라 미국에서 911 사건은 새로운 도덕적 감수성을 새롭게 만들어내는 데 있어 상징적인 역할을 했다.[47] 이러한 정치적 도덕주의는 부시와 블레어가 명백하게 승리한 모두를 아우르는 '테러와의 전쟁'을 뒷받침해 주었고, 보

---

46. 알랭 바디우, 『윤리학』, 이종영 역, 동문선, 2001, 11.
47. Joanna Zylinska, "Cultural Studies and Ethics," 71-72. 이하 인용은 본문에서 쪽수로만 표시한다.

이지 않는 적, 테러 그 자체와 맞서 싸웠다. '우리'와 '그들' 사이의 차이가 이 전쟁에서 구축되게 되는 것은 바로 도덕적 수사, 즉 선과 악이라는 담론에 의존하는 것을 통해서이다. 도덕성은 그런 점에서 정치학에 봉사하는 일에 복무하도록 만들어졌으며, 민주적 신자유주의를 정당화하고 그것을 구축하는 데 이용되었다(72). 즐린스카는 부시와 블레어 류의 우파의 정치적 도덕성에 호소하지 않고서 좌파가 어떻게 정치의 도덕화 문제에 응답할 수 있는지에 대한 탐구가 중요하다고 판단하면서, 그 대안으로 "정동적 투여affective investment"로서의 윤리의 문제를 제시한다. 이러한 정동적 투여는 의식적이기도 하면서 무의식적이기도 하기 때문에 합리적 주장과 리비도적 충동의 결합으로부터 나온다고 말한다(75).

문화연구를 내재적으로 윤리적인 것으로 위치 지을 수 있도록 해주는 것은 경전, 가치, 신념들, 실천들에 대한 지속적인 이론적 성찰을 통해서이다. 이러한 이론적 성찰을 가능하게 하는 것이 "타자의 다름에 대한 끊임없는 개방성"(79)에 대한 인식이다. 즐린스카는 문화연구는 1) 최근 우파의 정치적 담론의 기류에서 나타나는 "윤리 없는 도덕"에 대해 의문을 갖고, 2) 악의 축에 대항하는 테러와의 전쟁, 자선 손목 팔찌, 윤리적 쇼핑 등으로 표상되는 도덕주의에 방심하지 말고, 3) 차이에 대한 개방성의 표명, 즉 주변화되고, 비경전적이고, 배제된 것에 개방성을 표명함으로써, 정치적인 작업에 윤리적 공급물을 제공하며, 4) 정동적인 투여가 가능한 책임 있는 정치를 개념화할 수 있도록 좌파의 새로운 이론적 틀을 제공해 줄 수 있다고 말한다(83).

한국사회에서도 신자유주의의 경제적, 정치적 지배체제가 전면화되면서 민주화 이후 그나마 어렵게 쌓았던 사회적 관계가 붕괴되고, 사회적인 것들은 오로지 공공적 질서에 종속되거나 자유주의 경제윤리의 선한 사마리아인으로 자처하고 있는 상황에서 도덕과 윤리의 문제는 새삼 중요한 화두가 되었다. 특히 두 번에 걸친 보수정권의 집권과 이 정권이 자행한 파시즘적 통치주의로의 회귀에 따른 '일베'와 같은 우익들의 대중적 궐기 현상들이 이데올로기적 적대와 사회적 증오, 혐오, 상징적 폭력을 행사하는 현실은 거의 성찰이 불가능한 정신의 파국과 치유가 불가능한 마음의 재난 상황에 근접한 것이어서, 윤리의 문제는 문화정치의 중요한 토픽이 되었다. 또한 재현 불가능한 세월호 참사라는 실재하는 재난에 어설프게 대응하는 지배권력의 '통치 없는 통치성'과, 대중들의 야만적 증오심으로 분출된 오이디푸스적 편집증은 사회적으로 구성된 신체와 감각의 내부와 외부의 극단적 분열 의식을 느끼게 한다. 이러한 사회 국면과 관련해 권명아를 포함한 한국 사회의 '정동' 연구는 문화연구의 비판적 작업에서 매우 중요한 지위를 갖는다. 이에 대한 자세한 논의는 다음 연재 글에서 하도록 하겠지만, "신자유주의 시대로 진입하면서 정치적인 것에 대한 아파지(무관심)가 가장 중요한 시대의 징후로 간주되기도 했다. 파토스에서 아파지로의 변화, 정치적인 것을 둘러싼 '파토스'와 '아파지' 사이의 이행과 변형에 고민하는 과정들이 이 책에서는 슬픔, 외로움, 사랑, 위기감, 불안 등 정념과 관련된 논의들을 경유하며 진행된다"는 언급[48]은 문화연구의 이데올로기 비판을 넘어서는 메타이론의 전환에 있어 중요한 분석의 시사점을 던져준다.

　　마지막으로 정동의 정치학은 역사적 문화연구가 다루지 않았던 비

---

48. 권명아, 『무한히 정치적인 외로움』, 갈무리, 2012, 19.

물질 노동과 인지적 감각의 문제들을 재고하게 만든다. 비물질노동은 안토니오 네그리가 중심이 된 이탈리아 자율주의 이론에서 주장하는 것으로 자본주의 생산양식의 체계가 달라진 21세기적 상황을 함축적으로 지시하는 개념이다. 생산의 물질적 차원이 지배하는 근대적 자본주의 체제에서 생산의 비물질적 차원이 지배하는 탈근대적 자본주의 체제로의 이행은 노동과 생산, 가치와 재화의 관계에 대한 새로운 해석을 요한다. 네그리는 신체와 정신에 모두 관여하는 비물질 노동의 한 형태로 정동노동을 언급한다.[49] 정동노동은 비물질 노동의 형태로서 자본 스스로가 고안해 낸 새로운 착취의 유형이지만, 다른 한편으로는 사적 소유의 착취와 공공 소유의 형식적 전유의 한계를 넘어서는 공통적인 것을 위한 구성 요소로 간주되기도 한다.[50] 국내에서는

49. 다음의 인용문을 보라. "앙드레 고르는 '생산물들의 비물질적인 차원' 즉 상징적·미적·사회적 가치가 '그 물질적 실재보다 우위에 있다'고 주장한다. 예를 들어 이미지, 정보, 지식, 정동, 코드, 사회적 관계가 자본주의적 가치화 과정에서 물질적 상품, 혹은 상품의 물질적 측면보다 더 큰 중요성을 가진다는 것이다. (중략) 이러한 비물질적 재화(혹은 물질적 재화의 비물질적 측면)를 생산하는 노동형태는 흔한 말로 '머리와 마음의 노동'이라고 할 수 있으며, 서비스노동, 정동노동, 인지노동을 포함한다. 물론 이 상투적인 재유에 오도되어서는 안된다. 인지노동과 정동노동은 신체의 특수한 기관에 국한되는 것이 아니라 신체와 정신 전체와 연관되기 때문이다. 바꾸어 말하자면 생산물이 비물질적인 경우에도 생산하는 행위에는 여전히 신체와 정신이 모두 관여한다"(안토니오 네그리·마이클하트, 『공통체』, 정남영·윤영광 역, 사월의 책, 2014, 198).

50. "오늘날 비물질적인 것이 물질적인 것에 대해, 복제 가능한 것이 복제 불가능한 것에 대해, 공유 가능한 것이 배타적인 것에 대해 필연적으로 승리한다. 이렇게 비물질적인 소유형태가 점점 더 지배적인 것이 된다는 점은 의미심장하다. 왜냐면 이 글의 주제라 할 수 있는 공통적인 것과 소유 그 자체의 갈등을 일정 부분 보여주기 때문이다. 아이디어, 이미지, 지식, 코드, 언어, 그리고 심지어는 정동조차 소유물로서 사유화될 수 있고 통제될 수 있지만, 이것들은 너무 쉽게 공유되거나 복제되기 때문에 그것들의 소유권 침해를 침해하기가 더 어렵게 된다. 이런 재화들에는 소유의 경제를 벗어나서 공통적인 것이 되려는 경향이 항상 존재한다"(안토니오 네그리 외, 『자본의 코뮤니즘, 우리의 코뮤니즘』, 연구공단 L 엮음, 난장, 2012, 33-34).

이러한 비물질노동의 사회적 성격과 이를 극복하는 사회적 삶의 재구성을 "인지자본주의"로 명명한 조정환의 작업이 논쟁이 되기도 했다.[51]

한편으로는 정동의 정치경제적 해석 이전에 정동의 감각에 대한 인지적 이해가 전제되어야 한다는 주장도 새겨들을 만하다. 인간의 인지적 감각은 기술자동화와 비물질 노동의 전면화가 야기한 정치경제적 전환의 조건에 영향을 받기 이전에 인간의 고유한 감각에 대한 행동적 특이성에 주목한다는 점에서 프란시스 바렐라의 구성적 인지이론에 대한 보완이 필요하다. 바렐라가 언급한 "인지에 대한 구성적 접근"이라는 개념은 "감각과 운동의 과정이, 지각과 행동이 근본적으로 분리될 수 없다는 점"[52]을 강조한다. 칸트의 비판철학을 토대로, 들뢰즈와 벤야민을 거쳐 바렐라의 구성적 인지과학을 결합하고, 복잡계 네트워크 이론을 통해서 비물질노동의 인지적 관점을 협소한 시각으로 비판하는 심광현의 최근 저서 『맑스와 마음의 정치학』은 신체화된

---

51. 조정환, 『인지자본주의』, 갈무리, 2011. 이 책의 서문에는 현대사회를 인지자본주의로 파악하는 것의 의미를 다음과 같이 언급하고 있다. "한국에서 지난 이십여 년 동안 이루어져온 연구들의 많은 부분은 인지자본주의의 증상들과 결과들을 탐구하는 데 바쳐졌다. 인지자본주의가 고용에 미치는 영향에 집중하는 실업, 비정규직, 불안정노동에 관한 연구들, 인지자본주의가 주체 재구성에 미치는 영향에 집중하는 신세대론을 비롯한 각종 세대론과 청년론, 인지자본주의가 과학과 테크놀로지 발전에 미치는 영향을 집중하는 인지과학, 생명공학, 정보화론, 인지자본주의가 공간재구성에 미치는 영향에 집중하는 도시개발론, 네트워크도시론, 메트로폴리스론, 환경공학론. (중략) 인지자본주의가 가져오는 권력형태의 미시적 재구성에 집중하는 우리 안의 파시즘, 대중독재론, 부드러운 파시즘, 인지자본주의가 자연에 미치는 영향에 집중하는 여러 유형의 생태론, 인지자본주의가 성별 문제에 미치는 영향에 집중하는 돌봄노동론과 페미니즘론 등등의 주제가 그러하다. 인지자본주의론은 이 미시적이고 다양한 탐구들이 천착하고 더듬어온 문제들을 노동형태 및 자본형태의 변화, 그리고 노동과 자본 사이의 사회적 관계의 변화라는 거시적 틀 속에서 종합하고 각각의 문제들의 위치를 밝히며 그 사회적 총체의 발전경향을 밝히려는 시도이다"(13-14).

52. 프란시스코 바렐라, 『윤리적 노하우』, 유권종·박충식 역, 갈무리, 2009, 35.

인지적 감각의 사회적 구성을 '감정의 정치학' '마음의 정치학'으로 제시하는데, 이는 이 글에서 언급하고자 하는 '정동의 정치학'의 이론적 구성에 있어서 논쟁점을 제공해 준다.

　이러한 이론적 경합들을 고려할 때, 문화연구에서 이데올로기 비판 이론을 보완할 수 있는 메타이론의 재구성을 정동의 정치학 관점에서 정의하고자 한다. 정동의 정치학은 문화연구에서 크게 세 가지 형태로 구성할 수 있는데, 그것은 '인지적 감각' '비물질 노동' '감성의 분할'이다. 이제 이러한 세 가지 토픽에 대한 구체적인 내용은 다음 글에서 문화연구의 정체성의 정치학의 전화를 위한 이론적 재구성과 실천이란 이름으로 논의하도록 하겠다. (2015)

—

제2장

문화연구의 이론적 전화와 '주체'의 문제

비판이론과 담론의 재구성을 위하여 2

문화연구의 위기와 그 담론들

이 글은 이 책의 첫 번째 글인 「문화연구의 종말과 생성—비판이론과 담론의 재구성을 위하여 1」의 후속 글에 해당한다. 『문화/과학』 특집 원고를 준비하면서 '문화연구의 종말과 생성'이라는 다소 도발적인 주제로 한 번에 글을 쓰려고 했지만, 하다 보니 다루어야 할 것들이 너무 많아 고심 끝에 세 번에 걸쳐 글을 쓰고자 결심했다. 첫 번째 글에서는 스튜어트 홀의 죽음을 계기로 역사적 문화연구의 종언을 선언하고 새로운 비판이론을 생성할 필요성을 제시하고자 했다. 역사적 문화연구의 종언은 역설적으로 문화연구 초기의 비판적 문제의식에 대한 재구성을 필요로 한다. 그래서 그 글은 이론의 생성과 재구성을 위해 역사적 문화연구의 이론적 실천의 중요한 테제라 할 수 있는 '이데올로기 비판'과 '정체성의 정치학' 문제를 다루면서, 정치적 기획으로서 문화연구의 의미를 재해석하고자 했다.[1] 첫 번째 글은 역사적 문화연구 담론에서 이데올로기 비판이 어떤 함의를 갖고 있었는지를 언급하는 데 대부분을 할애하여 정체성 정치학의 문제설정과 그것의 이론적 전화와 재구성의 문제들은 충분히 다루지 못하였다.

그래서 이 두 번째 글에서는 첫 번째 글에서 미진하게 언급한 '정체성identity의 정치학' 문제를 본격적으로 다루고자 한다. 역사적 문화연구 내에서 '정체성의 정치학'이란 토픽은 어떤 의미를 가지고 있었는지, 이 토픽이 문화연구의 위기 국면을 거치면서 현재 '주체성subjectivity의 정치학'으로 이행한다고 보고, 그 이론적, 실천적 맥락은 또 어떤 함의를 가지는지를 검토하고자 한다. 또한 '정체성의 정치학'의 인간주의와 본질주의를 극복하기 위해 함께 논의해야 하는 '이데올로기 비판'이란 문제설정이 최근 문화연구의 이론적 동향에서 '정동이론'으로 이행하는 계기와 그 문제점이 무엇인지를 언급하는 것도 함께 고민해야 하는 숙제로 남겨 놓고 있다. 그렇게 따지자면 역사적 문화연구의 중요한 두 이론적 축이라 할 수 있는 '이데올로기 비판'과 '정체성의 정치학'은 현재 문화연구의 이론적 지형에서는 '정동의 정치학'과 '주체성의 정치학'으로 이행했다고 볼 수 있다. 그렇다면 이 이행의 근거는 무엇이고, 이러한 판단이 비판적 문화연구의 이론적 전화에 있어 적절한지를 검토해야 한다. 그리고 이 이행의 담론이 논의되는 객관적 조건은 무엇이며, 그 논의를 통해서 문화연구는 어떤 이론적 실천으로 나아가야 하는지를 말해야 할 것이다.

1. 이동연, 「문화연구의 종말과 생성―비판이론과 담론의 재구성을 위하여 1」, 『문화/과학』 81호, 2015년 봄 참고. 이 글은 본 책에 수록되어 있다.

주지하듯이 문화연구에서 이데올로기 비판과 정체성의 정치학은 교조적 맑스주의의 토대-상부구조의 도식화에 따른 경제결정론과 계급결정론 비판의 관점에서 제기되었다. 이데올로기 비판은 사회적 관계 속에 내재된, 혹은 무의식적으로 구조화된 생산관계의 재생산 메커니즘을 문화현실과 텍스트 분석을 통해 폭로하고자 했다는 점에서 법적, 제도적, 이데올로기적 상부구조가 물질적 토대에 미치는 상호작용적 효과를 강조했다. 이데올로기 비판은 생산관계의 재생산이 지배계급의 재생산에 있어 매우 중요하다는 점을 주지하고자 했기 때문에 부르주아 허위의식으로서 이데올로기가 아닌 지배의 재생산 장치로서 구체적인 정치적, 경제적 국면에 개입하는 이데올로기의 효과를 주되게 피력하게 되었다. 문화연구가 알튀세르의 이데올로기론을 이데올로기 비판의 핵심이론으로 참고하려 했던 것도 이런 이유 때문이다.[2] 이데올로기는 부르주아 허위의식으로 단정할 수 없으며, 지배계급이 지배의 생산관계를 구체적으로 재생산하기 위해 작동시키는 것이다. 이데올로기의 작동원리는 호명이다. 호명은 "구체적인 개인을 구체적인 주체로" 전환시킨다. 이데올로기는 호명의 과정을 통해 개인이 사회적 관계 안에서 자신의 위치를 오인하게 만드는 주체 없는 과정이다.[3] '호명'은 무의식적이고 심지어는 보편내재적인 지위를 갖는다.

2. 대표적으로 스튜어트 홀의 논의를 참고할 수 있다. 홀은 알튀세르가 비판의 표적으로 삼는 것 중의 하나가 허위의식 개념이라고 말한다. 홀은 허위의식에 대한 알튀세르의 비판은 지식에 대한 경험주의적 관계를 전제로 하는 허위의식이 개인이 현실과 맺는 관계에서 투명성과 자명성을 생산할 때, 지식의 진실을 은폐하는 메커니즘은 부르주아의 허위의식으로만 한정될 수 없는 주체형성 일반의 내재적인 문제를 통해 작동한다고 보고 있다(루이 알튀세르, 「의미작용, 재현, 이데올로기」, 임영호 편역, 『스튜어트 홀의 문화이론』, 한나래, 1996, 73 참고).
3. 루이 알튀세르, 「이데올로기와 이데올로기 국가장치들」, 『레닌과 철학』, 이진수 역, 백의,

구체적인 개인을 구체적인 주체로 호명하는 이데올로기는 구체적인 장치를 통해서 작동하는데 초기 영국 문화연구는 대중들이 일상에서 소비하는 문화 텍스트의 지배효과를 이러한 호명 장치로 설명하고자 했다. 영화, 드라마, 대중음악, 시각문화 등 문화 텍스트가 재현되는 과정에서 이데올로기는 대중들을 어떻게 호명하는가가 문화연구가 기획하고자 했던 이데올로기 비판의 핵심적인 문제의식이다.

초기 역사적 문화연구가 중시한 '재현의 정치학'은 어떤 점에서 이데올로기 비판과 정체성의 정치학을 연결하는 이론적 공간이라 할 수 있다. '재현의 정치학'은 텍스트의 숨겨진 지배효과를 드러내고, 폭로하는 문화연구의 담론적 실천의 중심 주제였다. 그것은 또한 이데올로기 호명 효과에 포섭되지 않는 주체, 텍스트 생산에 있어 능동적 역할을 담당하는 주체를 상상하기도 했다. 예컨대 '미디어 재현'이나 '영화장치론'처럼 영국의 초기 문화연구가 텍스트 재현의 비판을 통해 생산관계의 문화적 재생산의 메커니즘을 폭로하고자 했다면, 1960년대 후반부터 문화연구는 주체의 능동적 재현이라는 정체성의 정치학으로 이행하고자 했다.

이러한 이행의 전환점이 된 이론가가 바로 스튜어트 홀이다. 니콜라스 간햄의 언급을 참고하자면 스튜어트 홀은 문화연구 역사에 있어서 두 가지 주요한 연속적 발전이 존재한다고 보고 있다. 첫째는 이데올로기에 대한 호명인데, 이 호명은 "상징적 재현과 사회적 행위 사이의 난해하지만, 피할 수 없는 문제"[4]였다. 둘째, 지배와 종속 개념은 계급

1997.

4. Nicholas Garnham, "Political Economy and the Practice of Cultural Studies," in Marjorie Ferguson & Peter Golding, eds., *Cultural Studies in Question* (London: Sage

에서 인종과 성을 포함할 만큼 그 폭이 확장되었다. 차이로서의 문화연구는 계급 일반으로 환원될 수 없는 타자의 욕망을 강조한다. 1970년대 문화연구에서 개진된 젠더, 종족, 하위문화 연구는 계급결정론을 넘어 차이의 욕망을 선언한 정체성 정치학의 대표적인 사례[5]였다. 한국에서도 민족문학 이념논쟁[6]과 포스트모더니즘 논쟁[7] 이후 1990년대 중반에 새로운 비판이론으로 문화연구가 등장한 이래, 신세대문화, 청년하위문화, 젠더문화, 퀴어문화 담론[8]이 문화이론과 분석의 실

Publications, 1997), 57.

5. 1970년대 영국 문화연구에서 정체성의 정치학을 구성하는 주요한 저서들 중의 하나가 스튜어트 홀과 토니 제퍼슨이 함께 편집한 『예식을 통한 저항』(Stuart Hall, Tony Jefferson, eds., *Resistance Through Rituals: Youth Subcultures in Post-War Britain* [London: Harper Collins Academic, 1976])이다. 이 책은 영국 노동자계급 청년하위문화를 에스노그라피 방법론을 통해 집중 조명한 책이지만, 하위문화 주체를 구성하는 계급, 성, 세대, 인종의 중층적 조건들을 함께 탐구했다는 점에서 문화연구의 정체성 정치학의 의미를 가장 잘 간파한 저서로 간주될 수 있다.

6. 1980년대 민족문학 이념논쟁은 당시의 사회변혁과 사회구성체를 둘러싼 이념논쟁의 연장에 있었다. 백낙청을 비롯해 『창작과비평』을 중심으로 한 민족문학론은 소시민적 민족문학론으로 비판을 받았고, 그 비판의 서로 다른 정치적, 이데올로기적 입장들이 민주주의민중문학론, 민족해방문학론, 노동해방문학론, 현실주의론과 같은 다양한 양태로 분화하였다. 민족문학 이념논쟁은 주로 변혁이론으로서 문학이론(비평) 분파들의 논쟁이었지만, 이후에 포스트모더니즘 논쟁으로 이어지고, 한국적 문화연구의 이론적 실천이라 할 수 있는 유물론적 문화론 등장의 비판적 토대를 형성했다.

7. 이 글에서 포스트모더니즘 논쟁을 장황하게 설명할 수는 없지만, 그것은 민족문학 이념논쟁 이후 탈냉전 시대의 이념적, 정치적 동요의 국면에서 사회적 실재와 변혁의 전망에 대해 회의하는, 혹은 자유주의적 다원주의로 봉합하려는 이론적 경향의 하나라고 볼 수 있다. 한국에서 포스트모더니즘 논쟁은 맑스주의와 구조주의 내부에서 탈계급의 문화정치라는 의제로 진행된 것에서부터, 포스트주의 철학의 도래, 이론의 식민화논쟁, 그리고 문학과 예술의 재현과 진정성 문제에 이르기까지 다양하게 진행되었는데, 이러한 논쟁들은 문화연구의 이론적 논쟁으로 이행하는 데 출발점이 된다.

8. 1990년대 문화연구에 기반한 문화현실 분석이나 비평들을 담은 저서 중에서 대표적인 것들을 소개하면 다음과 같다. 김진송·엄혁·조봉진 엮음, 『압구정동: 유토피아 디스토피아』(현실문화연구, 1992); 미메시스 기획, 『신세대: 네 멋대로 해라』(현실문화연구, 1993); 강내희·이성욱 편, 『문화분석의 몇가지 길들』(문화과학사, 1994); 서동진, 『누가 성정치

천 장에서 서로 경합하는 상황을 '정체성의 정치학'이란 말로 압축할 수 있다.

비판이론으로서 문화연구의 가장 기본적인 문제설정이라 할 수 있는 이데올로기 비판과 정체성의 정치학은 최근 문화연구자들로부터 외면을 당하거나 비판을 받고 있다. 그 토픽들은 현재의 자본주의 현실을 비판적으로 분석하기에는 너무 낡은 패러다임이거나, 여전히 텍스트 분석 중심의 재현의 정치학에만 머물렀다는 것이다. 그리하여 최근 비판적 문화연구자들은 문화연구가 좀 더 정치경제학적인 관점을 견지할 것을 요청한다. 이는 신자유주의 체제의 전면화에 따른 문화연구를 바라보는 관점의 변화라고 할 수 있다. 문화연구가 이데올로기 비판과 정체성 정치학의 토픽에만 머무르기에는 현재의 경제적, 정치적 상황이 녹록치가 않다는 문제의식을 드러내는 것이다. 정체성 정치학의 욕망을 주체의 다중적인 역능으로 긍정적으로 분석하고자 했던 1990년대는 문화현실의 좋은 시절, 즉 문화의 '벨 에포크belle epoch'라고 한다면, 자본독점과 통치성의 재난 시대를 겪고 있는 지금, 혐오, 분노, 모멸감이란 감정들이 증폭하고 노동과 분배의 극심한 양극화에 시달리는 지금은 문화의 '헬 에포크hell epoch'라 부를 만하다. 그래서 문화가 지배이데올로기의 장치이며, 개인들의 자발적인 욕망의 구성체라는 인식을 넘어서 문화의 자본 지배방식과 계급적 불평등의 착취구조의 심화에 대한 인식을 더 강화해야 하며, 생산관계의 재생산의 조건에서 신자유주의 자본의 성격과 그 상황을 조정하는 세계자본주의 체제에 대한 심층적인 분석이 뒤따라야 한다. 이러한 문

학을 두려워하라』(문예마당, 1996); 강내희, 『문화론의 문제설정』(문화과학사, 1996); 이동연, 『문화연구의 새로운 토픽들』(문화과학사, 1997) 등이 있다.

제의식 없이는 역사적 문화연구의 핵심적인 이론적 실천들은 현재성을 획득할 수 없다는 주장은 매우 일리 있다. 또한 최근 비판적 문화연구자들은 자본주의의 인지적 전환에 주목하면서, 역사적 문화연구가 관심을 기울이지 않았던 인지과학과 네트워크 이론, 포스트휴먼 윤리학과 정동이론을 강화하고자 한다. 문화연구의 이론적 전화를 다루는 이 글은 결론적으로 문화연구의 이론적 실천과 새로운 시대에 대응하는 이론적 전화를 위해 먼저 '주체성의 정치학' 문제를 어떻게 해석할 것인가를 주로 언급하고자 한다. 문화연구에서 '정동의 정치학'의 문제는 이 글의 연장선상에서 문화연구의 종말과 생성의 세 번째 글이 될 것이다. 문화연구의 이론적 전화에서 주체성의 정치학 문제를 본격적으로 다루기 위해 먼저 문화연구와 정치경제학의 관계에 대해서 논의하도록 하겠다.

문화연구의 위기와 정치경제학 담론

문화연구의 이론적 전화는 문화연구의 위기를 조건으로 한다. 문화연구의 위기에 대한 많은 지적들은 대체로 다음 몇 가지로 압축된다. 이데올로기 비판과 정체성의 정치학이란 역사적 문화연구의 이론적 유효성이 종말을 고했다는 근본적인 지적에서부터, 문화연구의 주류 담론이 또 다른 텍스트주의와 문화정책 연구로 흘러가면서 비판적 관점이 무뎌졌다는 지적, 그리고 문화연구가 애초부터 간학제적인 지적 실천을 기획했는데, 대학의 제도 안으로 들어가면서 비판이론으로서의 역할이 축소되고 분과학문의 생존을 위한 실용적 도구로 변질되었다는 비판에 이르기까지 다양하다. 문화연구의 방법론이 학문의 상업주의의 이론적 근거로 변질되고, 대중문화의 상품 스토리텔링의 기획력과 상상력에 기여하고 있다는 지적도 일리 있다.

문화연구의 위기를 진단하는 많은 담론들 중에서 새로운 비판과 실천의 강화를 강력하게 요청하는 지적들은 문화연구의 전화에 있어 중요한 시사점을 던져준다. 문화연구가 급변하는 자본주의 체제의 전지구적 상황에 제대로 대응하지 못하고, 현존하는 신자유주의 지배체제에 적극적으로 저항하지 않는다는 지적 말이다. 이는 한마디로 문화연구의 이론과 실천에서 정치경제학 비판의 관점을 강화하는 것으로 요약할 수 있다. 사실 문화연구와 정치경제학을 완전히 동일화할 수는 없을 것이다. 문화연구의 이론적 실천 역시 정치경제학의 비판으로 시작했다. 문화연구의 동요와 위기에 대한 많은 글들을 종합해 보았을 때, 문화연구의 위기는 비판이론으로서의 진보적 위치의 동요와 문화적 실천의 사회적 관계들에 대한 급진적인 탐구의 실종에서 비롯된 것이 아닌가 싶다. 특히 문화가 사회적 관계 속에서 정치와 경제와 어떤 실천적인 함의를 갖고 있고, 문화의 지배적 조건들이 현재 자본주의 체제 하에서 어떻게 작동하고 있는지, 그 종속의 상황을 극복하기 위해 어떤 문화적 실천이 필요한지에 대한 인지적 지도그리기가 필요한 상황이다. 이는 문화연구와 정치경제학의 관계를 다시 조명하는 과정을 통해서 구체화될 수 있는데, 다음 세 이론가들의 논의가 참고할 만하다.

먼저 더글라스 캘러는 정치경제학 비판에 대하여 갖는 문화연구의 반감은 경제결정론과 환원주의로 정리될 수 있다고 본다. 정치경제학 비판은 문화의 재현과 문화의 상징체계의 의미들을 모두 경제적 토대의 문제로 환원하려 한다는 것이다.[9] 이러한 경제결정론과 다르게 영국 문화연구는 미디어 문화를 진지하게 다루고 미디어 텍스트들의 의미와 효과의 충분한 범위를 밝혀내는 분석방법과 전략들을 발전시켰다. 그러나 텍스트의 의미재현과 그것의 지배이데올로기 효과를 폭로하는 데 있어 텍스트의 물질적 생산 조건에 대한 충분한 고려가 필요하다. 캘러가 보기에 문화연구는 문화의 생산관계와 그로 인해 고려해야 할 정치경제학적 관점을 간과하고 대신 문화 수용과 텍스트 분석을 지나치게 강조했다. 이러한 방식은 문화연구의 비판적 시각을 잃어버리게 할 위험을 안고 있다는 것이다(116). 캘러는 텍스트 청중들을 미디어 문화에 의해 조정 당하는 수동적인 주체로 비판하는 프랑크푸르트학파의 이론가들의 분석도 문제지만, 미디어 수용자들이 언제나 능동적이고 창조적이어서 스스로 문화 텍스트의 소비를 통해서 문화 생산에 기여한다는 가정 또한 의문스럽기는 마찬가지라고 말한다.

이에 비해 니콜라스 간햄은 문화연구의 텍스트주의와 소비주의 담론이 한계를 극복하기 위해 정치경제학의 관점이 개입되어야 함을 강조한다. 아래의 인용문을 보자.

나는 최근 문화연구의 성공이 치른 대가에 대해 논하고자 한다. 즉, 문화연구가 발전시킨 방식은 우리의 상징적 재현 체계 내와 이와 연관된 문화권력 내에서 당대의 발전을 효과적으로 분석해 내거나 혹은 그들에 정치적으로 개입하는 것을 불가능하게는 아니라 하더라도 힘들게 만드는 그런 입장에 문화연구를 위치시켰다는 것이다. 원

9. Douglas Kellner, "Overcoming the Divide: Cultural Studies and Political Economy," in *Cultural Studies in Question*.

래의 기획의 전제들을 완성하기 위해 문화연구는 포스트모더니즘의 차이와 쾌락을 향해 무차별하게 돌진해 가면서 태워버렸던 정치경제학과의 가교를 놓을 필요가 있다. 나는 그러한 화해가 없이는 오늘날 문화 생산양식의 변화의 특성과 그 효과를 이해하는 데 문화연구가 보여준 가치 있는 기여를 현저하게 무화시킬 것이라고 본다.[10]

니콜라스 간햄은 문화연구의 정치경제학적 관점의 중요성을 초기 문화연구자들의 이론적 작업을 통해서 확인하고자 한다. 그가 보기에 윌리엄스와 호가트에 의해 제기된 문화연구의 근간을 이루는 추진력은 엘리트적인 지배문화에 대항하는 영국 노동계급이나 대중문화에 대한 재확인이다. 문화연구는 처음부터 광범위한 정치적 투쟁을 이론적 실천의 본령으로 삼았다는 것이다. 의미심장한 정치적 기획으로서의 문화연구는 이러한 계급적 인식과 정치적 투쟁이란 문제틀을 벗어나서는 유지될 수 없다. 간햄은 문화연구가 정체성의 문제, 즉 성, 인종의 문제들을 중시하는 것은 계급의 문제와 대립하는 것이 아니라 지배와 종속의 관계에 놓은 계급의 개념들을 훨씬 폭넓게 확장하는 시도로 보아야 한다고 말한다. 문화연구가 지나치게 문화적 생산보다는 소비를 강조하다보니, 경치경제가 마치 소비의 문화적 관점을 간과하고 생산의 문제에만 집중하는 것으로 잘못 판단한다는 것이 간햄의 판단이다. 그가 보기에 오히려 문화연구와 맑스주의 정치경제학의 적대주의는 정치경제학에 대한 오해에서 비롯된 것이며, 문화연구의 기획은 정치경제학과의 가교를 다시 구축하는 것을 통해서만 성공

10. Nicholas Garnham, "Political Economy and the Practice of Cultural Studies," in *Cultural Studies in Question,* 56.

적으로 수행될 수 있다고 말한다(62). 문화연구와 정치경제학 사이의
관계에 있어 야기되는 가장 큰 문제점은 문화연구가 종속의 형태들과
그에 수반되는 문화적 실천들이 자본주의 생산양식에 토대를 두고
있다는 문화연구 본래의 주장이 갖는 함의들을 깊이 생각하지 않는
데 있다고 본다.

　마지막으로 로렌스 그로스버그는 간행의 주장과는 다르게 문화연
구와 정치경제학은 결코 친밀한 적이 없었다고 말한다. 그가 보기에
정치경제학자들이 문화연구에 대해 갖는 비판적 관점은 문화연구가
문화가 생산되는 제도에 대해 무관심하기 때문에 대중문화를 찬양
하고, 적대적 역할을 포기한다는 것, 그리고 문화연구가 경제를 무시
하기 때문에 동시대 세계의 권력, 지배, 억압의 실제 구조들을 이해할
수 없다는 것, 이 두 가지로 압축된다. 그로스버그는 이러한 정치경제
학자들이 문화연구에 대해 갖는 생각과는 다르게 문화연구는 정치경
제학을 거부하지는 않지만, 다만 그들이 실천하는 방식으로는 정치경
제학을 생각하지는 않는다고 말한다.[11]

　그로스버그가 보기에 문화연구자들의 방식은 '차이의 절합'이다. 정
치경제학의 실재성, 자본주의 체제의 구체적인 지배권력의 작동방식
을 이해하기 위해서는 무엇보다도 인종, 젠더, 계급, 섹슈얼리티와 같
은 차이의 심급들이 다른 차이의 심급들과 어떻게 절합되는가를 분
석해야 한다. 차이의 절합은 단지 상부구조적인 문제만이 아니다. 그
것의 가장 중요한 쟁점은 생산수단을 소유한 자와 임금노동자 사이

---

11. Lawrence Grossberg, "Cultural Studies vs. Political Economy: Is Anybody Else
　　Bored with this Debate?", *Colloquy* (March 1993), 72. 이후 이 글에서의 인용은 본문
　　에 그 쪽수를 표시한다.

의 단순한 이항대립을 넘어서는 데 있다(73). 이러한 차이들의 절합이라는 문제, 즉 생산, 소비, 정치, 이데올로기가 서로 절합적으로 구성되어 있는 문제를 거부하기 때문에 문화연구의 중요한 문제들을 고려할 수 없었다고 그로스버그는 말한다. 그는 특히 생산과 소비의 내재적 절합에 대해 강조한다. 생산과 소비는 이항대립적이지 않으며, 소비는 생산 내 소비이며, 생산 역시 소비 내 생산이다. 그는 "만일 생산의 실천이란 개념이 그 자체로 문화적으로 생산된다고 한다면, 생산과 소비의 관계가 니콜라스 간햄이 제안한 것보다 더 복잡하고 덜 안정적이라면, 생산과 소비의 분리에 기반한 문화분석의 모델은 마치 생산을 임금노동으로 환원하는 것과 마찬가지로 그 자체로 매우 문제적이게 될 것이다."(74)라고 말한다. 좌파들은 특히 대중들과 일상의 삶에 대해 너무 낮은 일반화, 혹은 너무 높은 수준으로 추상화 하려는 가정에 빠져 있다고 지적한다(75). 결론적으로 그가 보기에 관건이 되는 것은 문화연구와 정치경제학의 관계가 아니라 오히려 경제학의 문제들, 특히 동시대 자본주의가 문화정치의 분석에 절합되는 방식이다(80). 그로스버그는 문화연구의 문제설정을 문화와 경제, 생산과 소비라는 이분법의 문제로 단순화해서는 안 되며, 동시대 문화를 상업화의 논리로만 환원해서도 안 되듯이, 경제를 자본주의 제조업의 기술적·제도적인 맥락으로 환원해서도 안 되고, 시장을 상품화되고 소외된 교환으로만 환원해서도 안 된다고 본다. 흥미로운 것은 이러한 환원주의에 대한 비판은 문화연구와 정치경제학이 궁극적으로는 모순적이지도 않고, 차이가 없다는 것을 말하려는 것이 아니라는 것이다. 문화연구와 정치경제학, 즉 소비와 생산, 문화와 경제라는 차이들의 절합은 문화가 경제이고, 경제가 곧 문화라는 내재적 동질성으로의 회귀에 대한 비판의식을 담고 있다. "문화연구와 정치경제학은 결코 결혼한 적도 없기 때문에 이혼할 필요도 없다"(80)는 그로스버그의 흥미로운 비유는 문화연구와 정치경제학의 차이와 공존이라는 위치를 견지하면서 동지적 관계에 대한 회복을 염두에 둔 것이다.

더글라스 캘너, 니콜라스 간햄, 로렌스 그로스버그는 문화연구와 정치경제학의 관계에 대해 서로 상이한 주장과 해석을 개진한다. 그러나 이들의 논의에서 한 가지 공통된 점이 있다면, 이들 모두가 경제적, 문화적 환원주의에 대해서 비판한다는 점이다. 이는 문화연구와 정치경제학 사이의 '차이와 절합' 즉 문화와 경제, 생산과 소비의 '차이와 절합'으로서의 관계가 갖는 실천적 의미를 재론한 것이라 할 수 있다. 서양의 문화연구자 사이에서 논의된 이러한 관점은 특히 미국 문화연구 진영 내부에서는 문화연구가 지나치게 미디어연구와 지역연구의 이론적, 비평적 해결사 역할을 자처하면서 본래 자본주의 생산 관계와 지배권력에 대한 비판적 개입을 소홀히 한 것에 대한 반성을 담고 있다. 그런 점에서 최근 한국 문화연구의 위기의 원인을 진단하고, 그 대안을 생각하는 이론적 탐구에서 이른바 '문화경제' 담론이 중요한 위치를 차지하는 것은 자연스러운 일이 아닐 수 없다.

한국 문화연구의 이론적, 제도적, 실천적 위기에 대한 많은 논의 중에서 서동진이 개진한 '문화경제' 담론은 문화연구의 이론적 확장 혹은 문화이론의 경치경제로의 귀환이라는 논쟁적 지점을 낳는다. 서동진은 문화연구와 문화경제의 이론적 기획을 구분하면서 "문화연구의 주도적 경향이 '경제적인 것'을 억압하고 배제한 채, 문화를 이해하려 시도했다면, 최근 문화경제라는 이론적 기획은 문화와 경제의 탈분화,

혹은 융합을 주장한다."[12]고 말한다. 이 주장은 문화연구가 문화와 경제를 구분하여 자신의 이론적 근거들을 확립하려 했던 시도와 달리 문화연구가 이론적 토픽으로 내세운 재현, 정체성, 권력과 같은 것들이 이미 '문화화된 경제'를 상정하고 있다는 점에서 문화연구의 고유성과 특이성에 대한 의문을 품고 있다. 특히나 문화와 경제가 탈분화하는 신자유주의 체제 하에서 애초 문화연구가 내세웠던 비판적 "개념들은 '경제적 삶economic life'을 정체성의 제시와 표현, 표상의 게임, 구별짓기와 같은 것으로 전환시킨, 새로운 '심미적 자본주의'의 효과일지도 모른다"(12).

서동진은 문화연구의 이러한 역사적, 동시대적 딜레마를 말한다 해서 문화연구의 이론적 기획이 설득력이 없다고 생각하지는 않는다. 문화와 경제의 관계에 대한 새로운 문제의식을 통해서 그 설득력을 얻을 수 있다고 보기 때문이다. 서동진은 대안으로 '경제와 함께하는 문화' '비판적 문화경제' '비판적 기호의 경제'와 같은 그동안 통상적으로 문화와 경제를 절합하려고 했던 방식에서 벗어나 "문화연구를 지탱하는 근본적인 전제로서의 문화/경제의 관계란 물음이 자유주의 효과에 따른 것임을 인식하고 이로부터 벗어나려는 시도가 필요하다"고 제안한다.

서동진은 문화와 경제의 관계를 특정하게 규정하는 확정적인 시도는 자유주의 한계로부터 벗어날 수 없고, 문화와 경제의 관계를 확정지을 수 없는 상황을 아포리아라는 말로 일갈하고 있다. '아포리아'라

---

12. 서동진, 「심미적인, 너무나 심미적인 자본주의—문화연구의 위기와 그 비판적 전환을 위하여」, 『경제와 사회』 92호, 2011년 겨울, 11. 이하 이 글에서의 인용은 본문에 쪽수로만 표시한다.

는 어원이 함의하듯이 문화와 경제의 관계를 하나로 확정해서는 안 되는 문화연구의 상황을 모순적으로 표현하든, 복합적, 중층적, 양가적으로 표현하든 어쨌든 서동진은 문화연구의 "아포리아를 해결하려는 시도는 곧 자유주의와의 비판적 대결이 될 것"(13)이라고 말한다. 서동진은 자신의 주장을 객관적으로 설명하기 위해 그간 이 논의에 참여했던 문화연구자들의 주장과 논쟁을 소개하고 있다. 이 자리에서 서동진의 설명을 구체적으로 언급할 필요는 없고, 일부분은 이 글에서 문화연구와 정치경제학의 관계를 설명한 부분과 겹치기도 한다. 다만 간단히 요약하면 다음과 같다. 존 피스크, 니콜라스, 간햄, 로렌스 그로스버그 사이에서 있었던 논의들이 애써 구분하려 했던 '문화연구'인가, 아니면 '문화의 정치경제학'인가 하는 논쟁은 논쟁의 크기에 비해 그다지 효과적이지 않다. 다만 이들의 논쟁으로 인해 "문화와 경제의 관계란 문제가 문화연구란 이론적 기획의 정체성을 구성하는 핵심 질문임을 재차 확인하게 되었다"(21).

문화연구의 아포리아적 상황, 좀 더 구체적으로 말하자면 문화와 경제 사이의 관계, 문화연구와 정치경제학 관계의 아포리아적 상황을 구체적으로 설명해주는 이론가는 서동진이 보기에 짐 맥기언Jim McGuigan과 리처드 맥스웰Richard Maxwell이다. 짐 맥기언은 존 피스크John Fiske와 폴 윌리스Paul Willis와 같은 주류 문화연구자들을 '소비주의 문화파퓰리즘'을 생산하는 연구자로 비판하고, 이들의 입장이 신고전경제학파의 주권적 소비자, 혹은 자유시장의 철학과 유사하다고 말한다. 서동진이 보기에 맥기언의 주장은 문화연구와 정치경제학의 문제설정에서 문화연구와 자유주의의 문제설정으로 이동하게 해준 것이다. 한편으로 맥스웰은 문화와 경제의 관계에 대한 문제의식의 초점을 '문화의 정치경제학'이 아닌 '문화정치경제학의 비판'으로 이행할 것을 주장한다. 이 주장은 문화와 경제를 대당 개념으로 보는 것을 비판하고, 문화-정치-경제의 절합과 종합적 비판을 강조하는 것이다. 말하자면 맥스웰의 문제의식 역시 문화연구와 자유주의와의 대결, 혹은 후자에 대한 전자의 비판의식의 강화로 집약할 수 있다. 서동진 역시 맥스웰의 작업에 주목하는 이유가 "문화연구의 '숨겨진' 인식론적 전제인 정치경제학을 밝히는 작업은 또한 문화연구와 자유주의의 관련을 물어보는 일이 될 수도 있다는 점"(31)으로 보기 때문인 듯하다. 그는 문화연구가 자유주의, 혹은 신자유주의 비판에 적극적으로 참여해야 함을 다음과 같이 밝히고 있다.

문화연구 '내의' 정치경제학을 생각한다는 것은 각각의 문화연구 분석이 암묵적으로 참고하고 있는 경제학설을 찾아내는 일은 아닐 것이다. 그런 연유로 우리는 맥스웰의 접근이 계발적이기는 하지만 자유주의와 문화연구의 관련을 이해하는 데에는 쓸모가 없다고 생각하지 않을 수 없다. 그보다 문화연구 안에 어떤 경제적 사고가 담겨 있는가를 찾아내는 일은 문화연구와 자본주의적 사회관계의 지배적 표상이자 또한 이에 따른 정치적 프로그램이기도 한 자유주의의 관계를 식별하는 일로 이어져야만 한다고 생각한다. 그럴 때에 비로소 문화연구가 어떻게 자신의 정치적 효력을 구성하는가를 온전히 정의할 수 있을 것이기 때문이다(34).

문화연구와 문화경제 담론 사이의 논쟁들로부터 우리가 얻어야 할 교훈이 결국 (신)자유주의 비판이라고 한다면, 사실 실천적인 지형에 대한 고민을 떠나서 문화연구의 위기 상황을 이론적으로 극복하고자 하는 관점이 매우 선명해질 수 있긴 하지만, 너무 일반론적인 이야기가 아닐까 싶다. 물론 서동진의 주장에는 문화와 경제를 대당화하거나 하나를 다른 하나로 대체하려는 환원론에서 벗어나려는 이론적 고민의 흔적이 엿보인다. 앞서 언급했지만, 아포리아라는 개념이 그 고민을 대변하고 있다. 문화가 자유주의의 구성 원리 중의 하나인 한에서 "자유주의의 외부에서 문화를 분석한다는 것은 일종의 부조리한 일일 수밖에 없다"(36). 문화연구가 자유주의의 한 변종으로 변질되지 않기 위해서 문화의 실천을 자유주의 외부에서 구성해야 하는 문제는 서동진의 주장대로 쉬운 문제는 아닐 것이다. 이러한 문제의식, 예컨대 문화와 경제가 탈분화하고 융합하는 상황에서 문화연구가 문화경제 담론에 단순히 투항할 수 없는 것에 대한 고민이 서동진의 글 곳곳에 배어 있음은 분명하다. 그러나 역사적 문화연구의 이론적, 현장적 실천에 대한 위기를 논의하고 그 대안을 마련하려는 자리에서 문화연구가 자유주의의 비판에 매진해야 한다는 결론[13]은 매우 중요한 문제이지만, 너무 일반적이다. 글의 말미에 가도 문화연구의 자유주의 비판의 기획들이 어떤 것인지에 대해서 구체적으로 언급하고 있지 않다.

또한 그가 이러한 결론을 맺기까지 전제하고 있는 주장들도 동의

---

13. 서동진은 결론 삼아 이렇게 글을 맺는다. "비판적인 문화분석을 위한 이론적인 기획으로서의 '문화연구'가 있을 수 있다면 그것은 자유주의 비판의 기획이어야 할 것이다. '신자유주의'라는 역사적인 국면에서 문화연구는 어떻게 자신의 이론적인 프로그램을 구성할 것인가. 이 물음에 답하기 위해 우리는 문화적인 것과 경제적인 것의 관계라는 아포리아에 다시 직면하지 않을 수 없을 것이다. 그리고 그런 아포리아를 낳는 자유주의와의 대결을 피할 수도 없을 것이다"(37).

하기 어려운 면이 많다. 가령 앞서 언급한 대로 문화연구의 중요한 이론적, 담론적 실천들을 심미적 자본주의의 효과라고 가정하는 것이나, 자유주의 외부에는 문화가 부재하다고 주장하며 문화를 사실상 자유주의의 산물로 단정하려고 하는 것도 일방적인 주장일 수 있다. 더욱이 문화와 경제의 관계를 해결할 수 없는 모순의 개념인 아포리아로 상정하면서 문화연구가 이러한 아포리아를 낳는 자유주의와 대면하고 이를 비판 극복해야 한다는 주장은 그 전제 자체가 인식론적으로 성립하기 어려운 면이 있다. 애초에 이러한 아포리아는 자유주의 이데올로기로 폐단으로만 규정할 수 없는 문화와 경제, 혹은 수많은 심급들 사이의 구조적 관계들의 다이아그램들을 고민했기 때문이다. 그러한 문제는 자유주의 인식론의 문제만은 아닐 것이다. 만일 자유주의 아포리아에 대한 비판이라면 사실 동시대 자유주의를 대면한 역사적 문화연구의 이론적 담론적 실천의 유산에서 그러한 비판을 충분히 발견할 수 있을 것이다.

서동진의 글에서 동의할 수 없는 또 한 가지 지점은 충분하게 검토하고 재고해야 하는 역사적 문화연구의 이론적 실천을 매우 단정적으로 일별하여 비판하고 있다는 점이다. 예컨대 문화연구의 재현의 정치학이 기획했던 이데올로기 비판이나, 역사적으로 논쟁이 되었고 다양한 이론적 함의들을 생산했던 문화연구 내에서의 젠더, 섹슈얼리티, 세대의 담론들을 심미적 자본주의에 투항한 것으로 단정하는 것은 역사적 문화연구에 대한 냉소적 판단이 강하게 드러날 뿐 아니라, 심미적 자본주의로의 포섭이라는 주장을 정당화하기 위해 역사적 문화연구의 실천의 정당성을 기각할 위험성을 안고 있다. 물론 문화연구에서 재현의 정치학, 이데올로기 비판, 정체성 정치학의 이론적 실천이 부분적으로 대중주의나 자유주의 경향으로 흐르면서, 비판의 대상이 된 것은 사실이다. 그러나 그러한 한계에도 불구하고 1970년대 영국의 문화연구이건, 1990년대 한국의 문화연구이건, 역사적 문화연구의 이론적 실천 모두가 자유주의적 혐의에 노출되거나 심미적 자본주의에 투항했다고 말하는 것은 별개의 문제이다. 한국 문화연구의 이론적 실천이 본격화되기 시작했을 때, 1990년대에 수없이 쏟아져 나온 문화이론, 문화비평, 문화담론과 그것들이 말하고자 했던 현장들의 역사적 구성체들을 지금 위기의 시대, 신자유주의 시대라는 프리즘을 통해 일종의 부정적 후일담의 형식으로 회고할 때는 조심스러운 태도가 필요하다.

서동진은 최근의 다른 글[14]에서 비록 문화정체성의 문제가 중요한 토픽이었던 1990년대의 문화연구에 대한 역사적 평가를 내리지는 않았지만, 역사유물론의 '시대구분'이란 관점으로 역사적 문화연구를 바라보는 틀을 제공하고 있다. 주로 에티엔 발리바르와 프레드릭 제임슨의 논의를 언급하면서 그가 생각하는 역사유물론의 관점에서 시대구분은 "말 그대로 연속적인 역사적인 시간을 각각의 단계로 분할하는 '분류의 방법'이 아니다"(351). 그것은 문화의 단순 반영론, 기계적 유물론의 시각으로 흐를 소지가 있으며 역사적으로 구분된 문화의 자기동일성의 반복이 될 뿐이라고 피력한다. 그가 생각하는 역사유물론의 시대구분에 대해서 명확하게 정의하지는 않지만, 문화의 자기동일성에 대한 비판, 역사적 대상으로 문화가 규정되는 것에 대한 비판의

14. 서동진, 「역사유물론과 문화연구 (1)―'시대구분'이라는 방법」, 『2015년 한국문화연구학회 정기 겨울학술대회 자료집』 참고. 이후 이 글은 이동연 외 지음, 『좌파가 미래를 설계하는 방법』(문화과학사, 2016)에 수록되었다. 본문의 인용 쪽수는 이 책의 것이다.

관점으로 시대구분을 제시하고 있는 것은 분명하다. 그는 이를 문화라는 대상을 이중화하는 것이라고 말한다. 역사유물론적 시대구분은 "주어진 객관적 대상으로서 문화적 실천, 의미, 제도, 양식 등을 인식하고자 애쓰지만 동시에 그것이 주어진 객관적 현실을 전유하고 매개하려는 시도로서 파악함으로써 문화를 대상이자 주체로서, 물질적인 것이면서 동시에 상징적인 것으로서 인식할 수 있도록 한다"(352)라는 지적은 이를 뒷받침한다. 시대구분의 역사유물론적 인식을 통해 문화의 대상과 분석을 이중화하고, 자율성과 타율성의 상호작용을 이해하며, 문화의 자기동일성을 부정하는 것이 서동진이 주장하고자 하는 기본 관점이다.

역사유물론의 관점에서 보면 문화의 자기동일성은 단지 동시대적인 문제만이 아니라 역사적 변화와 이행의 문제이기도 하다. 역사유물론적인 관점에서 보면 가령 1990년대 한국 문화연구에서 중심 토픽이었던 정체성의 문제, 즉 계급적, 성적, 성차적, 세대적 심급들은 자기 동일성을 주장할 수 없을 뿐더러, 그것이 시기가 지나 새로운 역사적 조건과 국면으로 이행했을 때에도 마찬가지로 자기 동일성을 주장할 수 없다. 이는 적절한 지적이다. 그러나 역사유물론의 비동시성, 비동일성의 특성과 문화의 자율성과 타율성의 역사적 조건들에 대한 역사유물론적 검토가 갖는 타당성에도 불구하고, 역사적 문화연구를 역사유물론의 관점에서 보는 것과 그것을 역사적으로 평가하는 것은 별개의 문제가 아닌가 싶다. "오늘날 우리는 계급적 주체로 환원할 수 없는 이질적이면서 자율적인 주체 위치와 문화적 투쟁, 저항을 분석할 수 있던 행복한 시대가 아니다. 외려 우리가 오늘날 목격하는 것은 차라리 '애타게 주체를 찾아서'라고 말해도 좋을, 주체가 없는 것처럼

보이는 세계에서 주체의 윤곽을 찾는 것일지도 모르는 것처럼 보인
다. 이러한 주체의 부재를 메우는 것은 SNS를 비롯한 다양한 정보통
신매체를 통해 일시적으로 관찰되었다가 사라지는 수많은 세대의 형
상, 하위문화적 종족들의 형상들일 뿐인 듯하다"라는 지적은 정체성
을 바라보는 문화연구의 역사적 조건의 이행과 그 비판적 관점의 전
략 수정을 요청한다는 점에서 일리 있는 지적이다.

  그러나 시대구분으로서 역사유물론의 시각이 "문화연구와 주체성
분석의 관계를 헤아려볼 수 있도록 하는 자극"일 수는 있지만, 그것
이 주체의 해석을 넘어 실천으로 이행하는 과정에서 갖는 특정한 시
대의 정체성, 혹은 주체성에 대한 역사적 평가는 시대구분이라는 일
종의 패러다임에 의해 재귀적인 것이 되어서는 안 된다. 심지어는 그
것이 시대구분이라는 이행의 규범에 의해 회고적, 향수적, 퇴행적 평
가가 되어서는 더더욱 곤란하겠다. 역사유물론의 '동시성의 비동시성'
'동일성의 비동일성'이라는 문제의식은 문화의 동일성의 비판으로 유
효하다. 특히 서동진의 언급대로 문화-주체의 자명성과 규정성의 논
리를 극복하는 데 있어 중요한 관점이지만, 그것을 시대구분의 단절로
만, 혹은 재귀적 사유의 관점으로만 바라볼 경우 그 또한 정체성 정
치학의 역사적 실천의 이행을 외면하는 인식론의 한계를 가질 수 있
다. 사실 서동진이 문화연구의 정체성의 정치학에 대한 역사적 평가
에서 자칫 가질 수 있는 특정한 역사적 시기의 특권화, 역사화의 오류
들을 반성적으로 사고할 수 있는 지점들은 충분히 있다. 그러나 그러
한 비판적 사유는 이미 1990년대 문화연구의 이론적, 비평적 실천에
서도 개진되었고, 지금도 문화연구의 이론적 전화와 이행이라는 관점
으로 지속되고 있다. 문화의 대상과 주체, 자율성과 타율성의 상호작

용이 시대구분으로서만 규정될 수 있다면, 그 시대구분은 인식론적 단절로서만이 아닌 역사적 실천들의 (불균등한) 연속과 이행을 통해서 역사유물론의 문화적 의의를 획득할 수 있다.

문화연구의 역사적 실천에서 제기된 '이데올로기 비판'과 '정체성의 정치학'은 그 자체로 자유주의 이데올로기와의 내재적 싸움이었고, 문화연구가 정치경제학의 자유주의 비판과 다르다는 점을 보여준 것이다. 짐 맥기언이 말한 문화연구 담론 내 자유주의화의 보수적 경향을 극복하는 것은 매우 중요한 지적이다. 그러나 그 극복의 방식은 정치경제학적 담론으로의 전환을 통해서가 아니라 이데올로기 비판과 정체성의 정치학이란 문화연구 본래의 이론적 실천의 재구성을 통해서 해야 하지 않을까 싶다. 문제는 문화경제 담론으로의 전환이나, 자유주의 비판에 대한 재확인이 아니라, 이데올로기 비판과 정체성 정치학의 실천적 토픽을 현실 자본주의 체제를 극복할 수 있도록 얼마나 급진적으로 구성하는가에 있다. 이 문제를 구체적으로 논의하기 위해 문화연구의 이론적 실천의 역사에서 제기되었던 정체성의 정치학 문제를 다시 생각해 보기로 하자.

'정체성의 정치학'을 다시 상상하기

문화연구에서 정체성의 정치학이란 토픽은 맑스주의의 계급결정론을 비판하는 데 있어 세 가지 중요한 쟁점을 형성했다. 첫째, 문화적 정체성의 비본질적 구성 원리를 탐구하는 것으로 정체성은 본질적인 실체가 사전에 주어진 것이 아니라 현실에 개입하는 실천적 과정으로 구성된다는 것이다. "반본질주의적 전략은 정체성, 그리고 사회적 전략을 제고할 수 있게 만든다는 점에서 맑스주의 내부에 특별하고 유익한 반향을 일으킬 것이다"라는 지적[15]은 문화연구의 정체성 이론에서 귀담아 들을 점이 많다. 이 지적은 계급, 종족, 성, 세대 등의 복합적인 중층결정의 국면에 의해서 주체가 실제적, 현실적으로 구성되는 비어 있는 개념이라는 점을 강조한다. 주체의 정체성은 계급의 정체성으로만 환원될 수 없고, 계급의 정체성 역시 계급적 주체를 둘러싼 다양하고 현실적인 사회적 관계 속에서 재구성되어야 하는 것이다.

문화정체성 역시 인류학적, 종족적 본질에 기원하지 않는다. 스튜어트 홀은 「문화정체성과 이산」이란 글에서 문화정체성을 두 가지 상반된 관점으로 설명했다. 첫 번째 관점은 문화정체성을 "하나의 공유된 문화, 즉 일종의 집단적 '하나의 진실한 자아'라는 견지에서 정의"하는 것이다. 이 정의에 따르면 문화정체성은 "공통의 역사적 경험과 공유된 문화적 코드들을 반영"하는 것이 된다. 가령 카리브 해에 살고 있는 다양한 흑인 주체들의 '하나됨'은 이들의 다양한 차이의 기저에 존재하는 "카리브다움과 흑인적 경험의 진실이자 본질이다." 스튜어트 홀은 카리브인과 흑인의 이산이 영화적 재현을 통해 발견하고, 발굴하고, 드러내고, 표현해야 하는 것이 바로 이러한 정체성이라고 말한다. 이른바 흑인 주체의 종족적, 지리적 차이에도 불구하고 흑인 이산민들이 공유하는 '네그리튜드Negritude'라는 흑인 민족주의가 공유된 문화로서 문화정체성을 대변한다. 반면에 문화정체성의 경험적 동질성과는 다르게 주체의 정체성을 구성하는 데 있어 역사적으로 존재한 다양한 차이들을 드러내는 방식이 있다. 스튜어트 홀은 이

15. 깁슨 그레엄, 『그 따위 자본주의는 벌써 끝났다』, 엄은희·이현재 역, 알트, 2013, 99.

러한 정체성을 "카리브인의 독특함을 구성하는 파열들과 불연속들을 인정하지 않고서는 올바로 말할 수 없"는 것으로 의미를 부여하고자 했고, 이를 "'존재being'의 문제만이 아니라 '생성becoming'의 문제"로서 문화정체성을 정의하고자 했다.[16]

두 번째, 정체성은 동질성이 아닌 차이를 통해 형성된다는 점이다. 리처드 존슨은 문화연구와 맑스주의 연관성에 있어 주목할 것 중의 하나가 문화적 과정들 내 존재하는 사회적 관계들, 즉 계급관계를 구성하는 성, 종족, 세대의 요소들과 그러한 요소들이 어떻게 사회적 차이와 투쟁의 장으로 전환하는가라고 한다.[17] 1980년대 영국의 신좌파 이론 진영에서 새로운 비판적 전환을 선언하면서 '주체성을 위한 새로운 시대New Times for Subjectivity'를 제기하였는데, 홀은 이러한 새로운 시대라는 프로젝트가 새로운 포스트포디즘이라는 사회적 성격의 변화에 대한 좌파의 대응이었다고 말한다. 새로운 사회는 동질성, 표준화보다는 다양성과 차별화, 파편화로 성격규정할 수 있다는 것이다. 이러한 주장은 새로운 시대라는 프로젝트는 문화주의나 기계적 환원주의가 총체화하려는 야만주의에 대한 불신이라 할 수 있다. 프란시

16. 스튜어트 홀의 다음의 인용문을 보라. "문화 정체성들은 어떤 곳에서 나타나서 다수의 역사들을 가지고 있다. 그러나 문화적 정체성들은 항시적인 변형을 경험한다. 그것들은 어떤 본질화된 과거에 영원히 고정된 것이 아니라 역사와 문화와 권력의 지속적인 '유희'에 종속된다. 우리가 '식민지적 경험'의 상처 깊은 특정 내용을 올바르게 이해할 수 있는 것은 이 두 번째 입장으로부터이다. 흑인 민중, 흑인의 경험들이 재현의 지배 체제들에 입장을 취하게 되고, 종속되어지는 방식들은 문화 권력과 표준화를 비판적으로 행사한 데서 나온 결과들이다"(Stuart Hall, "Cultural Identity & Diaspora," in Patrick Williams & Laura Chrisman, eds., *Colonial Discourse & Postcolonial Theory: A Reader* [New York: Columbia University Press, 1994], 395).

17. Richard Johnson, "What is cultural studies anyway?", in Richard Johnson, ed., *What is Cultural Studies?: A Reader* (London: Arnold Publication, 1996), 76.

스 뮬헌에 따르면, 그것은 사회적 변화와 국면들 안에 존재하는 수많은 차이들을 포착하려는 시도이다.[18]

차이와 모순으로서 정체성의 정치학을 문화연구의 관점에서 가장 잘 설명할 수 있는 것이 역사적 하위문화이다. 역사적 하위문화는 통상적으로 1950년대에서 1970년대에 이르는 영국의 청년 하위문화를 지칭한다. 하위문화는 2차 세계대전 이후 황폐해진 영국 사회, 런던 등 대도시에서 시작된 도심재개발정책, 후기산업사회로의 이행에 따른 노동자계급의 불안정한 삶에서 비롯되었다. 노동자계급 부모 세대의 삶이 피폐해지고, 가족이 해체되고, 전통적인 주거 공간들이 파괴되면서 부모 세대와 자녀 세대 사이에 심각한 갈등이 야기되었다. 청교도주의로 훈육 받은 노동자계급 부모들과 종교적, 가부장적 윤리의식에 기초해 가난을 숙명으로 받아들이려는 현실을 거부하고자 했던 자녀 세대 사이에 갈등이 형성되었다. 필 코헨의 지적대로 자녀 세대들에게 가족은 하나의 전쟁터였다.[19] 하위문화는 노동자계급 삶의 붕괴에 따른 계급의식과 부모 세대의 청교도 윤리를 거부하는 세대 의식의 모순과 갈등에서 비롯되었다. 하위문화 연구는 노동계급과 청년 문화를 분리하려고 한 것이 아니라 그것의 절합을 중시한다. "하위문화적 이론화의 다양성은 노동계급 하위문화 구성원들의 본질적 가치에 대한 헌신을 예시적으로 보여준 것이다." "모드족, 록커족, 스킨헤드족, 크롬비족들은 모두 부모문화 안에서 파괴된 사회적으로 응집된

---

18. Francis Mulhern, *Culture/Metaculture* (London and New York: Routledge, 2000), 114.

19. Phil Cohen, "Sub-cultural Conflict and Working Class Community," CCCS, *Working Papers in Cultural Studies,* No. 2 (Spring 1972) 참고.

요소들을 되찾으려는 시도를 각기 다른 방식으로 재현한다."[20]는 점에서 역사적 하위문화는 계급적 정체성과 세대적 정체성의 절합으로서 차이와 모순을 스타일이란 형태를 통해서 나타내고자 한다. 하위문화 정체성의 차이와 모순은 계급과 세대의 관계 속에서만 드러나는 것은 아니다. 그것은 하위문화와 그 담론의 남성적 정체성에 대한 젠더 비판도 함께 포함하고 있다. 모드, 스킨헤드, 펑크와 같은 하위문화 부족들의 스타일은 대체로 거칠고 공격적이어서 남성가부장적 성향을 드러낸다. 하위문화 부족들의 스타일과 퍼포먼스, 발언들과 펑크족 남자 밴드멤버들과 그들을 따라다니는 여성 팬덤족(그루피족)과의 관계에 대한 하위문화 담론들은 균형 있는 여성주의적 시각들이 결여되어 있는 경우가 많다. 안젤라 맥로비는 하위문화에서 젠더 시각이야말로, 의미 있고 차이를 생산하는 구성 원칙이라고 주장한다. 그녀는 하위문화의 스타일과 그것을 연구하는 연구자들의 담론이 여성과 소녀들에 대한 억압을 재생산한다는 사실을 외면하고 있음을 문제제기한다.[21]

세 번째, 문화연구의 정체성의 정치학에 있어 또 한 가지 빼놓을 수 없는 것은 일상적 삶의 실천과 그 실천 주체들의 문화적 다양성에 관한 것이다. 존 피스크는 일상적 삶의 문화는 "차이들을 체화하고 구성하는 구체적인 실천의 문화"[22]라고 말한다. 일상적 삶에 위치한

20. Ibid., 32.
21. Angela McRobbie and Jenny Garber, "Girls and Subculture," in Stuart Hall, Tony Jefferson, eds., *Resistance Through Rituals: Youth Subcultures in Post-War Britain*, 211.
22. John Fiske, "Cultural Studies and the Culture of Everyday Life," in Lawrence Grossberg, et al., *Cultural Studies* (New York & London: Routledge, 1992), 161.

서로 다른 주체들의 몸에 체화된 차이의 감각들은 사회규율을 구성하고, 그것을 측정하려는 지배권력에 맞서 개별적인 공간 속에서 새로운 권력을 세우려는 일상적 투쟁이 벌어지는 지점이다. 문화와 일상의 관계에 대한 탐구는 문화연구의 매우 중요한 실천적 토픽 중의 하나이다. 리처드 호가트, E. P. 톰슨, 레이먼드 윌리엄스 등 초기 문화연구의 태동에 기여한 이론가들의 논의에서 공통된 점이 있다면 그것은 문화가 특별한 것이 아니라, 개인들의 일상적 삶의 경험에서 나오는 것이라는 점이다. 영국 노동자계급 형성의 문화사를 기술한 E. P. 톰슨은 노동계급의 문화가 노동자 일상의 구체적인 삶의 실천에서 나온다는 점을 강조했다. "'노동계급의 문화'라는 말의 올바른 의미는 기본적으로 집단적인 개념이며, 또 여기에서 유래하는 제도, 태도, 사고의 관습, 의도 등이다." "공제조합은 어떤 개념으로부터 도출된 것이 아니었다. 공제조합의 개념들과 제도들은 어떤 공통적 경험들에 대한 응답 속에서 생겨난 것이다."라는 지적[23]은 계급의 실제적 형성과정에서 일상으로서의 문화실천이 얼마나 중요한 것인가를 강조한다.

물론 일상의 경험을 중시하는 문화연구의 관점이 소위 '문화주의'라는 혐의를 받으며 구조주의자들로부터 비판을 받아온 것이 사실이다.[24] 개인들의 문화적 일상을 지배하는 구조와 체제를 인식하지 않는 것은 단지 개인의 제한된 경험으로 사회 전체를 판단하는 것이나 다

---

23. E. P. 톰슨, 『영국 노동계급의 형성』, 나종일 외 역, 창비, 2000, 578.
24. 홀은 "전통적인 분석의 대상을 경험의 수준 쪽으로 돌리거나, 혹은 다른 구조와 관계들을 해석하면서 그것들이 어떻게 '체험되는가' 하는 관점에서 내려다 보는" 것을 문화주의라고 한다면, 문화주의의 흐름은 구조주의적 지적 현상이 등장하면서 잠시 중단되었다고 말한다(스튜어트 홀, 「문화연구의 두 가지 패러다임」, 『스튜어트 홀의 문화이론』, 217).

를 바 없다. 다른 한편으로 일상적 삶에 대한 중시가 대중문화의 등장과 그 위력을 과대평가하고 문화 소비와 수용의 쾌락에서 대안을 찾으려 한다는 점에서 탈정치적인 대중주의로 비판받을 수 있다. 소비공간, 라이프스타일, 취향, 드라마, 팬덤 등 대중문화 내 개인들의 문화적 실천들은 일상의 삶을 조직하는 자기 쾌락적인 힘을 찾고자 한다. 특히 수용자 연구에서 이러한 관점은 수많은 대중문화연구 사례에서 낯설지 않다. 정치경제학자들이나 비판적 문화연구자들은 이러한 관점을 탈정치적 대중주의로 간주한다. 짐 맥기언은 문화 대중주의는 일상적인 사람들의 상징적 경험과 실천들이 대문자 문화보다 분석적으로나 정치적으로나 더 중요하다는 지적인 가정이라고 말한다.[25] 예컨대 팬덤과 같은 수용자 연구는 문화자본의 논리를 충분히 인지하지 않은 채, 그 문화자본의 재생산에 기여하고 지배이데올로기에 흡수될 수 있는 위험을 안고 있다는 것이다. 상품형식과 이데올로기 형식으로의 흡수는 개인의 문화적 일상을 자율적인 취향의 논리로 탈정치화한다. 급진적 스타일을 통해 저항하고자 했던 하위문화나, 대량 소비문화의 틀 안에서 형성되는 팬덤문화, 다양한 취향의 공동체문화가 일상문화의 새로운 문화정치를 실천하는지, 아니면 탈정치적 대중주의로 후퇴하는지는 여전히 논쟁적인 함의를 낳고 있다. "문화연구의 대중주의는 그 자체로 정치적이다."라는 지적[26]은 일상으로서의 문화실천의 '저항과 흡수'라는 서로 상반된 함의들을 갖는다.

이러한 한계와 논쟁에도 불구하고 정체성의 정치학에서 능동적인

---

25. Jim McGuigan, *Cultural Populism* (London and New York: Routledge, 1992), 4.

26. Todd Gitlin, "The Anti-political Populism of Cultural Studies," in *Cultural Studies in Question*, 26.

행위자로서의 개인의 문화적 역량에 주목하는 논의들은 꾸준히 진행
되었다. 이러한 논의들은 주로 이데올로기적 호명으로서의 주체가 아
닌 욕망과 주권자로서의 능동적 주체에 대한 해석을 강조하며 타자
와의 관계 속에 위치한 주체, 다양한 능력을 내재하고 있는 자기결정
적인 주체를 탐색하고자 한다. 안젤라 맥로비는 정체성은 유동적이며
타자와의 관계 속에서만 존재한다고 말한다. "정체성은 부르주아 개
인들이 아니며, 개성, 독특한 사람도 아니며 정신분석학적 주체도 아
니다."[27] 그것은 사회적 정체성, 혹은 사회집단 혹은 공유한 경험과 역
사를 지닌 대중들에 기반한 투쟁적인 자아의식을 함의한다. 사회적
관계 속에서 능동적인 행위자로서의 주체들의 다양한 문화적 실천들
은 문화연구의 텍스트주의의 한계를 극복할 수 있으며, 본질주의적
정체성 이론을 내파할 수 있다. 안젤라 맥로비는 문화연구의 일상문
화연구의 방법적, 실천적 대안으로 에스노그라피 방법론을 제시한다.

정체성은 계급적, 정신분석적, 이데올로기적, 텍스트적 주체로 보지
않고, 자신의 감각을 어떻게 광범위한 문화적 실천으로 기획되고,
표현될 수 있는 능동적 주체로 볼 수 있는가에 대한 일종의 안내자
역할을 함으로써, 문화연구를 1990년대로 끌어들일 수 있다. 만일
이것이 사실이라면, 오늘날 문화연구의 문제는, 이번 컨퍼런스에서
발표된 논문들의 전체적인 기조에서 목격되었듯이(아니면 예컨대 영
국에서 있었던 "새로운 시대" 논쟁에서 볼 수 있듯이), 에스노그라피적
의미에서 실제로 현존하는 정체성을 확인할 수 있을 만한 참고자료

27. Angela McRobbie, "Post-Marxism and Cultural Studies: A Post-script," in *Cultural Studies*, 729.

들이 부재하다는 데 있다. 그 누구보다도 나에게 혐의가 많다고 볼 수 있겠지만, 지금까지 논의된 정체성들은 텍스트적 혹은 담론적 정체성들에 불과하다. 그간 문화연구에서 정체성 형성의 장은 일상의 삶 속, 혹은 그를 통한 문화적 실천보다는 문화적 상품 속, 혹은 그것을 통해서만 암묵적으로 남아있다. 내가 마지막으로 간청하고자 하는 것은 문화연구 안에서 정체성의 에스노스라피, 즉 단지 텍스트를 위한 독자 그 이상을 넘어서는 그룹들과 개인들에 대한 상호작용적 연구를 수행하는 것이다.[28]

문화연구의 이론적 전화 – 주체성의 정치학으로의 전환

지금까지 설명한 정체성의 정치학은 문화연구의 이론적 실천에서 가장 일반적인 논의에 포함된다. 경제결정론이나 계급결정론을 비판하며 사회적 관계에서 문화의 중층결정을 주장하려는 문화연구는 문화정체성의 문제, 특히 그것의 구성적 과정에 주목했다. 문화연구의 많은 실제 연구들은 젠더, 인종, 종족, 세대의 문화정체성에 관한 연구라고 해도 과언이 아니다. 그런 점에서 문화연구의 가장 중요한 특징 중의 하나가 '정체성'의 문제설정이라는 것에 대해서는 이론의 여지가 없다.[29] 사이먼 듀링의 지적대로 1950년대 영국에서 문화연구가 등장할 때부터, '주체성subjectivity'의 문제설정은 중심적인 축이었다. 주체성의 문제설정은 문화연구가 '사회과학의 실증주의'나 '객관주의'와 단절하

28. Ibid., 730.
29. Simon During, "introduction," in Simon During, ed., *The Cultural Studies Reader* (London: Routledge, 1999) 참고.

고 개인적 삶과의 연관 속에서 문화를 연구했다는 것을 의미한다.[30]

그러나 최근 문화연구와 비판이론의 동향은 문화연구의 오래된 토픽인 '정체성의 정치학'을 새로운 관점으로 해체 재구성하려는 이론적 시도를 보이고 있다. 이러한 이론적 시도를 '주체성의 정치학'으로 통칭할 수 있을 것이다. 그렇다면 정체성의 정치학과 주체성의 정치학은 어떤 차이가 있으며, 그 이행의 사회적 조건들을 어떻게 설명할 수 있을까? 일반적으로 정체성은 자아의 감각을 구성하고 표현하는 문화적 과정의 산물로 정의할 수 있다. 정체성은 개인의 존재를 구성하는 다양한 심급들, 예컨대 계급, 성, 성차, 종족, 인종, 세대의 복합적인 구성체이다. 정체성은 개인의 실체를 구성하는 다양한 부분들의 합으로 구성되지만, 정체성이 사회적 관계 속에서 투사될 때는 특정한 정체성의 '차이'로 드러난다. 가령 민족정체성, 계급정체성, 여성정체성은 개인을 구성하는 다양한 요소 중에서 특정한 차이를 드러내는 것을 말한다. 문화정체성은 그러한 개인들의 차이가 역사적으로 구성된 것을 말한다. 역사적으로 구성된 차이는 문화정체성의 모순을 내면화한다. 가령 스킨헤드와 펑크족과 같은 역사적 하위문화의 주체들은 계급, 인종, 성차, 세대의 정체성을 구성하는 데 있어 내재적으로 모순의 관계를 생산한다. 스킨헤드와 펑크족은 계급적으로 동일한 위치에 있지만, 흑인의 정체성을 바라보는 관점은 서로 모순된다. 글램족과 펑크족은 세대적인 동질성을 갖지만, 계급적 정체성은 서로 모순적이다.

정체성은 기원과 뿌리에 있어 동일한 본질과 목적을 가지고 있는 것으로 간주되지만, 문화연구는 정체성을 본질적으로 보지 않고, 역

---

30. Ibid., 2.

사적으로 구성된 것으로 본다. 스튜어트 홀의 지적대로 정체성은 우리가 생각하는 것만큼 투명하지 않으며 결코 완성되지 않고 과정 중에 있는 재현의 공간 안에서 언제나 구성되는 것이다.[31] 정체성은 언제나 이미 사회적 관계 속에서, 역사적 국면 속에서 형성된다. 주체성은 바로 역사적 국면 속에서 구성된 정체성, 혹은 사회적 관계 속에서 지각된 정체성의 다른 이름이다. 주체성은 정체성의 사회적 구성체로 존재한다. 주체성은 개인을 권력의 관계로 위치지우는 방식을 의미화한다. 예컨대 개인은 경제적, 법적, 사회적 인습의 힘에 의해 주체화한다. 주체성은 정체성과 대립적이기보다는 그것을 좀 더 사회적 관계 안으로 번역하는 개념이라 할 수 있다. 주체성은 정체성의 언어적, 이데올로기적, 심리적 표상으로 존재하며, 정체성의 사회적 실천을 의미화하는 데 있어 구체적인 지위를 갖는 것을 말한다.

주체성과 주체에 대한 이론이 문화이론에서 가장 중요한 개념이라는 것은 이론의 여지가 없다. 문화연구, 영화미디어연구 및 문학연구는 휴머니즘, 맑스주의, 정신분석학, 포스트구조주의, 페미니즘에서 다양하게 파생된 주체성의 이론들을 놓고 서로 경합을 벌였다. 이러한 주체성에 대한 비판적 연구들은 주체성에 대한 휴머니즘적이고 계몽적인 개념들을 의문시했다.[32] 역사적 문화연구에서 주체성 연구는 18세기 이성의 시대나, 19세기 계몽주의 시대에 정립된 이성적, 합리적 근대 주체를 내파시키는 것을 목표로 하지만, 그 방식은 서로 상반된다. 개인의 신체 안에 내재화된 다양한 심급의 정체성이 사회적 관계로

31. Stuart Hall, "Cultural Identity & Diaspora," 392.
32. Chris Weedon, *Identity and Culture: Narratives of Difference and Belonging* (Maidenhead Berkshire: Open University Press, 2004), 9.

이행할 때, 주체성은 두 가지 상반된 위치를 갖는다. 하나는 언어 혹은 기호로 표상되거나, 다른 하나는 그것들로 표상되지 않는 고유한 내재적 힘을 갖는다. 전자는 표상으로서의 주체성이라고 한다면, 후자는 역능으로서의 주체성이라고 할 수 있다.

역사적 문화연구에서 주체성의 이론화는 주로 표상으로서의 주체성이 문화텍스트의 재현에서 어떻게 형성되는가에 집중했다. 문화연구는 문화적 재현과정 속에서 권력관계가 어떻게 생산되고 재생산되는가를 분석하고자 했기 때문에, 주체성의 이론화에서 알튀세르의 이데올로기론, 프로이트와 라캉의 정신분석학을 중요한 이론적 준거로 삼았다. 표상으로서의 주체라는 관점에서 두 이론은 공통점을 가지고 있다. 두 이론 모두 개인이 주체로 형성되는 과정에서 언어와 이데올로기로 표상되는 주체의 문제에 관심을 기울였다. 이데올로기는 지배계급의 생산관계의 재생산을 작동시키는 것으로서 이데올로기 국가장치들을 통해 구체적인 개인들을 구체적인 주체로 호명한다. 이데올로기는 사회적 실재와 맺고 있는 상상적 관계이다. 알튀세르가 말하는 '상상적' 관계에서 '상상적'이란 말은 라캉이 말하는 거울단계로서의 상상계를 염두에 둔 것으로 언어, 이미지, 꿈에 의해서 오인된, 혹은 표상된 주체의 공간이다. 즉 라캉적 의미에서 타자의 욕망으로서 주체, 시선과 응시의 분열된 주체[33]는 알튀세르가 언급한 호명된 주체와 같이 언어, 이미지, 꿈이 만든 상상적 공간 안에 존재한다. 주체성에서 주체의 문제는 언어의 영역, 즉 표상의 영역 안에서 벗어날 수 없다. 다음의 인용문을 보자.

---

33. 자크 라캉, 「대상 a로서의 응시에 관하여」, 『자크 라캉의 세미나 11―정신분석학의 네 가지 근본 개념』, 맹정현 역, 새물결, 2008 참고.

주체성은 주체적 영역을 의미하는데, 그 영역은 모든 지각의 사건들과 기호적 사건들의 영역으로 볼 수 있다. 그 영역에서 개인은 나와 우리로 불리게 된다. 그래서 꿈의 보고서나 음악과 영화에 참여하거나, 문장을 해독하는 것, 이 모든 것들이 모두 주체이다. 이런 사건들은 주체를 구성한다. 라캉과 알튀세르를 따라가다 보면, 문화와 미디어 이론가들은 주체는 단지 '기호학적 위치'에 불과하다는 점을 제시한다. 자아 중심의 주체라는 것도 외부(혹은 타자로, 혹은 사회적 타자를 통해)로부터 비춰진 몸의 이미지에 불과하다. 몸의 이미지는 주체의 영역에 언어적 역할을 부여한다. 주체는 이미 기호의 부분으로 '불려지고', '연결되고', '시작된다.'[34]

문화연구에서 텍스트의 재현의 정치학에 관한 연구들은 대체로 알튀세르의 이데올로기론과 자크 라캉의 욕망이론을 경유하다 들뢰즈로 우회한다. 들뢰즈에게서 주체성은 표상을 거부하는, 즉 유기적 신체와 결핍으로서의 욕망을 거부하는 주체의 역동적인 잠재성과 내재적 생성의 힘을 의미한다는 점에서 언어에 의해 표상되거나 이데올로기에 의해 호명되는 주체이론과는 대립한다. 들뢰즈의 철학적 사유가 1990년대 말 이후 문화연구의 텍스트 분석에서 알튀세르와 라캉을 대체하는 대안적인 이론으로 각광받은 것은 주지의 사실이다. 특히 2000년대 이후 한국 문화연구에서 새롭게 생성되는 소수자 문화와 인터넷 커뮤니티 공간에서 활동하는 디지털 문화부족, 영화 및 미디어 텍스트에서 재현되는 노마드적인 주체들을 분석하는 데 있어서

---

34. Philip Bell, "Subjectivity and Identity: Semiotics as Psychological Explanation," *Social Semiotics*, Vol. 12, No. 29 (2002), 203.

들뢰즈의 철학은 많은 이론적 기여를 하였다.

이 글에서는 들뢰즈의 철학이 문화연구에 미친 영향을 언급하는 것이 주된 목적이 아니기 때문에 자세하게 언급하기는 곤란하다. 다만 문화연구에 있어 주체성을 이론화 하는 두 가지 상반된 길에서 표상으로서의 주체가 아닌 역능으로서 주체의 문제설정에 들뢰즈의 철학적 사유들이 중요한 이론적 전환의 계기를 제공한 것은 사실이다. 문화연구의 이론적 역사의 궤적에서 문화의 재생산 구조를 간파한 알튀세르적 계기와, 대항헤게모니를 통한 문화실천의 가능성을 제시한 그람시적 계기가 있다면, 문화적 주체들의 자율성, 잠재성, 생산성을 이론화한 들뢰즈적 계기도 중요한 국면을 형성한다. 그러나 표상에서 역능으로 이행하는 주체성의 이론화를 문화연구의 이론적 전화의 중요한 계기로 간주할 때, 들뢰즈의 이론들은 문화연구에서 아주 핵심적이고 중심적인 것이라고 보기는 어렵다. 오히려 들뢰즈의 이론은 문화현실보다는 미학이나 예술이론에 더 적용하기 적합한 이론이지 않을까 싶다. 문화연구에 있어 역능으로서 주체성의 이론화는 들뢰즈보다는 미셸 푸코가 1970년대 콜레주 드 프랑스 강의에서 개진한 주체이론에서 더 많은 이론적 시사점을 얻을 수 있다.

콜레주 드 프랑스의 강의에서 푸코가 줄기차게 개진한 통치성과 주체의 해석학은 문화연구의 현재 시점에서 매우 중요한 이론적 전화를 위한 많은 사유의 공간을 열어준다. 왜냐하면 이 두 이론은 서로 상호보완적이며 표상으로서의 주체성과 역능으로서의 주체성의 형식적 단절을 기각하고 이 두 관점의 봉합과 관계, 배치의 실제적 과정을 볼 수 있게 해주기 때문이다. 표상과 역능으로서 주체성의 이론화는 사실 주체를 바라보는 상반된 시각을 갖지만, 기계적으로 분리될 수 없는 절합된 표면을 갖는다. 표상으로부터 완전히 자유롭거나, 역능의 잠재성을 완전히 배제한 표상화된 주체는 완전히 상상되기 어렵다. 푸코의 통치성은 국가이성에 의한 주체의 통치술, 즉 주체의 안전과 위생과 영토와 인구의 분할을 위한 사회적 관치의 프로그램을 분석하는 장치이다. 그런 점에서 푸코의 통치성 이론은 알튀세르의 이데올로기론에 비해 훨씬 실제적이며 인식론적 수준에서 그치지 않고 역사적 분석을 겸하고 있다. 한편으로 '자기 배려'로 요약할 수 있는 주체의 해석학은 들뢰즈의 욕망이론보다 개인의 정체성을 구성하는 내적 요소에 직접적으로 관여한다.

푸코의 통치성이 문화연구의 주체성에 대한 이론적 전화에 있어 중요한 것은 비록 통치성 이론이 18-9세기 이성의 시대를 중심으로 분석하고 있지만, 그 시기에 발흥한 자유주의 통치성에 대한 비판의식을 강렬하게 담고 있기 때문이다. 푸코는 근대이성의 새로운 통치이성 관점에서 통치는 복수의 이해관계를 조정하는 어떤 행위라고 말한다. 결국 이해관계란 그것을 통해 통치가 개인, 행위, 언어, 부, 자원, 재산, 권리 등과 같은 모든 사물들에 영향력을 행사할 수 있는 것[35]이다. "통치는 이해관계에만 집중합니다. 새로운 통치는 정치현상, 정확히 말해 정치와 정치의 관건을 구성하는 현상에 관여"(79)한다는 지적은 새로운 통치이성은 자유주의 정치와 경제의 이해관계에 구체적으로 개입하고 있음을 알려준다.

통치성의 관점에서 자유는 무엇일까? 그것은 "통치자와 피통치자 간의 현행관계, 요컨대 '한층 더 많은' 자유가 요구됨으로 인해 현존

---

35. 미셸 푸코, 『생명관리정치의 탄생』, 오트르망 역, 난장, 2012, 78. 이하 이 책에서의 인용은 본문에 그 쪽수를 표시한다.

하는 자유가 '한층 더 적다'고 측정되는 관계에 지나지 않"(100)는 것이다. 푸코는 통치실천이 요구하는 자유를 보장으로서의 자유가 아닌 소비로서의 자유로 보고 있다. 통치성은 자유를 보장하거나 존중해주는 기술이 아니라, 자유를 소비하게 해주는 기술이다.

> 더 근본적으로 말하면 이 통치실천은 자유를 소비합니다. 자유를 소비한다고 이야기하는 이유는, 이 통치실천이 기능하려면 실제로 몇몇 자유가 있어야 하기 때문입니다. 시장의 자유, 판매자와 구매자의 자유, 소유권 행사의 자유, 논의의 자유, 경우에 따라서는 표현의 자유 등이 실제로 있어야만 그러한 통치실천이 기능할 수 있죠. 따라서 새로운 통치이성에는 자유가 필요하고 새로운 통치술은 자유를 소비합니다(101).

자유의 소비는 자유의 생산을 전제로 한다. 자유를 소비하기 위해서는 자유의 생산을 조직하고 관리해야 하기 때문이다. 이때 자유의 생산과 소비는 명령의 구호로 존재하지 않는다. 자유의 통치술은 명령으로서의 자유의 정식화가 아니라 개인들이 자유로워질 수 있는 조건들의 관리와 조직화에 관여한다. 자유는 생산되어야 하지만, "그 행동 자체가 제한, 관리, 강제, 협박에 기초한 의무 등의 확립을 함의하고 있"(102)는 한에서의 생산이다.

푸코의 이러한 자유주의 통치술에 대한 설명들은 지금 신자유주의 국면에 들어와서 좀 더 분명하게 설득력을 가지게 되었다. 특히 문화자본의 독점화, 문화적 코드들의 순환적 시장화, 문화적 재생산에 따른 파생상품들의 압도적 증가, 다양한 정보서비스로 존재하는 감정노동의 형태 등은 푸코가 말한 자유주의 통치술의 극대화된 현실이다. 요컨대 자유주의 통치술의 조건이 될 수 있는 표현의 자유는 개인의 문화권 권리 차원에서 관리되는 것이 아니라 문화자본의 독점화 논리로 활용된다. 문화콘텐츠 산업의 독점화를 통제하는 것에 저항하는 논리에는 표현의 자유가 포함되어 있다. 통치성은 자유의 유용성을 확장해 주는 것이다.

자유주의 통치성의 원리와 실천의 조건들은 신자유주의 문화정치경제학의 기원을 설명하는 데 유용하다. 그런 점에서 강내희의 신자유주의 금융화와 문화논리에 대한 문화이론적 관점들은 푸코가 강조하고자 했던 자유주의 통치성의 논리와 매우 근접한 문제의식을 공유한다. 강내희가 언급하는 신자유주의 금융화는 단지 금융의 전 사회화 현상을 설명하기 위한 것만이 아니라 그로 인한 사회적 시공간과 주체형성의 변화를 설명하는 이론적 계기를 제공한다. 강내희는 신자유주의 금융화에 따른 시공간의 변화를 '미래할인 관행'이란 말로 압축해서 설명하고 있다. "우리는 시간을 자연적 흐름, 기계적 흐름만으로 경험하지 않고, 훨씬 더 복잡한 가상적 시간을 경험하게 되었다. 현재는 더 이상 과거의 뒤를 잇고 미래에 앞서 있기만 한 것이 아니라 과거를 재해석하고 각색하는 시간, 나아가 미래의 가치를 할인하여 미래를 말소시키는 시간으로 작용한다"[36]는 지적은 자유의 소비와 생산의 관리라는 자유주의 통치성의 원리에 부합한다. 신자유주의 시대에 들어와 사람들이 바빠지고, 일회용 제품들을 일상적으로 소비하고, 자신의 능력들을 입증하기 위해 포트폴리오를 만드는 행위

---

36. 강내희, 『신자유주의 금융화와 문화정치경제학』, 문화과학사, 2014, 51. 이후 이 책에서의 인용은 본문에 그 쪽수를 표시한다.

들은 모든 자본축적을 위해 개인이 불필요한 일에 동원되는 사례들이다. 골목의 소멸, "공적 공간을 사적 자본의 영향권 아래 두는"(52) 공공-민간협력(PPP) 사업들, "부채를 자산으로 삼도록 만드는 금융적 축적 전략"들은 '빚진 주체'라는 자의식을 갖게 하며 끊임없이 자신을 계발의 대상으로 만들면서 '인간 주체성의 새로운 형태들'(53)이 등장했다.

압축적이지만, 대략 이런 설명이 강내희가 강조하려는 신자유주의 금융화에 따른 문화정치경제학의 상황이다. 이러한 분석은 문화연구의 주체성에 대한 이론화에서 새로운 시도이고, 문화연구와 정치경제학의 통합적인 시각이 가미되어 있다는 점에서 매우 시의적절한 연구를 담고 있다. 특히 이 연구는 문화연구의 문화정치경제학의 분석을 강조하는 밥 제솝Bob Jessop과 같은 최근 영국의 비판적 문화연구자들의 논의에 기초하고 있다는 점에서도 텍스트주의에 경도된 역사적 문화연구의 이론적 위기를 극복해 줄 수 있는 한 대안으로 평가할 수 있다. 그러나 신자유주의 금융화에 따른 주체성에 대한 구체적인 분석에 있어서는 최근의 문화정치경제학의 관점도 중요하지만, 오히려 푸코의 자유주의 통치성에 대한 역사적 분석을 이론의 근거로 활용하는 것도 중요하지 않았을까 싶다. 푸코가 말하는 자유주의의 통치성은 자본 축적의 기제와 그 결과로서 주체형성의 변화를 주목하는 연구 방식에서 빠지기 쉬운 경제 도식주의를 벗어나게 해준다. 푸코가 언급하는 자유주의 통치는 자본과 시장의 논리에 의해 강제된 자유의 기술의 발명을 말하고자 한 것이 아니라 오히려 자유주의의 소비와 생산의 자기 관리 장치들이 스스로 개발한 작동방식에 주목한다. 신자유주의 시대의 새로운 주체형성의 변화들은 신자유주의 금융화를 확증시켜 주는 현상적 증거들이 아니라 그것의 실제적 모습인 것이다. 강내희의 저서에서 신자유주의 주체형성의 변화들에 대한 구체적이고 실제적인 분석이 충분하게 개진되지 않은 것도 자유주의 통치술의 구체적인 소비–생산의 관리 장치들의 작동원리들에 대해 충분한 관심을 기울이지 않았기 때문이지 않을까 싶다.

주체성의 정치학에서 정치철학적 주체이론으로

푸코는 자유주의, 혹은 신자유주의 주체성의 원리를 통치성의 관점으로 설명하였고, 이를 생명관리정치$^{bio-politics}$, 혹은 생명관리권력$^{bio-power}$이란 말로 이론화했다. 푸코는 생명관리권력을 "인간이라는 종의 근본적으로 생물학적인 요소를 정치, 정치적 전략, 그리고 권력의 일반 전략 내부로 끌어들이는 메커니즘의 총체"[37]라고 정의했다. 생명관리정치는 그러한 생명관리권력의 정치적 작동술이라 할 수 있다. 근대사회 이래 생명관리권력은 절차에 의해 수행된다. 푸코에 의하면 권력은 '절차의 총체'(18)이다. 생명관리권력은 통치의 절차로서 세 가지 메커니즘에 의존하는데, 그것은 사법메커니즘, 규율메커니즘, 안전메커니즘이다. 사법메커니즘은 처벌을 원칙으로 한 법전체계로 구성된다. 반면 규율메커니즘은 감시와 교정의 방식으로 진행되는 것으로 물론 법이 관리하고 있지만, 처벌이 아닌 훈육을 목적으로 한다. 마지막으로 안전메커니즘은 법적 위반 이전에 개인들에게 사전에 위법의 위험을 알리고 안전을 도모하기 위한 장치들과 제도들을 예상하고

---

37. 미셸 푸코, 『안전, 영토, 인구』, 오트르망 역, 난장, 2011, 17. 이하 이 책에서의 인용은 본문에 그 쪽수를 표시한다.

계산하는 것을 말한다. 이 안전메커니즘에는 위험을 예측하고 관리하고, 안전의 발생에 대한 계산과 측정이 중요하다는 점에서 이를 관리할 수 있는 기술적 조건들의 구축이 중요하다. 푸코는 이를 안전테크놀로지라고 불렀다. 안전이란 "좁은 의미에서의 안전메커니즘에 예전부터 있는 법이나 규율 등의 골조를 덧붙여 기능시키는 방법"(30)이다. 가령 사회 통제메커니즘이나 인간 종의 생물학적 운명에 어떤 변형을 가하는 것을 안전메커니즘이라 할 수 있다. 정치적으로는 노동자 단체교섭을 방해하기 위한 집회와 시위에 대한 사회통제나, 문화적으로는 16세 이하 청소년들에게 밤 12시에서 새벽 6시까지 게임물 이용을 금지시키는 게임셧다운제 같은 것들, 의학적으로 보면 동물구제역이나 메르스와 같은 면역체계의 붕괴가 발생했을 때, 환자들을 통제하는 보건적인 조치들이 사회적 통제메커니즘이라 할 수 있다. 그러한 보건적 조치들은 사회 통제메커니즘의 매뉴얼에 따라 정치적 조치로 전환한다. 안전은 개인들에게 개별적으로 적용되는 통제술이 아니라 인구학적, 생물학적 통제에 적용된다. "주권은 영토의 경계 내에서 행사되고, 규율은 개인의 신체에 행사되며, 안전은 인구전체에 행사된다"는 지적(31)은 안전메커니즘이 인간이 아닌 인구에 작동하는, 말하자면 집단적 관리를 위한 사회적 통제관리 장치의 통치술이라는 점을 알게 해준다.

그런 점에서 생명관리정치, 혹은 생명관리권력은 거시적이기보다는 미시적이고 제도적이기보다는 윤리적이다. 문화연구의 주체성의 정치학은 푸코의 생명관리정치와 권력의 이론화를 통해서 문화가 정치경제사회에 작동하는 관계들의 방식을 분석할 수 있을 것이다. 그런데 푸코의 이러한 생명관리 정치와 권력은 주체의 미시적 욕망을 내재화하고 있다는 점에서 양가적이다. 주체의 미시권력은 사법, 규율, 안전메커니즘에 포획되지 않으려는 자기 생성적 쾌락을 가지고 있다. 푸코가 『감시와 처벌』, 『주체의 해석학』에서 궁극적으로 말하고자 했던 것도 주체의 미시적 역능이다. 푸코는 이러한 자기 생성적 주체성의 원리를 '자아의 테크놀로지'와 '자기 배려'라는 말로 설명하고자 했다. 자기 배려는 말 그대로 "자기 자신에 대한 배려이고, 자기 자신을 돌보는 행위이며, 자기 자신에게 몰두하는 행위"[38]이다. 자기 배려 epimeleia heautou는 자기 인식gnothi seauton: 너 자신을 알라과 윤리와 이성의 반작용이라는 관계를 갖는 듯해 보이지만, 실제로는 델포이의 격언인 자기 인식은 자기 배려와 대립하기보다는 그것에 종속된 상태에서 표현된 것이다. 'gnothi seauton'이란 말은 원래 자기 인식의 강한 원리로 사용된 것이 아니라 신 앞에서 결코 도를 넘는 행위를 하지 말라는 뜻을 가지고 있다(43). 즉 이 말은 인간의 자의식은 도덕적 이성적 표준이 아니었던 것이다. 자기 인식은 오히려 "자신을 망각하지 말고 돌보며 배려해야 한다"(44)는 의미를 가진다. 그리스, 헬레니즘 로마문화의 전반에 걸쳐 철학적 특징의 항구적인 원리인 자기 배려는 자기 인식의 기초로서 "인간의 신체 내에 이식되어야 하고, 인간의 실존 내에 박혀야 하는 침이고, 또한 동요, 운동의 원리이고 생애 내내 항구적으로 있어야 하는 배려의 원리"(48-49)이다.

흥미로운 것은 푸코의 언급대로 자기 배려가 고대 유럽문명의 역사를 오랫동안 관통한 문화현상이라는 점이고, 그 자기 배려의 현상들은 매우 다양하고 심지어는 모순적이라는 사실이다. 자기 자신에

---

38. 미셸 푸코, 『주체의 해석학』, 심세광 역, 동문선, 2007, 41. 이하 이 책에서의 인용은 본문에 그 쪽수를 표시한다.

게 전념해야 한다는 자기 배려의 윤리는 "수많은 상이한 교의 속에서도 똑같이 통용되는 지상명령"[39]이었다. 자기 배려는 기독교 금욕주의의 모태가 되기도 하고, 고대 그리스인과 로마인들에게 쾌락의 활용이 되기도 한다. 자기 배려는 외부로부터 오는 자기 인식의 도덕적 규율의 종속에서 벗어나고자 하는 주체의 윤리적, 쾌락적 행위이며, 오히려 자기 인식을 지배하는 주체의 실천이다. 가령 다양한 성행위의 꿈으로 가득한 그리스 저술가 아르테미도르의 『해몽의 열쇠』에서 성적 꿈의 가치는 비록 꿈속에서의 성행위가 현실에서는 비난받을 수 있는 유형이라 하더라도 꿈꾸는 자의 사회적 역할과 성적 역할의 관계에 따라 긍정적으로 해석할 수 있다.[40] 자기 배려는 자기 자신을 돌보기, 자기 자신으로 되돌아가기, 자기 자신에게 은거하기, 자기 자신에게서 즐거움을 발견하기, 오직 자기 자신 안에서만 쾌락을 추구하기, 자기 자신과 더불어 지내기, 자기 자신과 친구되기, 성체 속에 있는 것처럼 자기 자신 안에 있기, 자신을 치료하기, 자기 자신을 경배하기, 자기 자신을 존중하기 등과 같은 다양한 형태로 주체의 실천을 이끌어 낸다.[41] 자기 배려의 실천은 도덕, 윤리, 감각, 쾌락의 선택적 배제가 아닌, 즉 하나의 배려를 위해 다른 하나가 배제되는 것이 아닌 모든 요소들의 공유와 포함을 전제로 한다.

---

39. 다음의 인용문을 보라. "그것(자기 배려-필자)은 태도나 행동방식의 형태를 취했고, 삶의 방식들에 영향을 미쳤으며, 사람들이 숙고, 발전, 교육시켜야 할 절차들, 행위들, 방식들로 발전되었다. 그리하여 이 계율은 개인 상호간의 관계, 교환, 의사소통, 또 때로는 제도들까지 야기하면서 사회적 행위를 구성하였으며, 마침내는 인식의 일정한 유형과 지식의 형성을 야기시켰다"(미셸 푸코, 『성의 역사 3권—자기에의 배려』, 이혜숙·이영목 역, 나남, 1990, 59).

40. 같은 책, 47.

41. 미셸 푸코, 『주체의 해석학』, 55.

푸코가 『주체의 해석학』에서 예리하게 간파한 질문, 즉 사람들은 왜 자기 배려를 희생시켜 자기 인식에 특권을 부여하는 것일까 라는 질문은 문화연구의 이론적 전화와 주체성의 이론화에 있어 중요한 역설의 권고를 떠올리게 해준다. 자기 배려의 희생과 자기 인식의 특권이란 말은 같은 맥락을 지시하지만, 서로 대립적이면서, 역설적이다. 자기 배려는 '표상'과 '호명'이라는 외부로부터 규정된 주체의 억압으로부터의 해방을 기획한다. 자기 인식은 금욕적이고, 이성적이고, 규율적인 자아의 내면의 원리로 볼 수 있지만, 이것 역시 자기 스스로 선택한 것이라기보다는 외부로부터 주입된 자아의 거울이다. 그런 점에서 자기 배려는 자기 인식의 극복을 통해서만 획득할 수 있다. 물론 자기 배려와 자기 인식의 양가성은 상호 보완적이면서도 대립적인 양상을 갖고 있다. 자기 배려를 쾌락의 원칙으로 자기 인식의 현실의 원칙으로 이항대립화 할 수도 있지만, 그러한 이분법은 자기 배려의 한 면만을 고수하는 오류를 범할 수 있다. 자기 배려는 쾌락의 원칙으로만 한정할 수 없다. 그것은 자아가 꿈꿀 수 있고, 상상할 수 있는 모든 긍정적 힘, 자발적 역능의 총체이다. 쾌락의 원칙으로서만 자기 배려는 속물주의, 물신주의, 배타적 나르시시즘으로 빠질 우려가 있다. 다음과 같은 푸코의 언급은 자기 배려의 권고가 우울하고 퇴행적인 자기 나르시시즘으로 해석되는 것에 대한 경고를 담고 있다.

　　자기 자신을 고무하고 경배하며, 자기 자신으로 회귀하고 자기 자신에 봉사하라는 이 모든 권고들은 우리 귀에는 어떻게 들리는 것일까요? 그것은 윤리적 단절의 의지, 허세, 위협, 일종의 도덕적 댄디즘, 초극 불가능한 미학적·개인적인 단계의 단언-도발로 들릴 수 있을 것입니다. 아니면 집단적 모럴(예를 들자면 도시국가의 집단적 모럴)의 붕괴에 직면해 이제 자기 자신만을 돌볼 수밖에 없는 개인의 퇴행에 대한 다소 우울하고 슬픈 표현으로 들릴 수 있을 것입니다.[42]

푸코의 이 언급은 지금 한국사회에서 자기 배려의 극단적으로 우울한 양가적 상태를 이해하는 데 적절한 격언이다. 특히 한국의 문화와 정치의 현실 국면들은 자기 배려의 윤리적, 도덕적 왜곡의 부정적 극단의 가치들을 생산한다. 최근 새롭게 등장하는 문화현상들은 자기 배려의 퇴행적 표상의 욕망들을 표출한다. 〈냉장고를 부탁해〉, 〈3대 천왕〉, 〈맛있는 녀석들〉 등 미디어에서 반복적으로 재현되는 '먹방' 혹은 '쿡방' 프로그램의 음식 물신주의, 아프리카 TV의 1인 중계방송인 MCN(Multi Channel Network) 시스템처럼, 끊임없이 무언가를 응시하게 만드는 미디어 관음증, 모든 감각들을 음성제국주의의 욕망으로 빨아들이는 전자적 노이즈들은 독점화된 문화자본이 개인들에게 자기 자신에게 봉사하라고 명령하며 제공한 윤리적 단절의 의지, 허세, 위협의 징표들이다. 또한 신자유주의 체제의 전면화와 정치적 극단 보수주의로의 회귀, 국가이성의 붕괴와 통치성의 소멸, 그리고 세월호 재난의 시간을 지연시키고, 재난의 증언과 재현을 공권력의 폭력과 극우 이데올로기의 집결과 야유로 차단하는 정치적 프로그램은 집단적, 국가적 모럴의 붕괴에 직면해 있다. 이런 문화적, 정치적 야만에서 우리는 정서적 퇴행의 감정과 우울증과 히스테리의 심리적 반복을 경험하게 된다. 이런 상황에서 자기 배려의 윤리는 고작 자본의 우

42. 같은 책, 55-56.

아한 먹잇감으로, 정치적 우울증의 반복으로만 귀결되는 것일까? 푸코는 이러한 우울한 상황에서 자기 배려의 격언들이 긍정적인 가치를 가질 수 있다는 생각을 못 하게 만들 수도 있지만, 분명한 것은 모든 고대의 사유에서 자기 자신을 돌보기는 항상 긍정적인 의미를 가졌다고 말한다. 주체이론의 역사적 실천에 대한 의지와 신뢰, 그리고 그러한 자기 배려의 인식 하에 대안적인 주체성으로의 전화가 필요한 시점이다.

푸코의 이러한 판단을 통해 문화연구는 그 이론적 전화에서 자기 배려를 위한 새로운 주체이론을 재구성해야 하는 중요한 임무를 부여받았다. 자기 배려의 긍정적 가치의 실천은 물론 관념적인 도덕과 윤리 의식의 회복을 요청하는 것은 아니다. 그것은 오히려 자기 배려의 긍정성을 우울하게 만드는 우상들과의 싸움을 통해서 주체의 새로운 윤리학을 만드는 데 기여해야 한다. 문화연구의 새로운 주체성의 정치학을 구성하는 데 있어, 푸코의 주체성 이론은 주체와 권력의 작동방식을 '사회적 관리'와 '자기 배려'라는 이중적인 관점에서 기여했다. 그러나 푸코의 주체성 이론은 문화연구의 주체의 이론화에서 정치적 프로그램으로의 이행을 구체적으로 설명해 주지는 못한다. 그의 주체성 이론은 주체의 주체화에 대한 역사적 해석과 현실적 상상력을 제공해 주는 데 기여하지만, 그것으로 주체의 전화와 이행의 문화적 실천에 대한 프로그램들을 '정치화' 하는 데는 한계가 뒤따른다. 그런 점에서 문화연구에 있어 주체의 이론화는 '주체성의 정치학'에서 '정치철학의 주체이론'으로 이행하여 그 한계를 보완해야 하는 미완의 숙제를 남겨 놓고 있다. 정치철학의 주체이론은 문화연구의 주체성의 문화정치가 갖는 '재현과 해석'의 한계를 극복하는 데 도움을 줄 것이다.

우리는 맑스주의 정치철학에서 귀담아 들을 수 있는 두 개의 주체 이론을 탐구하는 것에서 시작할 필요를 가진다. 그것은 자크 랑시에르의 '정치의 미학화'와 알랭 바디우의 '변화의 주체'라는 토픽이다. 이 글에서 이 토픽을 아주 상세하게 다루기에는 지면상 불가능하고 준비도 역부족이다. 다만 '정치의 미학화'와 '변화의 주체'라는 두 토픽들이 문화연구의 주체성의 이론화에 어떤 정치적 함의들을 가지고 있는지를 두 이론가의 글을 인용하는 것으로 글을 마무리 하겠다. 이에 대한 구체적인 언급은 '문화연구의 종말과 생성'을 주제로 한 세 번째 글에서 '정동적 전화'의 문제와 함께 좀 더 구체적으로 다루겠다.

감성의 분할은 그가 행하는 것에 따라 '다른 곳에' 있을 수 없다. 감성의 분할은 그가 행하는 것에 따라서, 이 활동이 행해지는 시간과 공간에 따라서 누가 공통적인 것에 참여할 수 있는지를 보여준다. 어떠어떠한 '점유'를 가지는 것은 공통적인 것에의 능력들 또한 무능력들을 그렇게 규정한다. 그것은 공통의 말 등을 부여받아, 공통의 공간에서 보이는 것 또는 보이지 않는 것을 규정한다. 따라서 정치의 기저에, 벤야민이 말하는 '대중들의 시대'에 고유한 그 '정치의 미학화'와는 아무런 관계가 없는 그런 '미학'이 있다. 이 미학은 어떤 예술 의지에 의해, 인민을 예술작품으로 생각하는 것에 의해 정치를 도착적으로 압류하는 의미로 이해되어서는 안 된다. 유추하자면 우리는 그것을 어쩌면 푸코에 의해 다시 검토된 칸트적 의미로, 자신에게 느끼게 하는 것을 결정짓는 선험적 형식들의 체계로 이해할 수 있다. 그것은 경험형식으로서의 정치의 장소와 쟁점을 동시에 규정하는 시간들과 공간들, 보이는 것과 보이지 않는 것, 말과 소음의 경계설정이다. 정치는 우리가 보는 것과 그것에 대해 우리가 말할 수 있는 것에 관한 것, 우리가 보는 데 있어서의 능력과 말하는 데 있어서의 자질을 가지고 있는지에 관한 것, 공간들의 속성들과 시간의 가능성에 관한 것들이다.[43]

변화에 대한 물음이 중요한 것은 변화의 특정 구상(절대적 변화)이 오늘날 난관에 봉착했기 때문에 더더욱 의미가 있다. 오늘날 우리는 (지난 세기의) 절대적 변화라는 무시무시한 관념 이후에 우리 자신이 서 있음을 발견한다. 절대적 변화라는 관념은 낡은 세계에 대한 완전한 파괴를 통해 한 세계에서 다른 세계로 이행할 수 있다고 주장했다. 그러나 낡은 세계란 없다. 세계는 낡거나 새롭거나 한 것이 아니다. 세계는 반복이자 반복의 법칙으로서 하나의 구조이다. 그 반복의 법칙을 바꾸기 위해서, 우리는 반복 내부에서 그 반복의 극한, 그 한계 지점까지 가야 한다. 이 지점이 우리가 새로운 가능성을 제기 할 수 있는 지점이다.[44] (2016)

43. 자크 랑시에르, 『감성의 분할』, 오윤성 역, 도서출판b, 2008, 14-15.
44. 알랭 바디우, 『변화의 주체』, 박영기 역, 논밭출판사, 2015, 76.

제3장

—

정동과 이데올로기[*]

비판이론과 담론의 재구성을 위하여 3

정동의 시대와 이데올로기의 귀환

바야흐로 정동의 시대이다. 노동, 기술, 재난, 그리고 정치가 만들어
낸 정동의 시대. 전통적인 육체노동은 여전히 사라지지 않았지만, 사
람의 감정을 사고팔며, 감정에 호소하는 노동은 다양한 형태의 서비스
노동에서 엔터테인먼트 산업의 아이돌 노동에 이르기까지 지배적인
양식이 되었다. 인지적 노동, 비물질적 노동에 대한 논쟁들은 노동에
감정이 개입하는 것에서 감정에 노동이 개입하는 것으로 이행하는 자
본의 성격과 사회 체제의 구조에 대해 많은 담론들을 생산하고 있다.

인공지능의 기술적 혁신은 한때 뉴미디어와 통신 산업의 상업적 연
구개발의 수단으로 사용되다가 이제 다시 인간의 인지적 사고와 정서
의 문제로 귀환하였다. 그 대표적인 사례가 바로 알파고이다. 세계 최

고의 바둑기사 중 한 사람인 이세돌과 맞짱을 뜬 알파고가 '세기의 대국' 5번 기에서 압승을 거두자 미디어는 앞다투어 사람의 지식수준을 능가하는 인공지능 시대의 본격적인 도래를 예고했다. 알파고는 감정 없는 수학적 알고리즘의 장치에 불과한 듯하지만, 제4국에서 이세돌의 신의 한수를 얻어맞고 장고를 거듭하거나 엉뚱한 곳에 착수하는 장면들을 생각해보면, 마치 예기치 않은 사태에 당황한 인간의 감정을 연상케 한다. 그것은 알파고만의 인지적 감정 상태는 아니었을 것이다. 인공지능은 인간의 감정을 통제할 수 있으며, 정동의 알고리

---

* 이 글은 '문화연구의 종말과 생성'이라는 토픽으로 준비한 세 번째이자 마지막 글이다. 첫 번째 글에서는 문화연구의 대표적인 이론가 스튜어트 홀의 죽음을 계기로 역사적 문화연구의 종말을 선언할 수 있다면 그것은 문화연구의 이론적 실천의 중요한 토픽이라 할 수 있는 '이데올로기 비판'과 '정체성의 정치학'의 폐기가 아니라 오히려 그것의 재구성을 요하는 것임을 강조했다. 특히 역사적 문화연구에서 '정체성의 정치학'의 문제설정이 주체의 다양한 욕망들의 분출을 문화적 실천과 사회 변혁의 중요한 심급으로 삼고자한 것이라면, 주체의 욕망이 상품 형식으로 포섭되고, 사회적 실천을 위한 개인들의 존재적 좌표가 상실된 상황에서 그 문제설정은 욕망에서 정동으로의 전환이라는 사회적 성격에 주의를 기울여야 한다. 두 번째 글은 '이데올로기 비판'과 '정체성의 정치학'이란 역사적 문화연구의 토픽을 '정동의 정치학'과 '주체성의 정치학'으로 이행하여 문화연구의 주체의 문제를 좀 더 실천적으로 검토하자는 취지를 가졌다. 이 글에서 필자는 문화연구의 이론적, 실천적 위기의식의 대안으로 제기되고 있는 정치경제학 담론의 비판이 갖는 문제점들을 지적하면서, 오히려 텍스트 분석과 제도적 개입으로 치우친 문화연구의 현재 문제들을 최근 정치철학에서 논의되고 있는 주체 이론의 문제의식을 통해 해결할 것을 제안하였다. 첫 번째 글과 두 번째 글 모두 문화연구의 현재 위기를 극복하기 위한 이론적 전화의 필요성을 제안했고, 그 전화의 기본 구도로 정동의 정치학과 주체성의 정치학을 제시하였지만, 그것이 구체적으로 어떤 이론적 함의를 갖고 있으며 특히 한국의 문화 환경과 사회 현실의 장에서 어떤 개입의 의미가 있는지에 대해서는 구체적으로 언급하지 못 했다. 특히 이데올로기 비판과 정동 이론 사이의 이론적 간극과 실천적 차이들에 대한 논의가 진척되지 못했고, 2000년대 이후 한국사회의 중요한 이론적 준거로 논의되고 있는 정동 이론에서 '정동적 전환'이란 문제설정이 문화연구의 이론적 재구성에 어떤 맥락으로 해석될 수 있는지에 대해서도 충분하게 논의하지 못 했다. 이 글은 지난 두 개의 글에서 충분하게 언급하지 못 했던 이데올로기 비판과 정동적 전환 사이의 내재적 관계의 문제를 최근 한국사회의 정치-경제-문화의 장을 분석하면서 논의하고자 한다.

즘을 향해 진화하고 있다.

우리 사회 곳곳에서 벌어지는 재난의 강도와 양적 팽창은 사람들의 정신 상태를 아찔하게 만든다. 304명의 인명을 앗아간 끔찍한 세월호 재난을 대하는 집단 공포와 우울―그러나 정작 더 공포스럽고 우울한 것은 재난에 대처하는 통치자의 재난이다. 7시간의 공백, 표정 없는 애도의 감정과 연출, 그리고 추가 예산을 운운하며 진상조사 시기 연장을 거부하는 통치자의 통치는 세월호 재난만큼이나 재난의 수준에 있다. 계속해서 반복되는 사회적 재난을 목도하는 고통의 감정은 아마도 '통치의 재난'이라는 대중적 트라우마 때문에 더욱 더 비극적이다. 재난을 치유하는 사회적 애도가 통치의 재난 앞에서 무기력하게 허공에 사라지는 상태가 바로 지금 우리가 느끼고 있는 사회적 재난의 정동을 말한다. 집권당에서 일어난 '왕자의 난'과 '옥새 파동', 도시 젠트리피케이션과 강제 철거, 가습기 살균제 판매와 조사 결과 은폐, 어린아이의 희생으로 만들어진 법조인들의 전관예우, 조만간 불어닥칠 노동자 대량 해고 사태와 관련하여 정치와 통치가 아무것도 할 수 없는 무능력의 상태라는 것이야말로 재난의 정동을 비관적으로 만든다.

정치는 정동을 자극해 혐오와 분노의 적대의식을 숙주로 키운다. 정치는 정동이 아니지만, 정동의 정치적 의식을 물리적 힘을 동원하여 과잉되게 만들고 상대방을 적대적 주체로 자극한다. 정동의 정치적 의식은 사람들의 신체 안에 각인된 정치적 아비투스이다. 그 아비투스는 권력의 도면 위에서 주체를 의도적으로 구별짓는 감정적인 행위들을 그려나간다. 혐오, 증오, 분노, 공포라는 몸에 반항하는 정동의 감정들은 정치화되고 정치적 배후를 전제한다. 전문 시위꾼의 대열에 오른 어버이연합의 정치적 아비투스는 정동의 감정을 동원한 '정동의 정치화'의 전형적인 사례이다. 그들의 주장은 '종북척결'이란 정치적 언어로 환원되지만, 그 언표의 수사적 전략은 혐오와 분노라는 감정을 배설하는 데 있다. 그들은 부정적인 정동의 감정을 동원하여 이데올로기 노이즈를 생산한다. 그들은 혐오를 생산하지만, 혐오의 대상이다. 그들은 증오를 척결한다고 하지만, 증오 유발자들이다. 그들은 가부장제적 권위를 이용해 분노를 정당화하려 들지만, 분노를 되먹임질 시킨다. 문제는 그들이 부정적 감정의 정동을 이용하여 공격하는 대상들이 정동의 주체라는 점이다. 일본군 '위안부' 할머니, 세월호 유가족, 소신 있는 발언을 하는 연예인들, 소녀상 앞에서 어버이연합과 '효녀연합'이라는 이름으로 대치했던 여성 청년예술가들, 그리고 한 남성 정신질환자에 의해 무참하게 살해당한 강남역의 한 여성과 그녀를 추모하는 여성 참여자들 말이다.

한 가지 주목할 만한 것은 공격의 대상이 되는 정동의 주체가 여성들이 압도적이라는 점이다. 강남역 인근 화장실에서 벌어진 여성 살해 사건으로 다시 촉발된 '여성혐오' 논쟁은 지금 우리 시대 정동의 이면, 정동의 무의식 안에 응축된 역사적, 사회적, 정치적 요인들의 맥락을 눈여겨보게 만든다. 강남역 살인 사건에 대해 경찰은 여성혐오가 아닌 '정신질환자의 묻지마 범죄'로 결론을 내렸다. 서울지방경찰청의 과학수사계 행동과학팀은 피의자가 평소 여성에 대한 피해망상을 진술해 왔고, 특히 피의자가 자신의 일터에서 함께 일한 여성이 자신을 음해했다고 생각한 것이 이번 범행을 촉발시킨 직접적인 원인이라고 말했다. 그러나 경찰은 살해의 궁극적인 원인이 여성혐오에 있다고 보지 않았다. 궁극적인 원인은 정신질환(조현증)에 의한 피해망상이라는 것이다. "피의자 김씨와 피해자 사이에 관계가 없는데다, 표면적으로 드러난 동기가 없다는 점, 그리고 김씨가 조현병을 앓고 있다는 점"이 정신질환에 의한 묻지마 살인의 근거라는 것이다. 여성에 대한 피의자의 적대감은 "막연한 느낌과 생각일 뿐 구체적인 진술"이 없다고 한다.

명백하고 구체적인 증거를 통해 살해 원인을 밝혀내야 하는 것이 공권력의 의무이자 책임일 수 있겠지만, 경찰 내 전문가들이 밝힌 살해의 원인 분석은 수사 매뉴얼에 의한 매우 전형적인 결론 같아 보인다. 어떤 점에서 경찰 관계자의 발표는 여성혐오를 대하는 우리 사회의 일반적인 관습을 드러낸다. 심지어 정신질환으로 결론을 내리는 분석의 과정 자체가 여성혐오의 사회적 묵인이라는 문제의 연장선상에 있다. 신문기사에 나온 인터뷰 내용만으로도 피의자의 여성혐오에 대한 진술이 구체적이지 않다는 경찰의 '진술'이 선뜻 이해되지 않는다. 살해 동기와의 결정적인 진술의 여부는 모르겠지만, 피의자는 2007년부터 자신의 여성혐오에 대해 구체적으로 진술하고 있다. 경찰은 그러한 진술의 원인이 정신질환에 있다고 보고, 살해의 원인도 여성혐오가 아니라 정신질환으로 본다. 그렇다면 정신질환자의 모든 여성혐오 발언과 행동은 그 자체로 여성혐오가 아닌가? 여성혐오의 실제적인 생각과 행동, 그리고 살해에 이르는 폭력들은 조현병이란 정신질환의 목록 하에서 면제되거나 삭제될 수 있는 것일까?

한 명의 남성 정신질환자가 행한 묻지마 살해 행위를 모든 남성들의 여성혐오로 일반화해서는 안 된다는 주장도 일리가 있지만, 그렇다고 피의자가 하고 있는 여성혐오 진술의 원인을 정신질환으로 일반화해서도 안 된다. 정신질환의 무작위적 현상으로 여성혐오를 보는 관점은 우리 사회 여성혐오 문제를 일부 극소수의 폭력적 남성의 문제로 축소하거나, 여성혐오의 사실을 정치적 추상으로 환원하려는 알리바이와도 관계한다. 경찰이 살해 원인을 여성혐오가 아니라고 보는 근거인 "피의자와 피해자 사이의 직접적인 관계가 없다는 점, 표면적으로 드러나는 동기가 없다는 점"이야말로 우리 사회 여성혐오의 구체적인 특성이자 근거이다. 일베들의 여성혐오, 어버이연합의 여성혐오적 행동이 특정한 여성과 직접적인 관련이 있는 것일까? 그들의 여성혐오 행동 수칙에 구체적이고 표면적인 동기가 있을까? 한국사회의 여성혐오 사례들은 강남역 묻지마 살해 사건처럼 그 혐오의 이유를 묻지 말라고 한다. 이미 우리 사회에서 '여성혐오'는 그 자체로 사회적 정신질환이 되어버렸다.

묻지마 식 여성혐오의 심리구조는 정동의 시대의 중층결정된 사회적 맥락을 간파하게 해준다. 강남역 여성 살해 사건으로 촉발된 여성혐오 논쟁은 그 자체로 이 사건이 여성혐오의 중대한 사건임을 보여주는 것이다. 아무도 예상하지 못한 추모 열기와 그것을 혐오하는 일베들의 혐오 행동들이 그 증거들이다. 극단적 여성혐오 행동의 결집체라 할 수 있는 '소라넷'과 그것을 미러링하는 메갈리안 그룹들의 행동들, 그리고 그녀들을 다시 공격하는 일베들의 '리미러링' 행위들은 여성혐오 논쟁의 탈담론적 상황을 말해준다. 문제는 여성혐오를 작동시키는 정동과 그것에 반발하는 정동의 적대가 단지 이분화된 남성과 여성의 대당 관계에 있는 것이 아니라는 점이다. 이 적대적 관계 안에는 매우 복잡한 사회적, 정치적 맥락들이 개입되어 있다. 노동, 기술, 재난, 정치로 요약이 가능한 정동의 시대, 그리고 그 정동의 심리구조에 기입된 어둠 속의 실체를 간파하게 해주는 여성혐오의 행동들

은 정동의 내부와 외부의 관계를 살피게 해준다. 정동의 내부가 개인
들의 적대에 의한 과잉된 감정의 저장소라면 그 외부는 그러한 감정
을 응축시켜버린 정치적, 경제적, 이데올로기적 환경이라고 할 수 있
다. 정동의 저장소가 개인의 마음의 공간이든, 대립하는 사회적 공간
이든 정동을 둘러싼 적대적 환경을 외면할 수 없다. 한국사회에서 정
동의 강도와 정동과 관련된 감정의 과잉 현상들은 단지 개인감정의
분출이 아닌 권력과 이데올로기의 적대 관계를 드러내기 때문이다.
"정동에 대한 문화이론의 요청, 정동의 과잉과 현재 권력 양상들이
맺는 관계가 주변에서 공명"한다는 지적은 한국사회의 정동의 특이성
을 이해하는 데 적절하다.

　정동의 시대에서 이데올로기의 귀환을 징후적으로 독해한다는 것
은 한국사회의 성격을 해석하는 데 있어 정동과 이데올로기를 대립
관계로 보려는 의도와는 무관하다. 지금 한국사회는 정동의 시대라
해도 무방하다. 정동을 감정노동으로 보든, 인지과학적 행동의 현상으
로 보든, 정치적 알바들의 충성심으로 보든, 여성혐오와 이주민 혐오
의 신경증으로 보든, 정동은 한국사회의 성격을 간파하는 데 있어 가
장 중요한 키워드이다. 그러나 정동의 과잉 현상 안에서 이데올로기
의 적대를 강도 높게 감지할 수 있는 점은 '정동 내 이데올로기'의 작
동 원리, 혹은 '이데올로기 내 정동'의 작동 원리를 눈여겨보게 해준
다. 정동의 과잉을 작동시키는 원리 안에 이데올로기의 '호명'이 개입
되어 있는지, 이데올로기의 적대 관계가 정동의 과잉 현상으로 표출되
는 것은 아닌지를 꼼꼼하게 따져볼 때가 되지 않았나 싶다. 우익 일베
들의 여성혐오, 어버이연합의 '종북 히스테리', 수탈적 자본가들의 일
상의 일탈행동에서 나타나는 타자에 대한 적개심, 더불어 알파고로

대변되는 인공지능 기술에 대한 인지적 위협의 포장술, 노동의 비물질적 환경 안에서 벌어지는 고용과 활동의 공포심 등등이 정동 내 이데올로기 적대의 징후들이다. 이 글은 한국사회 정동의 사회적 현상들에서 정동과 이데올로기는 어떤 방식으로 서로를 견인하고 반발하는지를 이야기하고자 한다.

정동 주체의 계열화: 여왕, 체이서 고양이, 그리고 앨리스

20대 총선이 남긴 정치적 반전 효과는 어쩌면 정치의 직접적인 심판보다는 정치적인 것의 무의식, 혹은 그 어둠의 속을 보게 했는지 모르겠다. 야당의 분열 국면에서 보수 집권 여당인 새누리당의 압승이 예상되었으나 결과는 정반대였다. 정치적 반전의 원인에 대한 사후 해석은 대체로 '옥새 파동'으로 집약되는 새누리당 수뇌부의 공천 파행, 혹은 '친박' '진박' '비박'과 같은 속물스러운 계파정치에 대한 유권자들의 거부감으로 모아지는 듯하다. 그러나 총선이라는 즉각적 시간으로부터 조금 거리를 두고 전후 맥락을 살펴보면, 총선의 예상 밖 결과는 여당 정치인들의 상식 밖 기행 때문이 아니라 우리 사회에 오랫동안 지속된 일상의 고통 혹은 사회적 재난의 파국이라는 감정의 정치화에서 비롯된다. 세상 살기 힘들고, 머리가 어지럽고, 가슴이 답답한 감정의 상태는 정치적 심판의 시간에 정치적 선택의 결과로 표상되지만, 그러한 선택의 이면은 근원적인 삶과 사회의 존재를 다시 묻게 한다. 공식 여론조사에 가려진 유권자의 심판은 이명박-박근혜로 이어지는 수탈적-파시즘적 통치에 직면하여 분노의 감정을 공명화한 것이며, 정치의 폭력과 무능으로 누적된 일상적 피로감이 억압되어 있다가 폭발한 결과이다. 그것은 일시적인 것이 아니라 오랫동안 누적된 감정의 선택이며 정치적 혐오를 혐오하는 감정의 정치적 반전이다. 상식의 임계점을 넘어선 억압된 감정의 회귀, 혹은 냉소적이었던 감정의 정치적 반전은 정치적 프로그램 이후 우리 사회 '정동'의 복잡한 의미를 독해할 수 있는 계기를 마련해 주었다. 4월 13일에 끝난 총선이란 정치적 파노라마의 광경은 정동의 표상으로 집약할 수 있다. 집권 여당인 새누리당에 대한 유권자의 심판은 전통적인 지역-계급주의 분할의 정치에서 분노-혐오의 정동으로 이행한 결과이다.

이제 논의를 구체화하기 위해서 다음과 같은 질문을 해보자. 20대 총선의 정치적 반전은 어떤 점에서 우리 사회의 정동의 정치로 설명할 수 있는가? 아니 총선이라는 정치적 프로그램의 국면에서 정동은 어떻게 표상되고 해석될 수 있는가? 지금의 정치적 국면들은 정동과 이데올로기를 어떻게 분할하고 통합하는가? 흥미롭게도 '배신의 정치'로 표상된 박근혜와 새누리당 유승민 의원 간의 갈등은 정동의 비물질성, 혹은 사건으로서 정동의 표면 효과의 의미를 제대로 간파하게 해준다. 박근혜는 유승민 의원을 배신의 정치인으로 낙인찍고 집요하게 새누리당의 공천 과정에 영향력을 행사했다. 유승민 공천 배제 발언들은 모두 핵심 친박 인사들에 의해 반복, 심화된 것이지만, 그 배후에는 배신과 분노의 감정을 공공연하게 드러낸 박근혜의 그림자가 드리워져 있다. '그녀에게 찍히면 죽는다'는 풍문은 현실화되었고, 이것은 그들만의 세계에서는 공포의 정치로 각인된다. 박근혜의 공포정치는 감정이 지배하고, 감정에 의해 통제되지 못하는 특이성을 갖는데, 이 기이한 행동의 근원에는 오이디푸스적 무의식이 배어 있다. 배신을 용서하지 않는 감정은 자신의 부친을 지켜주지 못하고 시해 사건에 직간접적으로 가담한 측근들의 정치적 배신이라는 역사적 트라우마에 의해 통제된다.

통치자로서 박근혜의 오이디푸스적 무의식은 그런 점에서 가족적 오이디푸스와 정치적 오이디푸스의 배리라는 특이성을 갖는다. '엄마-아빠-나'라는 오이디푸스적 삼각형은 엄마-아빠의 정치적 시해를 목도한 '나'의 존재가 장기간 현실의 부재라는 시간을 거쳐 정치적 대리자로 활동하다가 결국 정치적 오이디푸스의 삼각형에서 아빠를 대체하는 통치자로 등극하는 극적인 장면을 현실화했다. 가족적 연대기는 비극적이지만 박근혜의 대선 승리는 '가족-정치'의 오이디푸스적 이행을 완료했다. 가족적 오이디푸스에서 '나'라는 존재가 정치적 오이디푸스에서 '아빠'의 죽음을 통해 그를 대체하는 순간은, 바로 여왕의 오이디푸스의 순간이다. 여왕은 억압적 통치자인 부친의 시해라는 역사적 트라우마를 경유하고, 그 트라우마를 역설적이게도 지지자들의 향수와 보상의 재료로 활용함으로써, 정치적 오이디푸스 삼각형에서 꼭짓점에 서게 되었다. 페티시즘의 거세 위협에 시달리기는커녕 부친의 거세를 통해서만 부친의 자리를 대체할 수 있었던 것은 정상적인 감정의 구조를 갖기 어렵게 만든다. 정치적 오이디푸스 삼각형에서 아빠의 자리를 대체함으로써, 박근혜는 부친과 동일하게 거세 위협을 느끼면서 '분노와 배신의 정치'라는 감정을 키워왔다.[1]

절대군주 시대의 여왕을 연상케 하는 박근혜의 통치에 내재한 정동은 루이스 캐럴의 『이상한 나라의 앨리스』에 등장하는 여왕의 정동과 흡사하다. 여왕은 주변에 많은 사람이 있지만, 늘 혼자이다. 늘 어

---

1. 이와 관련해서는 필자의 글, 「박근혜 통치성과 이데올로기의 정치」, 『문화/과학』 77호, 2013년 봄을 참고하기 바란다. 이 글은 본 책에 함께 수록되어 있다.

디를 가도 그녀에게 충성을 다해 몸을 조아리는 듯하지만, 공작 부인도, 카드 병정도, 정원사도 모두 여왕 앞에서만 순간적일 뿐이다. 그마저도 여왕 앞에 몸을 조아리는 자들은 부피도, 물질감도 거의 없다. 앨리스가 황금열쇠를 들고 정원으로 통하는 문을 열어 그 안에 들어가 얼마 있지 않아 왕과 여왕의 행렬과 마주쳤을 때, 여왕의 말은 "이 아이가 누구냐"였다. 카드 병사 하트 잭은 대답은 하지 않고 웃기만 한다. 여왕은 앨리스에게 직접 물어보았고, 앨리스는 자신의 이름을 공손하게 말한다. 그리고는 앨리스에게 자신을 향해 엎드려 있는 세 명의 정원사들에게 "이들이 누구냐"라고 묻는다. 그들은 모두 등에 같은 무늬를 하고 있고 엎드려 있기 때문에 그들이 정원사인지, 카드 병사인지, 신하인지 알 수가 없었다. 앨리스는 이렇게 대답한다. "제가 어떻게 알아요? 나와는 아무런 관계가 없는 것들인데요." 그러자 여왕은 화가 나서 얼굴이 빨개지더니 이렇게 말한다. "당장 목을 쳐라, 쳐!"[2]

문제가 크고 작든 여왕이 문제를 해결할 수 있는 것은 단 한 가지, "저 자의 목을 쳐라"(134)이다. 여왕은 크로케 경기가 열리는 내내 선수들과 싸우면서 "저자의 목을 베라, 저 여자의 목을 베라"고 외친다 (146). 그 사형선고는 거의 1분에 한 번꼴로 진행되기에 여왕은 처형자의 얼굴도 보지 않고 처형을 선언한다. 끔찍한 크로케 경기에서 빠져나갈 궁리를 하던 앨리스는 자신의 앞에서 몸은 없고 머리만 있는 체이서 고양이를 보며 형체 없이 사라질 궁리를 한다. 왕이 자신에게 무례하게 행동한 체이서 고양이를 여왕에게 처리해달라고 말하자, 여왕은 쳐다보지도 않고 "저놈의 목을 쳐라!"라고 외친다. 그러나 사형집

2. 루이스 캐럴, 『이상한 나라의 앨리스』, 돋을새김, 2004, 126. 이하 본문에서 인용은 쪽수로만 표시한다.

행관은 난감해한다. 왜냐하면 몸이 없는 체이서 고양이는 자를 목이 없이 때문이다. 왕과 여왕, 그리고 사형집행관이 곤혹스럽게 사태를 논의하던 사이, 체이서 고양이의 머리가 서서히 사라지고, 주인인 공작부인이 도착했을 때는 완전히 형체가 사라져버렸다.

여왕과 고양이, 그리고 앨리스는 이번 총선을 대하는 서로 다른 정동 주체들의 형태를 고스란히 상상하게 만든다. 여왕의 정동은 혐오, 분노, 응징의 정동적 주체들을 대변한다. 여왕은 거의 모든 사람을 혐오하고 적대시하며 그들에게 분노한다. 카드 병사, 공작 부인, 체이서 고양이, 그리고 앨리스까지. 여왕의 응징은 자의적이지만 지속적이고, 그래서 그 규칙을 알 수 없는 자의성이 유일한 처형의 규칙이 된다. 오로지 그녀가 할 수 있는 것은 '처형'의 선언이지만, 그 판결의 선언조차도 처형의 원인 즉, 선고의 원인이 배제된 채 이루어진다. 여왕의 파이를 훔친 혐의로 하트 잭이 재판을 받는 상황에서도 선고 없이 판결이 내려진다. 앨리스는 외친다. "안돼! 안돼! 선고부터 하고 판결은 나중에"(198). 그러자 여왕은 얼굴이 벌개지며 목청껏 소리친다. "저 애를 처형해라!"(198).

여왕의 선고 없는 처형 판결은 총선 국면에서 '배신의 정치'로 낙인찍힌 유승민에게만 내려진 것은 아니다. '유승민의 목을 쳐라'는 박근혜의 명령은 세월호 사건 희생자 유가족들에게, 진실을 보도하려는 언론인들에게, 권력을 풍자하려는 예술인들에게, 해산 명령을 받은 통합진보당에게, 그리고 정책 항명을 하는 관료들에게조차 내려진다. 통치자의 감정은 절제되지 않고, 분노는 조절되지 않는다. 이견과 차이를 인정하지 않는 감정은 정치적 보수와 진보, 이데올로기의 동일성과 적대를 가리지 않고 폭발한다. 감정이 정치를 압도하는 통치술의 궤적들은 감정의 정치가 정치의 감정을 압도하는 순간이다. 박근혜식 감정의 정치는 정치적 보복과 창작의 검열로 가시화되지만, 정작 중요한 것은 통치자의 오이디푸스적 감정의 정치가 혐오, 분노, 공포로 표상되는 정동의 사회적 성격을 응축하고 있다는 점이다. 이른바 '일베', '어버이연합'과 같은 혐오와 분노의 정동 주체들은 박근혜의 오이디푸스적 감정의 정치에 동원되기도 하면서, 그것을 동원하기도 한다.

엉터리 처형의 판결을 무력화하는 방법은 체이서 고양이처럼 주체의 물질성을 비가시화해야 한다. 목을 잘라야 하는데 몸이 없어 자를 수 없는 상황, 처형을 해야 하는데 표면의 형체가 사라져버리는 상황은 적대적인 정동 주체들에 대한 정동의 비물질적 저항이다. 형체는 사라졌지만, 미소만 남아있는 체이서 고양이는 비물질적 정동의 주체이다. 체이서 고양이의 미소는 들뢰즈가 『의미의 논리』에서 언급한 대로 사건의 표면 효과이다. 주체를 사건 안에 놓이게 하는 것, 그것은 주체의 물질성에 어떤 효과를 생산하게 만든다. 그 효과는 비물질적이며, 사태가 아닌 사건이다.[3] 작아졌다가 다시 커지는 앨리스, 형체는 사라지고 미소만 남는 체이서 고양이는 주체의 물질성이 변한 것이 아니라 주체가 사건 속으로 들어가면서 표면의 효과만 달라졌을 뿐이다. 마치 우리가 보름달과 초승달의 표면을 다르게 볼 수 있는 것이 달의 물질성이 바뀐 것이 아니라 달이 시간의 변화 속에 위치해 있기 때문이듯이, 사건의 표면 효과는 무한한 생성을 가능케 하고, 모든 대립적 이분법들을 해체할 수 있게 한다.[4]

---

3. 질 들뢰즈, 『의미의 논리』, 이정우 옮김, 민음사, 1999, 49-50. 이하 이 책에서의 인용은 본문에 쪽수를 표시한다.

4. 가령 다음의 인용을 보자. "한계 지어지지 않는 생성은 그에 고유한 전복, 즉 미래와 과

결코 처형할 수 없는 체이서 고양이는 사태의 물질성이 아닌 사건의 비물질성의 효과를 생성한다는 점에서 모든 생성적 시뮬라크르를 거세하려는 여왕과는 다른 정동적 주체의 모델을 상상하게 해준다. 체이서 고양이라는 정동적 주체는 혐오와 분노의 감정으로 타자를 거세하려는 오이디푸스적 정동에 맞서 형체가 사라지고 미소만 남은 익살과 유머로서의 정동이다. 익살과 유머는 비인칭적이고 전개체적인 새로운 주체성을 생성하는 정동적 주체의 표면을 자극한다. 그것은 무한히 분할될 수 있는 아이온의 시간에 있지 않고, 결코 한계 지어지지 않는 과거와 미래가 심층적으로 혼합된, "효과로서의 비물질적 사건들을 표면에 모으는" 크로노스의 시간에 위치한다(136). 익살과 유머는 단지 혐오와 분노의 정동에 이항 대립하는 감정을 의미하지는 않는다. 혐오와 분노의 물리적 시간을 망각하려는 처사는 더더욱 아니다. 그것은 또한 혐오와 분노의 반작용으로서 현실을 대면하는 적대의 감정을 완전히 소멸하지도 않는다. 익살과 유머로서의 정동적 주체는 새로운 인칭, 새로운 개체로 나아가려는 몸부림이다. 혐오와 분노, 공포와 저주의 감정의 시공간에 살면서 그것을 관통하려는 익살과 유머로서의 정동은 "내적이면서도 동시에 비인격적"[5]이다. 그러기에 익살과 유머로서의 정동은 특이성을 갖는다. 들뢰즈의 언급

거, 능동과 수동, 원인과 결과에서의 전복들과 더불어 비물체적인 사건 자체가 된다. 더와 덜, 너무와 아직, 이미와 아직의 경우, 무한히 나뉠 수 있는 영원히 이제 막 이행한 것이자 이제 막 이행할 것의 동시적인 둘일 수는 있어도 이행하고 있는 것일 수는 없기 때문에"(57).

5. 권명아, 『무한히 정치적인 외로움』, 갈무리, 2012, 16. 다음의 인용을 보자. "정동은 신체가 다른 신체들과 조우하고 있거나, 다른 신체들에 속해 있다는 것의 표지이다. 혹은 정동은 신체가 부대끼는 세계에 속해 있다는 것의 표지이며, 또는 세계가 이러한 부대낌이라는 신체에 속해 있다는 지표이기도 하다"(17).

대로 "특이성은 개체와 인칭들 안에 갇히지 않는다. 그렇다고 개체와 인칭을 와해시킨다고 해서 미분화된 바다, 바닥없는 심층에 떨어지는 것은 아니다. 비인칭적이고 전개체적인 것은 바로 자유롭고 노마드적인 특이성들이다"(248).

형체는 사라지고 미소만 남은 사건의 표면 효과를 일으키는 체이서 고양이는 분명 아이온이 아닌 크로노스의 시간에 살고 있는 정동적 주체이다. 체이서 고양이는 혐오와 분노의 감정이 지배하는 지금 우리 삶의 지형에서 그것을 지워버리기 위한 노마드적 삶의 특이성을 가장 잘 비유한다. 그러나 그러한 정동적 주체는 표면의 부피가 없고, 미소마저도 사라지는 현실의 도주자이기도 하다. 멜리사 그레그의 말대로 정동은 "정서emotion 너머에 있기를 고집하는 생명력에 우리가 부여하는 이름"[6]이다. 그것은 "힘 또는 힘들의 마주침"이며 "다양한 마주침의 리듬과 양태를 따라 일어나고 사라질 뿐 아니라, 감각과 감성의 골과 체를 빠져나가며 일어나고 사라지는 일종의 신체적 능력의 기울기, 언제나 조정되는 힘-관계들의 유연한 점진주의"(15)이다.

체이서 고양이는 이러한 힘들의 마주침, 신체의 강도를 서로 느끼며 부대끼는 관계 속에 존재하는 주체는 아니다. 그것은 단지 앨리스의 숲에서, 여왕의 재판소에서 미소를 남기고 사라지는 사건의 표면 효과를 생성할 뿐이다. 현실 속의 서로 다른 힘들의 마주침과 몸의 강도와 잠재성의 정동적 주체는 체이서 고양이에서 앨리스로 이행한다. 앨리스로의 이행은 표면에서 '표면-심층'으로의 이행이다. 체이서 고양이는 사건의 표면 효과만을 일으켰다면, 앨리스는 사건의 생성과

---

6. 그레고리 J. 시그워스·멜리사 그레그, 「미명微明의 목록[창안]」, 『정동 이론』, 최성희, 김지영, 박혜정 역, 갈무리, 2015, 15.

분열적 행동을 동시에 수행한다. 앨리스는 생성적이며 분열적이고 신체의 표면과 심층의 변이를 일으킨다. 정동적 주체로서 앨리스는 다양한 마주침과 신체의 생성을 보유한 잠재성의 주체이다. 들뢰즈의 말대로라면 이러한 정동적 주체는 아르토적이면서도 캐롤적인, 즉 분열적이면서 생성적이라 할 수 있다.[7]

앨리스의 모험은 정동적 주체의 현실적 오디세이가 될 수는 없겠지만, 현실에 맞서는, 혹은 현실을 안고 가는 상상의 지도를 그려준다. 혐오와 분노의 감정을 가진 주체들을 마주할 때, 사라지지 않고 맞서는 주체, 앨리스적 모험은 커졌다 작아졌다 하는 순수 생성의 시간을 반복하면서 분열증적인 언어를 생산한다. 앨리스의 모험에서 펼쳐지는 세 가지 공간, 세 가지 언어들은 앨리스의 몸을 변용시킨다. 앨리스의 몸은 표면의 변화, 생성하는 몸이면서도 기관 없는 신체로서 '먹기-말하기'의 분열증적 언어를 생산한다. 마실 때는 커지고, 먹을 때는 작아지는 신체의 표면의 변용은 묘한 언어의 분절과 수사로 이행하고, '먹기-말하기'의 변용 즉 '똥-언어'의 분열적 몸을 가진다.

신체의 부분들(=기관들)은 그들에게 영향을 주고 그들을 공격하는 분해된 요소들에 의해 결정된다. 이 열정의 과정 안에서 언어의 효과는 순수한 언어-정동이 된다. 이제 분열증 환자에게 중요한 것은 의미를 복구시키는 것이 아니다. 그보다는 제거된 표면 아래의 심층에서 말을

---

7. 들뢰즈는 아르토의 캐롤되기, 캐롤의 아르토되기를 『의미의 논리』 제13계열 '분열증과 어린 소녀'에서 설명하고자 한다. 아르토는 캐롤은 "표면의 언어를 수립하려고 할 뿐, 심층에서의 언어의 진정한 문제, 고통, 죽음, 그리고 삶의 분열증적인 문제를 포착하지 못한다"(168)고 말한다.

파괴하는 것, 정동을 쫓아내는 것, 모든 신체의 고통스러운 열정을 승리의 행위로, 복종을 명령으로 변형시키는 것이 중요하다(173).

분열증적 소녀 앨리스의 언어-정동은 정동의 몸을 통해, 그 몸을 스스로 버리면서 그 언어를 파괴하고 실천하는 행위를 가능케 해주는 것이다. 앨리스는 '저놈의 목을 쳐라'라고 말하는 붉은 여왕의 명령에 선고를 먼저 하고 판결은 나중에 하라고 맞선다. 그리고 자신을 향해 '저 아이를 처형하라'고 외치는 여왕에게 '당신의 말에 관심을 가질 사람은 아무도 없으며 너희들은 카드 꾸러미에 지나지 않는다'고 반발한다. 앨리스의 몸 위로 카드 더미가 공중으로 솟아오르다 쏟아져 내리고 앨리스는 이상한 나라의 꿈에서 현실의 시공간으로 복귀한다. 그 시간은 여왕의 팔루스를 거세하는 시간이며, 항문적-구강적 심층들로의 후퇴가 아닌 영광스럽고 중성적인 다른 표면을 이끌어내는 시간이다(385).

우리 시대 정동적 주체는 『이상한 나라의 앨리스』에 등장하는 세 캐릭터인 여왕, 체이서 고양이, 그리고 앨리스로 계열화가 가능하지 않을까 한다. 이데올로기 적대를 끊임없이 생산하여 분노, 복수, 증오, 배신의 감정을 토해내는 붉은 여왕의 계열, 비물질적 신체의 표면을 자유자재로 변용시키는 체이서 고양이의 계열, 그리고 사건을 일으키는 표면 효과를 견지하며 생성과 분열을 동시에 일으키는 앨리스의 계열화. 이 세 가지 계열화로 다시 정동과 이데올로기의 관계를 고려해 보면, 이데올로기 내 정동의 주체들, 탈이데올로기적 정동의 주체들, 정동 내 이데올로기의 주체들로 계열화할 수 있다. 이데올로기 내 정동의 주체들은 자신들의 혐오와 분노의 행동을 호명된 이데올로기의 상상적 관계로 정당화하는 주체로서 이데올로기적 적대 관계를 정동의 감정으로 은폐한다. 탈이데올로기적 정동의 주체들은 이데올로기의 호명 체계로부터 벗어나고자 하는 주체들로서 자신의 감정과 느낌을 중시하고 몸의 잠재력을 믿으며 한 곳에 머무르지 않고 자유롭게 유목하려는 주체들이다. 정동 내 이데올로기적 주체는 이데올로기의 호명 체계로부터 벗어나고자 하지만, 정동의 적대적 환경을 야기하는 정동의 외부에 대한 비판의식을 정동의 감정 안에 내장한다. 정동과 이데올로기는 다른 심급이지만, 통치 재난, 독점 기술, 여성혐오, 노동 불평등, 인간 차별이 심화된 한국사회에서는 서로 교차되고 스며들 수밖에 없다. 어떤 점에서 정동은 이데올로기의 내부이며, 이데올로기는 정동의 외부이다. 한국사회에서 벌어지는 적대적 갈등의 감정들은 정동과 이데올로기의 교차와 배리, 견인과 반발의 양가적 관계에서 비롯된 것이다. 그래서 이데올로기는 적대적 관계 간의 감정의 충돌로 많은 소음을 생산하며, 정동은 그러한 이데올로기의 적대적 감정 표출의 출구로서 혼돈의 상태에 빠진다.

이데올로기 노이즈

이데올로기 노이즈는 사실 정동의 카오스와 짝패를 이룬다. 그것은 이데올로기의 적대들이 서로 감정의 수준에서 충돌하고 경합하기 때문이다. 그것은 의식에서 무의식으로, 계급에서 다원적인 사회적 모순들로, 신념에서 감정으로 이행한다. 1980년대 이데올로기의 지형이 명확했을 때, 이데올로기는 몇 개의 구호로 정리될 수 있었다. 소위 변혁을 위한 '주타방'이 명확했을 때는 이데올로기의 적대관계가 매우 단순하고 선명했으며, 의식적인 선명함이 실천의 덕목이 되기도 했다. 이데올로기는 계급의식과 동일시되기도 하고, 주체의 실천의식 수준을 반영하기도 한다. 한편으로 이데올로기는 지배계급의 생산관계의 재생산을 위한 중요한 기제로 대중 주체를 호명하는 구체적인 지배과정으로 인지되기도 했다. 특히 노동에 대한 프로테스탄트적 윤리의식의 자명성과 미디어의 메시지를 지배계급의 이해관계에 맞서 수용하는 기호들의 의미화 과정[8]은 이데올로기 호명 메커니즘의 논리이다. "개인이 사회 실재와 맺는 상상적 관계"[9]로서의 이데올로기는 지배계급의 생산관계를 재생산한다는 점에서 혁명적 노동자 계급의식으로서의 이데올로기와 충돌한다.

그러나 지금 이데올로기의 문제설정은 "지배계급의 생산관계의 재생산 메커니즘"과 "혁명적 노동자 계급의식"이라는 이분법으로는 설명하기 어려울 정도로 복합적인 지형에 놓여있다. 이는 이데올로기 주체가 분명하지 않고, 사회적 관계 안에서 서로 감정이 충돌하는 정동의 주체와 혼용되어서 논란의 가운데에 있는 사회적 주체들을 '호명된 주체'와 '혁명적 주체'를 양분해서 정의할 수 없다는 것과 같은 의미이다. 그리고 투명하고 객관적인 계급의식을 갖는 주체를 설정한다는 것이 거의 불가능할 정도로 사회적 관계들은 서로 복잡하게 얽혀있다. 이데올로기와 욕망이 서로 경합하고, 사회 현상 안에서 이데올로기와 정동의 구분이 명확하지 않게 되면서 지배계급의 호명과 피지배계급의 실천의식으로서 이데올로기의 대당 관계는 해체되고 있다.

---

8. 롤랑 바르트, 「1장 오늘의 신화」, 『신화론』, 정현 옮김, 현대미학사, 1995 참고.
9. 루이 알튀세르, 「이데올로기와 이데올로기적 국가장치들」, 『레닌과 철학』, 이진수 옮김, 백의, 1997 참고.

전통적으로 이데올로기의 정의[10]는 매우 다양하게 논의되었고, 그 개념의 역사적 기원에 대한 논의도 다양하지만, 이데올로기는 계급사회에서 "사회적 지배의 지적 정당화"와 "정신적 왜곡의 근원에 관련된 현상"[11]에 대한 것으로 집약할 수 있다. 이데올로기는 지배를 정당화하려는 모든 언어적, 담론적, 기호적 표현과 사상의 일체이거나, 인간의 정신을 왜곡시키는 모든 현상들을 말한다. 이데올로기는 그런 점에서 현실과 환상, 이성과 감성, 합리성과 비합리성, 문명과 야만, 과학과 미신이라는 대당 관계에서 후자를 생산하는 것으로 간주되었다. 심지어는 프란시스 베이컨의 『아포리즘』에서는 인간의 감정과 정열은 인간의 오성을 부패시키는 것으로 부정적으로 평가되고 있다.[12]

'지배의 정당화'와 '정신의 왜곡'이라는 이데올로기에 대한 비판은 맑스에 와서 본격화되었다. 맑스에게 있어 이데올로기의 등장은 자본

10. 테리 이글턴은 이데올로기의 정의를 다음과 같이 내리고 있다. "사회생활에 있어 의미, 기호, 가치의 생산과정, 특정한 사회집단, 혹은 계급에 특정적인 일련의 생각, 지배적 정치권력을 정당화하는 것을 돕는 사고, 지배적 정치권력을 정당화하는 것을 돕는 잘못된 사고, 체계적으로 왜곡된 의사소통, 개인 주체에 특정한 위치를 부여하는 것, 사회적 이해에 의해 동기화되는 사고 형태, 정체성의 사상, 사회적으로 필요한 환영, 담론과 권력의 결합, 의식적 사회 행위자들이 그들의 세계를 이해하는 매체, 행동지향적 신념 체계, 언어적 및 현상적 현실의 혼동, 기호의 닫침, 개인이 사회구조에 대한 관계를 체험하는 필수적 매체, 사회생활이 자연적 현실로 전환되는 과정"(테리 이글턴, 『이데올로기 개론』, 여홍상 옮김, 한신문화사, 1994, 1-2). 이데올로기에 대한 16개의 정의를 이글턴은 다시 "사회생활에 있어 사상, 신념, 가치의 일반적인 물질적 생산과정" "특정한 집단이나 계급의 조건과 삶의 체험을 상징하는 사상과 신념" "상반된 이해관계에 직면한 그와 같은 사회집단의 이해를 증진하고 정당화하는 것에 기여" "파당적 이익의 증진과 정당화" "지배집단의 관념에서 이익에 증진하는 것" "허위적이고 기만적인 신념이 지배계급의 이해에서가 아니라 사회 전체의 물질적 구조로부터 유래하는 것"(40-43)으로 6가지로 압축해서 설명한다.
11. 호세 라레인, 『현대 사회이론과 이데올로기』, 한상진·심영희 옮김, 한울, 1984, 27. 이하 인용은 본문에서 쪽수로 표시한다.
12. 같은 책, 31에서 재인용.

주의 노동 분업 체계에서 비롯되었다고 본다. 자본주의 체제에서 분업이 발달하면서 "상업 노동과 공업 노동 사이에, 물질적 노동과 정신적 노동 사이에, 그리고 모든 생산 분과 안에서 협동하고 있는 개인들사이 등등에서 새로운 노동의 분리와 구분"(64)이 일어난다. 말하자면 분업 체계에 의해 개인의 노동이 사회적으로 규정되고 통제되며, 사회계급으로 분리되는 것이다. 그래서 노동 분업은 "모순적 계급들의 분화로 표현될 수밖에 없으며, 어떠한 발전으로부터든지 대다수를 배제하는 것"(65)으로 나타난다. 이데올로기는 노동 분업에 의해 생겨난 사회적 모순, 계급의 모순에 의해 나타나는 것이며, 또한 그것을 정당화되게 만들어주는 것이다. 호세 라레인은 이러한 이데올로기가 "계급구조, 그리고 보다 일반적으로는 사회구조 전체를 정당화해주고 이들 구조들의 재생산에 불가결한 존재"여서 "필연적으로 지배계급의 이익에 이바지한다"(68)고 말한다.

마르크스에 있어서 이데올로기는 따라서 현실을 왜곡하는 의식의 순수 발명품으로 일어나는 것도 아니고, 수동적인 의식을 속이는, 객관적이고 불투명한 현실의 결과로서 일어나는 것도 아니다. 이데올로기는 모순적 관계를 생산할 뿐 아니라 이에 대한 왜곡된 표상도 또한 생산하는 '제한된 물질적 활동양식'에서 일어난다. 이데올로기는 이처럼 의식과 현실을 한 현상 내에서 결합시키는 것이다. 마르크스는 이데올로기가 어떤 특정한 집단에 의해 생산되는지, 또는 그것이 이들에게 현실에 의해 강요되는 것인지 아닌지를 알아내는 데는 별 관심이 없다. 오히려 그의 관심은 일종의 실천, 즉 모순적 현실과 이데올로기 양자 모두의 기반이 되는 제한적 물질적 생산 활동 속에 이데올로기의 기원이 있음을 보여주려는 데 있다(67).

『독일 이데올로기』에서 청년헤겔학파를 비판했던 맑스의 요점은 인간의 의식과 사상이 물질적 세계, 사회의 실제적 관계를 생산하고 지배한다는 청년헤겔학파의 관점이 관념적이라는 점이다. 그것이 "독일 부르주아 계급들의 환상을 단지 철학적 형태로 흉내 내어 짖어대는 것에 불과"[13]하다는 것이다. 청년헤겔학파는 표상, 사상, 개념이 의식의 환상일 뿐이라고 보지만, 맑스는 인간의 의식이 아닌 인간의 실존, 즉 인간의 삶의 현실적 활동이 인간의 표상과 사상을 지배한다고 본다. "종교, 형이상학 그리고 그 밖의 이데올로기 및 그에 상응하는 의식 형태들은 더 이상 자립성의 가상을 지니지 않는다. 그것들은 아무런 역사도 갖지 않고, 아무런 발전도 가지지 않으며 오히려 자기의 물질적 생산과 물질적 교통을 발전시키는 인간이 자기의 현실과 함께, 자기의 사고와 그 사고의 산물을 변화시킨다. 의식이 삶을 규정하는 것이 아니라, 삶이 의식을 규정한다"(66)는 맑스의 주장은 부르주아 허위의식으로서의 이데올로기를 비판하는 유물론적 관점을 견지한다.

그러나 부르주아의 허위의식으로서 이데올로기에 대한 정의는 현대 사회에 와서는 매우 복잡한 양상으로 변형되거나 재해석되고 있다. 루이 알튀세르에 의하면 이데올로기는 단지 허위의식이 아니라 지배계급의 생산관계의 재생산을 위한 중요한 역할을 하고, 물질 그 자체는 아니지만 하나의 장치로 기능하는 물질적 과정이기도 하다. 이데올로기는 대중문화의 수많은 기호 안에 내재한 현대판 '신화'와 같

---

13. 칼 맑스, 『독일 이데올로기』, 김대웅 옮김, 두레, 1989, 48. 이하 인용은 본문에서 쪽수로 표시한다.

은 역할을 하기도 하고, 현대 권력과 통치를 위한 우민화 정책의 수단으로 활용되기도 한다. 그것은 신념을 가장한 이익의 주체가 폭력을 행사하는 방법으로 활용되기도 하고, 문화를 전체화하고 독점하기 위한 대중의 '핫한' 취향으로 둔갑하기도 한다. 특정한 주체를 겁박하기 위한 프레임으로 사용되기도 하며, 감정의 교환가치, 환상의 동일시 욕망, 혐오의 발화행위로 변용된다.

이러한 이데올로기의 변용이 신경증적인 노이즈를 생산하고, 그 노이즈는 정동으로 가장한 채 정체성을 교란시키는 가면을 쓴다. 과잉된 정동의 가면을 쓴 이데올로기 노이즈는 과잉된 이데올로기 적대를 가장한다. 이데올로기 적대를 가장하기 위해 과잉된 정동의 주체들은 혐오, 분노, 폭력, 증오의 감정들을 자신들이 공격하고자 하는 주체들에게 쏟아 붓는다. 이데올로기 노이즈는 과잉된 언어, 주장, 행동, 스타일, 이미지의 형태로 분출되고, 공격적, 배타적, 일방적, 냉소적 성향으로 한국사회의 갈등과 분열을 증폭시킨다. 이데올로기 노이즈의 형태는 내용적 층위에서는 노동자와 자본가, 진보와 보수, 청년 세대와 기성세대, 여성과 남성, 냉전과 탈냉전의 적대 관계를 재생산하는 양상을 띠지만, 표현적 층위에서는 그 적대가 과잉된 감정의 분출로 인해 집단적 '몰적 형태'로 응축되면서, 감정이 이념을 압도하는 웅얼거리는 소음처럼 나타난다. 지금 이데올로기 노이즈의 집단-주체들은 네가지 형태로 계열화될 수 있다.

이데올로기 노이즈의 계열화

첫 번째 계열은 '냉전적 집단-주체들'로서 대표적인 경우가 대한민

국 어버이연합이다. 어버이연합의 주 세력들은 해병대전우회, 고엽제
전우회, HID전우회, 6.25참전태국단전우회, 대한민국월남참전유공전
우회 등 냉전 시대를 대표하는 군 관련 단체들에 속해 있거나 그들
을 지지하는 애국적 보수 극우주의자들이다. 어버이연합은 냉전 시대
에 목숨 걸고 국가를 수호했다는 자기 확신과, 대한민국이 힘든 시절
고된 노동을 견디며 자신의 자녀들을 먹여 살렸다는 가부장적 권위
를 앞세워 자신들의 폭력적인 행동을 정당화하려 든다. '국가를 위해'
'대한민국을 살리기 위해'라는 이들의 신념은 역사적으로 형성된 보
수적 애국주의의 산물이기도 하지만, 이른바 좌파척결, 종북척결이라
는 맹목적 프레임을 방어하기 위한 수단이기도 하다. 이들의 '카운터
아젠다'는 분단과 안보에만 국한되지 않고, 무상급식, 일본군 '위안부',
세월호 사건, 노조파업, 통진당 정당해산, 연예인 퇴출 등과 같이 모
든 분야에 걸쳐 있다. 이들이 이러한 의제를 집회와 시위의 형식으로
발전시키는 방식은 알다시피 매우 공격적이다. 직설적인 구호, 화형식,
가스통 발화, 반대 시위자 폭언과 폭행 등 가능한 모든 수단과 방법
을 동원하고자 한다. 이러한 극단적인 시위 행태들을 정당화하는 기
제가 바로 '대한민국을 위해'라는 신념이다. 이 신념은 역사적으로 체
화된 것이기도 하고, 현실적인 이익을 관철시키기 위해 임의로 의식화
하는 것이기도 하다.

　어버이연합의 행동을 정당화시켜 주는 애국주의는 그런 점에서 국
가장치에 의해 역사적으로 호명된 신념의 체계만으로 일별할 수 없
는 특정 이익단체의 필요에 의한 이데올로기 노이즈를 생산한다. 이들
의 부정적 정동의 표출 방식, 예컨대 군복 스타일에서 선글라스에 군
화를 비롯해, 상대방에 대한 반말, 폭언, 폭행, 자해 행동에 이르기까

지 극단적인 행동들은 자신들의 목적과 주장을 관철시키기 위한 과장된 퍼포먼스로서, 의도적인 행동의 반복된 관습이다. 그들의 공격적인 스타일들은 냉전적 이니셔티브를 주장하지만, 그것을 겁박하고 강요한다는 점에서 내적인 콤플렉스를 갖는다. 공격성이 더 강렬해지는 것은 그러한 콤플렉스를 은폐하기 위해서이다. 이들의 콤플렉스 은폐는 최근에 논란이 되고 있는 청와대 개입설과 전경련 지원설에서도 알 수 있듯이 대부분 자신의 존재를 과시하기 위한 집단적 심리와 외부의 요청에 의한 주문형 시위를 자연스러운 것처럼 가장하기 위해서 필요하다. 그들은 폭력의 강도를 애국심의 강도로 믿고 있고, 권력이 자신들을 비호해 주고 있다고 믿으며 자신들의 행동이 권력을 강화하는 데 크게 기여할 것이라 생각한다. 여기에 가부장주의와 노령이라는 전투적 프리미엄까지 내세워 가장으로, 나이로 상대방을 제압하려 든다. 이들의 정동은 그런 점에서 일방적이고 맹목적이며, 특정한 이해관계에 매몰되어 있다. 이러한 어버이연합의 심리구조로 인해 이데올로기 노이즈는 가장 강렬하게 발산된다.

두 번째 계열인 '포스트 냉전적 집단-주체들'로서 대표되는 여성혐오 세력으로서의 일베 회원들이다. 일베를 포스트 냉전적 집단-주체라고 볼 수 있는 것은 어버이연합과는 다르게 냉전의 시대를 살지 않았기 때문이다. 이들에게 우익 행동은 냉전의 경험을 체화하지 않은 채로 '상상된 냉전의식'만으로 작동한다. 체화된 냉전이 아닌 상상된 냉전의식은 혐오의 행동을 정당화하기 위한 다양한 근거로 냉전적 경험을 내세우는 대신 그것을 대체할 만한 다른 대상을 찾는다. 그 대상이 바로 여성이다. 일베의 혐오 행동이 여러 주체들, 예컨대 전라도 출신자, 노사모 회원, 좌파 세력, 세월호 유가족 등으로 향해 있지만,

특히 여성은 이들의 대표적인 표적 대상이다. 데이터 기반 전략 컨설팅 회사인 '아르스 프락시아'가 2011년에서 2014년까지 3년간 〈일간 베스트 저장소〉에 올라온 43만 개의 게시글을 조사한 결과 여성이라는 단어가 1만 159회 등장하고, 여성을 비하·혐오하기 위해 만든 '김치녀'란 단어는 8697회 등장한다. '김치녀'가 자주 등장하는 맥락과 긴밀하게 관련된 단어가 '데이트 경험'이다.[14] 남성의 데이트 좌절과 그 분노를 표현한 '김치녀'란 단어는 일베의 자기방어적 피해의식의 심리구조를 가장 잘 보여준다.

『시사인』의 분석에 따르면 여성혐오와 가장 많이 연결되어 있는 단어가 데이트와 결혼, 가족이다. 데이트를 거부당한 일베류의 남자들은 그 이유를 자신에게서 찾지 않고, 이기적인 여자, 남녀평등을 역이용하는 여자들에게 돌린다. 이들이 생각하기에 남녀평등이란 말은 여성들의 자의적인 반칙을 정당화해 준다. 『시사인』의 기사대로 "남녀평등을 외치면서 결정적인 순간에는 남자의 능력을 따지는 여자" "남녀평등을 외치면서 데이트 비용은 남자에게 물리는 여자" "자기 외모는 성형으로 과대포장하면서 남자의 능력은 칼같이 따지는 여자"라는 생각은 일베들이 가지는 일반적인 생각이다. 일베들은 여기에서 그치지 않고, '김치녀'를 색출하고, 그녀를 응징하는 행동이 진정한 사랑, 진정한 결혼, 진정한 가족, 나아가 진정한 대한민국을 만드는 용기 있는 실천이라는 상상을 한다. 여성혐오를 정당화하기 위한 자기방어적인 상상이 일베의 심리구조 속에서 확신이자 신념으로 전환된다. 일베는 '김치녀'라는 가상의 공격 대상을 자신의 기준에 맞게 자의적으

14. '여자를 혐오한 남자들의 "탄생"', 『시사인』 제418호, 2015. 9. 17. 참고.
   http://www.sisainlive.com/news/articleView.html?idxno=24291

로 설정해 놓고, 여성에 대한 모든 혐오의 근거와 그 정당성을 마땅히 비난받아야 할 '김치녀'에 대한 비판으로 삼는다. 가상 주체로 설정된 '김치녀' 혐오가 여성 일반으로 환원되는 것이다.

예컨대 이러한 환원적 심리구조는 강남역 살해 여성을 추모하는 현장에 "남자라서 죽은 천안함 용사들을 잊지 맙시다"라는 문구가 쓰인 화환을 보낸 한 일베 회원의 행동에서도 확인할 수 있다. 여성 혐오는 여성 일반을 향해 있고, 그것은 자기 자신을 혐오하는 거울의 반사 효과에 대한 자기방어적 심리를 갖는다. "이번 사건으로 모든 남자가 잠재적 범죄자로 매도되고 있다"는 일베의 망상은 여성혐오의 비난으로부터 자신을 방어하기 위한 수사학이다. 이것은 사실 수사학의 수준을 넘어 혐오 대상을 일반화, 본질화시키는 일베의 생존 방식이다. 흥미로운 것은 일베의 여성혐오는 어버이연합의 그것과는 다르다는 점이다. 일베가 자신들이 공격하고자 하는 대상을 혐오하기 위해 스스로 혐오스러운 행동을 감행하는 것은 어버이연합과 동일하지만, 그 행동 감행에 있어 항상 자신을 방어하는 구실을 찾는다는 점은 다르다. 어버이연합의 여성혐오 방식은 단순하고 직설적이지만, 일베의 그것은 언제나 다른 구실을 만들어 방어기제를 염두에 둔다는 점에서 복잡하고 간접적이다. 일베의 여성혐오가 다양한 방어기제를 만들어 놓는다는 점에서 더 강력한 이데올로기 노이즈를 생산한다고 볼 수 있다는 것이다.

세 번째 계열은 '자유주의적 집단-주체들'로서 청년 세대의 분노를 과잉되게 대변하는 헬조선 그룹이다. 『경향신문』과 '아르스 프락시아'가 함께 분석한 빅 데이터의 결과에 따르면 '헬조선' 현상은 취업난으로 고통 받는 청년들의 넋두리만을 반영하는 것이 아니다. 그것은 대한민국이 더 이상 사회로서 기능하지 못하고 있음을 선언하는 것이다. 특히 청년 세대와의 직접 취재를 통해 '헬조선'이 희망 없는 교육, 국가의 무능과 미개한 통치성, 기업의 노동 착취와 연고주의의 극단을 대변하는 일종의 '절망의 수사학'이라는 점을 강조했다.『경향신문』의 커버스토리는 '트위터'나 '일베'처럼 정치적, 이데올로기적 입장이 다른 SNS 공간에서도 헬조선은 미개하고 지옥 같은 곳으로 생각하고 있고, 하루빨리 헬조선을 '탈출'하고 싶다는 견해도 동일하다고 분석했다. 그리고 헬조선의 용법이 유행하게 된 배경에는 청년실업 문제가 도사리고 있다는 점도 주시하고 있다.

『경향신문』의 커버스토리는 헬조선이 특정한 정치적, 이데올로기적 편향을 드러내는 집단들이 유포한 것이 아님을 강조한다. 그것은 단지 일베의 혐오 수사만이 아니라는 것이다. 헬조선은 한 사회가 작동하기 위해 갖추어야 할 최소한의 시스템과 그 시스템을 유지하는 정의와 윤리의 감정이 붕괴되고 있음을 청년 세대의 입을 통해 경고한 근본적인 사회체제 위기 담론이다. 헬조선으로 대변되는 청년들의 총체적 분노와 "죽창 앞에선 모두가 평등하다"는 〈헬조선닷컴〉 메인 페이지의 살벌한 슬로건만 보면, 조만간 대한민국에 동학 혁명과 같은 민중 봉기가 일어날 듯한 전조를 느끼게 해준다. 그러나 헬조선의 담론장은 의외로 평화롭다. 지금 여기, 지옥 같은 조선의 세상을 갈아엎겠다는 봉기의 분위기보다는 오히려 그 재난의 사태를 관망하고 즐기는 분위기가 더하다. 헬조선의 절망과 분노의 글들은 매우 직설적이고, 노골적으로 세상을 비난하지만, 그 비난은 비난에 불과할 뿐, 세상을 바꾸려는 직접행동과는 거리가 멀다. 심지어 헬조선의 분노는 정치적으로 이완되고, 이데올로기적으로 봉합되어 이들 주체의 입장조차 무엇이 정치적 비판이고, 무엇이 탈정치적 냉소인지 구분되지 않는다. 헬조선의 분노의 눈초리는 사회 전체의 부조리, 부정의한 지배체제로 향해 있지만, 정작 이 담론의 정치적 위치는 제로섬 게임에 빠져 있다. 이들의 분노는 영도의 글쓰기이다. 헬조선 현상은 역설적이게도 '헬조선'이란 작금의 세상을 뒤엎으려는 직접행동을 지연시키거나 해소시키기 위한 조작된 공론장처럼 보인다. 범용화된 현상으로서, 혹은 유포된 담론으로서 헬조선은 헬조선이라는 실재를 기각하고, 오히려 그 체제를 재생산하는 구성적 요소로 작동한다. 헬조선의 담론과 주체는 헬조선의 생산관계를 재생산한다.

흥미로운 것은 지금 헬조선 현상의 일면에서 그것이 상업화의 도구로 활용되고 있다는 점이다. 〈헬조선 닷컴〉 사이트에 들어가 보면, 삼성생명, 한화건설, 유학닷컴, 잡코리아 광고가 기사와 함께 연동되어 있다. 헬조선이 비난하는 대기업, 유학 지상주의, 취업 만능주의의 당사자들이 헬조선을 구성하는 글과 함께 공존하고 있다. 헬조선의 담론들은 펑크문화에 대해 어느 영국의 문화연구자가 예리하게 분석했듯이, 동시대 사회의 모순들을 마술적으로 해소하려는 수사학에 불과하다. 헬조선의 정치적 무의식은 사회 모순을 표상하는 텍스트 안에서만 기거하길 원한다. 그럴 경우 무의식은 대체되고 응축만 될 뿐 폭발하지 못한다. 지금 헬조선의 정치적 무의식은 불만의 도상, 분노의 기표만을 생산한다. 그것은 단지 사회적 모순에 대한 오이디푸스적 편집증만 생산할 수밖에 없다. 그런 점에서 헬조선의 정동은 기표적인 이데올로기 노이즈만을 생산한다.

마지막으로 네 번째 계열은 '신자유주의 지배적 집단-주체들'로서 독점 재벌 기업의 3세들, 혹은 부동산-금융자본을 취득한 고소득 상층 부르주아의 폭력적 적개심이다. 최태원 SK 그룹의 사촌동생이자 물류업체 M&M의 최철원이 일으킨 일명 '매값' 폭행 사건, 대한항공 조현아 부사장의 땅콩 회항 사건, 대림산업 이해욱 부사장의 운전기사 가학 행위 및 폭행 사건 등 재벌 2-3세들의 반사회적 혹은 사이코패스적인 폭력성은 우리 사회 기득권 상층 부르주아들의 갑질 행위가 정점에 서 있음을 보여준다. 이들의 폭력과 분노의 감정은 상대방의 생사여탈권을 쥐고 있을 정도로 절대적이고 우월적 지위를 행사하는 데에서 비롯된다. 우월적 지위를 행사하는 이들의 감정에는 저들과 나는 근본적으로 신분이 다르다는 차별의식을 자명하게 간주하려는 중세적 감각이 배여 있다. 이는 전적으로 체화된 상징자본에 의한 상징폭력이다. 최철원의 매질, 조현아의 땅콩, 이해욱의 폭언은 신체 안에 각인된 상징자본의 배타적 축적이 야기한 약자에 대한 구별짓기이다. 최철원 앞에서 1인 시위를 벌인 노조원, 조현아의 서비스를 담당한 기내 사무장, 이해욱의 출퇴근 운전을 맡은 기사는 프로테스탄트적 노동윤리에 기반을 둔 합리적 계약관계에 있는 것이 아니라 생사여탈권을 쥐고 있는 일방적인 주인과 노예의 계약관계에 속한 자들이다. 그들은 화풀이 대상이고, 분노를 빨아들여야 하는 스펀지 같은 존재들이다. '신자유주의 지배적 집단-주체들'은 왜 분노조절 장애를 가지며, 왜 약자에게 폭력을 행사하려 들까?

먼저 재벌 2-3세들은 태어날 때부터 경제자본과 상징자본 그리고 문화자본을 모두 취득하여 현대판 귀족 혈통의 프리미엄을 가지면서 노력과 학습 없이 엄청난 부와 명예를 획득한다. 이미 주어진 부와 명예는 그들로 하여금 양가적 감정을 갖게 한다. 하나는 어린 나이부터 권력의 자기화가 빨리 이루어져 인격과 사회성이 형성되기 전에 '슈퍼

갑'으로서의 지위를 누리는 감정이다. 다른 하나는 이러한 권력의 호사가 자신의 노력으로 된 것이 아니기 때문에 자신의 권력의 비자발성에 대한 심리적 콤플렉스이다. 주어진 과잉 권력과 결핍된 노력은 일반 사람들이 느끼는 상대적 박탈감의 낙차만큼 심리적 불안감을 갖게 한다. 재벌 오너라는 초자아적 존재에 대한 자기 결핍은 이들을 심리적으로 위축시키며, 그 콤플렉스를 해소할 대리자를 찾게 만든다. 또한 재벌 오너를 차지하려는 내부 권력투쟁의 분위기를 어릴 때부터 체험하면서 가급적 빠른 시간 안에 특별한 가족 오이디푸스 삼각형에서 '아빠'의 자리를 차지하길 원하지만, 때를 기다려야 하고 검증을 받아야 한다는 조급함이 내면의 성격 자체를 히스테리적 공격 성향을 갖게 만드는 것이다.

또 한 가지 지적할 것은 이들의 사회성 결여이다. 폐쇄적인 공간과 제한적인 인간관계를 갖게 되면서 이들은 사회적 소통능력을 상실한다. 이들의 사회성은 이익을 추구하기 위한 사교성 외에는 거의 없다. 돈과 사업을 위해 제한된 사교 관계자들만을 만나고 일상 안에서 일반 사람들과의 소통이 차단된다. 그들이 만나는 일반인이란 회사에 속해 있는 직원들, 자신들을 수행하고 지원하는 비서들이다. 사회적 관계가 대체로 회사 내 이해관계 안에 갇혀있다 보니, 그 관계가 대등하거나 상호보완적인 것이 아니라 일방적이고 종속적이다. 이러한 사회성의 결여는 대화 능력이 떨어지게 함은 물론, 일방적인 지시를 소통으로 착각하게 하고, 어떤 일이 자신이 원하는 방향으로 전개되지 않을 때 분노와 폭력을 행사한다. '신자유주의 지배적 집단-주체들'의 폭력적 성향들은 비단 재벌 2-3세에 해당되는 것만이 아니라 기업의 상층 관료와 중간 관료, 고소득 전문직 종사자, 부동산 및 금융 고소득자, 유명 연예인, 학원과 대학, 정치인, 상층 및 중간 관료들 사이에서도 나타난다. 이른바 자신이 처한 위치보다 낮은 사람들에 대한 노골적인 '갑질'의 피라미드 구조는 한국사회에 먹이사슬과도 같은 이데올로기적 노이즈를 생산한다.

정동의 카오스

이데올로기 노이즈는 의식보다는 감정을 통해 증폭된다. 이념, 계급, 성차, 세대, 국적의 적대를 분출하는 이데올로기는 분노, 증오, 혐오의 감정을 통해서 의식에서 소음으로 이행한다. 이데올로기의 적대는 전통적으로 계급의식의 적대를 의미하지만, 격렬한 소음의 형태로 번지고 있는 지금 이데올로기 투쟁들은 서로 모순적이고 배타적인 정동의 정치들이 뒤섞이고 경합하는 형세를 띠고 있다. 이데올로기 노이즈는 정동을 통해서, 정동에 의해서 증폭되고, 확산된다. 우익의 이데올로기 전술로서 전가의 보도처럼 사용되고 있는 '종북척결'은 그들이 싫어하는 정치인들만이 아니라 지식인, 연예인들의 윤리적, 이성적 활동마저 정치화하고, 상대의 감정을 자극하는 프레임으로 사용되고 있다. '종북척결'의 프레임은 예컨대 '인종청소'와 같은 극우 파시스트들의 극단주의를 연상케 할 정도로 인간 혐오의 낙인찍기 같은 것이다. 일베들이 사용하는 '좌좀', 전라도 '홍어족' 같은 언어들은 이념의 적대를 표현하는 언어가 아니라 그 자체로 혐오의 언어가 된다. 어버이연합의 시위들은 논리, 이성, 정당성에 의존하지 않고 폭언, 폭력, 떼쓰기와 같은 비이성적 감정에 호소하는 퍼포먼스이다. 어버이연합의 '적개심'에 대응하는 효녀연합의 '미소', '김치녀' '삼일한'을 발화하는 일베의 혐오에 맞서 '씹치남'으로 미러링하는 메갈리안의 응수는 모두 이데올로기의 적대가 정동의 충돌과 마주침으로 전환되는 예들이다. 이데올로기 노이즈는 이데올로기가 정동의 형식으로 변환되는 것을 말한다.

이데올로기 노이즈가 복잡한 정동의 지형을 통해 생산되듯이, 정동의 개념에 대한 이론적 정의 역시 매우 복잡한 맥락을 가진다. 멜리사 그레그와 그레고리 시그워스는 정동 이론의 경향을 8가지로 구분한다. 인간과 비인간의 본성이 내밀하게 뒤섞인 "신체의 함입능력 incorporative capacities", 사이버네틱스, 신경과학, 인공지능, 로봇공학과 같은 인지과학적 관점, 비데카르트적인 비물질적 운동성, 심리학적이고 정신분석학적인 연구, 일상의 노동과 생활, 경험의 물질성에 주목하는 반규범적 실천 활동(페미니스트, 퀴어 이론, 장애활동가 등), 서로 이질적인 언어적, 미학적, 윤리적 감각들의 마주침과 그것으로의 전회, 정서 담론을 비판하고 '포스트 코기토'적인 집단행동들, 과학 연구의 실천의 연장선상에서 유물론에 대한 다원론적 접근 방식 등을 정동 이론의 경향으로 설명할 수 있다.[15] 정동은 개인과 집단이 "관념·가치·대상 사이의 연결을 유지하거나 보존하는 긍정적인 가치를 축적하는 것[16]이기도 하면서 혐오와 증오, 수치심의 총체적 감정이기도 하다. 특히 정동의 관점에서 보면 타자를 혐오의 대상으로 간주하려는 원리에는 상상된 주체에 대한 사랑과 증오의 감정이 고착화되어 있다. 인종 혐오는 상상된 주체와 상상된 국가가 '사랑'과 '증오'라는 감정을

15. 그레고리 J. 시그워스·멜리사 그레그, 앞의 글, 23-28.
16. 사라 아메드, 「행복한 대상」, 『정동 이론』, 57.

통해서 함께 결속하는 과정에 생겨난다.[17] 정동은 미래에 다가올 위험과 위협을 예고하는 어렴풋한 징표[18]이기도 하고, "신체적 물질과 물질 일반에 내재한 역동주의, 즉 물질이 정보가 되면서 자기 조직화하는 능력"[19]이기도 하다. 이렇듯 정동 이론은 신체와 비신체, 물질과 비물질, 현실과 정보, 감정과 과학의 경계를 무너뜨리고, 그것을 관통하게 만드는 통합적인 개념으로 부각되고 있다. 정동에 대한 가장 오래된 스피노자의 정의는 신체의 '잠재성'[20]과 '역능'[21]으로 요약할 수 있다. 그것은 '아직 되지 않음'과 '지금 되고 있음'의 상호보완적 역설을 내포한다. 예컨대 들뢰즈가 강조하는 사건의 표면 효과를 생성하는 의미sense와 표상을 해체시키는 형상으로서의 감각sensation의 논리 역시 스피노자의 잠재성과 역능의 상호보완적 역설을 철학적, 미학적으로 진화시키고 있는 것이다.

여기서 스피노자와 들뢰즈의 정동 이론을 상세하게 재론하는 것은 적절하지 않지만, 분명한 것은 정동은 그것이 부정적이든, 긍정적이든, 인간의 감정이든 기계의 인간화든, 감각의 과정이든, 정보의 과정이든, 인권의 문제든 문화자본의 논리든 매우 카오스적인 형세를 띠고 있다

---

17. Sara Ahmed, *The Cultural Politics of Emotion* (London & New York: Routledge, 2004), 43.
18. 브라이언 마수미, 「정동적 사실의 미래적 탄생」, 『정동 이론』, 99.
19. 패트리샤 T. 클라프, 「정동적 전회-정치경제, 바이오미디어, 신체들」, 『정동 이론』, 334.
20. 다음의 인용을 보자. "정서가 정신에 연관되는 한, 정신으로 하여금 자기의 신체에 대하여 이전보다 크거나 적은 존재력을 긍정하도록 하는 관념이다. 그러므로 정신이 어떤 정서에 사로잡힐 때, 동시에 신체는 자기의 활동 능력을 증대시키거나 감소시키는 변용을 겪는다"(스피노자, 『에티카』, 강영계 옮김, 서광사, 1990, 217).
21. 다음의 인용을 보자. "어떤 열정이나 정서의 힘은 인간의 여타의 작용이나 능력을 능가할 수 있기 때문에 그와 같은 정서는 끈질기게 인간에게 달라붙는다"(같은 책, 216).

는 점이다. 정동의 카오스는 감정의 정치화만의 문제가 아니다. 아니 감정의 정치화만으로도 정동은 이데올로기적 '의식'과 '호명'의 메커니즘을 피할 수 없으며, 이데올로기화의 현상으로부터 벗어날 수 없다. 정동 내 이데올로기는 정동이 이데올로기 적대로 수렴되기는커녕 이데올로기를 분화시키고 내파시킨다. 정동은 인간에서 기계로, 현실에서 정보로, 감정의 회로에서 인지적 회로로 전환, 이행하는 사회적 체계를 이해하는 하나의 중요한 키워드가 되었다. 정동은 정치적이면서 탈정치적이고, 잠재성과 역능의 발견의 장치이면서도 혐오와 증오의 대리 기표가 되기도 한다. 정동은 '감정노동' '비물질노동'으로 대변되는 노동의 전환에 관여하며, 사물인터넷, 인공지능을 통한 유비쿼터스 헬스케어 자본의 보루가 되기도 한다. 노동자의 임금은 시간에 의해 결정되는 것이 아니라 개인의 열정과 충성심에 의해 개별화된다.[22] 정동은 심지어 한류와 케이팝의 문화자본의 논리를 위대한 국민주의로 변장하게 만들어 문화의 음성적 제국주의를 정당하게 만든다.[23]

---

22. 다음의 인용문을 보자. "신노예적인 노동관계를 향한 추세는 새로운 포스트 포드주의 생산양식에 내재적이며, 이러한 변형에 수반하는 임금 형태에 비롯된다. 한편으로 거시경제적 충격들과 시장 동요들의 흡수가 급여를 받는 피고용인들에게 그리고 그들에게만 작용한다는 의미에서 급여는 더욱더 경제 정책에 의존하는 조정 변수로 간주된다. 다른 한편으로, 이러한 정치적 선택과 일치하고 포드주의 시대와는 상이한 새로운 임금 규칙들이 바로 불안정성을 관리하기 위해 결정된다. 이러한 이유로 급여 소득의 총량은 미리 특정되지 않으며, 회사의 회계 과정의 바로 그 결과에 따라 모든 것은 조건적으로 되고 일시적으로 된다. 이런 목표에 도달하기 위해 급여는 철저하게 개별화된다. 노동자들의 자격(나이, 적성, 양성훈련)은 오직 급여의 일부분만을 결정하며, 반면에 점점 더 중요한 부분은 노동자의 참여 수준을 기초로 해서, 노동과정 동안 그리하여 협상 국면 이후 나타나는 노동자의 "열정"과 "흥미"를 기초로 해서 작업장 안에서 결정된다"(크리스티안 마라찌, 『자본과 정동』, 서창현 옮김, 갈무리, 2014, 59).

23. 이에 대한 자세한 분석은 이동연, 「내가 아는 '싸이'에 관한 모든 것」(『문화/과학』 72호, 2012년 겨울)을 참고하기 바란다.

정동은 감정이자 자본이며, 인간의 긍정적인 역능이자 부정적인 표상이다. 정동은 신체가 반응하는 감각이기도 하면서, 기계가 작동하는 데이터이기도 하다. 정동은 그런 점에서 카오스적이고 인지적으로 언케니밸리uncanny valley하다. 정동의 세계 안에서는 따뜻하고, 서로 우애하는 감정의 공동체를 느낄 수 있지만, 반대로 그 안에는 섬뜩하고 공포스러운 지배의 논리도 들어 있다.

아마도 정동의 카오스, 그것의 섬뜩함을 가장 잘 알려준 사례가 알파고가 아닌가 한다. 알파고는 이세돌과의 세기의 바둑 대결에서, 인간의 창조적 직관을 뛰어넘지 못할 거라는 당초 예상을 뒤엎고 압승했다. 알파고가 압승을 하자 세계가 충격에 휩싸였고, 미디어는 앞다투어 본격적인 인공지능의 시대가 곧 다가올 것이라는 기획 기사를 쏟아냈다. 자비 없는 인공지능 알파고에 맞선 이세돌은 영화 〈터미네이터〉에 등장하는 인류의 구원자 존 코너에 비유되고, 신의 한수로 유일하게 승리한 제4국은 절대기계에 맞선 인간의 전설적인 승리로 칭송되었다. 인공지능과 인간의 대결에서 인간의 일말의 희망을 보았지만, 사실상 결과는 인공지능의 압승이었다. 빅 데이터와 네트워크 정보로 무장한 인공지능이 인간의 직관과 경험의 능력을 이긴 것이다. 이번 대전을 주도한 알파고 창시자인 데미스 하사비스는 알파고의 승리도 결국 인간의 승리임을 강조했지만, 인공지능, 안드로이드, 로봇에 대한 인간의 실제적인 공포가 마침내 시작되었다고 보여진다.

알다시피 알파고는 구글의 인공지능 개발 자회사인 구글 딥마인드가 개발한 인공지능 프로그램이다. 이번에 사용된 알파고는 최고 수준의 기업용 서버 300대를 병렬로 연결한 슈퍼컴퓨터이다. 한 서버당 3테라바이트의 디램 모듈이 들어갔으니 알파고의 연산을 지원하는 메모리 용량은 900테라바이트가 되는 셈이다. 그래픽을 담당하는 처리 장치가 176개가 되고 총 106만 개의 메모리 반도체가 사용되었다고 한다. 알파고의 연산 속도는 1초에 10만 개의 수를 계산할 정도여서, 순간 초읽기에 몰리는 이세돌이 알파고와 싸운다는 것은 애초부터 불공평한 것이었다. 알파고는 적어도 이세돌과의 바둑 대결에서만큼은 명인보다 더 명인처럼 둔 것이다. 천재적 인간의 두뇌보다 더 영민한 두뇌가 되고 싶은 알파고는 지금 정동적 인간에게는 언케니밸리하다.

'언케니밸리'는 인간과 비슷해 보이는 기계와 로봇을 보면서 느끼게 되는 불편함이나 혐오감을 말한다. 가령 〈로봇 태권브이〉에 나오는 깡통로봇이나, 〈스타워즈〉에 나오는 BB-8 로봇은 귀엽고 친근하지만, 인간과 거의 비슷한 피부 조직에 심줄과 주름이 선명한 로봇을 만나게 되면 왠지 섬뜩한 느낌을 갖게 된다. 이것이 언케니밸리 효과이다. 말하자면 로봇이나 안드로이드가 완전히 인간의 형체를 고스란히 복제한다고 해도 그것이 기계인 한에서 인간이 느끼는 불편하고 징그러운 감정은 기계와 인간 사이에 가로 놓인 까마득한 '감성의 골짜기'가 된다. 〈케이팝 스타〉 시즌 5 심사위원 박진영은 한 참가자가 노래 말미에 감정에 복받쳐 우는 장면을 듣고 심사평에서 알파고는 사랑을 모르고, 노래하며 우는 감정을 모른다는 말을 남겼다. 인공지능이 아무리 인간의 수리적 사고 능력을 앞지른다 해도, 슬픔과 기쁨의 감정을 알지 못하는 한 인간을 넘어설 수 없다는 말이다.

그런데 인공지능은 인간의 감정을 복제하는 것을 넘어 스스로 표현할 수 있는 시대를 준비하고 있다. 가상 세계 안에서 인간의 감정에 반응하여 형성된 가상 인간이 실제 인간의 감정과 상호작용하는 프로그램을 만들고 있다. 좀 더 업그레이드된 세컨드 라이프, 사이버 섹스 프로그램들이 그것이다. 영화 〈블레이드러너〉에서 개발된 안드로이드 '넥서스6'의 목표는 '인간보다 더 인간적인'이다. 데커드 형사와 사랑에 빠진 타이렐사의 최고 제품인 레이첼은 어느 인간의 생애가 정교하게 입력된 프로그램 안드로이드이지만, 살면서 스스로 자신만의 감정을 갖게 된다. 인공지능이 인간의 감정을 스스로 학습하여 인간처럼 행동할 때, 지금까지 '언케니밸리'로 표현된 넘을 수 없는 감성의 간극이 무너질지도 모른다. 언케니밸리는 어떤 점에서 인공지능이 인간을 완벽하게 따라 할 수 없다는 최후의 미소이기도 하지만, 역으로 인간이 비인간의 존재에 종속될 수 있다는 공포심의 발로일 수도 있다.

그런데 알파고의 언케니밸리 효과는 인공지능이 감정의 주체가 될 수 있다는 가능성과 그 가능성에 내재한 끔찍한 지배의 효과에 있다. 알파고가 엔케니밸리하다는 것은 알파고가 정동의 주체가 된다는 것만이 아니라, 그것이 다른 목표를 가지고 있다는 점 때문이다. 이번 대국의 궁극적인 목표는 인공지능의 연산적 실수를 제거하는 데 있었다. 실수하지 않고 예기치 않는 사태에 대처하는 완벽한 인공지능의 일처리 능력을 업그레이드하기 위한 것이었다. 알파고를 개발한 구글 딥마인드 팀은 인공지능이 외과 의사 없이도 완벽하게 수술할 수 있다는 기대감을 이번 세기의 바둑 대결에서 보여주고 싶어 했다. 실제로 구글은 현재 IT 기술과 의료산업을 결합하는 유비쿼터스 헬스케어 사업에 본격적으로 뛰어들었다. 인공지능은 향후 적어도 20년 안에 사용될 디지털 바이오 의료산업의 핵심 주체이다. 언케니밸리 알파고에 대한 불편하고 으스스한 감정은 기계와 인간의 감정 대결이 아닌, 바로 인간을 대상화하는 자비 없는 자본의 비인간적 논리 그 자체에서 나온다.

정동의 카오스는 정동의 역능과 그것을 흉내 내는 사이비 정동의 감정들이 서로 부딪치고, 섞이면서 생겨난 사회적 인간관계들의 혼종적 상태를 의미한다. 그것은 이데올로기 노이즈와 분리될 수 없고, 그것을 전제한다. 또한 그것은 알파고의 인지적 언케니밸리의 숨은 의도에서 알 수 있듯이 정동의 생태계를 교란시킬 수 있으며, 문화자본의 전략을 은폐시키거나, 은밀하게 끼워 넣는 공간이 될 수도 있다. 정동적 전환의 현실적 불가피성을 우리가 논의하면서도 이러한 불편함에 대해서도 이야기해야 하는 이유가 여기에 있다. 문화자본의 독점화 논리에 철저하게 지배당하고 있는 미디어 환경에서 정동을 자발적으로 조정할 수 없게 된 상황을 간파한 다음의 인용은 정동의 '인지적 언케니밸리'라는 불편한 상황을 지적하고 있다.

사회의 '사건-이미지'로서의 텔레비전. 정동을 조정하는 자발성을 포착하는 미디어. 미디어와 신체의 공진 관계에 의해 포착된 자발성은, 이제 어딘지 더이상 자발적이지 않은 것으로 변화하고 있다. 새로운 '변환-위장'의 테크놀로지의 발전. 오늘날 미디어 연구는 이 상황을 정치하게 분석하기 위해 이론을 구축해야 하고, 그것을 경험적으로 검증해야 한다.[24]

정동적 전환과 그 불만

이른바 정동의 시대에 이데올로기를 외쳐야 하는 이유는 그것이 정

---

24. 이토 마모루, 『정동의 힘』, 김미정 옮김, 갈무리, 2016, 179.

치적으로 다른 입장을 갖고 있어서가 아니라, 정동과 이데올로기의 국면적, 전략적, 지배적 교합 때문이다. 정동과 이데올로기는 동일하지 않고, 하나가 되어서도 안 되지만, 이데올로기의 지배적 호명 효과로부터 벗어나려는 정동적 전환의 국면에서 여전히 지배적 이데올로기는 정동을 자신의 통치술로 사용하고 있다. 대표적인 예가 통치자 박근혜이다.

"자기 나라 역사를 모르면 혼이 없는 인간이 되는 것이고 바르게 역사를 배우지 못하면 혼이 비정상이 될 수밖에 없습니다." 박근혜 대통령의 독해불가 어록 중 최고 난이도를 자랑했던 이 말은 사실 사이비 정동의 통치술로 궁극적으로는 국민을 상대로 이데올로기 전쟁을 벌이겠다는 통치자의 가장 무서운 속내를 드러낸 언술이다. 마치 고대 부족 사회를 통치하는 어느 족장의 주술 같은 '혼이 비정상'이란 말은 권력의 영구 지배는 역사의 지배에서 시작된다는 분명한 통치술을 공공연하게 드러낸 것이다. 그것은 결코 헛소리나 말실수가 아니다. 그것은 역사를 지배하기 위한 통치자의 집요한 신념과 자의식의 발로이다. '혼이 비정상'이란 비교술祕教術은 곧바로 '역사교과서의 국정화' '일본군"위안부"의 한일 정부 합의'라는 역사전쟁의 최전선으로 이행했다. 중요한 것은 바로 비정상적 언술 그 자체가 아니라 그것이 기획하려는 정치적 이행이다. '역사교과서의 국정화'와 '일본군"위안부" 합의'는 영구집권을 위한 역사전쟁의 서막인 셈이고, 그 정치적 의도는 '혼이 비정상'이란 말에 압축되어 있다. "정신을 집중해 화살을 쏘면 바위도 뚫을 수 있다는 옛 말씀이 있다." 박근혜의 올해 신년사 발언 중 한 대목이다. 판소리로 치자면 대중의 귀를 사로잡는 '눈대목'에 해당된다고나 할까. '정신집중'은 '혼이 비정상'과 묘하게 짝을 이룬다. 겉으로 보기에 촌스럽고 어이없는 말처럼 보이지만, 박근혜의 통치술의 핵심을 보여주는 말들의 연속이다. 왜냐하면 '정신 집중이면 화살 관통'이란 말은 자신이 그토록 집요하게 관철시키려 했던 노동개혁과 경제선진화 법안의 조속한 이행을 촉구하려는 결의의 수사학에 해당되기 때문이다. 이 말을 하기에 앞서 박근혜는 "청년 일자리, 기업경쟁력 약화, 인구절벽 등 당장 우리가 극복해야 할 내부 과제들도 산적해 있고, 한반도를 둘러싼 외교안보 역시 잠시도 마음을 놓기 어려운 상황"이라고 언급했다. 정신 집중은 경제, 정치, 사회, 외교 등 국가적 위기 사태를 극복하려는 국민들의 총체적 마음가짐이어야 함을 요청하는 언술이다. '혼'과 '정신'은 통치자 개인의 심리 내면에 잠재된 정치적 무의식을 드러내는 기표로서, 과거 파시즘 시대, 유신 시대에 통용되었던 '국민정신개조'라는 이데올로기 통치의 귀환을 알린다. 혼과 정신이란 정동적 언표들은 이데올로기 통치의 포장술로 기능한다.

정동적 전환을 이데올로기에서 정동으로의 이행으로 단순화하기에는 그것을 이데올로기화하는 집단들, 예컨대 정치권력과 경제권력, 사회권력의 정동적 공세가 만만치가 않다. 지난 몇 년간 우리 사회 마음의 우울증, 혹은 신경증을 대변했던 혐오, 분노, 증오, 모멸감이라는 언어들을 과연 '정동의 지표'로만 볼 수 있을까? 우익들의 인간혐오, 헬조선이란 청년들의 분노, 테러리스트의 증오심, 보통 사람들이 느끼는 차별과 모멸감은 '마음의 리듬과 배치' '몸들의 관계'로서 탈이데올로기적 정동으로만 간주하기에는 너무나 적대적이다. '다양한 마주침의 리듬과 양태' '감각과 감성의 신체적 능력' '부딪침과 부대낌'이라는 정동적 전환에 대한 사유는 새로운 사회로 전환하기 위한 이론적, 실천적 분투이지만, 한국사회의 복잡한 모순 관계를 모두 해명할 수 있는 대안으로 보기는 어렵다. 정동이 몸의 잠재성과 능력이라는 약속의 의미로 사용되건, 파국의 미래를 예견하는 위협의 의미로 사용되건, 정동적 사유, 정동적 전환은 역사전쟁, 이데올로기 전쟁을 선언한 통치권력의 지배술을 대면해야 하는 상황을 피할 수 없는 국면이다.

적어도 지금 한국사회에서 혐오, 분노, 증오, 모멸감은 정동의 지표이면서 동시에 이데올로기의 지표이다. 물론 정동은 이데올로기와 완전히 동일하지도 완전히 무관하지도 않다. 정동 이론은 이데올로기를 고려하고 전제하고 우회한다. 정동 이론은 이데올로기의 이후, 혹은 신자유주의 체제의 윤리적 파산 이후를 상상하는 일종의 '포스트-코기토'의 세계를 상상한다. 그래서 정동 이론은 그러한 위협과 파국의 체제와 감정의 대안으로 해석되기도 한다. 그러나 정동은 그 진정한 호소력에도 불구하고, 이데올로기 적대의 장에서 동요한다. 정동은 이데올로기를 극복하기보다는 그것에 포섭될 위험을 내재하고 있다. 정동은 해석적 관점에서나 실천적 관점에서나 현실의 적대를 '몸의 차이와 관계의 배치'로 치환한다는 점에서 이데올로기 지배의 구성적 요소로 포섭될 위험성을 내포할 수 있다. 이데올로기 적대의 감정에 대응하는 정동적 전환으로의 사유는 몸의 능력과 힘의 내재성에 대한 희망에서 근원하지만, 작금의 역사전쟁, 이데올로기 전쟁에 대응하는 감각을 공유해야 한다. 그런 점에서 우리가 주목해야 하는 것은 정동 내 이데올로기의 지배 효과와 이데올로기 내 정동의 새로운 신체적 역능에 대한 사유와 실천이다. (2016)

제4장

—

문화연구와
해석의 정치

문화연구에서 '해석'의 지위

문화연구는 통상 '해석', 특히 '텍스트 해석'에 대해 비판적인 입장을 견지해 왔다. 문화연구의 전통에서 '해석'은 텍스트의 진리를 찾아가는 일종의 주석 같은 것으로 간주되어 왔기 때문이다. 특히 텍스트의 권력관계를 폭로하려는 비판적 문화연구자들에게 텍스트의 진리와 본질을 찾아나서는 리비스^{F. R. Leavis}의 실제비평 같은 텍스트주의는 폐기되어야 할 대상이었다. 주지하듯이 초기 문화연구자들의 이론적 실천은 문학주의, 텍스트 경전주의, 재현의 본질주의를 비판하면서 시작되었다. '버밍엄현대문화연구소^{CCCS}'는 지식이 완결된 텍스트 안에 머무르지 않고, 현실에 구체적으로 개입하도록 텍스트와 텍스트 밖, 텍스트와 현실을 가로질러가는 간학제적인 실천을 선언했다. 그런 점에서 문화연구는 태생적으로 텍스트의 재현과 그 본질을 탐구하는 해석을 거부한다. 문화연구자들이 보기에 이론적 실천의 대상은 텍스트가 아니라 텍스트를 둘러싼 국면과 현실이다. 문화연구의 목적은 마치 맑스·엥겔스가 포이에르바하에 대한 마지막 테제에서 말했듯이 텍스트를 해석하는 데 있는 것이 아니라 현실을 바꾸고 실천하는 데 있다. 현장과 연계된 이론적 실천을 강조하는 비판적 문화연구에서 해석의 지위, 특히 텍스트 해석의 지위는 사실상 폐기된 것이나 다름없다. 미국의 대표적인 문화연구자 로렌스 그로스버그Lawrence Grossberg 역시 문화연구가 텍스트를 해석하는 것에 그치지 말고 당대의 권력관계가 어떻게 재생산되는지를 파헤치고 그 구조에 개입하는 문화적 실천이어야 함을 강조한다.

문화연구는 텍스트 혹은 텍스트성에 대한 연구가 아니다. 그것은 특정한 텍스트를 해석하거나 판단하는 게 목적이 아니다. 그것은 사회적 힘을 텍스트로 소진시키는 독해, 사회적 실재를 텍스트로 독해하는 것과 무관하다. 그것은 모래 알 속의 세계를 독해하려는 실천이 아니다. …그것은 텍스트 안에서건, 사회적 삶 속에서건 권력의 각인을 위한 은유이거나 그것을 보증하는 것으로서의 이론과 무관하다. 나는 문화연구를 다음과 같은 방식으로 기술하면서 시작하고자 한다. 문화연구는 현존하는 권력구조를 재생산하고 싸우고 변형하기 위해 문화적 실천들이 인간의 일상, 혹은 사회적 구성체들 안에서 생산되고 끼워지고 작동하는 방식들을 기술하고 개입한다. 즉 문화연구는 이러한 과정들이 문화적 실천 속에 작동하고 그것을 관통하는 방식들을 탐구한다. 그것은 이러한 역사적 구성체들 안에서 이러

한 실천의 장소들을 탐구한다.[1]

텍스트 해석을 넘어 '맥락'으로

그렇다면 문화연구는 텍스트 해석 대신에 어떤 것을 선택했는가? 문화연구가 해석, 특히 텍스트 해석을 비판하기 위해 제시하는 두 가지 중요한 이론적 개념이 바로 '맥락context'과 '개입intervention'이다. 맥락을 중시하는 문화연구자들의 입장은 이미 수많은 저서와 논문에서 확인할 수 있다. 비판적 문화연구자들의 이론은 대부분 '맥락주의'를 강조한다. CCCS의 3대 소장이었던 리처드 존슨Richard Johnson은 문화연구가 역사의 복잡성과 맥락에 관심을 갖도록 해준다고 말하며,[2] 토니 베넷Tony Bennett과 자넷 울라콧Janet Woollacott은 상호맥락성을 텍스트와 사회조건과의 관계로 설명하고자 한다.[3] 앤소니 이스트호프Antony Easthope는 맥락을 작가의 권위가 지배하는 텍스트가 아닌 집합적 텍스트로 이해하고 있는데, 그에 따르면 문화연구의 목적은 저자에서 벗어나 탈중심화되고 분산된 사회적 생산과 주체성으로 전환하는 것이다.[4]

---

1. Lawrence Grossberg, *Cultural Studies in the Future Tense* (Durham & London: Duke University Press, 2010), 8. 이 장에서 그로스버그의 글에 대한 인용은 본문에서 쪽수로만 표시한다.
2. Richard Johnson, "What is cultural studies anyway?", in John Storey, ed., *What is cultural studies?* (London: Arnold, 1996), 79.
3. Tony Bennett, Janet Woollacott, *Bond and Beyond: The Political Career of a Popular Hero* (London: Macmillan, 1988), 45.
4. Antony Easthope, *Literary into Cultural Studies* (London & New York: Routledge, 1991), 167.

이렇듯 문화연구에서 맥락은 텍스트의 완결적이고 절대적 진리를 부정하는 개념으로 주로 텍스트에서 진리와 가치를 찾고자 하는 문학주의자들의 경전주의를 비판하기 위해서 사용된다. 문학주의자들에게 텍스트는 작가가 완결한 진리의 총체적 산물이다. 문학주의자들은 그 텍스트의 진리에 대한 해석과 비평을 통해서 현실의 진리를 파악할 수 있는 길이 있다고 믿고 있다. 그러나 문화연구자들에게 텍스트는 불안정할 뿐 아니라, 특정한 가치에 의해 위계화될 수도 없다. 텍스트는 진리를 재현하기보다는 진리를 가장하는 권력의 산물로서 특정한 상황과 국면 안에서 재구성될 수 있다. 따라서 문화연구자들에게 중요한 것은 텍스트 그 자체라기보다는 텍스트가 생산되는 과정, 조건, 그리고 그것이 특정한 국면에서 생산하는 권력과 이데올로기이다. 그로스버그가 언급하듯이 "문화연구는 어떻게 맥락이 권력과 지배의 구조들로 만들어지고, 도전받고, 수정되고 변화되는지를 분석한다"(23). 문화연구는 사회적 실재의 열린 잠재성과 우발성에 참여하는 것을 구체화한다. 그는 문화연구를 '급진적 맥락성radical contextuality'으로 정의하는데, 그가 말하는 급진적 맥락성은 지적 작업들이 순수한 이론에 그치지 않고 사회적 실재의 열린 잠재성과 우발성에의 참여를 구체화하는 실천을 의미한다. 그로스버그의 이러한 설명은 비판적 문화연구자들에게는 전혀 독창적이거나 낯선 것이 아닐 정도로 문화연구자들이 맥락을 중요시하는 것은 일반적이다.

　텍스트와 그것을 구성하는 사회적 조건과 현실과의 관계를 맥락이라고 한다면, 그것은 텍스트가 놓인 어떤 실천적 국면conjuncture을 간과할 수 없다. 물론 여기서 텍스트는 문자로 된 텍스트만이 아니라 이미지, 공간, 주체 등 사회적 의미의 총제를 말한다. 스튜어트 홀Stuart

^{Hall}은 문화연구의 지적인 전망은 맥락을 탐문하는 것, 즉 국면에 관한 비판적 이해를 생산하는 지적인 소명이라고 말한다. 그로스버그는 홀이 말한 국면을 맥락을 구성하는 특별한 방식으로 이해하고 있다 (21). 문화연구자들이 사용하는 국면의 개념은 알튀세르에게 빌린 것으로 그것은 텍스트가 처한 정세, 텍스트를 특정한 의미로 생산하게 만드는 사회적 상황을 의미한다. 알튀세르에게 사회적 심급들은 중층 결정된 것으로 그것은 특정한 국면에 따라서 사회적 실재를 결정하는 요소들이 달라진다. 즉 사회적 실재는 복합적이고 중층-결정되어 있다는 것이다. 그로스버그의 지적대로 국면을 텍스트를 구성하는 특별한 방식으로 정의할 수 있다면, 맥락은 하나의 완결된 의미로 고정될 수 없으며 언제나 그 텍스트가 처한 국면에 따라 중층-결정된다.

맥락에 대한 문화연구의 감각은 항상 복합적이고 중층결정화되어 있으며 우발적인 통합체이다. 만일 맥락이 권력의 어떤 입장들의 이익에 따라 권력의 작동이 만들어놓은 관계들로 이해될 수 있다면, 텍스트를 변화시키는 투쟁은 그러한 관계들을 드러내기 위한 투쟁이요, 가능하다면 그것들을 탈-접합하거나 재-접합하기 위한 투쟁에 관련된다. 접합은 해체와 재구성을 요청한다 (21-22).

해석이 아닌 현실 개입

그로스버그는 문화연구의 역사에서 6가지의 중요한 문제설정⁵의 국

---

5. 그가 언급하고 있는 문제설정의 국면들을 요약하면 다음과 같다. 1) 문화연구가 영어권 세계에서 등장할 때 벌인 인식론적 투쟁, 2) 버밍엄연구소에서 문화연구를 급진적이고 급격한 문화변화에 대한 응답으로 정식화했을 때, 특히 노동자계급 문화가 미국의 대중

면들이 있었다고 보는데, 이 국면들은 대개 특정한 텍스트를 해석하는 것보다는 동시대 문화의 현실에 개입하는 것이었다. 그런 점에서 문화연구가 비판하는 해석은 주로 텍스트 해석을 의미하며, 그 해석에 반대해서 선택했던 것은 현실 개입intervention이다. 문화연구에서 '개입'이란 용어는 세 가지 실천적인 함의를 갖고 있다. 첫째 문화연구는 텍스트를 해석하는 것에 그치지 않고 구체적인 문화현실의 문제에 관심을 갖고 동시대 문화의 권력관계가 어떻게 작동하는지를 파헤친다는 의미를 갖는다. 스튜어트 홀은 동시대 가장 중요한 사회적 쟁점 중의 하나인 '에이즈'에 대해 문화연구가 아무런 발언을 하지 않는 것에 대해 문제제기한다. 그는 "문화연구는 삶과 죽음의 장소로서 재현 그 자체의 구성적이고 정치적인 본성에 관한, 그것의 복합성에 관한, 언어의 효과에 관한, 맥락성에 관한 어떤 것을 분석해야" 함을 강조한다.[6]

스튜어트 홀은 자신이 에이즈를 사례로 드는 것은 그것이 완벽한 예여서가 아니라 그것이 구체적인 예이기 때문이고, 구체적인 의미를 가지고 있으며, 우리에게 그것이 얼마나 복잡한지를 도전케 하고, 그렇게 함으로써 진지한 이론적 작업의 미래에 대해 가르쳐주기 때문이라고 말한다(285). 그것은 지적 작업과 비판적 성찰의 본질적인 본성, 이론이 정치적 실천을 견인할 수 있다는 통찰력, 다른 방법으로는 달

문화 때문에 위협('영국문화의 미국화') 받았을 때, 3) 역동적인 관객들에 관한 생각을 강조할 때, 즉 억압의 이야기를 저항의 이야기로 치환할 수 있는 목적을 가진, 서사를 구성하는 행위와 저항을 위한 문제-공간을 확인할 때, 4) 주체성에 대한 문제설정, 정체성에 대한 사실주의적이고 본질주의적인 것에 반대할 때, 5) 동시대 국가 정치경제의 투쟁의 등고선으로서 헤게모니를 가진 국가 정치에 관해 문제설정할 때, 6) 포스트모더니티-세계화-신자유주의로의 변화의 역사적 시기구분을 문제설정할 때(49-51).

6. Stuart Hall, "Cultural Studies and its Theoretical Legacies," in Lawrence Glossberg et al., eds., *Cultual Studies* (New York: Routledge, 1992), 285.

리 도달할 수 없는 통찰력의 환원불가능성을 보존하는 것이다. 즉 문화연구가 사회적 문제 국면에 폭넓은 시각을 가지고 지적으로 개입하는 것은 간학제적 방법론으로 이론과 현실을 가로질러갈 수 있는 가능성에 대한 탐구이기도 하다.

두 번째 개입은 지배계급, 혹은 권력의 장치에 대한 비판의 입장을 드러낸다. 문화연구에서 개입은 이론적, 담론적 개입뿐만 아니라, 정책적-제도적 개입도 포함된다. 특히 정책적인 개입은 지배적 대중문화의 논리에 순응하거나 거부하는 입장이 아닌 그 안에서 대안적 흐름을 만들어내려는 노력을 강조한다는 점에서 "개입해서 저항하는on & against" 역동일시 전략이다.[7] 이러한 역동일시의 전략은 비판적 문화연구의 전통에서는 제도나 정책에 대한 개입으로 구체화되었다. 문화연구에서 문화정책의 개입을 강조한 대표적인 연구자가 토니 베넷Tony Bennett이다. 그는 문화연구가 '문화정책연구'로 대체되든지 그쪽으로 변형되어야 한다는 점을 강조한다. 그는 문화연구의 행위자로서의 주체의 위치의 자기변신을 주장한다. 주어진 문화의 장에 대해 '사후적인 담론'으로 반응하는 이차적인 문화 담지자에서 그 문화의 장을 실제로 구성할 수 있는 담론을 생산하는 일차적인 문화담지자로의 이행이 문화연구자의 실천적 전화에서 핵심 사안이다. 베넷은 문화연구자의 실천적 전화의 한 사례로 문화정책연구를 제시한다. 문화정책연구는 "문화적 제도들이 구체적으로 작동하는 절차들과 정책적 전략들 안으로 좀 더 전략적으로 개입하는 것을 구상하는 지적인 작업"[8]이

---

7. Diane Macdonell, *Theories of Discourse: An Introduction* (New York: Wiley-Blackwell, 1991), 3장 참고.

8. Tonny Bennett, "Putting Policy into Cultural Studies," in Lawrence Glossberg et al.,

다. 일례로 베넷은 개입의 전략으로 국가의 문화 제도를 적극적으로 활용하는 '접근의 정치학politics of access'을 제안했다.

세 번째 문화연구에서 개입은 구체적인 지리 문화적 장소에 개입하는 것을 의미한다. 주지하듯이 영국의 '버밍엄현대문화연구소'에서 시작된 문화연구는 1980년대 후반부터 영국과 미국 중심에서 캐나다, 호주뿐 아니라 남미와 아시아 국가에서 전통적인 지역학 연구를 대체하는 비판적 문화연구로 자리매김하였다. 특히 1990년대 말부터 다양한 학술담론을 생산하면서 동아시아 문화연구자들의 비판적 연구와 지적 연대는 다른 권역의 문화연구보다 가장 활발하게 진행되었다.[9] 특히 한국의 문화연구에 있어, 문화연구가 수입 이론의 지위만을 획득하지 않고 동시대 국지적 문화현실에 개입하는 지적인 실천으로서의 위상에 대한 요구들[10,11]이 있는데, 이는 한국적 문화연구의 구성에

eds., *Cultual Studies*.

9. 이동연, 「아시아 문화연구는 있는가?: 비판적 재구성을 위한 질문들」, 『아시아 문화연구를 상상하기』, 그린비, 2006, 3장 참고.

10. 다음의 인용문을 보라. "문화연구의 취지가 애당초 자국 문화현실, 특히 일상생활에 대한 구체적인 조사연구와 비판을 통해 창조적이고 진보적인 문화적 실천의 지평을 개척할 수 있는 연구로 발전해가는 것임에도 불구하고 한국에서의 문화연구는 대체로 서구 문화연구의 이론과 방법을 소개하고 이를 우리 대중문화와 미디어 문화현실을 분석하는 데 응용하는 수준에서 머물고 있다"(심광현, 「문화연구의 새로운 지평」, 한국예술종합학교 전통예술원 학술심포지엄, 『한국문화연구의 모색』, 2006).

11. 다음의 인용문을 보라. "문화생산력, 생산수단 등의 분석 수준에서 나온 연구 성과, 그리고 그에 합당한 이론의 도입 등에 힘입어 문화를 전에 존재하지 않았던 새로움을 만들 가능성이 있는 것 혹은 새롭게 만들어진 공간으로 해석하기 시작했다. 이후 문화연구에서는 문화를 긍정성의 방향과 가치가 있는 것으로 읽었고, 그 방향을 위한 실천적 과제들도 새롭게 설정하였다. 과거의 문화비판으로부터 벗어나 새로운 문화생성으로 옮겨가는 실천적 방안을 제시했을 뿐 아니라 문화생성을 위한 문화교육, 욕망 배치전환, 욕망 능력의 강화, 문화정책 개입 등 구체적 문화실천도 강조했다"(원용진, 「한국 문화연구의 이론과 실천」, 한국예술종합학교 전통예술원 학술심포지엄, 『한국문화연구의 모색』).

있어 중요한 개입지점이다. 다른 권역에서 행해진 문화연구와 달리 문화현실의 실천에 많은 성과를 얻었던 한국의 문화연구의 국지적인 특이성에 대한 언급 역시 국지적 개입의 실천의 중요성을 강조한다.

현실 개입으로서 해석

지금까지 문화연구의 실천에서 중요한 개념으로 간주하는 '맥락'과 '개입'에 대해 설명했다. 앞서 설명했듯이 이 두 개념들은 '텍스트의 진리'와 '해석의 가치'라는 전통적인 문학주의에 대한 반발에서 비롯되었다. 텍스트가 사회적 실재를 반영하고 그 안에서 진리와 전망을 발견할 수 있다는 전통적인 리얼리즘에 반발하여 문화연구가 제시한 맥락과 개입은 적절한 이론적 실천이었다. 그러나 맥락에 대한 이해가 텍스트의 해석 없이 가능할 수 있는지, 현실에의 개입이 현실의 정치적 국면들을 심층적으로 해석하는 사유의 과정 없이 가능한지에 대해서는 깊은 고민이 필요하다. 적어도 텍스트라는 개념이 지시하는 대상을 문학 텍스트나 문자 텍스트로 제한할 수 없고 우리가 보고, 즐기고, 피부로 느끼는 일상의 기호 체계의 총체로 정의할 수 있다면 '맥락'의 실천은 정작 텍스트에 대한 풍부하고 깊은 해석에서 시작된다고 볼 수 있다. 문화연구에서 해석은 텍스트 해석만 있는 것이 아니다. 문화연구가 해석을 거부하는 것은 해석을 텍스트 안으로 환원하는 것에 대한 반발이었는데, 그럼으로써 문화연구가 실제 중시했던 텍스트의 권력관계에 대한 폭로는 해석이 아닌 해체를 텍스트 분석의 중요한 수단으로 삼았다. 그러나 이러한 해체적 글쓰기는 대개 텍스트를 해체하는 것이라기보다는 텍스트의 외부를 해체하는 것이라 할 수 있는데, 결과적으로 텍스트는 견고한 채로 연구 대상에서 제외되었다. 많은 문화연구자들이 문자, 이미지, 공간으로 존재하는 문화텍스트를 해체하기보다는 그 텍스트의 외부, 즉 그것을 구성하는 조건에 대한 관계를 해체함으로써 정작 텍스트들은 문화연구의 대상에서 제외된 것이다. 현실의 상징적인 기호체계를 지배하는 텍스트가 어떻게 권력관계에 공모하고 권력관계를 생산하는지를 간파하기 위해서는 먼저 텍스트의 기호체계를 심층적으로 해석하는 실천이 전제되어야한다. 문화연구의 '의미화실천signifying practice'이라는 개념 역시 텍스트의 권력관계에 대한 해체, 텍스트가 내재하고 있는 정치적 무의식의 의미생산을 시도하는 것이라는 점에서 문화연구에서 텍스트의 해석은 텍스트를 둘러싼 사회적 조건과 현실에 개입하는 담론 효과를 가지고 있다.

현실의 조건을 대면하는 심층적이고 깊이 있는 해석을 전제하지 않는 문화연구의 맥락의 전략과 개입의 효과는 실천적 주체의 입장과 이행의 실질적인 계기들을 지속시키지 못한다. 예컨대 해석보다는 개입이라는 단순한 이분법으로 문화연구의 개입의 이행을 단순하게 사고한 결과 권력관계 내 헤게모니 투쟁과정에서 지배적인 문화장치 안으로 너무 쉽게 흡수되는 결과를 낳기도 했다. 지배적인 문화정책으로의 흡수는 좀 더 비판적인 의식의 결여 탓이지만, 이 문제를 좀 더 깊게 생각해보면, 개입에 대한 실천적 해석의 부재 탓이기도 하다. 문화연구의 개입에 대한 이론적 성찰, 즉 복합적인 국면에 대한 실천적 해석을 시도하지 않는 개입이란 말 그대로 지배적 문화장치에 흡수당할 위험이 크다. 통상 문화연구에서 정책연구나 제도연구들은 비평이나 해석의 대상이 아닌 것으로 간주되었다. 비평과 해석이 부재한 정책연구들은 비판적 글쓰기가 불가능해지거나, 개입에 관한 자기 성찰의 기회를 잃는 경우가 많다.

그동안 많은 문화연구의 글쓰기들은 텍스트에 대한 꼼꼼한 분석과 텍스트 내부의 의미 생산 체계에 대한 해석 없이 문화가 생산되는 제도적 과정이나, 그것의 수용 현상에 대해 섣부르게 의미부여를 했고, 즉각적인 현실 개입의 필요성 때문에 그 개입의 정치적 효과에 대한 정세판단과 사회적 의미체계의 전도를 위한 풍부한 담론 실천을 고려하지 않았다. 말하자면 현존하는 텍스트에 대한 더 충분한 상징 투쟁과 그로 인한 새로운 담론의 형성에 대한 글쓰기가 부족했던 것이다.

특정한 정치적 사건과 국면에 문화연구자들이 개입할 수 있는 장이 늘어난 반면에 반대로 현실의 복잡한 국면들을 관통하는 내실 있는 문화비평이나 지배적인 문화현실에의 전복을 상상하는 담론을 주도하지 못하는 것은 바로 텍스트에 대한 좀 더 깊고 내재적인 정치적 해석의 부재에 있다. 문화자본이 상징적 기호체계를 지배하는 현실에서 오히려 중요한 실천은 개입의 실천의 효과를 정당화하고, 극대화할 수 있는 해석의 정치이다. 해석의 정치는 텍스트의 복합적인 정치성을 복원하는 작업이다. 그것은 지배적 상징적 기호체계의 숨겨진 억압 구조를 폭로하는 것일 뿐 아니라, 더 좋은 텍스트를 생산하고 수용하기 위한 감각의 공유와 정서의 연대를 의미하기도 한다. 즉 해석의 정치는 오히려 문화연구자들이 상상하듯이, 현존하는 복잡하고 다양한 문화현실의 작동 원리를 사유하는 힘과 더 비판적인 문화현실을 상상하기 위한 담론 실천과 그 맥락이 닿아 있다.

해석의 정치는 그런 점에서 앞서 문화연구자들이 언급했던 텍스트의 맥락의 문제와 크게 다르지 않은 것처럼 보일 수 있다. 텍스트에 대한 해석의 정치를 말하는 것이나 텍스트의 권력관계를 폭로하는 문화연구자들의 개입을 강조한 것이나 결국 같은 의미를 말하는 것으로 보일 수 있기 때문이다. 그러나 이 글에서 필자가 강조하려는 해석의 정치와 문화연구의 맥락, 혹은 개입의 정치와 다른 점은 바로 동시대 문화를 사유하는 새로운 글쓰기에 대한 요청 때문이다. 해석의 정치는 텍스트를 정치적으로 해석한다는 의미뿐 아니라 해석 자체의 정치적 실천을 의미한다. 그것은 텍스트의 생산관계, 권력관계의 폭로를 넘어서 텍스트에 고유하게 내재한 '정치'의 문제를 재고한다. 여기서 텍스트는 물론 문자 텍스트, 재현된 텍스트로 한정되지는 않는다. 그것은 문학, 영화, 대중음악이 될 수도 있으며, 특정한 사회적 현상이나 토픽들이 될 수도 있다. 그러나 분명한 것은 텍스트 해석의 정치는 텍스트의 물질성, 그 물질성을 조직하는 언어와 기호체계에 대한 내재적인 분석을 통해서 '정치'가 어떻게 표현되고 상상되는가를 분석하는 것이다. 해석의 정치성은 그런 점에서 문화연구에서 윤리와 미학의 사유를 요청한다. 그것은 또한 문화연구에서 '비평'의 힘을 복원하는 것이기도 하다.

맥락을 텍스트화하기

'실천이냐 해석이냐'라는 이분법은 '정치적이냐 순수하냐'라는 이분법만큼 진부하다. 모든 텍스트가 정치적이듯이, 모든 해석도 실천적이며, 모든 실천도 해석적이다. 문화연구자들이 비판했던 해석은 문자 텍스트 안에서 어떤 진리를 발견하려는 지나치게 이성적이고 합리적인 해석이었다. 그러나 해석은 그러한 요소만 있는 것이 아니다. 해석의 어원은 '해석하다'로 번역되는 그리스어 동사의 '헤르메네웨인 hermeneuein'과 '해석'으로 번역되는 명사 '헤르메네이아hermeneia'에서 비롯되었다.[12] 이 단어는 또한 그리스 신화에 등장하는 날개 달린 사자 신 '헤르메스'에서 비롯되었다. 헤르메스는 인간의 이해능력으로는 알 수 없는 것을 인간의 지성이 파악할 수 있도록 해주는 역할을 한다. 그리스인들은 인간의 이해 능력이란 의미를 파악하고 이를 다른 사람들에게 전달하는 언어 과정에서 비롯된다고 보았고, 그 언어가 생겨난 것이 헤르메스의 덕택이라고 보았다(34). 헤르메스에서 유래된 헤르메니아는 이해 능력에 초월해 있는 어떤 의미(사물)를 이해할 수 있도록 해주는 과정을 의미한다. 그런데 헤르메니아는 존재와 의미에 대한 이해의 과정이 합리적이고 인과론적인 과정만이 아니라는 것을 알려준다. 요컨대 헤르메스는 고대 그리스에서 마술과 점성술, 연금술의 대가로 알려져 있는데, 그리스 신화에 의하면 그는 꿈이나 환시 중에 지혜의 신인 누스nous에게 계시를 받는 것으로 되어 있다.[13] 누스는 아리스토텔레스에 의해서 본질을 인식할 수 있게 해주는 지성으로 정의되었지만, 이와 정반대로 2세기에 들어서는 신비적 직관, 비합리적 계몽, 그리고 즉각적이고 명료한 비전 등을 의미했다. 이러한 인식 하에서 "진리는 감춰져 있고 그 상징과 불가사의에 대해 아무리 탐구해 보아도 궁극적인 진리는 드러나지 않으며, 단순히 다른 비밀로 대체될 뿐이다"(50). 에코는 이러한 문학적 상황이 그리스어의 '아이스테시스aisthesis: 인식'나 '독사doxa: 견해'와 반대되는 '그노시스gnosis'라고 말했는데, 이는 초이성적, 직관적 지식을 의미한다. 고전적인 어원에서

12. 리차드 팔머, 『해석학이란 무엇인가』, 이한우 역, 문예출판사, 1990, 33.
13. 움베르토 에코, 『해석이란 무엇인가』, 손유택 역, 열린책들, 1997, 46.

보자면 해석의 의미는 논리적, 이성적인 추론에 의한 것만이 아니라 직관적이고 초월적인 비전과도 깊게 연관되어 있음을 알 수 있다.

그노시스로서의 해석은 맥락의 복합적인 상황을 직관적이고 초월적으로 해석하는 것, 말하자면 맥락의 의미를 간파하는 것이라 할 수 있다. 그것은 맥락을 텍스화하기, 맥락을 다시 하나의 텍스트로 의미화하는 행위이다. 그것은 텍스트와 맥락, 맥락과 텍스트의 상호작용을 위한 해석의 정치적 입장을 말한다. 정치적 해석을 위해 맥락은 반드시 텍스트로 귀환해야 한다. 텍스트 없는 맥락은 기호 없는 기호체계, 의미 없는 환경, 주체 없는 구조에 불과하다. 텍스트로의 귀환은 맥락의 기호체계, 환경, 구조의 내재성을 위한 시도이다. 맥락에 대한 오해 중의 하나가 그것을 텍스트의 외부와 환경으로 간주하는 것이다. 맥락은 텍스트의 내부와 외부의 상호작용을 의미한다. 텍스트에서 맥락으로, 맥락에서 다시 텍스트로의 귀환은 텍스트를 둘러싼 외부를 경유해서 다시 텍스트의 내부를 보는 것이다. 이때 텍스트의 내부는 수많은 의미의 결들, 불안정한 서사들, 응축되고 대체된 기표(표상)들로 가득하다. 해석은 의미의 수많은 공백과 결절점들로 가득한 텍스트 내부를 맥락의 잠재적인 시공간들과 대면시키는 것이다. 해석의 정치는 결국 맥락을 텍스트화하기다.

해석의 정치적 무의식

그렇다면 해석의 정치에서 정치는 무엇을 의미하는가? 그것은 해석이라는 행위 자체의 정치적 무의식을 의미한다. 해석은 그 자체로 정치적이며, 무의식적이다. 텍스트 역시 마찬가지이다. 제임슨의 지적대로 정치적인 텍스트와 정치적이지 않은 텍스트의 구분이란 존재하지 않으며, 모든 텍스트는 정치적 무의식을 갖고 있다. 모든 텍스트가 정치적 무의식을 갖고 있듯이 해석의 행위 역시 정치적 무의식을 갖고 있다. 궁극적으로 해석의 정치는 텍스트의 정치적 무의식을 읽어내는 행위이다. 텍스트에 내재한 정치적 의미들의 간파 없는 해석의 정치란 '정치이데올로기적 해석'에 불과하다. 해석의 정치는 정치이데올로기적 해석과 동일하지 않다. 해석의 정치는 특정한 텍스트를 정치이데올로기적으로 해석한다는 의미가 아니라, 텍스트와 맥락의 심층적인 독해를 통한 해석의 현실개입을 의미한다. 프레드릭 제임슨Fredric Jameson은 『정치적 무의식』에서 정치적 전망은 해석의 방법론에서 보조적인 것이 아니라 모든 독해와 모든 해석의 절대적인 지평이라고 말한다.

제임슨은 해석이란 어떤 주어진 텍스트를 특정한 해석적 지배코드 master-code의 견지에서 다시 쓰는 궁극적으로는 알레고리적인 행위로 구성된다고 말한다.[14] 그는 지배코드로서의 맑스주의의 입장 하에 이데올로기 문제틀의 재구성, 무의식, 욕망, 재현, 역사의 문화생산, 서사를 재구성하는 것을 해석적 실천으로 본다(13). 제임슨의 해석론은 실천과 해방의 기획을 담고 있는 맑스주의의 서사 안에서 발견되는 무의식의 의미들을 발견하고자 한다. "현존하는 모든 사회의 역사는 계급투쟁의 역사"라는 『공산당 선언』에서의 역사유물론의 테제가 어떻게 서사적 실천으로 이행할 수 있을까? 이 질문에 대한 해명이 제임슨의 해석론의 핵심이다. 그는 이 질문에 대해 다음과 같이 언급한다.

---

14. Fredric Jameson, *The Political Unconscious* (Ithaca: Cornell University Press, 1981), 10. 이하 이 책에서의 인용은 본문에 쪽수를 표시한다.

"정치적 무의식이 자신의 기능과 필연성을 발견하는 것은 그러한 중단되지 않는 내러티브의 흔적들을 발견하는 과정에서, 즉 이러한 근본적인 역사의 억압되고 매장된 리얼리티를 텍스트 표면 위로 복원시키는 과정에서 비롯된다"(20). 제임슨의 논의대로 중단되지 않는 내러티브의 흔적은 기호의 의미화과정을 통해서 발견되며, 억압되고 매장된 리얼리티의 복원은 사회적 상징행위 안에 내장된 무의식을 통해서 이루어질 수 있다면, 텍스트의 정치적 서사는 이데올로기적이라기보다는 기호적이며, 의식적이기보다는 무의식적이다. 해석의 정치는 텍스트의 서사 안에 억압되어 있는 정치적 무의식을 독해하는 것이다. 해석의 정치는 텍스트를 정치적으로 읽는다는 것이 아니라 텍스트의 정치적 무의식의 서사를 텍스트 밖으로 드러내는 것이다. 해석의 정치에서 '정치'는 그런 점에서 텍스트의 의식적, 이데올로기적 입장을 대변하는 것이 아닌 그야말로 텍스트의 무의식을 간파하는 것이다. 정치적이지 않은 텍스트가 없듯이, 정치적이지 않은 해석도 없다. 제임슨의 말대로 가장 탈-정치적이고 탈-역사적인 신비평과 같은 방법조차도 역사에 대한 구체적인 전망과 이론을 전제로 한다(59). 단지 신비평은 자신의 정치성을 숨길 뿐이다.

해석의 정치에서 중요한 것은 텍스트가 표면적으로 드러내는 것의 의미보다는 텍스트가 감추고 있는 것, 혹은 텍스트가 말하고 싶지만 억압되어 있는 것을 파헤치는 것이라 할 수 있는데, 그런 점에서 해석의 정치적 행위는 서사의 무의식을 독해하는 것이다. "정치적 무의식이 자신의 기능과 필요성을 발견하는 것은 억압되고 매장된 이러한 근본적인 역사적 실재를 텍스트의 표층에서 복원함으로써 이러한 중단되지 않는 서사의 흔적들을 찾는 과정에서이다"(4)라는 언급에서 알 수 있듯이 해석의 정치적 행위는 텍스트의 정치적 무의식을 읽는 과정이다.

⟨파주⟩의 정치적 무의식

해석의 정치적 행위를 재독해하는 것이 그동안 문화연구가 간과했던 해석의 중요성을 복원하는 계기가 될 수 있다는 점에서 나는 영화 ⟨파주⟩의 정치적 무의식을 읽고자 한다. ⟨파주⟩는 표면적으로는 처제를 사랑하는 형부, 형부를 사랑한 처제의 치명적인 사랑 이야기를 다루고 있다. 또한 그 사랑의 잉여 효과로 처제 은모의 배덕자 이미지가 그려지고 있다. 영화는 자신을 오랫동안 지켜준 형부 중식을 배반하는 은모의 양가적인 감정을 잘 표현한다. 은모의 배신행위는 보험금을 타내기 위해 형부가 언니를 죽인 것으로 오해하고 형부에게 복수하기 위해서인 것처럼 보이지만, 영화는 그렇게 단순하게 몰고가지는 않는다. 영화의 결말처럼 모든 행위는 파주의 자욱한 안개처럼 모호하다. 이 모호함은 이 영화가 영화의 배경이 되고 있는 재개발 현장, 운동권들의 후일담, 운동권 이후의 운동권들의 삶의 조명으로 인해 정치적으로 해석되는 것을 거부하려는 어떤 의미를 안고 있다. 실제로 감독은 이 영화는 정치적 영화는 아니며, 한 개인의 배반의 감정을 다루는 것이 궁극적인 목적이었다고 말하기도 했다.

그러나 정말 그럴까? 나는 감독의 의도와는 상관없이 ⟨파주⟩를 정치적으로 독해하고자 한다. ⟨파주⟩는 분명 ⟨부러진 화살⟩, ⟨도가니⟩처럼 정치 영화는 아니지만, 정치적으로 해석할 수 있는, 해석해야 하는 많은 장치들을 그 안에 내장하고 있다. ⟨파주⟩의 정치적 해석은 정치적 재현 행위로서의 텍스트에 대한 해석이 아니라, 정치적 무의식의 은유를 숨기고 있는 텍스트를 정치적으로 해석하는 것이다. 〈파주〉의 서사 안에는 정치적 무의식이 하나의 은유로 응축되어 있다. 해석은 텍스트의 응축된 무의식을 텍스트 밖으로 끌어낸다는 점에서 정치적이다. 그러나 텍스트로서의 〈파주〉나 그것의 응축된 서사적 지층들을 탐험하는 해석 모두 정치이데올로기와 무관하다. 정치적 〈파주〉를 정치적으로 해석한다는 것은 운동권들의 후일담, 개발 자본의 새로운 포식처 파주, 분단의 상징적 지리로서의 파주, 그리고 등장인물들의 대화에서 감지되는 사회적 현안들(정보공유, 이주노동, 탈북의 문제)을 정치적 이슈로 부각시키려는 것과는 다른 의미를 갖는다. 그것은 또한 감독이 영화적 서사의 사소한 순간에 말하고 싶어 하는 정치적 문제들을 드러내는 것과도 다른 차원의 문제이다. 파주에 대한 정치적 해석은 작가의 숨겨진 정치적 의도를 전제해서 텍스트를 해석하는 것과도 직접적인 관련은 없다. 그것의 시작은 전적으로 텍스트 안에서 작동하는 서사적 모티브들의 자생적 충돌, 서사의 연결을 위해 숏과 숏의 배치가 만들어낸 수많은 잠재적 공간들의 정치적 무의식을 읽어내는 것이다. 해석은 영화의 장면들을 눈으로 따라가다 텍스트의 무의식으로 들어가는 어떤 단서를 발견하고, 그 단서를 통해서 영화 서사의 무의식의 실체를 드러내는 것이다.

그렇다면 〈파주〉의 무의식에 다가갈 수 있는 단서는 무엇일까? 영화의 서사에서 중요한 전환점이 되는 두 가지 중요한 사건에 대한 해석을 통해서 영화의 무의식에 다가갈 수 있을 것이다. 〈파주〉에는 두 개의 큰 사건이 등장한다. 하나는 중식이 수배 때문에 선배의 집에서 숨어 지내다 서로 힘들어하는 감정에 이끌려 그녀와의 섹스 도중, 거실에 있던 선배의 아이가 뜨거운 물을 뒤집어쓰고 화상을 입는 사건이고, 다른 하나는 은모가 언니를 사랑하지 않는 중식을 증오한 나머지 사진 속에 있는 중식을 가위로 도려내는 과정에서 그 장면을 들키지 않기 위해 거실로 몸을 피하다 우연하게 가스 케이블을 가위로 자른 장면이다. 앞의 사건은 중식이 서울을 떠나 형이 목회 활동을 하고 있는 파주로 오는 계기가 되었고, 뒤의 사건은 역설적이게도 형부 중식을 오인하게 만드는 계기가 된다.

여기서 말하는 두 개의 사건은 표면적으로는 우연한 사고accident에 해당된다. 두 사건 모두 의도적이지 않고, 우연하게 일어난 것이다. 그러나 그 우연한 사건은 직접적이지는 않지만, 개연적인 원인을 배태하고 있다. 만일 중식과 선배가 격렬한 감각에 휩싸여 방에 들어가 섹스를 하지 않았더라면 아이의 화상 사건은 일어나지 않았을 것이다. 중식이 이후에 심한 정신적 외상을 가지고 서울을 떠나 파주로 내려왔고, 은수와 결혼한 후에도 정상적인 성관계를 가질 수 없었던 것도 우연한 사고의 원인 제공자가 자신이라는 죄책감 때문이었다.[15]

그런데 영화에는 잘 드러나지 않지만, 중식의 죄책감과 정신적 외상의 실체는 이중적인 것으로 볼 수 있다. 겉으로 보기에 중식의 죄책감은 자신의 감각으로 인해 사고를 당한 아이와 선배에 대한 죄책감이지만, 그 심연에는 이른바 운동권 조직 내 어떤 정치적 윤리에 대한 배반의 감각이 들어있다. 수배 중 선배의 집에 은신하다 자신의 개인

---

15. 중식은 죄책감으로 은수와의 성관계에 심한 정신적 고통을 느낀다. 자신으로 인해 은수가 극심한 심적 고통을 겪고 있는 것을 알고 있는 중식은 어느 날 술을 먹고 정신이 없는 상태에서 섹스를 하던 도중 그녀의 등에 난 화상자국을 보고 혀로 핥는 장면이 나오는데, 이 역시 중식의 정신적 외상을 보여주는 장면이다.

적인 감각을 다스리지 못해 아이에게 화상을 입게 만든 것은 중식에게는 씻을 수 없는 윤리적 죄책감을 갖게 했을 것이다. 정치적으로 금기된 사랑의 감각의 응축과 폭발, 그로 인해 사고가 일어났고, 이어지는 윤리적 죄책감은 중식에게는 끝나지 않는 정치적 부채로 남는다.

우연한 사고로서 화상 사건은 그런 점에서 어느 순간에 정치적 윤리를 회귀하게 만든다. 형이 목사로 있는 파주에 내려가 조용히 야학을 하는 중식에게 화상 사고는 그의 무의식에 항상 억압되어 있다가 감각의 순간에 회귀한다. 역설적이게도 이 외상은 통제하지 못한 개인적 감각의 분출의 결과로 생겨났지만, 개인의 감각을 억압하는 원인이 되었다. 감각의 원인과 윤리의 결과는 다시 윤리의 원인과 감각의 결과로 전환된다.

우연한 사고 속에서 필연적인 원인을 발견하는 것은 감각과 정치의 관계를 새롭게 사고하게 해준다. 왜냐하면 우연한 사고는 그 안에 필연적 계기를 숨기는 은유로 기능하기 때문이다. 사고는 그냥 우연한 사고가 아니며, 우발적인 행위를 숙명적으로 받아들이게 만드는 복잡한 감각의 은유이다. 그것은 어떤 점에서 사랑의 감각과 정치의 숙명을 대면하게 만드는 은유인 것이다. 사고는 원인을 부재하게 만드는 하나의 효과로 작동한다. 화상사고와 가스폭발과 같은 우발적인 사고는 그 안에 필연적인 원인을 부재하게 만드는데, 이는 감각 안에 정치를 부재하게 만드는 것과 같다. 감각 안에 숨겨진 정치는 하나의 효과로 작동한다.

원인이 부재한, 혹은 중층결정된 〈파주〉의 사건의 의미를 구체적으로 논의하기 위해 알튀세르가 맑스의 『자본론』을 분석하면서 언급했던 '부재원인'의 개념을 이해할 필요가 있다. 알튀세르에게 원인은 하나의 구조이다. 원인으로서의 구조는 "구조의 효과에 내재하는" 것이며 그것들에 외재하는 것이 아니다. 구조는 그것의 효과들로 구성되어 있다. 그러므로 원인은 "부재하며", 오직 그 효과들 속에, 그리고 효과들로서 존재할 뿐이다.[16] 어떤 현상으로 나타난 것들의 원인은 그런 점에서 특정한 상황에서 하나의 구조적 효과로 나타나는 것이다. 왜 그 사건이 일어났으며, 등장인물이 그렇게 행동한 이유가 무엇일까? 부재원인은 기계적 인과성에 근거한 합리적인 개연성에 근거하기보다는 원인의 잠재성, 원인의 우발성에 근거한다. 원인이 부재하지만, 그렇다고 존재하지 않는 것도 아니다. 원인이 존재하는 곳은 오직 효과 속에서일 뿐인데, 이 효과가 존재하는 순간은 잠재적인 원인의 요소들이 특정한 국면에 의해 결정될 때이다. 알튀세르는 그것을 '구조적인 인과성'이라고 불렀다. 구조적인 인과성이란 특정한 국면에 수많은 원인들의 계기 안에서 어떤 것이 하나의 효과로 어떤 결과의 원인이 되는 것을 말한다. 즉 원인과 결과의 관계는 구름이 끼면 비가 온다거나, 배가 고프면 밥을 먹고 싶다는 기계적 인과성에 따른 것이 아니라, 하나의 특정한 국면 안에서 어떤 결과의 원인이 하나의 구조적 효과로 존재할 때 따른 것이다. 그런 점에서 사건의 원인은 부재한다. 부재원인의 실질적인 주체는 은모이다. 은모의 오인과 그에 따른 행동의 동기들은 모두 잠재적이고 모호하다. 가스폭발 사고를 보자. 은모에 의해 저질러진 이 사고는 전적으로 우연한 사고이다. 은모는 집도 다른 사람에게 빼앗기고, 언니 은수도 중식에게 빼앗기면서 소외감을 갖기 시작한다. 은모는 자신에게 지금 필요한 것은 돈이고, 언니는 중

---

16. 루이 알튀세르, 『자본론을 읽는다』, 김진엽 역, 두레, 1991, 236-246 참고.

식의 노예가 되었다고 생각한다. 그래서 은모는 집을 나가 자신이 돈을 벌어서 집을 되찾아 주리라 마음먹는다. 속상한 마음에 결혼사진 속 형부 중식의 얼굴을 가위로 도려내다 언니와 마주치게 되는데, 은모를 이를 숨기기 위해 뒷걸음치다 뒤로 감춘 가위로 가스관을 자신도 모르게 자르고 만다. 자신이 가스관을 자른지도 모른 채 은모는 달아나고 그 길로 친구와 함께 가출한다. 은모 자신도 모르게 잘라버린 가스관 때문에 라이터를 찾으러 집 안으로 들어간 은수는 가스폭발로 죽고 만다.

이 사건에서 부재하는 것은 무엇인가? 하나는 은모가 가위로 도려낸 중식의 얼굴이다. 다른 하나는 중식이 사건을 위장하기 위해 감춘 증거물들, 즉 사진, 가위, 그리고 가스 배관이다. 은모가 도려낸 중식의 얼굴, 중식이 감춘 은모의 증거물들은 각자에게 일종의 '부재원인'이다. 우연한 가스 폭발 사고의 간접적인 원인으로 인지되는 중식의 얼굴은 사진 속에서 부재하는데 이 '부재원인'의 진실은 중식에 대한 은모의 증오인지 아니면 사랑의 질투인지가 모호하다. 우연한 사건을 의도적인 사건으로 만들어버릴 수 있는 은모의 증거물들을 부재하게 만드는 중식의 행위에서 '부재원인'의 진실은 자신에 대한 분노의 감정을 가진 은모를 식구로서 보호하기 위한 윤리적 판단이 아닌 사랑하는 사람을 보호하기 위한 감각의 선택이다. 첫 번째의 부재원인이 질투라면, 두 번째 부재원인은 사랑인데, 사실 따지고 보면, 중식의 사랑의 감각은 은모의 질투를 전제하고 있다.

그런데 이 부재하는 것들의 현존은 오로지 은모의 정신 속에서 모호해진다. 은모는 정말로 중식을 증오했을까? 아니면 그를 진정으로 사랑했을까? 가스폭발 사고 직전의 상황에서 은모의 모습은 분명 중식에 대한 불신과 증오의 감각이 더 컸을 것이다. 그러나 정작 언니가 죽고 중식과 자신만 남겨졌을 때, 은모는 오히려 안정감을 찾고 일상에서 일면 행복감을 느낀다. 반면 은모가 중식에게 처음으로 형부라고 부른 날, 그리고 중식이 은모에게 자신의 깊은 내면의 사랑을 고백하는 날, "이게 저한테 할 수 있는 모든 얘기에요? 저는 진실을 알아야겠어요"라고 말하는 은모는 자신에게 "다 진실이야, 다"라고 말하고 그녀에게 키스를 하는 중식을 밀치고 밖으로 도망치다 중식을 보험사에 고발한다.

이 장면에서 아마도 많은 사람들은 중식의 비윤리적 행동을 확인한 후 은모가 언니의 죽음에 대한 자기 판단을 결심하여 보험사에 고발하는 것으로 생각할 수 있겠지만, 어떤 점에서는 이미 은수의 죽음에 중식이 개입되지 않았을까 하는 두려움과 언니를 죽였을지도 모르는 형부 중식을 사랑하는 자신에 대한 정신적인 갈등이 결국 중식을 고발하는 것으로 스스로를 정리하려 하지 않았을까 싶다. 진실(언니가 어떻게 죽었는지 진실을 말해주세요)을 알고 싶다는 은모와 "이게 진실이다 다"(내가 사랑하는 사람은 너 은모이다)라고 말하는 중식 사이의 어긋한 커뮤니케이션은 모두 은모의 부재원인에서 비롯된다. 즉 언니를 죽인 사람이 자신이라는 것을 알지 못하는 은모의 부재의식.

진실 때문에 진실이 부재할 수밖에 없는 것, 그것은 바로 '구조적인 효과'이다. 알튀세르도 언급했듯이 부재원인이 '구조적인 효과'에서 비롯되었다면, 가스 폭발 사고에서 부재하는 대상들의 구조는 무엇이며, 그것의 효과는 무엇인가? 이 질문에 대답하기 위해서는 영화의 마지막 장면을 연상해야 할 것이다. 중식은 과연 은모가 자신을 사랑하는 질투심 때문에 결혼사진을 도려냈다고 생각하고 있었을까? 아마도 그렇게 생각하지는 않았을 것이다. 사건의 현장에서 사진과 가위를 발견한 중식은 아마도 은모가 언니를 사랑하지 않는 형부를 응징하기 위한 사건으로 생각했을 것이다. 죽어야 할 사람은 자신인데, 실제로 죽은 사람은 은수인 셈이다. 중식의 은폐와 그로 인한 은모의 오인은 사랑과 증오의 원인이 같다는 것을 알려준다. 즉 사랑하기 때문에 증오하고, 증오하기 때문에 사랑하는 것이다.

은모에게서 그 증오의 시작은 사실 중식이 언니와 결혼했던 그 시점부터이겠지만, 실제 시작은 중식의 과거 운동권 주변인물들이 나타나기 시작하면서부터이다. 은수는 자신의 실수로 죽었다. 은모는 중식이 보험금을 타내기 위해 언니를 죽이고 자신에게 교통사고로 가장하고 있다고 오인하지만, 실제 은수를 죽인 것은 은모다. 은모의 의식에는 중식을 제거하고 싶었겠지만, 실제로 제거하고 싶어 했던 것은 언니 은수가 아니었을까? 언니를 죽여야지만, 중식을 차지할 수 있기 때문이다. 사건의 무의식은 바로 금지된 사랑을 위한 근친의 제거에 향해 있다. 사고는 전적으로 우연하게 일어났지만, 그 무의식 안에는 사고를 필연적으로 내고 싶어하는 감정이 숨어있다.

실제로 영화에서는 잠시 은모의 행복한 한때를 그리고 있다. 은수가 죽고 난 후, 가출한 은모가 돌아왔고, 한동안의 슬픔의 순간이 지난 후 중식과 은모 사이에는 편하고 다정한 시간이 찾아왔다. 지나친 언급이겠지만, 근친을 죽이고 차지한 그 행복한 순간을 망치게 만든 것은 중식의 운동권 주변 인물들이다. 어느 날 갑자기 찾아온 중식의 첫사랑 운동권 선배 자영, 그녀는 중식의 외상을 위로하며 다시 중식을 현실운동으로 끌어들이고자 한다. 은모에게는 또 다른 적이 나타난 것이다. 중식도 서서히 다시 운동의 현실로 돌아가고, 집에서 비밀

토론과 현장 활동으로 바쁜 중식으로 인해 은모는 소외된다. 은모를 소외시킨 것은 중식 그 자체가 아니라 중식을 둘러싼 운동권들의 정치적 행동이다.

은모에게 남은 일은 단 하나, 중식을 정치적 현장으로부터 격리시키는 일이다. 은모는 재개발 반대 농성장에서 중식에게 왜 이런 일을 하냐고 물어본다. 중식은 그녀에게 처음에는 멋져 보여서 했다가 나중에는 자신이 갚을 게 많다고 생각해서 했고, 지금은 잘 모르겠다고 말한다. 그는 은모에게 늘 할 일이 생기고 끝이 나지 않는다고 말한다. 은모가 생각하기에 중식을 차지하기 위해서는 그를 이 운동의 현장에서 격리시키는 일밖에 없다. 은모의 고발은 표면적으로는 중식을 보험사기로 고발하는 것이지만, 실제로는 그를 끝도 없는 운동의 현장에서 격리시키기 위한 마지막 조치이다.

대학 등록금으로 인도로 여행 갔다가 다시 파주로 귀환하는 영화의 첫 장면에서와 마찬가지로, 친구와 함께 오토바이로 자유로를 달리는 영화의 마지막 장면 역시 자욱한 안개로 가득하다. 안개 낀 파주의 공간은 바로 배덕자 은모의 정신상태를 은유적으로 보여준다. 자유로를 달리며 이상야릇한 표정을 짓는 배덕자 은모는 증오와 사랑, 죄와 용서, 감각과 정치의 모호한 양가성을 가진 주체이다. 은모에게 증오의 부재원인은 사랑이며, 사랑은 증오의 구조적 효과이다. 죄의 부재원인은 용서이며, 용서는 죄의 구조적 효과이다. 마찬가지로 감각의 부재원인은 정치이며, 정치는 감각의 구조적 효과이다.

위험한 사랑이야기 〈파주〉의 부재원인은 정치이며, 정치는 위험한 사랑이야기 〈파주〉의 구조적 효과이다. 〈파주〉 안에 숨겨진 정치적 효과들, 예컨대 윤리와 집단, 개발과 생존의 효과들은 사랑과 감각의 이

야기 안으로 숨어들어가 그 표면을 부식시킨다. 〈파주〉를 정치적으로 읽는 것, 그것은 정치적 서사에서 감각의 계기를 발견하고, 감각의 서사에서 정치의 계기를 발견하는 것이다.

맺는 말: 문화연구의 실천의 내재성

문화연구에서 해석의 정치를 말하기 위해 〈파주〉라는 영화 텍스트를 굳이 장황하게 분석했던 것은 문화연구가 다시 텍스트 비평으로 회귀해야 한다는 것을 주장하기 위함은 아니다. 그것은 오히려 문화연구가 현실의 복합적인 정치적 지층들과 대면할 때, 텍스트에 내재한 다층적인 의미의 이면을 들여다보는 해석의 정치적 행위를 통해서 어떤 인식론적 교훈을 얻을 수 있을 것이라는 판단 때문이다. 〈파주〉의 해석은 텍스트의 정치적 무의식을 읽는 것에 궁극적인 목적이 있는 것은 아니다. 만일 그것이 목적이라면, 〈파주〉의 해석은 단지 영화비평에 국한될 것이다. 〈파주〉의 정치적 무의식을 해석하려는 것은 〈파주〉의 시간적, 공간적 배경이 되는 정치적 현실의 복잡성을 간파하려는 목적을 가지고 있다. 문화연구가 자명하게 받아들이고 있을지도 모르는 정치이데올로기 비판들이 권력관계의 해체와 저항이 아니라 그것의 재생산에 동원되는 구성적 요소가 될지도 모른다는 자기인식의 계기를 오히려 텍스트의 정치적 무의식을 해석하는 과정에서 발견할 수 있다. 현실은 텍스트의 지층보다도 훨씬 복잡하게 구성되어 있다. 현실은 의미들의 모순이 충돌하고 경합하는 장이다. 따라서 현실에 대한 내재적 해석 없는 문화연구의 이론적 실천은 단순한 정치이데올로기 비판이나 지적 포퓰리즘의 유혹에 머물 것이다.

최근 문화연구에서 비평과 해석이 일부 제도권 학술의 장으로 편입되면서 전공주의 담론으로 후퇴한 감이 없지 않고, 문화현상에 피상적으로 대응하는 포퓰리즘적 비평의 유혹에 빠지면서 내재적 비평의 감각은 점차로 상실되고 있다. 학술 관련 연구재단들의 지원으로 열리게 된 비판적 담론의 공간은 대체로 지식의 포트폴리오의 벽에 안주하려는 정서적 태도를 보이고 있으며, '나꼼수 현상' '안철수 현상' '케이팝 현상' '무한도전 현상' 등 이른바 문화현상에 대한 문화연구자들의 비평 담론들은 해석의 깊이를 잃어버린 지 오래다. 또한 현장의 다층적인 의미의 망을 건져 올리는 현장관찰기록의 담론적 실천도 현저하게 줄어들었고, 신자유주의적 문화환경의 전면 도래로 인해 야기된 억압적 상황에 대응하는 다양한 실천적인 주제들이 발굴되고 있지만, 소재주의나 피상적인 현상 접근의 수준을 넘어서지 못하고 있다. 신자유주의의 억압적 구조를 분석하는 방식들은 대체로 현상의 심각함을 드러낼 목적으로 양적인 통계들이 동원되고, 문화현상들에 내재한 자본과 정치의 억압들이 폭로되고 있지만, 이 역시 현실 해석의 내재적 역량을 갖고 있지 못하다. 문화연구가 현실에 개입하고 국면을 간파하고 그것을 바탕으로 어떤 대안을 제시하려는 실천적인 과정이 정말로 필요한 시점에 왔다면 주어진 텍스트이건, 현상이건, 현실이건 그것의 구조적 내재성을 해석하려는 글쓰기는 그 어느 때보다 긴요한 때가 되었다. 지금 문화연구의 담론적 실천에서 가장 중요한 것은 텍스트와 현실을 가로질러가는 내재적 비평, 즉 해석의 정치가 아닐까? (2012)

제5장

한국 문화연구의 역사기술학

토픽의 설정과 배치 *

들어가는 말 – 한국 문화연구의 메타담론의 문제

한국에서 문화연구cultural studies가 본격적으로 논의되기 시작한 지 15년이 넘었음에도 불구하고 문화연구가 한국에 수용되어 어떤 지적인 논쟁을 낳았고, 어떤 실천적인 현장과 접목되었으며, 어떤 제도적 과정을 거쳤는지에 대한 역사기술학적인 메타 분석은 충분하고 체계적으로 진행되지 못했다 해도 과언은 아니다. 문화연구가 한국 인문학이나 사회과학의 이론적 실천과 교육방법론에 적지 않은 영향을 미쳤던 것을 감안하면 문화연구의 메타담론은 빈약한 수준이다. 물

---

* 이 글은 2006년 10월 9일 한국예술종합학교 전통예술원 학술심포지엄 '한국적 문화연구를 위한 대안 모색'에서 발표한 원고로서 당시의 관점에서 쓴 글의 취지와 상황을 전달하기 위해 맺는말을 제외하고는 거의 수정 없이 그대로 싣는다. 따라서 한국 문화연구의 역사를 정리한 내용도 당시 시점을 기준으로 작성된 것임을 밝힌다.

론 1990년대 초반부터 문화연구 관련 저서, 역서가 꾸준하게 출간되었고, 문화연구 방법론에 기초한 문화비평들이 한때는 붐을 이루기도 했으며, 관련 분야에 학위 논문들[1]도 제출되기도 했지만, 문화연구가 중요한 논쟁의 대상으로 부각된 적은 없었다. 문화연구는 인문학의 한계를 비판하고 새로운 지적 실천을 수행하고자 출발했지만, 정작 1980년대 말부터 현재까지 인문학 내부에서 진행되어 왔던 '민족문학이념 논쟁' '포스트모더니즘 논쟁' '문학권력 논쟁' '민족주의 논쟁' 등에 버금가는 이론적 논쟁을 촉발시키지도 못했다.

문화연구가 각종 출판물과 학술지에 쏟아낸 지적 관심의 수준에 걸맞은 생산적인 논쟁을 일으키지 못한 데는 두 가지 이유가 있다. 첫번째는 아마도 한국 문화연구자들의 '이론적 식민화' 경향 때문이지 않을까 싶다. 문화연구가 한국에 수용되는 과정, 특히 영국의 'CCCS' 류의 문화연구가 번역서의 형태나 대학의 교과과정 안으로 들어올 때나, 포스트주의 이론들이 한국 문화연구의 방법론으로 차용되거나, 문화 현실분석으로 활용될 때 어떤 문제들이 야기되는지를 비판적으로 검토하지 않았다. "문화연구의 취지가 애당초 자국의 문화현실, 특히 일상생활에 대한 구체적인 조사연구와 비판을 통해 창조적이고 진보적인 문화적 실천의 지평을 개척할 수 있는 연구로 발전해 가는 것임에도 불구하고 한국에서의 문화연구는 대체로 서구 문화연구의 이론과 방법을 소개하고 이를 우리 대중문화와 미디어 문화현실을 분

---

1. 이에 대한 대표적인 박사학위 논문으로는 국내 문화연구자들의 이론적, 비평적인 지형도를 매스커뮤니케이션 이론과 "신수정주의"의 관점으로 분석한 양은경의 논문(『1990년대 한국문화연구의 형성과 권력효과』, 서울대학교, 2000)과 여국현의 논문(『문화연구의 전화를 위하여』, 중앙대학교, 2003)을 들 수 있다.

석하는 데 응용하는 수준에 머물고 있다"는 심광현의 지적은 정확히 한국 문화연구의 이론적 식민화에 관한 비판을 담고 있다. 특히 한국의 문화연구는 일정한 학술지원을 보장하는 제도권 안으로 흡수되면서 이론의 식민화를 더욱 가중시켰다고 할 수 있다.

물론 한국의 모든 문화연구자들이 이론의 식민화에 경도되었다고 보기는 어렵다. 한국 문화연구의 궤적 안에는 진보적인 문화지식인과 문화운동가 그룹들이 존재하고, 문화연구의 이론적 식민화에 대응해서 자생적이고 비판적인 문화연구를 실험하고자 한 사례들이 없지 않다. 그러나 진보적인 문화연구자들 역시 문화연구를 하는 이유가 무엇이고, 문화연구의 실천들이 어떤 대안과 한계를 갖고 있는지에 대한 상호 비평과 논쟁을 활발하게 하지 않은 것이 사실이다. 서로 다른 정치적, 이데올로기적 입장을 갖고 있는 한국의 문화연구자들이 문화연구의 패러다임, 실천과 태도, 제도화, 정책 이행, 교육과정 등에 대해 활발한 토론과 논쟁을 벌이지 못한 것은 문화연구자들 자체의 지적 분파주의에 기인한 바가 크고, 이는 결국 한국 문화연구의 메타담론의 빈곤을 낳는 원인이 되었다. 그나마 한국 문화연구의 패러다임과 실천 방식에 대한 문제제기들은 문화연구의 외부에서 진행된 것들이다.[2] 아시아에서 문화연구를 비교적 늦게 접했던 중국의 문화연구와 문화연구자들이 서양의 문화연구와 중국문화 사상과의 접목에 대해

---

2. 대표적으로는 자율평론의 조정환과 전북대 강준만 교수가 『문화/과학』의 편집진들의 이론적 경향과 현장 실천에 대한 비판적인 문제제기를 한 글들을 들 수 있다. 조정환은 「문화연구 논쟁과 '네그리'의 대중지성론」이라는 글에서 주로 『문화/과학』 초기의 유물론적 문화론과 알튀세르적 경향에 대한 비판적 언급을 하면서 문화연구의 포퓰리즘의 한계들을 네그리를 통해 극복하려는 주장을 하고 있다. 반면 강준만은 『문화/과학』을 중심으로 한국 문화연구의 서구 중심적인 이론 경향을 비판한다(「'살롱 진보주의자'들의 위험한 매명주의賣名主義―『문화/과학』의 반론에 답한다」, 『인물과사상』 14호, 2000 참고).

활발한 논쟁을 벌이고, 중국 당대 문화연구의 실천을 놓고 많은 상호 비판들이 진행되는 것에 비하면, 현재 한국의 문화연구는 치열한 논쟁 없이 문화연구의 개별 담론만 무성한 상태에 있는 듯하다.

다행히 최근에 한국의 문화연구의 역사와 실천 토픽들에 대한 메타담론적인 정리 작업들[3]이 부분적으로 이루어지고 있고, 비판적 문화연구를 위한 국내 문화연구자들 간의 상호소통[4]이 가동되고 있어 이후 한국 문화연구의 메타담론 내실화에 대한 기대를 갖게 하고 있다. 이 글은 한국 문화연구의 메타담론 활성화를 위해 한국의 문화연구의 역사를 쟁점별로 정리하고자 한다. 한국 문화연구의 전개과정의 쟁점들을 토픽별로 정리하기 위해서 이 글은 한국 문화연구의 시기 구분 문제를 비롯해서, 문화이론과 문화비평의 이행과정, 문화연구의 제도적 실천의 경로, 아시아문화연구 내 위치 지우기와 같은 시기별 현안들을 개괄하는 방식을 취하고자 한다.

한국 문화연구의 시기 구분

한국 문화연구의 시기 구분을 어떻게 할 것인가 하는 문제는 그동안 문화연구 담론 안에서 제대로 논의된 적이 없다 해도 과언은 아니

---

3. 문화사회연구소에서 발간된 무크지 『문화사회』(2005)에서는 한국 문화연구의 10년의 역사를 되짚어보는 특집을 마련하였다. 이 무크지에의 실린 문화연구 특집 원고는 「한국 문화연구의 지평」(심광현), 「세계화와 비판적 문화연구의 미래」(이동연), 「한국 문화연구의 이데올로기 비판의 길」(오창은), 「한국 문화연구의 제도화와 과제」(권경우)이다.

4. 매스커뮤니케이션 전공 관련 문화연구자들이 중심이 되어 만든 '문화연구캠프'가 올해로 4회 째를 맞으며 상호소통의 장을 만들고자 노력하고 있으며, 아시아 문화연구의 한국적 토대를 마련하기 위한 비판적 문화연구자들 간의 비정기적인 모임들도 결성되어 새로운 네트워크에 대한 가능성을 모색하고 있다

다. 이는 시기 구분이 유의미할 만큼 한국의 문화연구 역사가 오랜 유산을 가진 것도 아니고, 문화연구의 역사기술학에 대한 연구가 그다지 매력적인 연구과제들로 인식되지 않기 때문이지 않을까 싶다. 물론 한국 문화연구의 역사기술학에 근접하는 연구들이 없었던 것은 아니다. 문화연구라는 개념이 본격적으로 도입되던 1990년대 중반에 『현대사상』이 '문화연구, 그 쟁점과 미래'라는 특집을 두 차례 실었는데, 이 특집 원고들 중에서 한국문화연구의 전개과정을 문화연구자들의 배치와 토픽으로 정리한 이동연의 글[5]과 한국의 문화연구의 상황에 대한 분석은 아니지만, 문화연구의 지적 실천을 이데올로기적 비판의 퇴조와 대중주의의 긍정성의 확산으로 보고자 했던 주창윤의 글[6]은 한국 문화연구의 비평 경향을 이해하는 데 도움을 준다. 문화비평이 융성했던 1990년대 말까지 한국의 문화비평의 지형도에 대해서는 고길섶의 글을 참고할 만한데, 그는 그 글에서 한국의 문화비평가들의 정치적, 이데올로기적 입장들의 계열화를 시도했다.[7] 2000년대 한국문화연구의 메타담론은 1990년대 말보다 오히려 위축된 양상을 보이는데, 그 중에서 양은경은 한국문화연구의 형성과정에서 문화비평가들이 어떤 권력 효과를 생산했는지를 비판 커뮤니케이션학에서 언급하는 "신수정주의"의 관점에서 분석[8]하였다.

---

5. 이동연, 「한국문화연구의 전개과정과 토픽들」, 『현대사상』 3호, 1997년 가을 참고.
6. 주창윤, 「문화연구, 어디로 가나 — 이데올로기의 후퇴, 대중주의의 확산」, 『현대사상』 4호, 1997년 겨울 참고.
7. 고길섶, 「문화비평과 진보의 분열들」, 『문화비평과 미시정치』, 문화과학사, 1998.
8. 양은경의 박사학위 논문인 『1990년대 한국문화연구의 형성과 권력효과』에서 문화연구(문화비평가들)를 커뮤니케이션 연구에서 수정주의에 해당되는 비판커뮤니케이션을 새롭게 재편한 "신수정주의"로 지칭하고 있는데, 이 학위 논문에서 흥미로운 점은 1990년대 새롭게 등장한 비평가들이 자기 헤게모니 권력을 형성하는 과정에서 문화연구가 발

그러나 이러한 연구들은 주로 문화비평의 영역에 한정된 것이어서 문화연구의 역사를 전체적으로 조망해 보는 배경을 갖고 있지 못하다. 한국 문화연구의 국면을 이데올로기, 권력, 욕망이라는 문제설정으로 구분해서 설명하고자 했던 원용진의 글[9]도 한국 문화연구의 역사적 궤적들의 현장을 구체적으로 기술하고 있지 못하다. 결론적으로 그간 한국 문화연구에 대한 메타담론을 다룬 글들이나 논문들은 그 나름대로 의미가 있지만, 한국 문화연구 역사 자체에 대한 기술과 해석을 포괄적이고 종합적으로 다루기에는 부족한 면이 많다.

한국 문화연구의 역사에 대한 메타담론적인 기술에 있어 가장 기본적인 것은 한국 문화연구의 시기 구분을 어떻게 할 것인가에 있다. 한국 문화연구 역사의 시기 구분 문제는 단순히 역사를 절단하는 통시적인 접근의 의미보다는 시기 구분의 사회적 배경과 이론적 입장, 문화현실의 변화, 제도화 과정들의 궤적을 독해할 수 있는 의미를 더 강하게 갖고 있다. 개인적인 관점에서 보았을 때 한국 문화연구의 역사는 네 번의 짧은 주기로 구분될 수 있다고 본다. 첫 번째 단계는 영국의 버밍엄현대문화연구소에서 선언했던 "문화연구"라는 개념이 공식화되지 않은 상황에서 문화연구적인 징후들과 담론의 축적이 있었던 시기로 정의할 수 있고, 두 번째 단계는 문화연구 관련 번역서들이 줄줄이 출간되면서 영국의 문화연구가 본격적으로 소개되는 시기로 이른바 포스트주의 문화이론이 문화연구 방법론으로 접합되는 시기라 할 수 있다. 세 번째 시기는 문화연구가 한국에서 구체적인 문화현실의 지형과 만나는 실천들이 가시화되는 시기로 구분할 수 있고, 마지막 단

생했다고 지적하는 점이다.

9. 원용진, 「한국문화연구의 지형」, 『문화/과학』 38호, 2004년 여름 참고.

계는 한국의 문화연구가 권역의 문화담론으로 아시아문화연구 내에 일정한 발언을 구체화하는 시기로 규정할 수 있다. 이러한 네 단계 주기를 다시 정치, 사회적 배경, 문화현상과 담론, 이론적 쟁점, 제도화의 토픽으로 세분해서 계열화하면 다음과 같은 도식이 그려질 수 있다.

표에서 정리한 시기구분의 문제를 언급하기에 앞서 먼저 일러둘 것은 이러한 구분이 역사적 개연성을 충분히 갖고 있거나, 토픽들의 내용이 그 시기에 정확히 맞아 떨어지는 것은 아니라는 점이다. 가령 문화이론과 비평 저널들은 첫 번째 단계 이후에도 지속적으로 출간되었고, 세 번째 단계의 문화현상으로 정리된 디지털문화도 그 이전에 가시화된 경우들도 있다.[10] 따라서 문화연구의 시기구분과 토픽의 계열화는 불안정한 조건들을 갖고 있으며, 특정 시기의 가장 지배적인 양상들을 중심으로 기술되었다는 점을 고려할 필요가 있겠다.

먼저 언급할 수 있는 것은 역사적 시기 구분과 문화연구의 정치학 문제이다. 위의 정치 사회적 배경에 대한 구분들은 대체로 중요한 정치적 사건들과 정권의 변화를 중심으로 이루어졌는데, 이러한 배경들이 문화연구의 시기 구분에 직접적인 영향을 미치는 것은 아니지만, 일정정도 연관성이 있는 것은 사실이다. 물론 문화연구의 담론들이 오히려 시대의 사회·정치적인 맥락과 동떨어진 채 개인적인 연구의 관심사에 천착하는 문제를 낳기도 하지만, 정치적 상황에 대한 문화연구의 표상과 실천은 그 나름대로의 연관성을 갖고 있다. 정치적, 사회적 배경에 대한 시기 구분에 있어 정작 중요한 것은 그 시기구분이 얼마나 타당한가에 대한 논의보다는 문화연구의 이론적, 담론적 실천들

---

10. 일례로 한국에서 사이버스페이스 독립선언문은 1996년에 만들어졌으며, PCS사업자도 같은 해에 발표되었고, 멀티미디어의 대중 보급도 1997년에 본격화되었다

한국 문화연구의 시기구분에 따른 토픽의 계열화[11]

토픽	1단계 (1990–1994)	2단계 (1995–1997)	3단계 (1998–2002)	4단계 (2003–현재)
정치·사회적 배경	사회주의 체제의 붕괴, 문민정부의 출범(1993), 강경대 분신정국(1991), 성수대교 붕괴(1994)	한총련 연세대 사태(1995), 한국 OECD 가입(1996), IMF 구제금융(1997)	국민의 정부 출범(1998), 한미투자협정체결(1998), 낙천·낙선운동(1999), 진보정당의 약진(2002)	참여정부의 출현(2003), 대통령탄핵정국(2004), DDA 선언(2002) 신자유주의 세계화, 한미 FTA 국면(2006)
문화환경과 현상	SBS 개국(1991), HITEL 통신 시작(1992), 서태지 데뷔(1992), 오렌지족 언론에 등장(1991)	CATV 개국(1995), PCS사업자 발표(1996), 드럭, 클럽공연 시작(1995)	PC방–N세대–인터넷 쇼핑 등장(1998), 소리바다 시(2000), 주5일근무제 부분시행(2002), 2002년 한·일월드컵(2002), 표현의 자유 논쟁	한류문화산업의 확산, 인터넷 실명제 논란(2005), 저작권법개정(2005), DMB 시대(2006)
문화담론	신세대 문화담론의 출현, 포스트모더니즘 논쟁	인디문화의 등장과 확산, 몸과 성정체성 담론의 공론화	디지털문화 담론의 확산, 인터넷 민주주의, 근대성 연구 붐	한류 문화 담론의 확산, 글로벌문화담론
이론적 쟁점	알튀세르의 이데올로기론	그람시의 헤게모니론, 포스트주의의 확산(라깡, 바르트, 푸코, 데리다)	들뢰즈/가타리의 욕망이론, 노마드 이론, 문화사회론	제국이론, 코뮌주의, 인터–아시아문화연구
제도·운동	문화이론·비평잡지들의 대거 창간(문화/과학, 리뷰, 오늘예감, 스트리트 페이퍼)	유학파 연구자들의 '문화연구' 소개/분과학문 내의 도전과 충돌, 문화아카데미의 강좌(문화이론강좌)	문화연구협동과정개설(연세대), 국가문화정책 개입, 문화운동으로의 전화(문화연대)	문화연구학과의 확산과 왜곡, 아시아 문화연구 관련 학회의 활성화

11. 이 도표에 열거된 정치, 사회적 배경과 문화현상들의 일부 내용들은 서울문화연구소 '한국문화지형도그리기' 팀이 2002년에 작성한 〈1990년대 문화연대기표〉를 참고하였음을 밝혀둔다

이 당대의 정치적, 사회적 배경을 얼마나 인지하고 고려했는가에 대한 논의이다. 이런 관점으로 볼 때 문화연구의 정치적 실천에 대한 지적인 고민들은 우리가 통상적으로 정의하는 서양식 '문화연구' 담론과 방법론 내부에서 있었다기보다는 오히려 문화연구를 '정치화'하는 자생적인 문화운동이나 문화이론의 재구성 과정에서 제기되었다 할 수 있다. 이러한 문화연구의 정치적 재구성에 대한 이론적 작업들은 진보적 문화이론과 문화운동을 표방하고 있는 『문화/과학』의 편집위원들에 의해서 시도되었다. 특히 강내희와 심광현의 작업들[12]은 시대적 상황에 따른 한국문화의 변동, 문화와 당대 계급투쟁, IMF와 문화현실, 신자유주의 시대 한국문화 등의 문제(이상 강내희), 신자유주의 세계자본 질서 하에서의 문화 공공성과 문화생태의 위기, 사회적 경제와 문화사회의 변동양상, 민주화 이후 문화민주주의의 실천(이상 심광현) 등의 문제들에 집중했다.

물론 문화연구의 시기구분에 있어 정치적, 사회적 배경의 연관성 사례들이 진보적인 문화정치학의 재구성이라는 토픽으로 한정되지는 않는다. 1990년대 말 문화연구자들의 작업들이 사이버 디지털 문화에 대해 관심을 기울인 것이나, 2002년 이후 한류문화 담론이나 정책, 인터-아시아 문화연구에 역점을 두게 된 것도 당대의 정치적, 사회적 상황을 반영한 것이라 할 수 있다. 문제는 한국의 문화연구자들 대부분이 시대적 상황에 대한 관심과 그에 따른 비판적 글쓰기를 자연스럽게 생각하지 않았다는 점이며, 이는 특정한 문화연구자 그룹 내의 분파적 경향이 지배적으로 나타난 현상에 불과하다는 점이다. 사실

---

12. 강내희, 『한국의 문화변동과 문화정치 ─ 문화사회를 위한 비판적 문화연구』(문화과학사, 2003); 심광현, 『문화사회와 문화정치』(문화과학사, 2003) 참고.

문화연구의 정치학을 재현/표상의 정치학으로 이해하는 대부분의 문화연구자들(이는 비단 한국의 문화연구자들만은 아닐 것이다)에게 지배와 권력의 문제는 텍스트 안에 존재하는 것으로 인식될 것이다. 바로 이런 이유 때문에 맑스주의 연구자들은 문화연구의 정치학을 재현의 정치학으로 한정하면서 텍스트에서 벗어나지 않는 비판성에 의문을 제기하고, 문화좌파 그룹들도 '본격문화연구자들'의 재현의 정치학과 일정한 거리를 두려고 한다. 어떤 점에서는 문화연구의 정치학이 재현의 정치학에서 정책의 정치학으로, 다시 문화운동의 정치학으로 전환하는 과정이 역사적 시기 구분과 어떻게 맞아 떨어지는가를 검토하는 것도 또 다른 숙제이다. 어쨌든 한국 문화연구의 메타담론에서는 역사적 시기구분과 문화연구의 정치학과의 연관성에 대해 많은 논의를 하지 않았다는 것과, 따라서 이 토픽이 이후 작업에서 본격적으로 규명될 점이라는 것은 분명한 듯하다.

둘째 문화현상과 문화담론의 토픽에 따른 시기 구분은 이 시기에 제출된 문화비평들을 검토해 보면 확연하게 드러난다. "신세대 담론 - 몸 담론 - 디지털 테크놀로지 담론 - 한류문화 담론"으로 단순 계열화할 수 있는 도식들은 당대의 문화현상에 대한 지배적인 글쓰기에 나타난다. 앞서 도표로 정리한 첫 번째 시기에 나온 문화비평들 중 상당부분들은 신세대 문화와 이들의 소비문화에 대한 담론들에 집중했다.[13] 이후에 쓰인 문화비평 글 중에서 신세대문화와 소비문화에 대

---

13. 이 시기에 신세대 문화를 다룬 대표적인 글이나 저서를 정리하면 다음과 같다. 미메시스, 『신세대, 네 멋대로 해라』, 현실문화연구, 1993; 박재홍, 「신세대 - 소비문화 전개와 탈정치화의 맥락에서」, 『경제와 사회』 23호, 1994년 가을; 백욱인, 「대중소비생활구조의 변화」, 『경제와 사회』, 1994년 봄; 정건화, 「한국의 자본축적과 소비양식변화」, 『경제와 사회』 21호, 1994년 봄; 주은우, 「90년대 한국의 신세대와 소비문화」, 『경제와 사회』,

한 것들은 상당부분 1990년대 초반의 신세대 문화의 등장을 화두로 삼는 경우가 지배적이다. 몸과 섹슈얼리티에 대한 비평적 글들은 두 번째 시기에 두드러지게 나타난다. 이 시기에 나온 몸과 섹슈얼리티, 성정체성에 대한 글들[14]은 "육체(산업)에 대한 사회적 관심" "성적 소수자들의 정체성에 대한 사회적 커밍아웃" "젠더와 섹슈얼리티에 대한 욕망"이라는 세 가지 문화지형이 복합적으로 접합된 양상을 보여준다. 세 번째 시기라 할 수 있는 디지털문화의 도래와 사이버문화의 환경에 대한 적극적인 글쓰기 역시 1990년대 말 한국의 문화환경을 급속하게 바꾸어놓은 인터넷, 디지털 문화의 도래에 기반한 것이다. 1990년대 중반 국내에 번역된 네그로폰테의 『디지털이다』(커뮤니케이션스북스, 1995)는 국내 사이버 문화연구의 출발을 알리는 정보를 제공했으며, 이외에도 사이버펑크, 인터넷문화, 온라인 커뮤니티들에 대한 잠재력과 가능성, 그리고 그것의 한계들을 지적하는 글들과 번역서들이 많이 쏟아져 나왔다. 마지막으로 2002년 이후 한국의 문화환경의 변화에서 가장 큰 토픽은 한류에 관한 것이라 할 수 있다. 이른

1994년 봄; 강내희, 「소비공간과 그 구성의 문화과정」, 『공간과 사회』 5호, 1995; 고길섶, 「돈암동-10대들의 해방구 만들기」, 1994(『문화비평과 미시정치』, 문화과학사, 1998년에 재수록).

14. 대표적인 글들을 정리하면 다음과 같다. 서동진, 『누가 성정치학을 두려워하랴』, 문예마당, 1996; 박동찬, 「에로스 사드 바타이유」, 『사회비평』 13호, 1995; 박설호, 「지배이데올로기, 혹은 해방으로서의 성-빌헬름 라이히의 성경제학」, 『문화/과학』 7호, 1995년 봄; 성영신, 「소비와 광고 속의 신체 이미지: 아름다움의 담론」, 『사회비평』 17호, 1997; 오생근, 「『성의 역사』와 「성, 권력, 주체」, 『사회비평』 13호, 1995; 이영자, 「이상화된 몸, 아름다운 몸을 위한 사투」, 『사회비평』 17호, 1997; 이재현, 「포르노티즘과 에로그라피 2-1」, 『문화/과학』 11호, 1997년 봄; 전경수, 「성애의 문화론과 생물학」, 『사회비평』 13호, 1995; 황순희, 「신체문화의 비교사회학: 한국, 일본의 화장품 광고를 중심으로」, 『사회비평』 17호, 1997.

바 "한류의 문화현상"은 1990년대 말부터 시작되었지만, 그 현상이 문화연구의 지형에서 담론으로 기록되기 시작한 것은 2002년 이후부터라 할 수 있다. 거의 대부분의 한국의 문화연구자들은 한류담론에 대한 긍정적, 비판적 글쓰기[15]를 시도했다.

세 번째, 한국 문화연구의 이론적 전화와 시기별 지배적 이론의 변화는 쉽게 구분되거나 말할 수 있는 문제는 아니다. 더욱이 한국 문화연구의 짧은 역사에서 이론적 경향을 네 단계로 구분하는 것 자체가 무리일 수 있다. 이론의 전화를 이론적 단절과 동일시할 수 없기 때문이다. 그러나 한국 문화연구의 초기에는 주로 알튀세르의 이데올로기론이 중요한 이론적 준거로 작용했고, 이후에 그람시의 헤게모니론이 주체의 형성과 실천의 문제를 두고 경합을 벌이는 양상을 보인 것은 사실이다. 초기의 한국 문화연구의 주된 이론적 쟁점은 텍스트의 재현과 주체형성의 역학 관계를 어떻게 볼 것인가에 있었다. 영국 문화연구자들이 본격적으로 소개되기 시작한 것은 1990년대 중반이며 이때 스튜어트 홀Stuart Hall, 필 코헨Phil Cohen, 딕 헵디지Dick Hebdige, 로렌스 그로스버그Lawrence Glossberg와 같은 영미권의 문화연구자들이나 문화연구 관련 개론서들이 1990년대 말까지 줄지어 번역 출간되었다.[16] 이 시기에는 문화연구 관련 개론서가 소개되었을 뿐 아

---

15. 대표적인 저서로는 정윤경, 『아시아수용자연구』, 커뮤니케이션스북스, 2003; 조한혜정 외, 『한류와 아시아의 대중문화』, 연세대학교 출판부, 2003; 백원담, 『동아시아의 문화선택-한류』, 예담, 2005; 김현미, 『글로벌 시대의 문화번역』, 또하나의문화, 2006; 유상철 외, 『한류 DNA의 비밀』, 생각의 나무, 2005; 박재복, 『한류-글로벌 시대의 문화경쟁력』, 삼성경제연구소, 2005를 들 수 있다.

16. 이 시기에 번역된 문화연구 관련 대표 저서들을 열거하면 다음과 같다. 스튜어트 홀, 『스튜어트홀의 문화이론』, 임영호 편역, 한나래, 1996; 딕 헵디지, 『하위문화-스타일의 의미』, 이동연 역, 현실문화연구, 1997; 그래엄 터너, 『문화연구입문』, 한나래, 1999; 존

문화연구의 이론적 계기들

이론적 계기들	이론의 토픽	주체설정	이론적 쟁점
알튀세르적 계기	이데올로기론	주체호명/형성론	이데올로기적 국가장치 계급투쟁의 국면
그람시적 계기	헤게모니론	유기적 주체	역사적 헤게모니 블록과 시민사회 대항헤게모니
들뢰즈적 계기	노마드론	욕망하는 기계	탈주와 배치 리좀적, 노마드적인 실천

니라 라캉, 데리다, 바르트, 푸코 등의 프랑스 포스트 철학자들의 이론을 접목하여 다양한 문화텍스트 분석이 이루어지기도 하였다.

1990년대 말 문화연구의 이론적 토대를 새롭게 구성하는 데 들뢰즈의 욕망이론은 가장 중요한 역할을 담당했다. 들뢰즈의 욕망이론은 알튀세르의 이데올로기론이나 그람시의 헤게모니론과는 다르게 표상체계에서 벗어나 주체의 자율적인 실천과 자율적 공간의 생성을 강조한다는 점에서 문화연구의 실천적 전환에 기여하였다. 특히 들뢰즈가 사용한 많은 개념들, 가령 탈영토화, 배치, 탈주, 리좀, 생성, 감각 등의 개념들은 1990년대 말 문화연구와 문화비평에 유용한 개념으로 활용되었고, 영화연구나 사이버문화연구의 이론적 토대를 구축하는 데 많은 영향을 주었다. 도식적이긴 하지만, 한국 문화연구의 이론적 전화에는 알튀세르적 계기와 그람시적 계기, 그리고 들뢰즈적 계기가 중요하게 작용했다는 점을 이해할 필요가 있다.

스토리 외, 『문화연구란 무엇인가』, 백선기 외 역, 커뮤니케이션북스, 2000.

마지막으로 한국 문화연구의 제도적 과정에 대한 토픽은 문화연구 담론의 원시적 축적에서부터 문화연구가 제도화, 국제화하는 과정으로 이어진다. 이는 문화연구가 하나의 지적 실천으로 전화하고 확산되는 과정에 대한 궤적을 살펴보는 것과 같다. 1990년대 초 한국 문화연구는 "문화연구"라는 공식적인 개념을 사용하지 않고, 문화이론지와 비평지를 중심으로 문화담론을 형성하였다. 한국 최초의 문화이론 전문지인 『문화/과학』이 "유물론적 문화이론"을 표방하고 1992년에 창간된 이래 『리뷰』, 『상상』, 『오늘예감』 등의 문화비평지가 잇달아 창간되면서 초기의 한국의 문화연구는 문화잡지들이 주도하는 양상을 보였다. 그러나 1990년대 중반에 접어들면서 영미권에서 문화연구를 전공하고 국내로 들어온 커뮤니케이션이나 사회학 전공자들이 영미권의 문화연구를 본격적으로 소개하기 시작하면서 문화연구의 지형은 주로 아카데믹한 영역으로 넘어가게 되었다. 이들 유학파 문화연구자들이 시도했던 작업들은 대체로 한국적 현실에 기반을 둔 이론적 실천보다는 문화연구, 혹은 문화연구자들의 이론적 연구에 치중했고 한편으로는 자신들이 속한 분과학문의 오랜 전통을 해체하기 위한 간학제적인 연구방법론을 제시하기도 하였다.

1990년대 말 2000년 초 한국의 문화연구는 가장 급격한 제도적인 변화과정을 겪게 된다. 이는 서로 상반된 두 가지 방향으로 전환되는데, 하나는 아카데믹한 영역에서 문화연구를 지속적으로 실험하기를 원하는 그룹들은 문화연구를 대학의 독립된 학과로 구성하고자 하는 노력을 기울였고, 이 노력의 일환으로 2001년에 연세대학교에서 문화학 협동과정이 대학원에 개설되기도 하였다. 다른 하나는 문화연구가 문화정책에 대해 비판적 개입을 시도하면서 새로운 문화운동의 장을 열었다는 점이다. 주지하듯이 『문화/과학』 편집위원들이 중심이 되어 결성한 〈문화연대〉는 문화운동과 사회운동을 결합한 새로운 실천의 공간을 열었다. 사실 1990년대 말에 한국의 문화연구가 아카데믹한 제도권 안으로 들어간 것과 반대로 문화운동의 현장으로 들어간 것은 문화연구에 대한 서로 다른 입장과 실천적 관점이 분명하게 드러난 결과를 반영한다. 문화연구의 진화의 방향을 서로 달리 설정하려는 한국 문화연구자들은 2000년대 들어서도 서로 다른 제도적 실천을 구상하고 있다. 아카데믹한 영역에서 활동하고자 하는 문화연구자들은 그 외연의 확대를 위해 아시아 문화연구자들과의 학술교류를 강화하는 방향으로 나아간 반면, 현실 문화운동과 연계된 문화연구자들은 반세계화 운동이나 문화공공성 투쟁과 같은 사회운동과의 연대를 더 강화하는 방향으로 나아가는 듯하다.

한국 문화연구 담론의 발생적 맥락과 배치

한국 문화연구의 메타담론을 구성하는 데 있어 시기 구분 못지 않게 중요한 것이 있다면, 아마도 문화연구 담론이 어떻게 발생했고, 서로 다른 발생 맥락에 따라 어떻게 배치되고 경쟁하는지를 살펴보는 것이다. 문화연구 담론의 발생은 1980년대 민족문학 이념논쟁의 쇠퇴, 포스트모더니즘 논쟁의 부각, 소비문화의 출현, 인문학의 위기와 같은 문화사적 지형변화 속에서 나타난 것이지만, 문화연구를 '연구'하는 지식인이나 그룹들의 지적 입장과 담론 속에서도 확인할 수 있다. 완전히 일치하지는 않겠지만 문화연구의 사회문화적 배경들과 문화연구자들의 연구 경향과 배치는 대체로 상응하는 경우가 많다.

사실 한국에서 문화연구가 등장하는 배경에는 전통적인 인문학의 위기, 진보적 사회과학 방법론의 쇠퇴, 대중문화지형의 변화라는 세 가지 발생 맥락을 빼놓을 수 없을 것이다. 이러한 발생 맥락의 세 가지 다른 경향들은 한국의 문화연구자들의 서로 다른 입장들이 구별되는 계기로 작용한다. 이는 특히 문화연구가 간학제적인 연구를 지향하면서도 자신이 애초에 속해있는 지식의 장에 따라 한국의 문화연구자들이 서로 다르게 배치되고 있다는 점과 연관된다. 한편으로 한국 문화연구자들의 배치는 학문적인 기반의 차이에서 비롯된 것도 있지만, 문화연구의 실천에 대한 서로 다른 생각에서 비롯된 것이기도 하다. 문화연구를 진보적인 문화운동의 연장에서 볼 것인가, 아니면 아카데믹한 학술연구의 자기 전환에서 볼 것인가, 아니면 대중문화 비평의 확산에 따른 문화 글쓰기의 전략에서 볼 것인가에 따라 문화연구는 다르게 인지되고 있다. 이외에 문화연구를 분석하는 방법론이나 이론적 근거를 기반으로 해서 배치되는 경우도 있을 것이다. 가령 젠더나 페미니즘을 기반으로 문화연구를 하는 사람들도 있을 것이고, 맑스주의나 기호학, 정신분석학, 탈식민주의를 기반으로 해서 문화연구를 하는 사람들도 있을 것이다. 이렇듯 한국 문화연구의 배치는 단순하게 이루어지는 것이 아니라 적어도 "학문적 토대" "실천적 입장" "이론적 경향"이라는 세 가지 발생 맥락을 갖고 있다. 이를 도식화하면 다음과 같다.

먼저 언급할 것은 다음의 도식은 그야말로 도식에 불과하다는 것이다. 문화연구의 발생맥락을 배치의 관점으로 본다는 것은 사실 표로 도식화할 수 없는 것이긴 하지만, 한국 문화연구의 발생 맥락과 문화연구자들의 위치들을 쉽게 이해할 수 있다는 차원에서 불가피하게 도

한국문화연구(자)의 발생과 배치

발생맥락	배치	쟁점	문화연구자들
학문적 토대	인문학적 배치	인문학의 분과주의/문학중심주의 비판 인문학의 위기에 따른 생존 전략	강내희, 심광현, 이동연, 도정일, 백원담, 진중권, 정정호, 여건종, 송승철 등
	사회학적 배치	맑스주의 정치경제학의 위기와 전화 문화사회학의 진화	조한혜정, 주은우, 김종엽, 김성기, 정준영, 신현준, 노명우 등
	매스커뮤니케이션적 배치	비판커뮤니케이션의 전화ー신수정주의	강명구, 원용진, 전규찬, 유선영, 박명진, 김창남 등
실천적 입장	문화운동적 배치	문화운동을 사회운동으로 확산하는 실천의 근거 마련ー기존 예술운동과의 차별성	강내희, 심광현, 원용진, 전규찬, 이동연, 고길섶 등
	학술적 배치	아카데미 영역 안에서 분과학문의 비판과 재구성	이상길, 윤태진, 이기형, 김소영, 조한혜정, 김현미 등
	대중비평적 배치	대중비평, 사회비평으로서 문화비평의 이론적 근거 마련	서동진, 신현준, 진중권, 이재현, 백지숙, 김성기, 변정수, 강준만 등
이론적 경향	맑스주의적 배치	문화의 사회적 생산관계와 지배와 변혁의 관계 조명, 문화의 상부구조적 역할을 강조	강내희, 심광현, 이동연, 전규찬, 원용진 등
	페미니즘적 배치	젠더의 정체성 연구. 표상으로서 여성비판, 성인지적 관점에서 정책 개입	조한혜정, 김은실, 김소영, 김현미, 고갑희, 태혜숙 등
	탈식민주의적 배치	식민ー탈식민의 혼종화 경향 문화민족주의에 대한 새로운 이해와 해석, 동아시아 문화연구의 재구성	백원담, 신현준, 고부응
	포스트구조주의적 배치	언어, 욕망, 권력, 글쓰기에 대한 새로운 접근	김성기, 권택영, 정정호

식을 활용하였다. 특히 각각의 발생 맥락의 배치에 해당되는 문화연구자들에 대한 열거 역시 필자의 주관적인 판단과 의견에 근거한 것이기 때문에 완전하지가 않다. 이러한 도식의 한계에도 불구하고 각각의 배치에는 나름의 특이성이 발견된다. 이 글에서는 문화연구자들의 발생 맥락과 배치의 관계 중에서 학문적 토대의 부분만 설명하고자 한다.

먼저 학문적 토대에 대한 발생 맥락은 문화연구자들 간에 비교적 뚜렷한 차이가 드러난다. 인문학적인 지적 토대에 기반을 둔 문화연구자들은 인문학의 분과주의나 문학중심주의를 비판하는 것으로 문화연구를 시작하는 경우가 대부분이다. 물론 이 진영에 속해있는 문화연구자들도 문학주의와 인문주의를 완전히 폐기하는 것이 아닌 문화적 방법론을 통한 인문주의의 재구성을 주장하는 사람들과 문학주의와 인문주의로부터의 완전한 결별을 시도하려는 사람들로 구분된다. "인문학의 재구성으로서의 문화연구"와 "인문주의 없는 문화연구" 사이의 차이는 문학의 실천과 지위에 대한 상반된 입장을 갖는다.[17] 이 차이는 레이먼드 윌리엄스를 리비스와 동맹하게 할 것인가, 아니면 스튜어트 홀과 동맹하게 할 것인가의 차이이기도 하다.

문화연구의 사회학적 배치는 전통 사회학의 두 가지 상반된 방법론과는 다른 입장을 가지고 출발한다. 하나는 사회현상을 정량적으로 분석하는 주류 사회학의 방법론과는 다르게 문화의 질적인 의미를 현장관찰기록ethnography을 통해 살펴보는 것과, 다른 하나는 문화

---

17. 가령 영문학과 같은 국민언어에 기초한 문학과를 없애고 문학일반을 다루는 과나 문화연구 혹은 문화공학으로의 전화하기를 주장하는 강내희와, 영문학의 현재적 역할을 보존하면서 문화연구를 보완하는 것을 주장하는 송승철의 입장은 같은 인문학적 토대를 갖고 있어도 다른 입장을 보인다.

를 경제적 상부구조나 지배 이데올로기의 수단으로 비판하는 전통 맑스주의 사회학과 다르게 문화의 포퓰리즘을 강조하는 것이다. 사실 사회학적 배치에서 문화연구는 정치경제학적인 사회구성체 방법론을 대체하기 위한 대안적인 방법론으로 시작했는데, 이 과정에서 1980년 대와 1990년대 초의 이른바 포스트주의 철학이론들을 기반으로 문화를 해석하는 각기 다른 방식이 등장하게 되었다고 볼 수 있다. 말하자면 문화의 자율성을 중시한 문화 대중주의 그룹과 문화의 사회적 의미를 비판적으로 검토하는 문화 맑스주의 그룹과의 구별짓기가 이루어졌다. 전자는 『현대사상』, 『리뷰』와 같은 대중문화 전문지를 만드는 데 기여했고, 후자는 『경제와 사회』, 『문화/과학』과 같은 진보적인 문화저널을 만드는 데 기여했다.

문화연구의 매스커뮤니케이션적인 배치는 주로 비판커뮤니케이션 연구의 연장선상에서 이루어진다. 1980년대 미국의 주류 커뮤니케이션 연구방법론에 반기를 들면서 시작된 비판커뮤니케이션은 1990년대 들어 문화를 지배 이데올로기 장치로 단순 비판했던 방식에서 벗어나 문화의 재현체계와 미디어의 수용자성, 커뮤니케이션이 문화에 미치는 효과에 대해 심층적으로 연구하였다. 문화연구가 비판커뮤니케이션을 계승하는가, 아니면 단절하는가 하는 문제는 문화연구를 신수정주의로 명명하는 여부와 같은 맥락을 가지고 있다. 말하자면 커뮤니케이션적인 배치라는 관점에서 문화연구는 비판커뮤니케이션과 어떤 관계를 맺는가 하는 문제를 논의할 때, 비판과 실천을 어떻게 보는가에 따라 그 관계가 달라질 수 있다. 가령 문화연구의 관점에서 비판커뮤니케이션은 실제 현실운동에 거리를 두고, 문화를 텍스트 분석의 대상으로만 한정한다고 비판할 수 있다. 반대로 비판 커뮤니케이션의 문화현실 분석은 문화연구의 재현 이데올로기 비판과 같은 맥락에 있다고 지지할 수도 있을 것이다. 커뮤니케이션적인 배치에서 문화연구를 비판커뮤니케이션의 연장으로 볼 것인가 아니면 그것과의 단절로 볼 것인가 하는 판단은 서로 다른 의견이 있을 수 있다. 아마도 문화와 커뮤니케이션을 연구한 연구자들 간의 세대 차이와 영국의 "문화연구"를 공식적인 연구방법론으로 차용했는가의 여부도 중요한 기준으로 작용할 수 있다고 본다. 문제는 비판커뮤니케이션은 현실 미디어운동에 뿌리를 두고 있으며 문화연구는 미디어 텍스트 분석에만 몰두한다는 주장은 대단히 이분법적이며, 문화연구의 현실운동의 연계가능성을 중요하게 생각하지 않는다. 물론 커뮤니케이션 분야에서 문화연구가 양적으로 가장 활성화되고 있지만, 비판적인 관점은 가장 부족하다는 지적이 대체로 커뮤니케이션 문화연구가 지나치게 텍스트 분석에만 치우치고 있다는 것을 두고 한 말인 것은 사실이다. 그러나 최근 문화연구 방법론에 근거한 커뮤니케이션 연구자들이 한국의 미디어운동에 적극 결합하고 있는 점을 고려할 때, 비판커뮤니케이션과 문화연구는 대립적인 위치에 있기보다는 진화적 관계에 있다고 보는 것이 타당할 것이다.[18]

새로운 제도적 실천으로서의 문화연구: 문화연구에서 문화정책과 문화운동으로의 전환

영국의 문화연구자인 토니 베넷Tony Bennett의 언급대로 문화연구는

---

18. 문화연구의 학문적 토대의 발생맥락에 대해서는 좌담, 「한국문화연구의 10년을 말한다−과거, 현재, 미래」(『문화사회』창간호, 2005)을 참고하기 바란다.

1980년대 이후에는 문화정책이 개입되는 과정을 경험했다. 한국의 문화연구 역시 1990년대 말에 민주화의 대가로 출범한 국민의 정부 시절에 문화정책의 비판적 개입에 대한 필요성을 강조하기도 했다. 다만 한국의 문화연구가 문화정책으로 전화하는 과정에서 외국의 문화연구와 한 가지 다른 점이 있다면, 문화연구가 현실 문화운동으로 확대되었다는 점이다. 한국에서 문화연구가 현실운동과 긴밀하게 연계될 수 있었던 것도 1980년대 문화운동의 축적이 있었기 때문이다. 한국의 문화연구가 국가의 문화정책에 개입하는 것뿐 아니라, 새로운 문화운동의 흐름을 만들 수 있었던 것은 "문화연구의 문화운동적 계기"와 "문화운동의 문화연구적 계기"의 상호작용에 기인한 것이다.

주지하듯이 1990년대 문화운동은 1980년대의 관점으로 보자면 부재하거나 그 실체를 발견할 수 없을 정도로 쇠퇴했다고 볼 수 있다. 1980년대 문화운동 조직들이 대부분 해체되거나 명맥을 유지하는데 그치고, 그 조직들이 이념적으로 지도를 그리고자 했던 문화적 해방은 현실과는 너무나 거리가 먼 것들이었으며, 문화운동가 대부분이 현장을 떠나거나 새로운 작업에 몰두하기 시작했고, 상당수는 상업적인 대중문화 시장에 진출하기도 했다. 대학의 문화운동 역시 학생운동의 퇴조와 상업적인 대량 소비문화의 등장으로 그 정체성이 모호해졌을 뿐 아니라 대학문화의 파산을 선고하기에 이르지 않았나 싶다.[19] 그러나 거꾸로 생각해보면 1990년대 문화운동은 1980년대의 문화운동보다 더 활발하고 다양하게 전개되었다고 말할 수도 있다. 1980년대 문화운동은 대중문화와 시민문화를 배제한 진보적 사회운동 내부

---

19. 대학문화운동의 비판에 대해서는 『대학문화의 생성과 탈주』(이동연 외 저, 문화과학사, 1998) 서문과 1장을 참고하기 바란다.

의 제한된 운동이었고, 그 과정에서 대중과 대중문화의 자생성에 굴종하지 않으려는 계급과 민족을 이해하고 그 모순을 실천하는 데 있어 선명한 의식이 지배했다. 1980년대의 문화운동은 대중문화를 이념적으로 넘어서야 할 하나의 단일한 문화로 단정하면서 계급/민족문화의 대당으로 추상화시켰고 이 과정에서 대중문화에 대한 비판적 분석과 연구들이 제대로 이루어지지 않았다. 더욱이 1980년대의 문화운동의 방식은 현실문화의 흐름에 기반하지 않는 이념 운동, 정치적 해방의 수단으로 도구화한 것에 대한 자기비판 없이 문화와 이데올로기, 문화와 정치를 동일시하는 강한 자의식을 가지고 있었다. 이와 다르게 1990년대 문화운동은 대중문화에 대한 새로운 이해와 개입, 다양한 문화적 차이들의 반란, 문화적 감수성과 욕망의 분출, 새로운 청년문화들의 활성화, 시각문화의 진보적 실험 등 오히려 문화적 콘텐츠들이 수면 위로 올라오는 사건들을 많이 경험했다. 문화운동이라는 것이 처음부터 자명한 것이 아니고 그 대상이 고정되지 않은 문화적 유물론의 과정이라면, 1990년대의 문화적 흐름들 속에서 새로운 형태의 문화운동의 흔적들을 발견할 수 있다고 본다. 정치경제적 이데올로기로 환원되지 않고 조직과 담론으로 동일시될 수 없는 다양한 문화적 흐름들이 새로운 형태의 문화운동을 가능케 하는 국면들을 낳았다. 비판적 문화연구의 등장은 1980년대의 문화운동과는 다른 맥락을 가지고 있는데 이를 정리하면 다음과 같다.

먼저 문화운동의 새로운 이론적 실천을 들 수 있다. 물론 90년대 이전에도 문화운동의 이론적 실천이 있었지만, 이때 이론적 실천은 대체로 사회운동의 부문운동으로서 문화운동의 대상과 조직방향에 대한 이론적 검토가 주를 이루었다면, 90년대 문화운동의 이론적 실천은 문화의 진보성 그 자체에 대한 유물론적인 이해와 새로운 문화운동을 전개하기 위한 이론적 점검들이 주를 이루었다. 1992년에 창간된 문화이론 전문지 『문화/과학』은 알튀세르의 이론적 실천의 독자성을 제기하면서 문화운동에서의 주체의 자명함과 문화의 본질성을 비판하는 과학적 문화론을 주창했으며, 이데올로기 국가장치로서의 문화(이데올로기로서의 문화)와 감성적 해방의 장소로서의 문화(욕망으로서의 문화)의 중층결정을 해명하고자 했다.[20] 한편으로 문화를 과학적으로 이해하려는 방식과는 다르게 새롭게 확대 재생산되는 대중문화 영역에 대한 비평적 개입을 시도했는데, 이는 이론적, 비평적 실천으로서의 문화운동에 전환을 가져왔다. 이 과정에서 문학중심의 계간지와는 다른 형태의 다양한 문화이론지와 비평지들이 창간되었으며 대중음악, 영화, 만화, 광고, 미디어, 공간 등등에 전문 문화비평가들이 생겨나기 시작했다.[21]

이러한 문화의 이론적 실천들이 서로 다른 지향점을 가지고 있지만, 문화를 바라보는 새로운 관점의 변화를 가져왔다는 점에서 기존의 문학 중심의 인문주의적 연구와는 다른 흐름을 형성했는데, 90년대 중반부터 이러한 경향을 통상 '문화연구Cultural Studies'라고 명명했다. 문화연구는 1960년대 중반부터 영국의 문화신좌파 그룹들이 버밍엄 대학에 버밍엄 현대문화연구소Center for Birmingham Contemporary

---

20. 국내 최초의 문화이론 전문지로 등장한 『문화/과학』 창간선언문 중 다음의 언급을 보라. "문화를 과학적으로 인식하기 위해서는 과학적 문화이론의 수립은 필수다. 하지만 현재 과학적 문화이론은 그 정초조차 마련되어 있지 않다. …과학적 문화이론을 수립하려면 문화이론에 침투한 관념론을 극복하는 길이다. 이 과제를 수행하기 위해서는 유물론적 문화이론의 정초를 놓아야 한다"(『문화/과학』 창간선언문, 1992).
21. 국내 문화담론의 등장과 문화론적 함의에 대해서는 이동연, 「한국문화연구의 전개과정과 토픽들」을 참고하기 바란다.

Cultural Studies: CCCS를 설립하면서 본격적으로 새로운 문화적 실천으로 자리잡았다. 이들은 현대 자본주의 대중문화에 대한 의식적, 정서적 비판보다는 꼼꼼한 현장연구와 기호학, 정신분석학, 페미니즘 등 다양한 방법론을 도입하여 경험주의에 기초한 문화이론의 한계를 극복하려고 했으며, 특히 문화운동의 담론적 실천의 새로운 전형을 낳았다.[22] 우리의 문화지형에서 문화연구의 등장도 영국의 상황에 유사한 측면이 많다. 요컨대 문화연구는 문학 중심의 담론, 분과학문 중심의 담론, 그리고 문화예술의 위계적인 가치에 대해 문제를 제기하면서 거대담론, 낡은 실천 패러다임, 고정된 학문체제의 위기에 대응하는 새로운 '의미화실천' 방법으로 자리매김하고 있다. 문화연구는 앞서 말한 분과학문 지형이 탈영토화 하는 구체적인 예증이 될 뿐 아니라, 담론적 실천의 방법이 전화되는 예증이 된다. 기존에 진보적인 문화예술의 담론적 실천은 주로 문학 텍스트가 중심이 되었는데, 비판하려는 대상이 부르주아 고급예술이었던 만큼 전유하려는 대상 역시 작가의 위대한 창조정신이 구현되는 소수의 고급예술이었다. 그러나 비판적 담론이 그 대안으로서 리비스의 '위대한 전통'을 연상시키는 고급예술의 형상화에 몰두하는 사이 문화현실은 이미 음악, 영화, 광고, 스포츠, 만화 등등의 엄청난 장르분산을 경험하고 있었으며, 문자형태만이 아닌 영상기호, 시각이미지, 스펙터클한 공간과 같은 다양한 텍스트 형식으로 조직화되어 있었다. 대중문화의 장르확산과 문화

---

22. 버밍엄 현대문화연구소에 대한 자세한 소개로는 이동연, 「문화학의 대안적 교육과정에 대한 모색」(『문화연구의 새로운 토픽들』, 문화과학사, 1997)과 원용진, 「지식생산장치로서의 문화연구—영국 CCCS를 중심으로」(『문화/과학』 11호, 1997년 봄)을 참고하기 바란다.

현실의 대량화, 산업화에 대한 비판적 담론의 입장은 대체로 그러한 텍스트들이 과연 얼마나 의미의 진정성을 담고 있는가 하는 것이었는데, 여기에는 두 가지 편견이 자리잡고 있었다. 하나는 그 가치평가의 기준이 늘 문자중심 형상화의 우위성을 전제로 한 것이었고, 다른 하나는 대중문화 장르와 문화현실이 문학 텍스트보다 실제로 더 복잡한 의미화 구조를 가지고 있다는 사실을 애써 부인하려는 것이었다. 문학적 형상화와 그것이 사회모순에 대한 실천의식의 기능을 강조했던 비판적 담론과는 달리 문화연구는 그 방법에 있어서 대상과 대상의 가치를 고정되게 제한하지 않으며 위계질서화하지 않으려는 기획들을 가진다. 서사와 이미지, 표상된 것과 표상하고 있는 것을 접합시키는 기호학적, 정신분열적, 종족기술적, 리좀적인 의미화실천이 문화연구의 방법적인 문제틀로 자리잡는다.

둘째로, 1980년대 계급과 민족 중심의 조직운동과는 다른 형태의 문화적 실천이 다양하게 전개되었다. 이는 계급과 민족문화 환원론적인 문화운동과는 다르게 세대, 성, 성차, 환경, 생태 등 사회적 모순들과 차이들을 접합하려 했던 문화운동의 성격을 강하게 드러냈는데, 가장 대표적인 경향이 청년문화운동이지 않을까 싶다. 1990년대 신세대문화론이 주로 소비자본주의 문화공간의 탄생과 문화자본의 확대재생산의 비판적 준거를 마련해 준다는 점에서 부정적인 문화담론으로 사용되었다면, 청년문화운동은 소비자본주의 문화공간과 자본의 지배적인 흐름에서 벗어나려는 새로운 세대들의 문화적 감성과 자율적 문화활동을 강조한다고 볼 수 있다. 표면적으로 보면 소비욕구가 강한 신세대들이 소비문화공간의 중요한 고객으로 등장했고, 90년대 청년문화운동의 중요한 전투고지였던 대학문화운동도 학생운동의 위기와 맞물리면서 점차로 쇠퇴하는 과정을 놓고 보면 청년문화는 소비문화와 구별되지도 않을 뿐더러 문화의 정치적 실천에 대해 별다른 관심을 보이지 않았다고 말할 수 있다. 그러나 내면적으로 보면 젊은 세대의 문화적 감성들이 독점문화자본의 영역에서 독립하여 자신들만의 문화시장과 문화적 자유를 꿈꾸려는 다양한 실험모델들을 생산하여 소위 '청년인디문화'라는 새로운 실천공간을 만들었고, 대학문화운동은 문예 중심에서 시각영상 중심으로 방향을 선회하면서 대학 내에 다수의 영상문화 집단들을 만들기도 했으며, 집단적이고 조직적이지는 않지만, 기존의 도덕률과 윤리관에서 벗어나려는 청년세대들의 문화적 취향과 라이프스타일이 소위 '하위문화의 실천'을 이끌어냈다.[23] 청년문화운동은 계급과 민족 모순에 근거한 기존의 문화운동과는 다르게 세대적 모순을 본격적으로 제기하는 의미를 가지고 있는데, 문화운동에 있어 세대적 실천은 부모세대들에 대한 도덕적, 윤리적 저항을 담기도 하지만, 이보다 더 중요한 것은 이들이 말하고자 했던 문화의 자율적 공간의 확보와 문화적 감성의 극대화이다(요컨대 70년대 영국의 청년하위문화 그룹이었던 펑크족들의 구호인 "네맘대로해라 Do it Yourself"가 그에 부합하는 언어라 할 수 있다)

셋째, 문화운동이 국가의 부정이나 자본주의 문화장치들의 전면적인 전복을 시도하려는 환상에서 벗어나 국가의 문화권력과 시장자본주의의 문화독점에 반대하는 제도적 개입을 시작했다. 이러한 경향을

---

23. 청년문화의 취향과 스타일에 대해서는 이동연, 「하위문화연구, 어떻게 할까」(『문화연구의 새로운 토픽들』)과 딕 헵디지, 『하위문화: 스타일의 의미』(이동연 역, 현실문화연구, 1998)를 참고하길 바란다. 이 논문과 저서는 사회적 모순들을 상상적으로 해소해 보려는 청년세대들의 스타일의 실천이 세대적 실천의 의미를 담고 있음을 강조한다.

대체로 국가와 시장자본주의에 대한 문화정책 비판으로 정의할 수 있다. 문화정책의 개입과 비판은 앞서 설명한 문화연구의 새로운 실천의 요구에서 비롯된 것이다. 앞서 언급했듯이 그간에 진행된 한국의 문화담론들은 문학텍스트 중심의 제한된 텍스트와 글쓰기 실천을 확대하는 정도의 의미 이상을 가지고 있지는 못하다. 문화연구는 대체로 장르중심의 문화비평으로 동일시되는 경우가 많고, 새로운 문화현실의 복잡한 층위들을 실천의 관점으로 읽어내서 이론과 비평이 다시 문화현실의 운동력을 구성하려는 노력들이 부진했다. 문화담론이 새로운 문화현실의 대상에 걸맞은 '의미화실천'을 하지 못했던 것은 대부분의 문화비평가들이 장르에 묶여 있거나 마니아적인 감수성에 젖어 문화현실을 전유하는 방식을 자신의 지식권력으로 환원해 버렸기 때문이다. 문화연구는 많은 잠재적인 실천을 남겨놓고 있고 그 한 과정으로 문화비평/분석에서 정책/기획으로의 전환을 전망할 수 있다. 스튜어트 홀은 우리 시대에 '에이즈' 문제는 투쟁과 논쟁을 촉발시키는 매우 중요한 영역이며, 사람들이 죽게 되는 장소이자 욕망과 쾌락 역시 소멸되는 장소임을 언급하면서 이런 긴장감을 유지하지 못한다면, 문화연구가 무엇을 할 수 있고 무엇을 할 수 없는지에 대해 알 수 없을 것이라고 말한다. 문화연구는 "재현들 그 자체의 구성적, 정치적 본질과, 그것의 복합성, 언어의 효과들, 삶과 죽음의 장소로서의 텍스트성에 대한 문제들을 분석해야 한다"는 홀의 지적은 앞서 언급한 '에이즈'라는 당면한 현실의 문제에 문화연구의 표상적인 실천들이 주목해야 한다는 문제의식을 담고 있다.[24] 홀의 지적에서 유추할 수 있듯

---

24. Stuart Hall, "Cultural Studies and its Theoretical Legacies," in L. Grossberg, C. Nelson, eds., *Cultural Studies* (New York & London: Routledge, 1992).

이 문화연구의 재현적 실천, 혹은 담론적 실천이 문화현실의 억압성을 바꾸어 나가고 대중의 삶의 문화적 자유와 평등을 확대하는 프로그램들을 개발하지 못한다면 문화연구는 또 하나의 지적 유희에 지나지 않을 것이다. 문화연구에게는 문화비평의 실천과는 다르게 새로운 의미화실천, 혹은 현장실천으로 전화해야 할 필요성이 요구되었다. 이 과정에서 문화연구는 문화비평 담론 중심에서 대안적 정책개발 중심으로 전화되어야 한다는 비판적 목소리가 제기되었다. 영국의 문화연구자인 토니 베네트Tony Bennett는 문화연구가 '문화정책연구'로 대체되든지 그쪽으로 변형되어야 한다는 점을 강조한다.[25] 그는 문화연구 행위자로서의 주체 위치의 자기변신을 주장한 셈인데, 주어진 문화의 장에 대해 '사후적인 담론'으로 반응하는 이차적인 문화 담지자에서 그 문화의 장을 실제로 구성할 수 있는 담론을 생산하는 일차적인 문화담지자로의 이행이 문화연구 전화의 핵심 사안이기는 하다. 문화의 장 안에서 전략과, 구상과 절차에 구체적으로 영향을 미치는 문화이론과 정치학의 형태를 띠며, 문화적 제도들이 구체적으로 작동하는 절차들과 정책적 전략들 안으로 좀 더 전략적으로 개입하는 것을 구상하는 지적인 작업이 문화정책연구의 중요한 실천과제이다.

가령 국가의 문화정책 방향이 제대로 정립되어 있는지, 문화예산이 제대로 쓰이고 있는지, 시대의 문화적 흐름에 역행하는 각종 문화관련 법과 제도들이 없는지, 문화의 공공성을 높이기 위해 국가의 문화재원들을 어떻게 배치하고 조정해야 하는지를 구체적으로 분석하고 개혁안을 제시하는 운동들은 시민사회운동의 주요한 실천대상으로

---

25. Tony Bennett, "Putting Policy into Cultural Studies," in *Cultural Studies*.

간주될 수 있겠다. 물론 문화정책 연구는 국가의 주요한 문화정책에 대한 비판과 정책수립 과정시의 부분적인 참여만을 의미하지는 않는다. 그것은 우리의 문화현실의 하부구조 전반에 정책적인 개입을 의미한다. 우리의 문화현실과 문화환경이 갖고 있는 제도적, 도덕적, 윤리적 문제점들에 대한 분석과, 대중들의 삶의 자유와 평등을 극대화하는 새로운 시스템을 생산하는 프로그램을 만드는 것이 문화정책 연구의 과제이다. 가령 문화연구자들이 새로운 도심개발이나 지역개발 정책 수립과정에서 하나의 기획자로 참여한다든지, 한국의 문화적 아비투스(가부장제 가족주의/지역주의 등)에 대한 실증적인 연구조사를 한다든지, 뉴미디어의 문화적 인프라를 구축하는 일종의 콘텐츠웨어를 생산하는 것들이 구체적인 문화정책 연구의 사례가 될 수 있겠다. 대중의 일상생활에 편리한 공간과 시스템을 생산하는 문화정책적인 실천은 결국 문화영역을 통한 사회의 공공성, 대중의 문화적 권리옹호를 위한 실천이다.

마지막으로 문화운동의 새로운 조직화이다. 기존의 문화운동 조직들은 대개 전문 문화예술 창작자를 중심으로 구성되었다. 기존의 문화운동 조직은 대부분 연합체의 성격을 가지지만, 전통적인 문화예술 장르들의 분과들이 단순하게 결합된 형태로 존재했다. 대표적인 예가 〈한국민족예술인총연합〉(이하 민예총)으로서 민예총은 지역별, 장르별 분회·분과 조직을 가지고 민족예술의 진보적 운동과 전문예술가들의 창작활동을 지원하는 조직이다. 그러나 전통적인 문화예술 영역이 점차로 해체되고 있고, 비전문가적 문화예술의 공간과 취향들이 확대되고 있으며, 전지구적 문화자본의 독점화가 강화되고 있는 새로운 문화환경에서 전문예술가 중심의 문화운동은 한계를 맞을 수밖에 없게 되었다. 문화운동은 점차로 전문문화예술인 중심에서 시민 중심으로, 창작적 실천에서 문화공공성 구축으로, 이념적 실천에서 제도적 실천으로 그 방향이 전환될 필요성이 제기되면서, 1990년대 말 시민문화운동의 조직화를 기획하려는 움직임들이 생겨나기 시작했다.

〈문화개혁을위한시민연대〉(이하 문화연대)는 이러한 문화운동의 전화를 목적으로 결성된 최초의 문화 NGO 단체이다. 문화연대의 출범은 한국의 문화운동의 역사에서 몇 가지 중요한 전환점을 시사해 준다. 먼저, 문화연대는 문화예술 분야에서도 시민운동이 필요하다는 문제를 제기함으로써, 그간의 문화운동의 방향을 전면적으로 수정하려는 기획을 가지고 있다고 볼 수 있다.[26] 시민 중심의 문화운동은 문화운동의 대상과 주체, 그리고 실천과제에 대한 인식의 전환을 가져왔다. 요컨대 문화운동은 문화예술의 창작적인 실천을 중시하기보다는 그러한 창작활동을 가능케 하는 제도개혁을 중시하며, 문화예술의 창작환경 개선 역시 전문문화예술가들만을 위한 것이 아니라 시민들의 문화적 향수와 문화적 권리를 확대하기 위한 것이다. 그런 점에서 전문예술가들도 특정한 창조자보다는 시민주체로서 문화 활동에 참여하는 것으로 간주되어야 하며, 시민들도 문화예술의 소비자나 수용자만이 아니라 문화생산과 문화적 과정의 주체로 참여할 수 있도록

---

26. 문화연대 창립선언문 중 다음과 같은 내용은 문화운동의 새로운 방향을 제안하는 것으로 볼 수 있다. "사회발전을 위해서는 문화적 관점을 채택하는 것만이 아니라 문화의 중요성을 사회적으로 인식하고 새로운 문화발전의 과제와 전망을 본격적인 '사회적 의제'로 떠올리는 일이 필요하다. 문화개혁에서 필요한 일은 우리의 삶과 문화를 왜곡시키는 관행, 의식, 제도, 전통, 정책 등을 근절하는 것이다. 오늘날 가장 큰 문화권력을 행사하는 것은 국가와 시장, 그리고 문화제국주의 세력이다. ○○○ 국가기관과 자본에 의한 문화 권력 및 자원의 독점 경향, 다국적 문화산업의 문화주권 침탈에 따른 문제점을 비판하고 시정하는 노력을 기울일 때다"(『문화연대 창립대회 자료집』, 1999).

해야 한다. 둘째 시민문화운동은 국가와 시장으로부터 완전히 자유로운 독립적 영역을 구축하려 했던 기존의 문화운동과는 다르게 국가와 시장을 지속적으로 견제하면서, 이 두 영역으로 환원되지 않는 제3의 영역을 창출하려는 기획을 가지고 있다. 흔히 그람시의 헤게모니론을 참고하여 시민사회영역의 실천적 정당성을 옹호하기 위한 전략으로 이해되는데 문화예술운동에서 시민문화운동의 출현은 국가와 시장을 극복하는 제3항의 대안으로서 의미를 지니고 있지만, 제3항으로서의 문화적 영토가 개인들의 자율적 문화활동의 보장과 문화적 욕구의 극대화를 꿈꾼다는 점에서 국가와 시장에 대한 탈근대적 전복을 기도하고 있다고도 볼 수 있다. 마지막으로 문화연대의 활동방식과 실천의제들은 기존의 전통적인 문화개념과 문화장르들을 해체하려는 데서 출발한다. 문화는 정치경제의 부차적인 산물이고, 문화의 민주화 역시 정치경제적 민주화 이후에 자연스럽게 주어질 것으로 보려는 목적론에 반대하며, 문화와 비문화적인 것, 문화의 생산과 소비의 구별을 없애고자 하며, 문화개혁을 위한 법적 제도적 감시활동 이외에 영상매체와 시각문화의 다원화, 복합적 문화행동과 시민자치 문화의 활성화를 중요한 운동의 대상으로 간주한다.

결론적으로 1990년대 문화운동의 국면들은 문화운동의 전화에서 두 가지 문제의식을 생산한다. 첫째는 문화운동의 국면들은 한동안 실종되었던 문화운동의 복원을 준비하는 과도기적 단계이며, 다른 한 편으로는 문화운동에 대한 기존의 통념들을 깨는 전혀 새로운 형태의 문화운동의 도래를 지시하는 징후로 이해할 수 있다. 청년문화의 등장, 세대문화의 폭발, 스타일과 취향의 반란, 소수문화의 생성, 새로운 실천영토로서 사이버 공간, 그리고 이 의제들의 문화적 해방을 읽어내려는 이론적 실천과, 자본주의 문화권력과 제도에 대한 정책적 개입과 같은 국면들은 분명 새로운 문화환경에서 새롭게 제안되는 문화적 실천이기도 하다. 그러나 그것은 문화운동의 궁극적인 목적이라기보다는 조건이자 환경이다. 이는 이러한 다양한 문화적 실천들이 문화적 자유를 확대하고 대중들의 문화적 해방을 이끌어 낼 수 있는 어떤 계기들을 만들고 있을 뿐이지, 실현하고 있다고 보기는 어렵기 때문이다. 둘째로 1990년대 문화운동의 국면들은 사실 그 내막을 들여다보면 일정한 연관성과 지속성을 가지고 있다. 1980년대 진보적 문화운동의 경험주의와 이념중심주의를 비판하기 위해 문화에 대한 과학적 이해와 이론적 검토가 요구되었고, 이것이 기존의 문학예술 중심의 문화운동의 한계를 비판하며, 문화연구라는 통합학문적이고 장르분산적인 텍스트연구가 진행되었던 것이며, 문화텍스트중심주의를 넘어서기 위해 문화정책 개입과 같은 제도적 실천이 등장했고, 이를 좀 더 조직적으로 확대하기 위해 시민문화운동조직을 만든 것이다. 그래서 한국 문화운동의 국면들은 자연스럽게 진보적 문화운동이 가야 할 방향을 단계적으로 지시해 주었다고 볼 수 있고 이 과정에서 문화연구의 이론적 실천이 중요한 역할을 담당했다고 볼 수 있다.

아시아 문화연구의 확산과 도전

최근 한국 문화연구의 가장 두드러진 경향 중의 하나가 바로 아시아 문화연구 붐이다. 2000년대 들어 한국의 문화연구자들과 아시아 문화연구자들 사이에 교류가 빈번해졌고, 각종 심포지엄, 워크샵, 공동연구의 형태로 빈번한 이론적 교감을 하고 있다. 1990년대까지만 해도 한국 문화연구자들이 주로 영미권의 문화이론을 중심으로 연구한 것에 비하면, 상당히 다른 양상을 보여준다고 할 수 있다. 아시아 문화연구가 관심의 대상이 된 것은 아시아에 문화연구가 각국 별로 정착되면서 생겨나게 된 자연스러운 결과이고, 문화연구가 근본적으로는 새로운 형태의 권역연구라는 점에서 당연한 것처럼 보이지만, 아무래도 결정적인 계기는 2000년 이후 아시아 전역에서 불고 있는 "한류의 확산"이지 않을까 싶다. 한류가 문화산업의 영역에서 일어나는 현상이지만, 이러한 현상을 문화권역주의, 탈식민주의, 문화민족주의, 아시아문화공동체라는 문제의식을 갖고 담론의 영역으로 확대하려는 노력들이 아시아 문화연구자들의 상호 교류를 활발하게 한 계기로 작용했다.

　시기적으로 다르지만, 아시아 국가들 대부분에서 문화연구는 상당한 지적 전통을 가지고 있고, 그 나름대로 토착화하면서 탈근대적 지식구성체의 중요한 실천 담론으로 연구되고 있다. 아시아 문화연구는 각국의 상황이 다르긴 하지만 대체로 1980년대 후반부터 1990년대 초반에 걸쳐 등장하기 시작했고, 대체로 비슷한 역사적 진화를 거치고 있다. 아시아 문화연구는 서로 다른 입장들이 구조화된 공간으로서 전복과 배제의 권력관계를 형성하는 문화담론의 '장'을 형성한다. 문화연구의 장은 문학연구, 지역연구, 미디어연구의 장과는 다른 제도적 구성체를 형성하며, 맑스주의, 기호학, 페미니즘, 탈식민주의 이론의 장과 다른 담론구성체를 형성한다. 물론 문화연구가 위의 제도영역과 이론영역과 상당부분 중첩되지만, 그것의 발화위치 혹은 정치적 태도에 있어서는 특정한 입장을 구조화하는 '장의 논리'에 따라 작동한다. 따라서 '장'으로서의 아시아 문화연구는 '문화연구'의 일반적인 장의 논리에 근거하면서도 영미권 문화연구와는 다른 게임의 규칙을 개발하고자 하며, 국지적인 발생 원리를 갖는다.

이 과정에서 아시아 문화연구는 1990년대 후반을 기점으로 장의 변화를 가져왔다. 엄밀하게 말해 아시아 문화연구는 '아시아 내에서의 문화연구cultural studies in Asia'와 '아시아적 문화연구Asian cultural studies'가 구분된다. 전자는 아시아에서 문화연구를 하는 지식인들의 일반적인 연구를 의미하는 반면에, 후자는 아시아 지식인들을 포함해 전 세계 문화연구자들이 아시아를 중심 토픽으로 설정해서 연구하는 것을 의미한다. 물론 두 담론이 완전히 분리되어 있는 것은 아니지만, 인식론적인 관점에서나 실천적인 관점에 볼 때 아시아 문화연구의 전개과정에 중요한 전환점을 이해하는 데 단서를 제공해 준다.

초기 아시아에서 문화연구는 포스트모더니즘 문화논쟁에서 비롯되었거나, 영국이나 미국에서 문화연구를 전공한 지식인들에 의해서 소개된 경우가 지배적이었다. 초기 아시아 문화연구자들의 연구방법론이나 연구내용들은 대체로 서양 문화이론이나 문화연구를 소개하는 데 집중하거나, 각 문화이론가들의 쟁점을 자국의 형세에 맞게 재해석하는 데 주력했다. 이러한 연구경향은 1990년대 후반부터 이론적 식민화 논쟁으로 비판받게 되었고, 이후 아시아적 문화연구에 대한 아시아 각국의 문화연구자들의 공동의 관심이 표출되게 되었다. 1990년대 초반부터 2000년대 초반까지 나온 1993년에 창간된 『포지션스positions』나, 『흔적Traces』, 『인터-아시아 문화연구Inter-Asia Cultural Studies』와 같은 아시아 문화연구 관련 저널들은 아시아 내의 식민지근대성, 문화정치적 쟁점, 대중문화의 흐름, 성정체성의 문제, 지역분

쟁, 소수종족의 현실 등을 집중적으로 다루었다. 아시아의 문화연구
는 현재 탈식민적 실천의 장으로 전화하면서 아시아 문화연구자들의
비판적 연대를 모색하고 있다. 이러한 연대의 지점들을 논의하기 위해
서는 먼저 아시아 각국의 문화연구가 역사적, 내용적 차이에도 불구
하고 어떤 공통적인 맥락을 가지고 있는지를 살펴볼 필요가 있겠다.

첫째 아시아 문화연구는 지식(특히 문화이론)의 탈식민화라는 시대
적 요청에 반응한다. 아시아에서 문화연구가 80년대 후반부터 등장하
게 된 데에는 포스트구조주의와 포스트모더니즘에 대한 지적 식민화
에 대한 반작용과 탈식민주의에 대한 관심이 크게 작용했다. 일본의
문화연구자 요시미 순야吉見俊哉는 1990년대 일본에서 문화연구의 수
용은 탈식민 연구에 관심을 가진 스튜어트 홀의 작업에 상당부분 의
존하였다고 언급한다.[27] 대만의 문화연구자 첸광신陳光興 역시 문화연구
의 탈식민적 실천을 강조한다. 그는 국제적 문화연구의 역사는 탈식민
운동에서 비롯되었으며, 영국 문화연구의 신좌파적 전통 역시 탈식민
지식인에 의해 주도되었음을 강조한다. "문화연구의 영국적 속성은 탈
중심화되어야 할 뿐 아니라 문화연구가 그 탄생부터 이미 국제적 성
격을 띤 것이었고, 그 역사적 대안이 바로 탈식민운동이었다."[28] 홍콩

27. Yoshimi Shunya, "The Condition of Cultural Studies in Japan," *Japanese Studies*,
Vol. 18, No 1 (1998). 요시미 순야는 이 글에서 일본 문화연구의 형성과정에 대해 다
섯 가지 특성을 지적하고 있는데, 본문에서 언급한 탈식민적 특성 이외에 미디어와 관
객의 상호텍스트성contextuality을 연구하는 데 새로운 길을 열어주었다는 점과, 저항을
위한 이론적 무기라는 점, 민족-국가나 국가주의 비판의 영역을 넘어서 전지구화 과정
에서 문화적 차이와 권력의 지리정치학에 대한 관심으로 확장하고 있다는 점, 그리고
대학의 제도권 아카데미즘에서 선호하는 비교문학연구와 다르게 사회의 권력관계를
다룬다는 점을 지적하고 있다.

28. 천꽝싱, 「탈식민과 문화연구」, 『제국의 눈』, 창작과비평사, 2003, 159.

의 경우 탈식민화의 시점에서 문화연구는 국지적 장소로서의 홍콩사
회에 대한 복합성을 읽어내는 데 있어 의미 있는 역할을 했다.[29]

아시아에서 문화연구가 탈식민주의 연구와 어느 정도 내적인 친화
성을 갖고 있는지는 탈식민주의를 정의하는 시각에 따라 다를 수 있
지만, 대체로 시기적으로 탈식민주의 혹은 신식민주의의 문제는 아시
아 문화연구에 있어 담론적, 실천적 중심 의제인 것은 분명하다. 글로
벌화가 국지적인 장소로 본격적으로 이행하는 1980년대 말에서 1990
년대 초반에 탈식민 문제는 반신자유주의 운동과 함께, 비판적 전지
구화 담론의 중심 주제 중의 하나였다. 이 시기에 문화연구가 '지역연
구regional studies'로 확산되면서 다나 해러웨이Donna Haraway의 지적대
로 "재현의 전통적인 정치학을 버리고 집합적인 접합의 전략을 위한
국지적 투쟁을 채택"[30]했다. 이 점을 고려한다면, 아시아에서 문화연구
와 탈식민주의는 내적인 연관성을 가지고 있다고 말할 수 있다. 특히
영미권 국가로 유학을 간 아시아 문화연구자들에게 탈식민 문제는 가
장 절실하고 흥미로운 발화위치를 가지고 있었다. 물론 탈식민주의에
관해서 근대 제국주의를 형성했던 일본이나, 신민족주의 담론의 구성
요소로 환원하려는 중국의 위치에서 탈식민의 문제가 실천적 문화연
구의 핵심적인 동력이 되기에는 애매한 점이 있지만, 적어도 전지구화

29. John Nguyet Erni, "Like a Postcolonial Culture: Hong Kong Re-Imagined,"
   Cultural Studies, 15(3/4) (2001), 393 참고. 에르니는 탈식민시대 문화연구가 갖는 특
   징으로 (1) 국지적 지식들과 공공 논쟁들을 활성화, (2) 탈식민지 시대에 홍콩의 위치
   와 재정립하는 데 다양한 담론적 입장들을 정당화, (3) 새로운 정치적 연대의 형성, (4)
   국지적 대학에서 처음으로 문화연구에 아카데믹한 수준의 프로그램을 만드는 것으로
   언급한다.

30. Donna Haraway, "The Promises of Monster: A Regenerative Politics for
   Inappropriate," in *Cultural Studies.*

과정에서 국지적 투쟁을 통해 자신의 정체성을 끊임없이 질문하고자 했던 타이완이나 홍콩, 싱가포르의 위치에서는 절실한 문제가 아닐 수 없다.[31]

둘째, 아시아에서 문화연구는 1980년대 말 현실사회주의의 붕괴에 따른 새로운 형태의 담론의 구성과 연관되어 있다. 중국의 영화연구자 다이진화戴錦華가 언급하고 있듯이 중국에서 당대 문화연구의 등장은 다른 아시아 국가들과는 다르게 영국 좌파 문화연구에 직접적인 영향을 받았다기보다는 1992년 개혁개방 이후 복잡한 중국 내부의 지식체계와 문화현실에 대한 이론적 반응에 더 큰 영향을 받은 것으로 읽을 수 있다.[32] 이는 중국에서 문화연구가 1980년대의 다양한 문화담론들을 생산했던 '문화열culture fever' 논쟁의 연장이면서 동시에 현실을 바꾸는 새로운 문화구성체에 대한 열망을 담은 지적 산파의 역할을 담당하고 있음을 의미한다.[33] 중국의 현실과는 다른 상황이긴 하지만, 1980년대 홍콩의 아카데믹한 영역에서 문화연구는 사회적 실천의 장을 확장하는 일련의 노력에서 비롯되었다. 문화연구는 한편으로는 사회복지, 빈곤, 소비, 노동격차, 사회문화 자원의 분배와 할당이라는 문제의식과 다른 한편으로는 교육적 쟁점(중국어 중심의 커리큘

---

31. 이에 대한 논의로는 Ping-Hui Liao, "Postcolonial studies in Taiwan: issues in critical debates," *Postcolonial Studies,* Vol. 2, No. 2 (1999); Kelly Chien-Hui Kuo, "A euphoria of transcultural hybridity: is multiculturalism possible?", *Postcolonial Studies,* Vol. 6, No. 2 (2003); Allen Chun, "Discourses of Identity in the Changing Spaces of Public Culture in Taiwan, Hongkong and Singapore," *Theory, Culture & Society,* Vol. 9 (2002); Rey Chow, "The postcolonial difference: lessons in cultural legitimation," *Postcolonial Studies,* Vol. 1, No. 2 (1998)를 참고하길 바란다.

32. 戴錦華, 『隱形書寫: 九十年代中國文化硏究』(南京: 江蘇人民出版社, 1999), 7.

33. 중국문화연구의 지리적 특성에 대해서는 박자영, 「1990년대 이후 중국에서의 문화연구」, 『중국현대문학』 29호, 2004를 참고하기 바란다.

럼, 영어 중심의 커리큘럼, 복잡한 하이이브리드적인 커리큘럼)이라는 문제의식을 강조하였다.[34]

한국에서 1990년대 문화연구의 등장 역시 여러 갈래[35]가 있긴 하지만, 그 중에 새로운 형태의 문화운동과 진보적 문화담론의 재구성, 맑스주의 사회구성체에 대한 문화적 재해석이라는 관점이 주된 관심사 중의 하나였다. 한국에서 문화연구는 여러 한계에도 불구하고 1980년대 문화운동의 유산을 전화시키는 탈근대적 문화정치의 실험을 전개하고 있고, "이데올로기와 권력 등을 주요 테제로 설정해 계급투쟁뿐 아니라 권력투쟁, 일상투쟁의 새 정치영역을 마련"하였다.[36] 물론 한국에서 문화연구가 (신)좌파적 유산으로 간주될 수 있는 근거들이 많고, 사회운동에 개입하는 담론들을 생산해 왔지만, 양적인 성장을 이룬 것은 다른 맥락에서였다. 오히려 한국 문화연구는 문화연구를 순수한 이론으로 탈정치화하는 식민지적 아카데미즘[37]과 이데올로기적 생산관계보다는 대중의 소비와 쾌락의 의미를 강조하는 포퓰리즘의

---

34. John Nguyet Erni, "Like a Postcolonial Culture: Hong Kong Re-Imagined," 400.

35. 학술적 영역에서 문화연구의 갈래는 대체로 경전주의, 문학주의를 비판하면서 등장한 인문학적 영역과 비판커뮤니케이션 전통에 속하면서 맑스주의에 대한 수정주의 형태로 등장한 커뮤니케이션 영역과, 문화사회학의 연장선에서 대중주의를 연구하는 사회학 영역으로 구분할 수 있다.

36. 이와 관련한 작업은 주로 좌파문화연구자들 그룹인 『문화/과학』에서 주도하고 있다. 관련 글로는 이동연, 「문화운동의 대안모색을 위한 인식적 지도그리기」, 『대중문화연구와 문화비평』, 문화과학사, 2002; 심광현, 「근대화/탈근대화의 이중과제와 사회운동의 새로운 전망」, 『문화사회와 문화정치』, 문화과학사, 2003; 원용진, 「한국의 문화연구 지형」, 『문화/과학』 38호, 2004년 여름을 참고하기 바란다.

37. 식민지적 아카데미즘으로서 문화연구는 대체로 서양 최신 이론주의를 선호하는 영문학 연구자들에게서 발견된다. 이들은 대체로 영미권에서 출간하는 책들을 번역하고 이론을 단순 소개하는 역할에서 벗어나지 못한다.

전통[38]에서 담론적인 팽창을 가속화했다.

마지막으로 아시아에서 문화연구의 제도적 팽창은 역설적으로 문화연구 본래의 실천적 지위를 해소시킬 수 있는 정체성의 위기와 맞물려 있다. 요시미 순야는 1990년대 후반 일본에서 문화연구가 붐을 이룬 것에 대해 아카데미 담론이 문화적 상품으로 흡수당하는 과정으로 기술하고 있다.[39] 1999년 홍콩의 영남대학교 Lingnam University에서 개설한 문화연구 전공 박사과정에 3000명의 학생들이 지원하여 문화연구 붐이 최고조에 달하기도 했다. 특히 문화연구가 대학 교육체계의 개편과정에서 문학, 미디어연구, 인류학, 심리학 등과 같은 분과학문을 통합하는 중요한 공간으로 활용되었다. 한국에서 문화연구의 제도화 역시 분과학문 전통이 강한 학문풍토에서 많은 어려움을 겪고 있는 상황이다. 현재 대학에서 문화연구 전공은 연세대학교 대학원에 협동과정과 중앙대학교 대학원 문화연구학과 등에 개설되어 있으나 문화연구가 본격적으로 고등교육 안으로 진입했다고 보긴 어렵다. 흥미로운 점은 '비판적 문화연구'에 걸맞은 교육을 실천하는 학부와 대학원 과정은 극소수인 데 비해, 소위 '문화'라는 이름으로 개설된 학과들은 2000년대 들어 무수히 생겨났다는 점이다. 한국에서 문화연구의 제도화는 인문학의 분과학문의 위기를 모면하는 포장술로 사용되거나, 학생들을 유치하기 위한 대학의 상업적 전략으로 선택되고 있다.[40] 1990년대 말부터 가시화되기 시작한 문화연구의 탈정치성 현상

---

38. 주창윤, 「문화연구 어디로 가나 — 이데올로기의 후퇴, 대중주의의 확산」.

39. Yoshimi Shunya, "The Conditon of Cultural Studies in Japan," 65.

40. 이에 대해서는 권경우, 「문화연구의 제도화의 한계」, 『문화사회』 창간호, 2005를 참고하기 바란다.

을 극복하는 대안으로 1980년대의 전투적 비판커뮤니케이션에 대한 재고를 주장[41]하는 것도 터무니없는 것은 아니다.

사실 문화연구의 제도화에 따른 탈정치화와 정체성 위기는 서양 문화연구의 전개과정에서 이미 발견되고 있는 바이다. 앨런 오코너 Allan O'Connor는 미국의 문화연구를 후원하는 제도권 학자들이 현재의 정치적 문화적 운동들과 거의 아무런 연관도 없는 사람들이라는 점에 우려를 표명한다.[42] 짐 맥기건Jim Mcguigan은 문화연구의 위기는 물질적 생산관계의 맥락 속에 문화연구의 다양한 질문들을 포진시키지 않고 소비문제에만 집중했기 때문에 발생했다고 본다.[43] 사실 문화연구는 하나의 지적인 태도이고, 운동이고 네트워크이며 통일된 방법론을 지시할 수 없는 바,[44] 아카데미 영역 안으로 편입되는 것이 부적절할 수 있고, 그 자체가 문화연구의 실천적 지위의 약화를 반증한다. 문화연구의 전 세계적인 붐은 아시아를 지역연구의 중요한 거점으로 설정하는 데 기여했지만, 문화연구의 다양한 국지적 실천의 가능성을 오히려 제도적 지역연구가 박제화한 감이 없지 않다. 이는 국제적, 탈분과학문적 지역연구로서의 문화연구가 아시아 각국 대학에서 정착하면서 제도화되는 것과 무관하지 않다.

41. 강명구, 「문화연구 메타비평에 대한 몇 가지 문제제기」, 『프로그램/텍스트』 제11호, 2004 참고.

42. Allan O'Connor, "The Problem of American cultural studies," in *What is Cultural Studies: A Reader* (London: Arnold, 1996) 참고.

43. Jim Mcguigan, "Cultural Populism Revisited," in Marjorie Ferguson & Peter Golding, eds., *Cultural Studies in Question* (London & New York: Sage Publications, 1997).

44. Colin Sparks, "The Evolution of cultural studies," in *What is Cultural Studies: A Reader* 참고.

한국의 문화연구가 영미권 문화연구 방법론에 매몰되지 말고, 아시아 문화연구의 지형에서 일정한 역할을 지속적으로 담당하는 일은 중요한 일이다. 그러나 최근의 아시아 문화연구에서는 아시아 문화가 마치 어떤 실체가 있는 것처럼 단정하거나, 아시아 내 존재하는 다양한 문화적 모순과 억압에 대한 고민 없이 서로 유사한 관심 분야에 있는 연구자들 간의 지적 사교 공간으로 활용하고자 하는 욕망이 더 우세한 듯하다. 한국의 문화연구가 아시아적 토픽에 관심을 기울이기 이전에 얼마나 비판적이고 실천적인 입장을 견지하고 있는가에 대한 반성적 성찰이 더 필요한 시점이다.

맺는 말

지금까지 한국 문화연구의 역사를 검토하는 데 있어 눈여겨 보아야 할 토픽들을 점검해 보았다. 짧은 역사에 불과하지만, 한국 문화연구의 역사기술학은 앞으로 많은 연구 과제들을 남겨놓고 있다. 우선 이 글에서 언급된 다섯 가지의 토픽들—문화연구의 메타담론, 문화연구의 시기구분, 문화연구의 발생맥락, 문화연구의 전화, 문화연구에서 아시아문화—도 독립된 주제로 연구할 수 있는 영역이다. 이밖에 한국 문화운동의 역사, 한국 문화비평의 특이성, 한국 문화연구와 대학교육, 한국문화사에 대한 문화연구적 방법론의 문제 등도 한국 문화연구의 역사기술학을 풍부하게 할 수 있는 주제들이다.

한국적 문화연구라는 것이 어떤 고정된 실체가 있는 것은 물론 아니다. 그러나 한국에서 문화연구는 분명 영국의 문화연구나 미국의 문화연구, 일본의 문화연구와는 다른 역사적, 정치적, 사회적 맥락을 가지고 있는 것은 분명하다. 문화연구가 현실적 맥락을 중시한다는 점에서 한국적 맥락을 기초로 연구한다는 것은 문화연구의 이론적 실천에 충실하다는 뜻이기도 하다. 문화연구를 영국에서 수입된 이론으로만 받아들인다면, 한국에서 문화연구는 단지 교과서적인 이론연구, 즉 이론의 식민화에서 벗어나지 못할 것이다. 한국적 문화연구는 국민주의나 민족주의에 기반한 배타적 문화연구가 아니라 문화연구의 국지적 특이성에 기반하여 이론적, 담론적, 정책적인 비판연구를 하겠다는 의미를 갖는다.

한국의 문화적 궤적과 한국의 문화일상의 유산들에서 비롯된 다양한 토픽들을 연구하는 구체적인 과제들은 여전히 실체적 성격을 갖고 있다. 이는 문화운동의 영역뿐 아니라 문화담론과 비평, 그리고 문화의 공공성을 높이기 위한 문화정책의 영역에서도 동일하게 적용될 수 있는 문제이다. 한국적 문화연구는 지리적 특이성과 이론적 보편성, 그리고 비판적 고유성을 함께 연합한다. 이는 한국적 맥락에서 논의될 수 있는 현실문화의 비판적 쟁점들을 문화연구의 이론적 틀을 기초로 분석하고 담론화하며, 그것이 우리 사회의 정치적, 사회적 민주화와 진보에 기여한다는 의미를 가진다. 한국적 문화연구가 현재진행형인 이유는 바로 이 때문이다. (2006)

2부
–
문화연구의
이론 지평

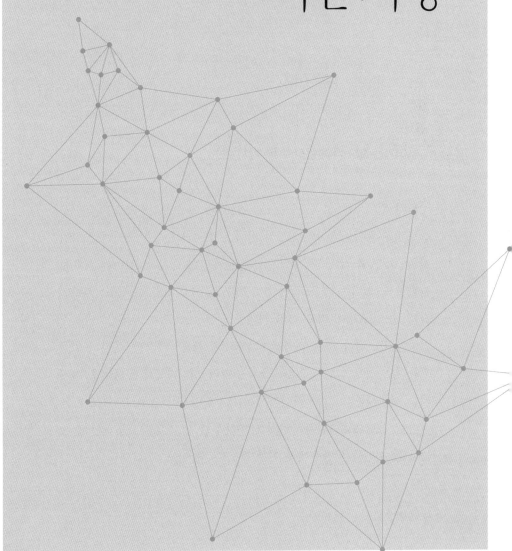

제6장

—

주체의 분열과 생성: 라캉과 들뢰즈를 간파하기

들어가는 말—주체형성의 두 가지 조건

피터 위어 감독의 〈트루먼 쇼〉(1998)와 데이비드 린치 감독의 〈로스트 하이웨이〉(1997)의 마지막 장면은 주체의 욕망을 해석하는 상반된 두 시각, 즉 '결핍'과 '생산'으로서의 욕망이 대립되기보다는 상호보완적일 수 있다는 것을 각인시켜 준다. 트루먼 버뱅크는 영화 〈트루먼 쇼〉의 주인공이자, 영화 속의 거대한 리얼 프로그램 '트루먼 쇼'의 주인공이기도 하다. 그는 태어날 때부터 '씨 헤븐Sea Heaven'이라는 인공 스튜디오 섬에 살면서 200여 국가, 17억 시청자들에게 즐거운 볼거리를 제공해준다. 그는 자신의 삶이 TV리얼리티 프로그램으로 제작된다는 것도 모른 채 행복하게 하루하루를 살고 있다. '씨 헤븐'에 사는 모든 시민들은 방송에 출연한 엑스트라들이고, 그의 아내 메릴, 그의 오랜 친구 말론도 모두 가짜다. '씨 헤븐'에 살고 있는 모든 사람들은 연출자 크리스토프의 지시에 따라 행동한다. 트루먼의 탄생 때부터 성인이 되어 사랑에 빠지는 순간까지 함께 했던 시청자들은 그 어떤 개인의 실제 삶보다도 리얼하게 트루먼에 몰입한다.

'씨 헤븐'에서 아무런 걱정 없이 행복하게 살고 있던 트루먼은 주변에서 이상한 일들이 하나둘씩 생겨나면서 점차로 자신의 삶에 의문을 갖기 시작한다. 하늘에서 난데없이 조명기가 떨어지고, 죽은 줄만 알았던 아버지를 우연히 시내에서 만난다. 자동차의 라디오에서는 자신이 가고 있는 방향을 중계하는 멘트가 들리고, 한산하던 도로가 갑자기 차들로 꽉 막혀 있기도 하다. 그는 서서히 자신의 삶이 누군가에 의해서 조종당하고 있다고 깨닫고, 몰래 집안에 숨어 지내기도 하고, 그가 그토록 무서워하는 바다를 건너 피지로 여행을 떠나려고 한다. 피지는 대학 시절 그가 처음으로 사랑했던 실비아를 만날 수 있는 곳이다. 트루먼은 그에게 주입되었던 물에 대한 공포증을 견디고 마침내 실비아를 찾아 피지로 항해를 떠난다. 그의 도주를 막기 위해 인공으로 만든 바다에 폭풍을 몰아치게 하고, 연출자 크리스토프는 트루먼을 물에 빠져 죽기 직전까지 내버려둔다. 트루먼은 크리스토프와 방송 중에 실시간으로 연결되고 자신의 모든 삶이 실제 삶이 아니라 방송을 위한 것이었음을 알게 된다. 크리스토프는 이것이 바로 너의 삶임을 받아들일 것을 강변하고, 그동안 행복하지 않았냐고 말한다. 피지로 가려던 배의 돛대마저 거대한 인공 지평선 스크린에 뚫려 더 이상 갈 곳이 없는 상황에 직면한 트루먼은 결국에는 연출자의 설득을 거부하고 "Good afternoon, good evening, and good night"이란 인사를 남기고 '씨 헤븐'이란 거대한 세트 밖으로 나가는 문을 열고 사라진다. 트루먼이 자신의 거짓된 삶을 조작했던 미디어의 재현 장치들과 수많은 상징적 기표들의 유혹을 물리치고 실재계로 탈주하는 순간, 트루먼의 용기에 완호를 보낸 시청자들은 프로그램이 종결되자 이내 "또 좋은 거 볼 거 없나" 하고 채널을 돌린다.

"밖으로 나가기가 두렵지? 아마 두려울 거야. 그러니까 그냥 이 세트장에 남는 게 어때"라는 크리스토프의 말은 너는 상징계가 지배하는 기표들의 공간에서 결코 벗어날 수 없다는 것을 경고하는 것이다. 씨 헤븐의 공간은 "시니피앙 그물망의 충만하고 완전한 장소", 다시 말해 그곳은 주체가 자리 잡은 곳이며, '씨 헤븐'에 트루먼이라는 주체가 있던 곳은 "언제나 그랬듯이 바로 꿈"[1]이다. 트루먼이 조작된 스튜디오를 벗어나 실재계로 향하는 문으로 들어간 순간은 라캉의 언급대로 '아파니시스aphanisis의 순간' 즉 "사라짐의 운동 속에서 주체가 모습을 나타내는"[2] 순간이며, 그 장소는 의식과 지각을 가르는 공간, 즉 "타자가 위치하는 곳이며 주체가 구성되는 곳"[3]이기도 하다. 결핍의 거세공포증을 넘어서기 위해 트루먼이 문을 열고 들어간 실재계의 공간, 사라짐을 통해 주체가 모습을 나타내는 공간은 다시 그를 타자로 호명하는 시청자의 유희적 응시에 의해 상징계의 공간 밑으로 미끄러진 것이다.

〈트루먼 쇼〉의 마지막은 그런 점에서 주체의 탈주의 순간이면서 타

1. 자크 라캉, 「시니피앙의 그물망에 관하여」, 『세미나』, 맹정현·이수련 옮김, 새물결, 2008, 75. 앞으로 이 책의 인용은 책에 수록된 세미나의 개별 제목을 명시하고, 책 이름과 쪽수만 인용하도록 하겠다. 인용 시에 동일한 책과 논문을 계속해서 인용할 경우에는 두 번째부터는 본문에 쪽수만을 표시하도록 한다.
2. 자크 라캉, 「주체와 타자―소외」, 『세미나』, 314.
3. 자크 라캉, 「시니피앙의 그물망에 관하여」, 『세미나』, 76.

자화의 순간이기도 하다. 미디어의 감시권력을 거부하기 위해 탈주한 상징계 외부의 공간은 실재계의 공간이지만, 그 공간은 주체가 당도하기 직전 미끄러지면서 또 다른 상징계의 공간으로 치환된다. 이는 탈주의 공간이 곧 또 다른 기표의 공간, 즉 결핍의 공간과 서로 겹쳐 있음을 암시한다. 이 영화에서 생산과 결핍의 욕망은 어떤 점에서 동일한 공간을 공유하고 있었던 셈이다. 〈트루먼 쇼〉가 욕망의 '결핍-생산-결핍'이라는 회로를 서사화했다면 〈로스트 하이웨이〉는 역으로 욕망의 '생산-결핍-생산'의 회로를 서사화했다. 〈로스트 하이웨이〉의 욕망 회로의 열쇠 역시 마지막 장면에서 찾을 수 있다. 〈로스트 하이웨이〉의 마지막에는 프레드가 자신의 집 현관 문 초인종 앞에서 "딕 로렌트는 죽었다"라고 말한 뒤 자신을 체포하러 오는 형사들을 피해 차를 타고 고속도로로 질주하는 장면이 나온다. 고속도로를 질주 중인 프레드의 얼굴은 순간 광기어린 고함과 함께 시각적으로 분열되고, 곧 조용하고 평온하게 고속도로의 질주가 이어지면서 영화는 끝난다.

영화의 첫 장면도 "딕 로렌트는 죽었다"로 시작하기 때문에 다분히 순환적 서사를 가지고 있지만, 프레드가 피트로 전환하기 전과 후에 이 동일한 진술은 관객들에게 다른 느낌을 갖게 한다. 프레드는 섹스폰 연주자로서 명성을 얻고 있지만, 성불구로 고통스러워하고 항상 부인 르네의 외도를 의심한다. 그는 아내가 자기 몰래 주변 사람들과 불륜을 저지를 것이라는 불길한 상상을 하면서 클럽에서 연주한다. 그날도 연주가 끝나고 집에 전화를 하다 아내가 없는 것을 알고 의심을 참지 못해 집으로 돌아온 후 아내를 처참하게 죽이고 1급 살인죄로 체포된다.(영화에서는 이 장면이 실제인지 아니면 환상에 불과한 것인지는 분명하게 나타나지는 않는다.) 그러나 경찰의 조사를 받는 프레드는 아무 것도 기억하지 못한다. 감옥에 갇힌 프레드는 심한 두통을 호소하며 약을 줄 것을 요청하지만, 거부당한 채 하루를 보내는데, 그 다음 날 아침 그는 피트라는 젊은 청년으로 변해있게 된다.

당혹스런 경찰은 혐의가 없는 피트를 석방시키고 피트는 가족의 품에 돌아와 안정을 찾은 뒤 다시 자동차 정비소에서 일한다. 피트의 오랜 단골 애디는 자신의 정부 앨리스와 함께 정비소에 나타나고, 앨리스와 피트는 이내 사랑에 빠진다. 앨리스의 외도를 눈치 챈 애디가 피트를 조금씩 압박하자, 앨리스는 피트에게 한몫 챙겨 도망갈 것을 제안한다. 피트는 애디와 연관된 어느 포르노 사업자 프레드의 기억 속에 이 포르노 사업자[4]를 죽이고 총과 돈을 훔쳐 달아난다. 어느 사막과도 같은 황량한 곳에 도착한 피트는 앨리스와 정사를 벌이며 그녀를 갖고 싶다고 간절히 외치지만, 앨리스는 "너는 나를 절대 가질 수 없어"라는 말을 남기고 오두막으로 사라진다. 그 순간 피트는 다시 프레드로 변신하고, 그를 줄곧 따라다녔던 의문의 장물아비의 지시에 따라 '로스트 하이웨이' 호텔에 있는 애디를 납치해 이곳으로 끌고와 죽인 뒤 자신의 집으로 달아난다. 그리고 프레드는 그의 집 앞에서 "딕 로렌트는 죽었다"라고 외치고 다시 고속도로로 무한 도주를 한다.

이 영화는 실재계에서 성 장애에 시달리는 프레드가 상징계에서 성적 에너지를 분출하는 피트로 전환하는 과정을 통해 리비도의 욕망을 억압하는 거대 오이디푸스의 죽음을 선언하는 구도를 가지고 있다. 실재계가 '프레드-르네-딕 로렌트'의 계열이라면, 상징계는 '피트-

---

4. 프레드의 기억 속에 이 포르노 사업자는 자신의 아내 르네와 불륜을 저지르는 사람으로 등장한다.

앨리스-애디'의 계열이다. 이 양 계열을 넘나드는 카메라를 들고 다니는 장물아비 사내는 프레드의 무의식에 잠재해 있는 이드를 상징한다. 영화의 표면적 계열은 성적 욕망의 결핍을 느끼는 프레드에서 성욕이 충만한 피트로 다시 성적 욕망이 결핍된 현실의 프레드로 이행하지만, 심층적으로는 거대 오이디푸스의 억압-리비도의 상징적 저항-반오이디푸스적 탈주라는 의미의 계열을 가진다. 이때 성적 억압에서 자유로워지기를 원하는 상징계는 들뢰즈의 언급대로 "대지의 충만한 신체"가 성적 리비도[5]를 상상하는 꿈의 공장과도 같은 것이지만, 실제로는 시니피앙을 넘어서는 성적 대상을 소유할 수 없는 곳이다. 앨리스가 피트에게 말한 "너는 결코 나를 가질 수 없어"라는 말은 실재계에 존재하는 르네를 너는 결코 소유할 수 없다는 의미일 것이다. 앨리스를 소유할 수 있는 것은 오직 상징계의 타자인 피트에서 실재계의 프레드로 전환될 때만 가능하다. 앨리스는 르네의 시니피앙이기 때문이다. 피트에서 프레드로 변신한 후 프레드는 이드를 상징하는 장물아비에게 "앨리스는 어디 있냐"고 물어보자 장물아비는 "앨리스가 아니라 르네지. 앨리스가 누구야? 그리고 빌어먹을 너는 누구고?"라고 말하는데, 이 장면은 바로 시니피앙이 지배하는 상징계에서 비기표적 실재계로의 복귀를 요청하는 것으로 해석할 수 있다. 들뢰즈에게 상징계, 즉 시니피앙의 욕망이 지배하는 무의식의 세계는 허구의 공간이지만, 라캉에게는 충만한 시니피앙의 공간이다. "오이디푸스

---

5. 들뢰즈에게 욕망하는 기계의 에너지는 '뉴멘numen', '볼룹타스voluptas', 그리고 '리비도 libido'로 나누어진다. '뉴멘'은 등록의 에너지로서 신성하고 비이성적인 초월적 능력을 말하고, '볼룹타스'는 소비의 에너지로 즐거움과 쾌락의 감정을 말하며, '리비도'는 생산의 에너지로 성적인 욕망을 말한다.

와 더불어 이 발견(무의식의 발견-필자)은 하나의 새로운 관념론에 의하여 금방 가리어진다"[6]는 들뢰즈의 언급과 "무의식은 주체가 시니피앙의 효과들을 통해 구성되는 수준에서 말이 주체에 대해 발휘하는 효과들의 총체"[7]라는 라캉의 언급은 무의식에서 상징계의 지위를 서로 대립적인 관점에서 논하고 있다.

욕망에 대한 다른 시각에도 불구하고 이 두 영화는 오이디푸스적인 것과 반오이디푸스적인 것, 상징적인 것과 실재적인 것이 서로 맞물려 있음을 알게 해준다. 이 영화에서 흥미로운 점은 무의식을 작동시키는 욕망의 대립적인 메커니즘, 즉 생산의 공장으로서의 무의식과 충만한 시니피앙으로서의 무의식이 서로 연결되어 있고, 심지어는 서로 중요한 참고체계라는 사실을 암시하고 있다는 점이다. 앨리스가 피트에게 말한 '가질 수 없는 나'는 라캉이 말한 '대상 a'[8]로 해석할 수 있다. 충만한 기표의 미끄러짐의 과정을 통과함으로써 피트는 프레드로 변화하는데, 욕망의 '대상 a'인 앨리스는 상징계의 피트에게는 '가질 수 없는 나'이면서 실재계의 프레드에게는 '가질 수 있는 나'이기도 하다. 앨리스가 르네가 될 때, 프레드는 실재계에서 르네를 성적으로 충만한 '대상 a'로 소유할 수 있는데, 이 소유의 순간은 거대 오이디푸

6. 질 들뢰즈·펠릭스 가타리, 『앙띠 오이디푸스』, 최명관 옮김, 민음사, 1994, 49.
7. 자크 라캉, 「분석가의 현존」, 『세미나』, 192.
8. 라캉은 '대상 a'의 존재를 설명하기 위해 프로이트가 말한 '포르-다' 게임을 예로 든다. "만약 시니피앙이 주체의 첫 번째 낙인이라면 우리는 이러한 대립이 이 경우에 실제로 적용되는 대상, 즉 실패 꾸러미가 바로 주체가 위치하는 지점임을 인정하지 않을 수 없습니다. 우리는 이후에 그 대상을 라캉의 대수학 용어로 소문자 a라 부르게 될 겁니다. 이 놀이 활동 전체는 반복을 상징합니다. 하지만 그것은 단순히 아이의 울음소리에서처럼 엄마에게 돌아와 달라고 호소하는 듯 어떤 욕구의 반복이 아닙니다. 그것은 주체의 분할의 원인이 된 엄마의 떠남을 반복하는 것이지요. 그러한 주체의 분할은 '포르-다fort-da'의 교차놀이를 통해 극복됩니다(「투케와 오토마톤」, 『세미나』, 101).

스 "딕 로렌트"의 죽음을 통해서만 가능하다. 앨리스는 충만한 시니피앙을 가진 '대상 a'이면서, 충만한 시니피앙의 저 너머에 있는 '대상 a'이기도 하다. 언표의 주체인 앨리스와 언표행위의 주체인 르네가 분열되는 지점, 이 지점이 흥미롭게도 라캉이 말하는 분열적인 주체의 순간이면서 동시에 들뢰즈가 말하는 욕망하는 기계가 생산하는 새로운 생성의 순간이기도 하다. 앨리스가 아닌 르네를 소유할 수 있고, 탈주하는 순간은 오로지 프레드가 실재계로 복귀하는 순간이지만, 그 순간은 시니피앙으로 분열된 충만한 타자가 존재하지 않고서는 불가능한 순간인 것이다. 생성의 순간은 분열의 순간을 전제하며 분열의 순간은 생성의 순간을 내재화한다.

분열과 생성이라는 주체형성의 두 시각은 라캉과 들뢰즈 이론의 핵심적인 작동 원리이다. 이 두 이론적 체계는 동시대 주체형성을 이해하는 데 있어 상호보완적인 의미를 갖는다. 정치와 자본, 문화가 만들어놓은 거대한 일상의 상징체계에서 주체들은 자신의 욕망을 얼마나 자율적으로 실현할 수 있을까? 대다수는 상징체계가 생산하는 기표들을 욕망하며 그것이 마치 자신의 욕망인 것처럼 "뛸 듯이 기뻐한다." 주체와 이미지의 동일화 효과는 표상체계를 넘어서는 욕망의 탈주가 얼마나 어려운지를 짐작하게 하며, 욕망의 생성이 표상체계의 회로를 전제하지 않고, 순수하게 실현가능한 것인지에 대한 의문을 달게 한다.

그런 점에서 '결핍으로서의 욕망'과 '생산으로서의 욕망'은 우리 시대의 주체형성의 맥락을 이해하는 데 있어 대립적이거나 배타적이기보다는 교차적인 문제설정이라 할 수 있다. 그동안 주체의 욕망을 설명하는 데 있어서 많은 담론들은 결핍으로서의 욕망과 생산으로서의 욕망을 대립적으로 보았고, 욕망의 주체를 정치적으로 해석하는 데 있어서도 이분법적인 선택이 많았다. 특히 맑스주의 이론에서 라캉의 욕망이론은 실재계를 부정하고, 상징계 안에 안주하는 타자의 욕망을 절대화한다는 점에서 비판받아 왔다. 철저하게 프로이트의 정신분석학에 기초한 라캉의 욕망이론은 프로이트 정신분석학을 가장 맹렬하게 비판했던 들뢰즈와 가타리의 '앙티 오이디푸스'와 대면함으로써 들뢰즈의 욕망이론과 적대적인 이론으로 간주되어 왔다.

그러나 결핍과 생산이라는 욕망의 문제설정은 분명 다른 정치적 함의를 갖는 것은 사실이지만, 결핍과 생산의 작동원리라 할 수 있는 '분열'과 '생성'의 관점은 이론적으로 상보적인 맥락들을 공유한다. 라캉이 주체의 결핍과 타자성을 설명하는 데 동원하는 프로이트의 몇 가지 개념들, 예컨대 충동, 반복, 전이의 관점은 들뢰즈의 '기관 없는 신체'나 '차이와 반복' '내재성의 원칙'을 설명하는 데 있어 구성적 요소들이다. 이는 정치적 주체의 문제설정을 구성하는 과정에서도 '종속'과 '해방'이라는 이분법적인 구도를 넘어서 상당히 의미심장한 이론을 구성할 수 있을 것이다. 이 글은 라캉과 들뢰즈의 주체이론을 서로 대면시키면서, 상징계와 실재계의 경계가 모호하고 상호 침투하는 시대에서 새로운 주체의 복합성의 원리를 탐구하고자 한다.

욕망하는 주체와 오이디푸스

일반적으로 자크 라캉과 질 들뢰즈의 주체이론을 상반되게 해석할 때, 가장 많이 비교되는 개념이 바로 '욕망'이다. 라캉에게 욕망은 "존재에의 결여"이면서 "타자의 욕망"이라면,[9] 들뢰즈에게서 욕망은 "작동하는 생산"이고, "분열자의 욕망"일 것이다. 라캉에게 욕망은 언제나 항상 결핍된 채로 기표에 의해 끊임없이 대체되는 정신분석자의 것이라면, 들뢰즈에게 욕망은 단 한번도 결핍된 적이 없이 기표를 탈영토화하는 분열자의 것이다. '결핍'으로서의 욕망과 '생산'으로서의 욕망이라는 대립적인 해석은 어디에서 근원하는 것일까?

그것은 아마도 무의식과 언어를 바라보는 두 이론가의 상반된 관점에서 비롯된다. 라캉 스스로 밝혔듯이 정신분석학의 임상적 생생함을 구조적 틀로 가두려고 있다는 비판을 받을 정도로 그의 무의식 개념의 대표적인 명제라 할 수 있는 "무의식은 언어처럼 구조화되어 있다"라는 말은 프로이트의 무의식의 개념을 이해하는 데 있어서 언어가 얼마나 중요한가를 단적으로 보여주고 있다. "무의식이 위치하는 곳은 바로 언표행위의 수준이다"라는 라캉의 언급은[10] 프로이트의 무의식의 작동원리를 좀 더 분명하게 설명하기 위해 비유가 아닌 실제적인 차원에서 언어, 특히 기표의 위상을 부각시켰다고 할 수 있는데, 이는 프로이트의 무의식의 원리를 충실히 따르면서 동시에 무의식의 표상체계를 강조함으로써 기존 정신분석학의 이론과 차별화하고 있다.

들뢰즈 역시 라캉과는 다른 각도에서 욕망의 문제를 무의식과 언어와 연결시킨다. 들뢰즈의 '반-정신분석' 이론에서 가장 핵심적인 개념은 '욕망하는 기계'와 '언표행위의 집합적 배치'라 할 수 있다. 들뢰즈 역시 프로이트의 무의식을 그 자체로 위대한 발견으로 보고 있다. 그러나 앞서 잠시 설명했듯이 들뢰즈는 프로이트의 정신분석학이 무의

---

9. 자크 라캉, 「확실성의 주체에 관하여」, 『세미나』, 51, 66.
10. 자크 라캉, 「프로이트의 무의식과 우리의 무의식」, 『세미나』, 46.

식의 세계를 오이디푸스라는 표상체계로 환원하는 것에 반대했다. 정신분석에서 무의식은 오이디푸스라는 상징계의 출현으로 말미암아 거대한 잠재적 에너지의 공간에서 상징적 표상의 공간으로 대체되어 버린 것이다. 그는 "공장으로서의 무의식이 옛날의 극장으로 대체되고, 무의식의 생산단위들 대신에 표상들이 들어서고, 생산적 무의식의 자리에는 이제는 자기를 표현할 줄밖에 모르는 무의식(신화, 비극, 꿈)이 들어섰다"[11]고 비판한다. 라캉의 욕망이론은 프로이트가 말한 오이디푸스의 체계, 즉 거대한 시니피앙의 세계에 의해 주체가 대상을 결핍하고 있음을 강조하지만, 들뢰즈는 욕망은 어떤 대상도 결핍하고 있지 않다고 말한다. 라캉의 욕망의 대상은 시니피앙의 세계에 의해 끊임없이 미끄러져 결핍되어 있다고 보지만, 들뢰즈는 오히려 욕망과 대상은 일체를 이루고 하나의 기계로서 주체와 연결된다고 본다.

들뢰즈가 언급한 언표행위의 집합적 배치도 주체와 언어와의 관계에 있어 라캉의 주장과 대립된다. 간단히 말해 라캉은 주체가 언어를 배우고 사용하는 행위를 상징계로의 진입으로 보는 반면, 들뢰즈는 역으로 언표행위를 상징계를 파괴하는 분열적인 표현기계로 본다. 라캉의 언어학이 시니피앙의 언어학이라면, 들뢰즈는 배치의 언어학이다. 라캉은 프로이트의 언어, 좀 더 확장해서 말하자면 시니피앙으로 수렴되는 표상체계의 힘을 강조하면서 무의식 안에 숨겨진 문자의 권위를 강조한다. 그러한 문자의 권위는 상징계로 진입하기 이전인 상상계 단계부터 어린아이의 시각을 사로잡는다. 라캉은 6개월에서 18개월 사이에 있는 유아가 거울 속에 있는 자신을 보면서 거울에 비친 자신

11. 질 들뢰즈·펠릭스 가타리, 『앙띠 오이디푸스』, 49.

의 이미지를 총체적이고 완전한 것으로 가정하고 뛸 듯이 기뻐한다는 사실은 주체가 이미 처음부터 상징계 속에 던져져 있다는 것을 잘 보여주고 있는 것처럼 보인다"[12]고 언급한다. 거울단계는 하나의 연극으로서 "거울 속에 비친 자신의 이미지에 매혹되어 이미지와 자신을 동일시하려는 주체를 만들어내는 것이고 파편화된 육체의 이미지들로부터 광범위한 범위에 걸쳐있는 일련의 환상들과 관련을 갖는다"(44).

거울단계를 지나 상징계의 단계는 시니피앙이 지배하는 단계로서, 프로이트가 오이디푸스 콤플렉스의 시기라고 말한 것과 일치한다. 라캉은 프로이트의 오이디푸스의 시간을 가족관계로 일반화하지 않고 주체에게 시니피앙의 지위가 확인되는 시간으로 본다. 「무의식에서 문자가 갖는 지위, 또는 프로이트 이후의 이성」에서 라캉은 무의식의 욕망이 기표들의 응축과 대체과정을 통해 어떻게 구조화되는지를 설명한다. 그는 먼저 언어는 사물을 지시하는 것이 아니라 또 다른 의미작용을 만들어낼 뿐이다라는 점을 증명하고자 한다. 기의는 기표로서만 존재할 수 있으며 이때 기표는 필연적으로 기의의 차원에서 행해지는 모든 욕구들을 충족시킨다. 기표는 기의를 재현하는 기능만을 가지고 있다는 환상을 계속 추구하는 한, 문제는 해결되지 않는다. 라캉은 화장실 문 위에 쓰여진 'Ladies'와 'Gentleman'이란 기표를 예를 들면서 이들 기표들의 차이가 얼마나 풍부하게 기의로서의 사회법칙을 규정하는가를 설명한다. 이는 기표가 비물질적이거나 추상적인 형태가 아니라 매우 구체적이며 실제적인 방식으로 기의에 침투한다는 점을 보여준 것이다. 기표들은 의미생성을 위해서 다른 기표 속에

---

12. 자크 라캉, 「주체기능 형성 모형으로서의 거울단계」, 『라캉의 욕망이론』, 민승기 옮김, 문예출판사, 1994, 40.

침투하고 또 다른 기표를 포섭하기도 하며 상대방에게 서로 의존하게 된다. 궁극적으로 기표들은 "차이를 만들어내는 요소로 환원되고 동시에 완결된 체계를 이루려는 목적으로 서로 결합하기도 하는 이중운동을 수행한다. 문자란 통합된 의미를 불가능하게 하고 총체적인 의미를 분산시켜버리는 기표들의 구조"인 것이다. 이러한 사실로부터 우리가 알 수 있는 것은 의미는 어떤 특별한 기표에 의해 만들어지는 것이 아니라 기표들의 연쇄 속에서 비로소 가능해진다는 사실이다. 라캉은 그 이유를 의미화작용을 대신할 만한 어떤 초월적인 기표도 존재할 수 없기 때문으로 들고 있다. 우리가 받아들여야 할 것은 "기의가 끊임없이 기표 아래로 미끄러져갈 뿐이라는 사실"이다.

이에 비해 들뢰즈의 언어이론은 언어가 주체에 의해서 발화될 때 어떻게 배치되는가를 강조한다. 언표행위의 집합적 배치는 차라리 주체를 지워버리려는 시도를 한다. 주체를 지워버리게 하는 것은 언표행위의 복수성의 원리 때문이다.[13] 시니피앙에 의해 지배되는 주체는 사라지고 행위의 집단적 배치로서 욕망의 기계적인 배치만이 있을 뿐이다. 언표행위의 집합적 배치는 "의미화도 주체화도 없"는 언어의 자유로운 생성, 즉 기표화하지 않는 욕망의 감각을 생산한다. 다음의 인용문을 보자.

실제로 **언표행위의 집합적 배치**는 결국 기계적 배치물 속에 곧바로

---

13. 다음의 인용을 보자. "다양은 사실상 실사로서 다양체로서 다뤄져야 한다. 그래야만 주체나 객체, 자연적 실재, 이미지와 세계로서의 〈하나〉와 더 이상 관계 맺지 않게 된다. 리좀 모양의 다양체들은 나무 모양을 한 가짜 다양체들의 정체를 폭로한다. 여기에는 대상 안에 주축 역할을 하는 통일성도 없고, 주체 안에 나뉘는 통일성도 없다"(질 들뢰즈·펠릭스 가타리, 『천의 고원』, 김재인 옮김, 새물결, 2001, 20-21).

기능한다. …리좀은 기호계적 사슬, 권력기호, 예술이나 학문이나 사회투쟁과 관계된 사건들에 끊임없이 연결 접속한다. 기호계적 사슬은 덩이줄기와도 같아서 언어 행위는 물론이고, 지각, 모방, 몸짓, 사유와 같은 매우 잡다한 행위들을 한 덩어리로 모은다. 그 자체로 존재하는 랑그란 없다. 언어의 보편성도 없다. 다만 방언, 사투리, 속어, 전문어들끼리의 경합이 있을 뿐이다. 등질적인 언어 공통체가 없듯이 이상적 발화자-청취자도 없다(19-20).[14]

라캉의 정신분석학에서 대단히 중요한 무의식과 언어의 문제설정은 주체와 대상과의 관계에 개입하는 시니피앙의 힘을 주체형성에 대단히 중요한 요소로 본다는 점에서 들뢰즈의 문제설정과 대비된다. 언표행위에서 주체의 결여와 소실에 대한 입장 역시 상반된 맥락을 유지한다. 라캉이 언표 행위에 따른 주체의 결핍을 시니피앙의 힘의 작용에 따른 결과로 보는 반면, 들뢰즈는 오히려 언표행위가 시니피앙에 결박당한 주체를 지워버림으로써, 개인들의 자유로운 욕망이 발견되는 것으로 본다. 이는 오이디푸스의 상징체계를 작동시키는 남근의 지위와 그것의 기표적 재생산에 대한 입장 차이에서도 발견된다.

프로이트의 오이디푸스 표상 체계를 상징적으로 압축하고 있는 것이 남근이라 할 수 있는데, 라캉은 남근을 주체와 기표의 관계를 나타내는 특권적인 기표로 설명하고 있다. 남근은 자신의 모습을 드러내지 않을 경우에만 그 기능을 다할 수 있다. 즉 어떤 의미와도 결합할 수 있는 숨어있는 기호가 될 때, 그것은 기표로서 기능할 수 있다.

---

14. 인용문 굵은 글씨의 '언표행위의 집합적 배치'는 원래 '언표행위라는 집단적 배치물'로 번역되어 있는데, 논의 전개상 수정했음을 밝힌다.

여기서 숨겨진 남근은 남근의 역할을 할 수 있는 수많은 기표들의 재생산 가능성을 언급한 것이다. 남근의 기표적 재생산은 "어머니에게 결여되어 있는 남근이 되려는 욕망"을 투사한 것으로 욕망을 요구로 치환한 것이다. 이때 치환은 실재 대상에의 소원이라기보다는 남근의 기표에 대한 치환의 욕망을 의미하는 것이다. 남근은 허구적 효과를 일으키는 환상이 아니며 부분대상도 아니다. 남근은 하나의 기표이다. 남근은 기의가 갖는 효과들을 온전히 명명할 수 있는 기표가 되는데, 왜냐하면 기의가 갖는 효과들이 이미 기표에 의해 규제되기 때문이다.[15] 남근은 거세될 때, 기표가 되며 주체는 분열된다. "남근이 기표라면 주체는 타자를 통해서만 남근에 접근할 수 있다. 남근이 타자의 욕망을 조절하는 억압된 기표이기 때문에 주체는 욕망이 타자의 욕망이라는 사실을 인정해야 한다"(269).

이에 반해 들뢰즈는 욕망을 남근의 상징체계로 제한하는 것을 거부함으로써 오이디푸스의 삼각형으로부터의 단절을 주장한다. 그는 욕망은 기계이며, 그 자체로 작동하는 기계적 원리를 가지고 있음을 주장한다. 욕망하는 기계의 등록은 기관 없는 신체가 되고, 이는 앙티 오이디푸스 체계의 결과를 낳는다. 들뢰즈는 '기관 없는 신체'에 두 가지 의미를 부여하는데, 하나는 기관들의 유기적 결합을 말하는 유기체이고, 다른 하나는 구멍으로서의 순수생성이다. 들뢰즈는 모든 기관은 기관으로서 존재하는 것이 아니라 구멍으로서 존재한다고 보았다. 들뢰즈가 '기관 없는 신체'라는 개념을 쓰는 이유는 "기관들에 대립하기 위해서가 아니라 유기체적인 방식의 조직화에 대립하기 위

---

15. 자크 라캉, 「남근의 의미작용」, 『라캉의 욕망이론』, 265.

해서이다."[16] 모든 신체는 유기체가 규정하는 기관들의 부분들의 필연적인 결합으로 한정되는 것이 아니라 무한한 변용역량의 잠재력을 가지고 있는 것이다. 『앙띠 오이디푸스』의 첫 번째 문장을 보자.

그것은 어디서나 작동하고 있다. 때로는 멈춤 없이 때로는 중단되면서 그것은 숨쉬고 뜨거워지고 먹는다. 그것은 똥을 누고 성교를 한다. 어디서나 그것들은 기계들인데, 결코 은유적인 것이 아니다. 연결되고 연접해 있는 기계들의 기계들이다. 하나의 기관기계는 하나의 에너지-원천기계에 연결되어 있다. 하나는 흐름을 보내고 다른 하나는 흐름을 끊는다. 유방은 젖을 생산하는 기계요. 입은 유방에 연결되어 있는 기계다. 우리는 각자 자기의 작은 기계들을 가지고 있다. 에너지 기계에 대해서 기관기계가 있는 것은 언제나 흐름들이 있고, 단절들이 있기 때문이다. 법원장 슈레버는 엉덩이에 태양광선을 지니고 있다.[17]

유기체주의자들은 들뢰즈의 이러한 주장에 대해 인간은 기관들을 통해서 감각하고 욕망하기 때문에 기관 없이는 욕망은 자폐증에 빠질 것이며, 기관들이 없는 신체는 곧 죽게 될 것이라고 경고할지도 모르겠다. 이러한 유기체주의자들의 경고를 군이 무시하고 그가 군이 기관들을 제거한 신체를 욕망의 출발점으로 삼는 이유는 무엇일까? 그 이유는 기관과 신체의 관계를 전체와 부분간의 필연적인 관계로 상정하는 유기체적인 방식의 조직에서는 신체에서 끊임없이 생성되는 새

16. 질 들뢰즈·펠릭스 가타리, 『천개의 고원』, 304.
17. 질 들뢰즈·펠릭스 가타리, 『앙띠 오이디푸스』, 20.

로운 변용능력을 발견할 수 없기 때문이다. "신체를 유기적인 큰 덩어리로 만들려고 기관들과 필연적인 관계를 상정하는 유기체를 거부하는"(483) 이유는 "유기체가 생명이 아니라 생명을 가두기" 때문이다.[18] 들뢰즈가 보기에는 신체는 유기체에 의해서 미리 주어진 기관들로 한정되지 않는 무한한 변용능력을 생성하여야만 자신을 재생하고 보존할 수 있는 것이다.

주체의 욕망을 남근으로 치환되는 시니피앙이 지배하는 타자의 욕망으로 볼 것인가, 아니면 오이디푸스의 삼각형을 지워버리려는 탈주의 욕망으로 볼 것인가 하는 상이한 시각은 프로이트가 히스테리증 환자로 보았던 도라와 편집증 환자로 보았던 법원장 슈레버에 관한 라캉과 들뢰즈의 임상 해석에서 잘 드러난다. 라캉은 프로이트의 오랜 환자였던 소녀 도라의 꿈과 현실에서 당하는 질병의 근원은 아버지에 대한 욕망을 성취하기 위해 스스로를 타자화하는 것에 있다고 본다. 그는 프로이트가 "히스테리증자와 여성동성애자의 욕망의 대상이 무엇인지를 올바로 공식화하지 못"[19]하고 자신의 해석에 대해서 주저하고 결국은 치료를 중단하고 말았다고 말한다. 그는 프로이트가 이 히스테리증자 소녀 도라의 욕망은 대리를 통해 아버지의 욕망을 유지하기 위한 것임을 간파하지 못했다고 보며, 그녀의 꿈에 등장하는 K씨와 K씨 부인과의 관계[20]는 모두 아버지에 대한 욕망을 타자의 지위에

---

18. 질 들뢰즈, 『의미의 논리』, 이정우 옮김, 민음사, 1999, 75.

19. 라캉, 「확실성의 주체에 관하여」, 『세미나』, 65.

20. 프로이트, 『꼬마 한스와 도라』(김재현 옮김, 열린책들, 1997)에 기록된 도라의 꿈은 두 가지 형태로 나타난다. 첫 번째 꿈은 집에 불이 났고, 침대 옆에 서 있던 아빠는 도라를 깨우고, 엄마는 보석상자를 챙기려고 한다. 아빠는 "당신 보석상자 때문에 나와 두 아이들이 불에 타죽을 수는 없소"라고 말하고 가족이 서둘러 바깥으로 나오려는 순간 잠

서 치환하고 싶은 그녀의 욕망이었음을 강조한다.

도라는 아버지가 K씨의 부인에게 구애할 수 있게 두 사람의 은밀한 관계를 노골적으로 방조합니다. 이러한 게임을 통해 그녀가 유지해야 하는 것은 바로 남자의 욕망입니다. 더욱이 관련 인물들 중 한 명인 K씨가 도라에게 당신에게는 관심이 없다가 아니라 내 아내에겐 관심이 없다라고 말하는 순간 도라가 보인 행위화는 다시 말해 그에게 결별의 따귀를 때린 것은 그녀로서 K부인이라는 제3의 요소와 관계를 유지해야 했음을 보여줍니다. 이 제3의 요소는 욕망이 충족되지 않은 상태로 존속되고 있다는 것을 그녀가 확인할 수 있도록 해주는 것이지요. 이때 충족되지 않는 것으로 유지되는 욕망은 그녀가 무능력한 것으로 조장하는 아버지의 욕망뿐 아니라 타자의 욕망으로밖에 실현될 수 없는 그녀 자신의 욕망까지도 포함되는 것입니다 (65).

라캉의 도라 해석은 타자의 욕망으로 프로이트의 오이디푸스 삼각

이 깬다. 두 번째 꿈은 다음과 같다. 도라가 어느 도시를 산책하고 오니 방에 어머니의 편지가 있었다. 그 편지에는 "아빠가 돌아가셨으니 원한다면 집에 와도 좋다"는 내용이다. 그래서 도라는 기차역으로 가서 기차역을 물어 보지만 대답은 항상 "5분"이라고만 들린다. 도라는 기차역을 찾다 숲이 보여 그 숲에 들어가니 한 남자가 있었다. 그는 도라에게 2시간 반이 남았다고 하고, 도라와 함께 가겠다는 그를 뿌리치고 기차역으로 가다 자신이 집에 있음을 발견한다. 하녀가 가족들이 묘지로 떠났다고 말하고 그녀는 자기 방에 들어가 조용히 책을 읽는다. 프로이트는 첫 번째 꿈은 자신에게 구애를 한 K씨가 자신을 덮칠지도 모른다는 두려움이 원인이며, 두 번째 꿈은 아버지에 대한 복수심, 구애를 한 K씨에 대한 불안, 자신에게 사진을 선물한 남자 등등에 얽혀 있는 복잡한 성적 관계가 원인이라고 본다. 이 두 형태의 꿈에서 등장하는 K씨는 실제로 그의 부모와 오래전부터 알던 사이이고 그녀에게 호숫가에서 구애를 한 인물이다. 프로이트의 임상기록에는 K씨의 구애를 받고, 도라는 그에게 따귀를 때리고 도망갔다고 하며, 도라의 아버지는 K씨의 부인과 내연의 관계를 유지했다고 한다.

형을 해석한 것이라고 할 수 있다. 도라의 히스테리 증상의 근원은 도라가 자신의 꿈에 관한 진술에서 자신을 타자화시키는 전략을 통해 아버지에 대한 욕망을 유지하려는 데 있다. 프로이트와 라캉은 도라의 욕망을 모두 오이디푸스 삼각형의 관계 속에서 해명하려 했다. 그러나 라캉은 도라의 히스테리성 증상의 다양한 현상에 대해 명증한 해석을 유보했던 프로이트와 달리 그는 그 주체의 욕망을 타자의 욕망으로 보았다. 이로써 K씨의 부인을 향한 여성동성애자의 욕망은 아버지의 욕망에 대한 도전으로서 인간의 욕망은 타자의 욕망이라는 공식의 정당성을 입증해 준다(66).

다른 임상사례이지만, 프로이트가 해석한 법원장 슈레버 판사에 관한 들뢰즈의 반해석은 라캉의 해석과 대척점을 이룬다. 프로이트는 슈레버 판사를 편집증 환자로 보고 그의 자서전에 기록된 수많은 이야기들이 모두 아버지에 대한 근친상간적 욕망이 억압되었기 때문이라고 본다. 정신분석의 반해석적 지위는 오히려 들뢰즈 가타리의 '분열분석'에서 두드러지게 나타난다. 분열분석은 프로이트의 오이디푸스 삼각형에 대한 반해석이며, 그 자체로 분석과 해석 그리고 치료의 과정을 거부하는 행위이다. 분열분석에서 해석은 무의식과 욕망은 해석의 대상이 아니라 실천과 생산의 대상이라는 것을 보여주는 반해석이다. 정신분석의 해석과 분열분석의 반해석의 차이는 편집증 환자 쉬레버 판사에 대한 상반된 견해에서 잘 드러나 있다. 프로이트는 쉬레버의 전기를 통해 편집증 환자에게 일어나는 무의식 과정을 분석하였다.[21] 프로이트가 보기에 쉬레버의 체계에서 망상의 두 가지 요소는

---

21. 프로이트, 『늑대인간』, 김명희 옮김, 열린책들, 1996 참고.

그가 여자로 변형되는 것과 그가 신과 특별한 관계를 가진 것이라는 두 가지 욕망이다. 쉬레버는 자신의 동성애적 소망의 환상을 쫓아버리기 위해 이런 종류의 피해망상으로 대응하였던 것으로 판단되었다. 말하자면 쉬레버의 편집증은 근친상간에 대한 욕망의 억압에서 비롯된 것이다.

이에 대해 들뢰즈는 "쉬레버처럼 그렇게 풍부하고 특유하고 '신성한' 망상을 왜 아버지란 주체로 환원시키는가?"라고 반문한다. 그는 프로이트가 쉬레버의 역사적, 정치적, 사회적 내용에 대해서는 한마디도 언급하지 않고, 쉬레버의 담론을 성적인 논의와 신화학적 논의로 환원시킨다고 비판한다. 전자는 섹슈얼리티와 가족 콤플렉스를 결합[22]하는 것이고, 후자는 무의식의 생산적인 힘을 '신화들 및 종교들의 교화력들'과 등치시키는 것이다. 프로이트가 쉬레버를 편집증 환자로 보는 반면, 들뢰즈는 그를 정신분열증 환자로 보고 있다. 들뢰즈가 쉬레버를 정신분열증으로 판단하는 이유는 쉬레버의 진술에서 기관들 없는 신체의 흐름들, 육체의 변이들, 생산하는 욕망들을 발견하기 때문이다. 쉬레버 판사는 "오랫동안 위없이 장 없이, 폐도 거의 없이 식도는 찢겨 방광도 없이 늑골이 꺾인 채 살았다. 그는 가끔 자기 자신의 목구멍 살 일부를 뜯어먹었다. 만사가 이런 식이다"(3).

쉬레버 판사의 환상들은 프로이트의 분석대로 오이디푸스 삼각형에 갇히기는커녕 그의 항들과 기능들을 정면으로 돌파한다. "나는 아

---

22. 섹슈얼리티를 가족관계로 환원시키는 일들은 프로이트의 임상 사례에 빈번하게 나타난다. 요컨대 「늑대인간」이나 「매맞는 아이」를 보면 꿈에서 늑대가 자신을 잡아먹는다는 환상이나, 자신이 그리고 다른 아이들이 매를 맞는 환상은 결국은 아버지에 대한 근친상간의 욕망을 드러내는 것으로 프로이트는 보고 있다(프로이트, 『억압, 증후, 그리고 불안』, 황보석 옮김, 열린책들, 1997 참고).

버지를 믿지 않는다. 어머니도. 난 엄마-아빠의 것이 아니다"(14). 들뢰즈는 "나는 내가 여자가 된다고 느낀다" "내가 신이 된다는 것을 느낀다"라는 쉬레버의 환상은 사실은 망상도 환상도 아니며 처음부터 강도들, 생성들, 변이들만이 있을 뿐이라고 말한다. 들뢰즈는 쉬레버의 막대한 정치적, 사회적, 역사적 내용에 관하여는, 마치 리비도가 이런 것들과는 아무 상관도 없는 양, 한마디도 언급되고 있지 않다고 비판한다. 프로이트가 쉬레버를 분석하는 성적 논의는 성욕을 가족 콤플렉스로 용접하는 것이고 신화적인 논의는 무의식의 생산적인 힘을 종교와 합치하는 것이라고 말한다.

지금까지 논의들은 라캉과 들뢰즈의 욕망이론이 프로이트의 무의식과 정신분석학을 얼마나 상반되게 해석하고 있는지를 설명한 것이다. 주지하다시피, 라캉은 프로이트의 정신분석학에 충실하되 그것을 시니피앙과 타자의 관점에서 해석하려 했고, 들뢰즈는 정신분석학의 근본 작동원리라 할 수 있는 오이디푸스 삼각형의 표상체계를 철저하게 비판하면서 해석이 아닌 실천으로서의 분열분석을 제시했다. 그러나 라캉과 들뢰즈의 상반된 해석과 입장에도 불구하고 이들이 동원하고 있는 이론의 근본 원리 속에는 서로 교접해서 독해해야 할 것들이 많다. 비록 이들의 이론을 정치적으로 동일한 입장으로 계열화할 수는 없고, 들뢰즈 스스로 맹렬하게 비판했듯이 프로이트의 정신분석의 이론적 잠재력들을 라캉이 지나치게 기표와 타자의 논리로 축소한 면도 있지만, 주체가 어떻게 구성되고 욕망하고 있는가를 파헤치는 이론적 구성 원리에서는 서로가 서로를 참고할 것들이 많아 보인다. 특히 라캉이 프로이트 정신분석학의 근본 개념들이라 할 수 있는 무의식, 충동, 반복, 전이의 개념들을 설명하는 과정에서 등장하고 있는 주체의 분열과 주체가 대면하고 있는 실재계의 관계들의 문제설정은 들뢰즈의 주체이론과 맞닿아 있는 부분이 많다. 실재계에 접근하기 위한 라캉의 장치들, 예컨대 '대상 a'나 부분충동과 같은 개념들과 들뢰즈의 핵심 개념들, 예컨대 욕망하는 기계, 기관 없는 신체 등과 대면해 보면 들뢰즈가 라캉의 이론들에 빚지고 있음을 알 수 있으며, "들뢰즈의 욕망이론은 스피노자의 개념을 통해 해석된 라캉의 실재계라고 할 수 있다"는 주장도 일리 있다.[23] 또한 라캉이 회화와 이미지, 문학작품을 통해 설명하고 있는 응시와 시선의 문제들은 들뢰즈의 예술이론과 대면해 보면 흥미로운 교접점들이 발견된다. 라캉과 들뢰즈의 이론적 교접점들을 탐구하기 위해 분열과 생성이라는 토픽을 검토해 보자.

분열과 생성

프로이트의 무의식의 구조를 언어의 구조와 등치시키면서 라캉이 실제로 말하고 싶었던 것은 무의식의 본질에 대한 탐구라 할 수 있다. 무의식은 기표의 욕망으로부터 벗어날 수 없고, 타자의 욕망일 수밖에 없는 것은 무의식이 기표 혹은 상징이어서가 아니라 기표 혹은 상징을 관통하지 않고서는 그 세계를 알 수 없다는 점에서이다. 따라서 무의식은 그 자체로 기표와 상징은 아니지만, 그것들이 지배하고 있는 곳으로서 주체가 타자로밖에는 머물러 있을 수밖에 없는 곳이기도 하다. 리캉은 이것을 분열된 주체로 명명하였고, 이 주체의 분열

---

23. 서동욱, 「라깡과 들뢰즈: 들뢰즈의 욕망하는 기계와 라깡의 부분충동—스피노자적 욕망이론의 라깡 해석」, 김상환 외, 『라깡의 재탄생』, 창작과비평사, 2002, 416.

은 언표의 주체와 언표행위의 주체의 분열이라 할 수 있다. 언표와 언표행위의 주체의 분열은 의식의 주체와 무의식의 주체가 기표와 의미 사이에서 분열을 일으키는 것을 말하는데, 이는 언표행위의 내면, 즉 무의식 속에 감추어진 욕망이 언표의 의미화에 저항하기 때문에 생겨나는 것이다. 즉 내가 말한 언표의 실제 욕망은 말해진 언표가 아니라 그 반대라는 것이다. 주체의 욕망이 타자의 욕망이 될 수밖에 없는 것도 이 때문이다.

라캉의 주체의 분열을 프로이트의 정신분석에 충실하게 대입하자면 아마도 충동과 전이가 아닐까 싶다. 라캉이 해석하는 프로이트의 충동 개념은 두 가지 관점에서 설명할 수 있다. 하나는 충동은 욕구가 아니라 욕망이라는 점과, 충동의 목적은 '대상 a'에 있지 않다는 것이다. 예컨대 배고픔이나 갈증을 해소하기 위한 욕구는 현실적인 결여에 대한 요청이지만, 충동을 발생시키는 욕망은 필요의 인과성이나 요청에 의해 행해지는 것이 아닌 항상적인 에너지이다. 충동은 "살아 있는 운동에너지의 모멘트"로서 "언제나 리듬에 따라 움직이는 생물학적인 기능과 결코 동일하게 취급할 수 없"고, "밤낮도 봄가을도 성쇠도 없"는 항상적인 힘이다.[24] 충동의 목표는 또한 대상을 결여하고 있다. 충동의 만족이란 목표에 도달하는 것이 아니라 그것은 하나의 승화로서 우리가 음식물을 먹고 싶은 충동, 섹스를 하고 싶은 충동의 목표는 '대상 a', 즉 음식 그 자체로, 성기 그 자체를 목표로 하고 있는 것이 아니라 먹고 섹스를 하는 주체의 입에 대한 충동이라 할 수 있다. "입이 만족하는 것은 음식 때문이 아닙니다. 그것은 흔히 말하듯

---

24. 자크 라캉, 「충동의 분해」, 『세미나』, 249.

입의 쾌감 때문이지요"(253). "충동에 있어서 대상은 엄밀히 말해 전혀 중요하지 않다는 점을 분명히 알아야 한다. 대상은 충동과는 전혀 무관한 것이다"(254)라는 언급은 충동에서 중요한 것은 기관이지, 대상은 아니라는 점을 분명하게 한다. 라캉은 욕망의 원인으로서 '대상 a', 예컨대 젖가슴이 충동과 관련하여 수행하는 기능을 설명하기 위해 "충동은 그 주위를 맴돈다"(254)는 다소 모호한 말로 설명하고 있는데 여기서 프랑스어 맴돈다^{tour}는 '터닝포인트'와 '속임수'라는 양의적인 의미를 가지고 있다고 덧붙인다. 즉 충동이 대상 주위를 맴도는 것은 대상의 기능전환과 대상에 대한 목표의 기만을 의미한다고 볼 수 있다. 충동을 통한 주체의 욕망은 결국 '입'과 '젖가슴'이라는 대상, 즉 부분대상을 끊임없이 기능을 달리하고, 그 목표를 속일 수 있는 것이라고 말할 수 있다. 라캉은 이것을 충동의 원리로 보고 있는데, 즉 충동은 대상과 대상 사이의 공백, 즉 빈 구멍 안으로 대상을 상실한 채 맴도는 것으로 보고 있다.

여기서 충동의 대상은 사실 프로이트가 말하듯이 어떤 대상에 의해서든 메워질 수 있는 빈 구멍, 공백의 현존일 뿐입니다. 우리는 이러한 대상의 심급을 대상 a라는 상실된 대상의 형태로서만 알 수 있을 뿐이지요. 대상 a는 구강 충동의 기원이 아닙니다. 그것은 최초의 음식물이라는 자격으로 도입된 것이 아닙니다. 대상 a가 도입된 것은 오히려 구강충동이 어떠한 음식물로도 만족될 수 없고, 영원히 상실되어 버린 대상 주위를 맴돌 뿐이기 때문입니다.[25]

25. 자크 라캉, 「부분 충동과 그 회로」, 『세미나』, 277-278.

충동이 대상을 해체한다면, 전이는 대상을 감각화한다. 라캉은 전이가 정동affect으로 제시된다고 말한다.[26] 그는 프로이트의 말을 상기하면서 "전이 경험이 가져다준 커다란 이점 중 하나는 그것을 통해 아마도 소위 진정한 사랑 문제를 심도 있게 다룰 수 있기 때문"(188)이라고 말한다. 전이는 긍정적인 전이와 부정적인 전이가 있는데, 전자는 분석가에게 호감을 갖는 경우이고, 후자는 분석가를 좋지 않게 보는 경우라고 한다. 일반적으로 정신분석에서 전이는 "분석가라는 타자와 맺는 모든 특수한 관계를 구조화한 것"(188)으로 "환자를 치료하는 방식을 지휘"하고 역으로 "환자를 치료하는 방식은 그 개념을 지배"(189)하는 것으로 보지만, 라캉은 이런 식으로 접근해서는 문제를 해결할 수 없다고 말한다. 그렇다면 분석가의 현존을 지시하는 전이는 어떻게 보아야 할까?

라캉이 보기에 전이의 현상에서 가장 중요한 것은 그것이 우리를 무의식의 원초적인 지점에까지 이끌어주기 때문이다. 전이는 반복이나 전위가 아니라 하나의 감정의 속임수인데, 왜냐하면 그것은 무의식의 원초적 지점을 향해가면서도 역설적으로 그곳에 가는 것에 저항하기 때문이다. "전이는 무의식의 소통이 중단되도록 만드는 수단"이고 "전이에 의해 무의식은 닫혀버린다"(197). 라캉은 이것을 전이기능의 모순으로 보았다. 그러나 흥미롭게도 이러한 모순은 주체가 분석가에게 행한 것이지만, 결국은 분석가와는 상관없이 자신의 무의식의 감정을 투사한다. 전이를 통한 정신분석의 효과는 "타자에 대한 주체의 태도를 통해서 소외 효과 속에서 분절"[27]되지만, 그 효과로 인해

---

26. 자크 라캉, 「분석가의 현존」, 『세미나』, 187.
27. 자크 라캉, 「해석에서 전이로」, 『세미나』, 385.

생겨난 전이는 분석가를 속이고 무의식에 저항하면서 결국 자신의 감정을 하나의 시니피앙으로 드러내고 만다. 정신분석학의 임상적인 차원에서 전이는 환자 자신이 과거에 어떤 사람에게 품었던 감정, 사고, 희망을 치료자인 의사에게 전이시키는 것을 말하지만, 전이의 주체의 차원에서는 무의식적인 충동이나 관념을 실제 대상과는 전혀 다른 대체물을 방출하는 현상이다. "전이는 예전에 겪었던 사랑의 속임수의 그림자가 아니지요. 그것은 사랑이 갖는 속임수라는 순수한 기능이 현재 속으로 떨어져 나와 작동하는 것입니다"(385)라는 라캉의 언급에서 우리는 본질적인 것은 해석이 아니라 전이라는 것을 알게 된다.[28] "늑대들에 매혹된 응시가 바로 주체자신"(381)이라는 언급은 전이가 비록 시니피앙으로 인해 자신을 다시 타자로 보게 만드는 감정의 상태라는 점을 시사한다.

그렇다면 라캉이 프로이트 정신분석학에서 그토록 강조했던 주체의 충동과 전이는 들뢰즈의 주체이론과 어떤 연관성을 갖고 있을까? 충동과 전이가 주체의 분열을 야기한다는 점, 즉 '대상 a'의 실재계로 다가갈 수 없게 하는 시니피앙의 표상적인 힘에서 비롯된 것이라는 점에서 표상체계를 거부하는 들뢰즈의 주체이론과 대립적일 수밖에 없다. 그러나 충동과 전이의 작동 메커니즘에서 우리가 발견할 수 있는 '대상 a'를 주체와의 행위 안에서 관계 지움으로써, 그것의 기능전환을 시도하고, 비록 저항하지만 '대상 a'로 다가가기 위해 감정을 드

---

28. 해석은 모든 의미로 열려있지 않다. 해석의 효과는 주체에게서 난센스의 중핵을 분별해내는 것. 해석 자체가 무의미하다고 한 것은 아니다. 해석은 하나의 의미효과이지만, 아무 의미효과나 다 되는 것은 아니다. 해석은 s의 자리에 나타나 시니피앙이 언어 속에서 시니피에라는 효과를 갖게 만드는 관계를 뒤집어 버린다. 해석은 어떤 환원불가능한 시니피앙을 출연시키는 효과를 가지고 있다(「해석에서 전이로」, 379).

러내는 것은 들뢰즈의 '기관 없는 신체'와 '차이와 반복'의 생성원리와 연계해서 시사점이 많다.

충동과 전이가 주체의 분열을 야기할 때, 그것이 비록 시니피앙의 힘에 의해 실재성에 다가갈 수 없다 하더라도, 지속적으로 반복적인 감정의 저항을 시도한다는 점에서 주체 생성의 잠재적인 상응의 요소임을 상상할 수 있을 것이다. 주체의 생성이 어떤 강렬한 감정을 일으킨다는 것은, 그래서 사건의 표면효과를 일으킨다는 것은 어떤 전제된 상징투쟁을 내재화하고 있기 때문이다.

라캉에게 있어 충동과 전이가 정신분석학의 중요한 요소라 할 수 있다면, 주체의 생성을 위한 분열분석의 중요한 개념은 사건과 반복이다. 들뢰즈가 생각하는 의미의 생성은 시니피앙의 표상의 논리[29]를 넘어서 사건의 계열화와 그 계열화로 인해 발생되는 물질성의 표면효과이다. 들뢰즈는 스토아학파에서 말하고 있는 사물의 두 가지 성질에 대해 언급하면서 의미가 어떻게 생성하는지를 고찰한다. 그에 따르면 스토아학파는 첫째, 사물을 "응집력, 물리적 성질, 서로 간의 관계, 능동과 수동, 그리고 '상태state of affairs'를 지닌 물체들"[30]로서 정의한다. 물체들은 오직 현재 속에서만 그 의미를 규정받을 수 있는데, 왜냐하

---

29. 들뢰즈가 말하는 시니피앙의 표상의 사건을 지시하는 명제들은 세 가지 논리 즉 '지시 denotation', '표명manifestation', '의미화signification' 안에 들어있다. 지시는 명제들이 자료들의 외부적 상태와 맺는 관계이고, 표명은 그 명제가 스스로를 말하고 표현하는 사람과 맺는 관계라면, 의미화는 단어가 보편적이고 일반적인 개념들과 맺는 관계, 즉 통사적 연결점들이 개념의 암시들과 맺는 관계이다. 그러나 이것과 별도로 명제들의 네 번째 차원이 있는데 그것이 바로 의미(감각)이다. 의미는 사물들의 표층에서 무형적이고 복합적이며 환원할 수 없는 실체를 가진다(『의미의 논리』, 19). 말하자면 의미란 사건의 계열들을 따라가는 과정에서 가변적이고 생성적이게 되는 것이다.

30. 질 들뢰즈, 『의미의 논리』, 48-49.

면 "살아있는 현재는 행위를 동반할 뿐 아니라 능동태와 수동태를 표현, 측정하는 시간적인 외연이기 때문이다"(49). 이때 살아있는 현재는 물체 사이의 인과관계를 파괴시켜버린다. 오직 현재만이 시간 안에 존재하기 때문에 공간 안에 실재하는 모든 물체들은 서로 간의 관련 하에서, 서로를 위해서 원인일 뿐이다. 둘째, 모든 물체를 원인으로 파악하면서도 그 원인은 전혀 다른 본성을 가진 어떤 것, 즉 효과를 생산해낸다. 들뢰즈는 이 효과들이 물체들이 아니라 비물체적이며, 바로 사건이라고 말한다. 그것은 마치 루이스 캐롤의 『이상한 나라의 앨리스』에서 앨리스가 숲 속에서 만난 체이서 고양이가 형체는 없어지고 미소만 남았을 때를 말한다.

들뢰즈에 따르면 스토아학파가 비물체적인 사건들을 물체의 두께에 대비시킴으로써 의도한 것은 사건의 '표면효과surface effect' 때문이다. 사건의 표면효과는 물체의 생성적 시간에서 발견되는 플라톤적 이데아의 초월적 형상을 전복시킨다. "이제 모든 것이 표면 위로 올라온다. 그것이 스토아학파의 작업이 가져온 결과들이다. 무규정적인 것이 올라온다. 미친 듯한 생성, 무규정적인 생성은 더 이상 바닥에서 으르렁거리지만은 않는다. 그것은 표면으로 올라와 되돌릴 수 없는 존재가 된다"(55). 들뢰즈에게 생성은 '상태be' 아닌 사건 속에서 되어감being이다. 사건은 동시적이며 무한한 동일성을 갖는다. 그는 루이스 캐럴의 『이상한 나라의 앨리스』에서 "앨리스가 이전보다 더 커지는 것과 이후보다 더 작은 채로 있는 것은 동시적이다"(43)라고 말하는데, 이는 생성이 선형적, 일방향적이지 않고 시간과 공간 부피의 양면성을 동시적으로 포함하고 있음을 강조하는 것이다. 들뢰즈는 이를 순수생성이라고 불렀다. 순수생성의 역설은 다름 아닌 무한한 동일성이다. "과거와 미래, 어제와 내일, 더와 덜, 너무와 아직, 능동과 수동, 원인과 결과 등 두 방향으로 동시에 진행되는 무한한 동일성"(46) 말이다.

들뢰즈에게 생성은 무한한 배치의 가능성을 내재화한다. 예컨대 생성은 대상 그 자체에 있는 것이 아니라 대상과 주체 사이의 관계에서 비롯된 것이다. 배치의 생성은 주체와 대상을 절대화하지 않는다. 예컨대 벌과 벌이 꿀을 뽑아내는 서양란의 관계는 서로에게 생성의 계기를 만들어준다. 서양란(오르키데)은 말벌을 의미화함으로써 주체와 대상의 관계를 지워버리고, 서양란은 의미화하는 방식으로 말벌의 이미지를 재생산함으로써 말벌을 흉내낸다. 이는 "서양란의 말벌-되기, 말벌의 서양란-되기가 문제되는데, 이때 이러한 생성들 각각은 한쪽 항을 탈영토화하고 다른 쪽 항을 재영토화한다. 또 이 두 개의 생성은 서로 연쇄되어 있고, 연계되는데, 탈영토화를 항상 더 멀리 밀어붙이는 모든 강렬함들의 순환에 따라 그렇게 한다."[31] 예컨대 매일 아침 스케노포이에테스라는 새가 나뭇잎이라는 표현의 질료를 사용해 자신의 영토를 그리거나, 굴뚝새가 침입자를 막기 위해 노래를 부르거나, 원숭이가 망을 볼 때 선명한 성기를 드러내는 것은 자연의 환경과 리듬 속에서 우리가 발견할 수 있는 무한한 배치의 리트로넬로라 할 수 있다(598).

예컨대 충동은 대상에 있지 않고 대상과 관계된 기관의 욕망과 관련되어 있다는 라캉의 언급은 어떤 점에서 유기체적인 기관을 거부하는 기계적 배치의 기능으로 '기관 없는 신체'의 의미와 맞닿아 있다.

---

31. 질 들뢰즈·펠릭스 가타리, 『천의 고원』, 25.

기관 없는 신체는 유기체로서의 신체의 메커니즘을 거부한다. 그것은 하나의 목적에 종속되는 기관을 거부하며, 기관이 어떤 기계적 배치에 놓여 있느냐에 따라 욕망하는 것이 다르다. 그것은 "강도 높은 강렬한 신체"[32]이면서 기관의 기계적 작동원리를 끊임없이 탈영토화한다. 그것은 "입도 없고, 혀도 없으며 이도 없다. 후두도 식도도 없으며 위도 없다. 배나 항문도 없"는 "유기적이지 않은 생명"(58)으로서 모든 표상의 논리와 동일성의 논리를 거부한다. 그것은 마치 고통스러운 현실을 욕망의 투사로 전환하려는 아르토의 신체[33]이기도 하면서 고통 대신에 고함을, 얼굴 대신에 고기를 표현하려 했던 프란시스 베이컨의 신체이기도 하다.[34]

라캉이 "전이는 전위도 반복도 아니다"라고 말했을 때, 전이의 실제 작동원리는 비록 그것이 시니피앙의 충만한 위엄에 의해 가려져 있을지라도 주체의 욕망을 실질적으로 투사할 수 있는 감성적인 본능에 있음을 간파한 것이다. 동일하지 않은 시니피앙을 생산하는 전이

---

32. 질 들뢰즈·펠릭스 가타리, 『앙띠 오이디푸스』, 57.

33. 다음의 인용문을 보라. "아르토는 다음과 같이 말하였다. 모든 글은 돼지의 똥이다. 즉 문학이 〈존재의 똥과 자기의 언어의 똥을 움푹 패게 하고〉 약한 사람들, 실어증 환자들, 문맹자들을 운반해가는 과정이 되지 않고, 자기를 목적으로 보거나 목적들을 고정시키거나 할 때, 그런 문학은 모두 돼지의 똥이다…아르토는 정신의학을 산산조각 나게 한다. 이것은 그가 정신분열자가 아니기 때문이 아니라, 바로 정신분열자이기 때문이다"(『앙띠 오이디푸스』, 207).

34. 다음 인용문을 보라. "고기에 대한 연민! 고기는 의심할 여지없이 베이컨의 가장 높은 연민의 대상, 영국인이며 아일랜드인인 그의 유일한 연민의 대상이다. 고기는 죽은 살이 아니라, 살아 있는 살의 모든 고통과 색을 지니고 있다. 거기에는 발작적인 고통, 상처받기 쉬운 특성이 있을 뿐 아니라 매력적인 창의력이 있고, 색과 곡예가 있다. 베이컨은 '짐승에 대한 연민'이라고 하지 않고 차라리 '고통 받는 인간은 고기다'라고 말한다. 고기는 인간과 동물의 공통 영역이고, 그들 사이를 구분할 수 없는 영역이다. 고기는 화가가 그의 공포나 연민의 대상과 일체가 되는 바로 그 일이며 그 상태이기조차 하다. 화가는 확실히 도살자다"(질 들뢰즈, 『감각의 논리』, 하태환 옮김, 민음사, 2008, 34).

는 차이를 생산하는 들뢰즈의 반복 개념과 연계될 수 있다고 본다. 들뢰즈의 반복은 차이의 개념과 함께, 재현과 동일성의 논리를 비판하기 위해 동원되는 개념이다. 반복은 동일성을 확증하는 개념이 아니라 오히려 동일성의 균열, 변환을 생산하는 개념이다. 반복을 통해 존재자의 동일성은 사라지고 고정된 정체성도 사라진다. 반복하는 주제는 항상 동일한 규칙을 반복하는 것이 아니라 이질적인 사건들을 생성한다. 들뢰즈의 반복 개념은 개인의 실존적인 지위, 즉 내가 무엇을 하며, 어떤 행동을 하는가에 의미를 구하는 적극적인 행위의 원리로 파악된다. 통상 반복은 의미없고, 동일하고, 가치를 창조하지 않는 것으로 생각한다. 그러나 들뢰즈가 생각하는 반복은 의미를 생성하고, 존재의 다양성을 입증하는 실천적인 힘이다. 적극적이고 능동적인 실천의 힘으로서 반복의 개념을 강조하기 위해 들뢰즈는 두 가지 유형의 반복을 구별하고자 한다. 하나는 오직 추상적인 총체적 결과에만 관련되며, 다른 하나는 작용 중인 원인에만 관련된다. 전자는 정태적인 반복이고 후자는 동태적인 반복이다. 들뢰즈는 후자의 반복 즉 동태적인 반복은 역동적인 질서를 생산하고 이러한 역동적인 질서 안에는 "더 이상 재현적인 성격의 개념이 존재하지 않으며" "창조적인 순수한 역동성"이 존재한다고 말한다.[35] 들뢰즈에게 있어서 역동적인 반복은 차이를 생산하는 주체의 중요한 행위이며, 이는 감정의 변환을 야기하는 능동적인 전이의 순간에 주체가 느끼는 숭고한 감정과도 유사하다.

그렇다면 라캉의 충동/전이와 들뢰즈의 생성/반복은 철학적으로

---

35. 질 들뢰즈, 『차이와 반복』, 김상환 옮김, 민음사, 2004, 67.

그리고 정치적으로 동일한 계열에 있다고 볼 수 있을까? 물론 그렇게 말할 수는 없을 것이다. 전이와 충동의 결과로 야기되는 주체의 분열과 '기관 없는 신체'와 '차이와 반복'으로 야기되는 주체의 생성은 분명 다른 입장을 가지고 있다. 라캉이 그토록 지지했던 정신분석학과 들뢰즈가 그토록 거부했던 정신분석학 개념들의 몇몇 연관성만으로 이론적 상보성을 주장할 수는 없을 것이다. 그러나 주체의 욕망이 기거해 있는 무의식의 작동 원리를 시니피앙의 상징성으로 정교하게 설명하려 했던 라캉의 이론은 주체의 억압에 대한 이론이라기보다는 주체의 억압적 상황에 대한 이론이라는 점에서 억압적인 상징계로부터의 탈주를 시도하려는 들뢰즈의 주체이론과 구조적인 관계에 놓여있다고 볼 수 있다. 주체의 욕망이 분열되는 응시를 전제하지 않는 탈주는 정신분석학의 욕망을 성의 욕망으로 한정할 것인가의 여부를 떠나서 정치적 무정부주의의 한계에 갇힐 수 있으며, 반대로 탈주를 전제하지 않는 응시는 사회적 오이디푸스의 표상체계 안에 갇힐 수 있다. 그렇다면 거대한 상징체계에서 살고 있는 주체는 어떤 혁명적 계기를 발견할 수 있을까?

혁명적 주체의 운명: 응시와 탈주를 넘어서

상징질서와 표상체계가 지배하는 시대에 주체는 어떤 실천적 지위에 놓여있을까? 주체의 욕망의 결핍을 채우는 수많은 시니피앙의 기호들을 소비하면서 주체는 표상의 질서에 안주할 수도 있으며, 아니면 사회적 오이디푸스의 억압질서에서 벗어나 욕망하는 기계로 탈주할 수도 있을 것이다. 이미지로 가득 찬 세상은 라캉의 주체처럼 시선과 응시가 분열되는 시대인 것이다. "나는 한 지점을 보지만, 나는 여러 지점에서 보여지는 응시"[36] "자기 모습을 드러내지 않은 채 무엇보다 우리를 응시되는 존재로 만들어버리는 응시"(118)가 지배하는 세계는 충만한 시니피앙의 세계이지만, 원천적으로 결핍되어 있고, 그래서 쉽게 탈주하기가 어려운 세계이다. 왜냐하면 "응시는 우리의 지평에 나타난 경험의 막다른 골목, 즉 거세불안의 구성적인 결여를 상징하는 것으로서"(115) 주체의 탈영토화를 지연시키는 힘을 가지고 있기 때문이다.

라캉이 주목하는 응시의 관점은 내가 다른 사람에게 보여주는 것이 아니라 타자의 영역에서 나에 의해 보여지는 응시이다.[37] 말하자면 응시의 시점은 주체에게 다시 회귀되는 것이다. 내가 보는 것을 본다는 응시의 시점의 회귀는 수많은 시니피앙의 대체물이라 할 수 있는 미디어와 소비재가 존재하는 시대의 주체의 욕망의 원리를 보여준다. 그것은 타자의 욕망이지만 결국 자신에게 회귀되는 욕망인 것이다. 응시는 엿보고 있는 그를 놀라게 하고 당황하게 하며 수치심을 느끼게 한다. 문제의 응시는 바로 나를 놀라게 하고 수치심을 느끼게 하는 타자의 현전이다(209).

타자의 현전에 대한 가장 적합한 설명으로 라캉이 분석하고 있는 한스 홀바인의 〈대사들〉 그림에 그려진 해골의 형상은 오로지 응시를 통해서만 볼 수 있는 형상이다.[38] 근대적 원근법의 논리를 무너뜨려

---

36. 자크 라캉, 「시선과 응시의 분열」, 『라캉의 욕망이론』, 114.
37. 자크 라캉, 「왜곡된 형상」, 『세미나』, 209.
38. 이는 〈대사들〉에 그려진 일그러진 형상이 사실은 해골이라는 것을 알 수 있게 하는 것이 시각의 차이에 있는 게 아니라 응시에 있다는 것을 강조하는 대목이다. 말하자면 보는 각도가 중요한 게 아니라 주체가 그 그림을 바라보는 자신에 대해 맺는 관계에 있다.

버리는 해골의 형상은 화려한 시니피앙이 진열된 실재계 안에 감추어진 무의식의 세계라 할 만하다. 우리는 응시를 통해서만 실재계 안에 감추어진 끔찍한 해골의 형상을 볼 수 있는데, 이때 응시는 실재계를 내재화하고 있는 상징계의 일면을 볼 수 있게 한다. 응시가 작동되는 시점의 본질은 직선이 아니라 발광점, 빛의 유희, 빛이 발산되는 원천인 빛의 점에 있다. 빛은 직선으로 발산되지만, 그것은 굴절되고 확산되고 넘치고 채워"(223)진다.

상징계에서 타자의 현전을 무시할 수 없는 것은 이런 이유에서이다. 상징계 밖으로 필사적으로 탈주하려는 주체의 욕망이 타자의 현전과 대면할 때, 주체를 둘러싸고 있는 현실, 즉 실재계는 앞서 언급했던 〈트루먼 쇼〉에서처럼 온전하게 주체를 자유롭게 내버려두지 않는다. 우리는 이러한 사례를 들뢰즈가 『소수집단의 문학을 위하여』에서 언급했던 프란츠 카프카의 「변신」에 관한 분석에서 확인할 수 있다. 주인공 그레고르는 어느 날 거대 갑충이 되어버린 자신을 발견하고는 자신의 방안에 갇혀 하루하루를 힘들게 보낼 수밖에 없는 처지에 놓여 있게 되는데, 이때 그에게서 발견되는 성적 욕망은 두 가지 형태로 발전된다. 하나는 그레고르가 모피를 입은 여인의 초상화에 달라붙어서 누이동생 그레테가 비우려는 방에서 무엇이든 지키기 위해 필사적인 노력을 할 때이고, 다른 하나는 그레고르가 그레테의 바이올린의 떨리는 소리에 이끌려 그레테의 목까지 기어오르려고 할 때이다. 들뢰

"주체라는 개념이 등장하고 평면광학이 관심의 대상이었던 바로 그 당시에 홀바인은 주체의 소멸을 보여준다. 주체는 이미지로 구체화된 거세의 형태로 소멸되고 이것은 우리가 근본적인 충동들을 통해서 욕망을 전체적으로 조직할 때, 중심적인 역할을 한다"(자크 라캉, 「왜곡된 형상」, 『라캉의 욕망이론』, 216).

즈는 전자의 욕망을 어머니의 사진 위에서 벌이는 오이디푸스적 조형
적 근친상간으로 명명했고, 후자의 욕망을 누이동생에게서 기묘하게
흘러나오는 작은 음악과 벌이는 분열적 근친상간으로 명명했다. 누이
동생은 어머니를 견제하며 오빠 그레고르를 차지하기 위한 친밀한 애
정을 보이고 그레고르 역시 이렇게 갑충으로 변하지만 않았어도 동생
을 대학에 보낼 수 있었을 거라고 안타까워한다. 그레테는 그를 즐겁
게 해주기 위해 방 전체를 비우고 싶어 하지만, 그레고르는 모피 입은
여인의 그림을 치우지 못하게 한다. 그것이 마치 최후의 탈영토화된
이미지인 양, 그 그림에 달라붙는다. 그녀는 그것을 참지 못한다. 그녀
는 갑충으로 변신한 그레고르를 받아들였고, 그와 마찬가지로 분열적
근친상간을 원하고 있기 때문이다.[39]

어느 날 하숙인들이 모여 누이의 바이올린을 소리를 듣고 그레고르
는 자신도 모르게 누이의 신체 위로 기어오르는데, 이를 본 하숙인들
이 비명을 지르고, 음악은 중단되고 난장판이 된다. 집세를 책임졌던
하숙인들은 떠나고 다시 막막한 생활고에 시달리게 되자, 친밀했던 그
레고르의 누이는 갑충으로 변한 오빠의 존재를 부정하기에 이른다.[40]
들뢰즈는 누이동생의 '변신'이 바로 그레고르에게 치명적인 사과를 던
졌던 아버지의 오이디푸스 삼각형 안으로 침잠한 재-오이디푸스의 사

39. 질 들뢰즈, 『소수집단의 문학을 위하여』, 조한경 옮김, 문학과지성사, 1992, 2장 「거대
오이디푸스」 참고.
40. 다음의 인용문을 보자. "아버지 엄마" 여동생이 먼저 입을 열며 식탁을 내리쳤다. "더
이상은 이렇게 살 순 없어요. 두 분은 어떠신지 모르겠지만, 저는 깨달았어요. 저는 저
런 괴물 앞에서 오빠의 이름을 입 밖에 내고 싶지 않아요. 그러니까 제가 말씀드리고
싶은 건 오직 한 가지 우리가 저것에서 벗어나야 한다는 거예요. 우리는 그동안 저것을
돌보고 참아내기 위해 인간으로서 할 수 있는 일은 다 해봤어요. 우리를 조금이라도 비
난할 수 있는 사람은 아무도 없을 거예요(프란츠 카프카, 「변신」).

례라고 말한다.

한스 홀바인의 그림의 예와 프란츠 카프카의 「변신」의 예는 실재계와 상징계가 명확하게 구별될 수 없음을 적절하게 보여주는 상호 텍스트이다. 응시를 통해서만 실재계의 진실을 볼 수 있으며, 탈영토화하고 싶지만 재영토화될 수밖에 없는 현실은 분명 재현의 공간에서만 적용되는 것은 아닐 것이다. 한스 홀바인의 그림에서 주체가 소멸되는 과정, 변신에서 누이의 목에 기어오르려는 그레고르의 존재, 루이스 캐롤의 『이상한 나라의 앨리스』에서 형태는 사라졌지만 미소만 짓는 체이서 고양이, 프란시스 베이컨에서 모든 유기체적인 신체를 해체하고 감각의 신체를 찾기 위해 스스로 고기가 되고 고함이 되는 초상화의 형상들 사이에서 오이디푸스적인가 아니면 반-오이디푸스인가를 명증하게 구별할 수 있는 것은 오로지 정치적 의식 속에서나 가능할 것이다. 현실의 상황, 즉 라캉이 말한 실재계도 아니고 상징계도 아닌 그것이 항상 응축되어 있고 폭발하기 직전인 잠재적 공간의 상황에서는 상징과 현실의 공간은 주체에게 있어 어느 하나도 지워버릴 수 없는 공간이다. 중요한 것은 이러한 두 공간의 공존 속에서 살고 있는 주체가 어떠한 자신의 삶을 간파할 것인가에 있다.

들뢰즈의 탈주론이 시니피앙의 욕망에 갇혀있는 주체의 현실적 메커니즘을 너무 쉽게 결별할 수 있다고 생각한다면, 라캉의 욕망이론은 주체의 타자의 욕망 안에 잠재되어 있는 표상될 수 없는 욕망의 감각들이 시니피앙의 권위에서 결코 빠져나올 수 없다고 생각한다. 혁명을 원하는 주체들이 탈주를 한다면 어떻게 무엇으로부터 탈주를 해야 하는 것인가? 주체의 욕망이 결핍되어 있다면 그 결핍의 대체과정, 혹은 타자의 현전이 의미를 지연시키는 과정에서 탈주와 혁명의 순간을 찾을 수는 없는 것일까?

들뢰즈 역시 의식적 혁명, 또 하나의 오이디푸스를 건설하는 관료적 혁명에 대해 신랄하게 비판한 바 있고, 라캉 역시 1968년 혁명 당시 '대상 a'가 현실의 지배구조를 해체하는 돌과 최루탄과 같은 기능을 수행한다고 말했다.[41] 물론 라캉과 들뢰즈는 다른 관점에서 주체의 혁명을 말했지만, 우리가 혁명적 주체를 구성하는 과정, 즉 수행성의 원리와 관련해서는 두 이론가의 시각을 모두 수용할 필요가 있음을 알게 된다. 왜냐하면 라캉적 주체에서 발견할 수 있는 표상체계의 상징적 지위들과 그에 반응하는 주체의 무의식은 표상체계로부터 탈주하려는 들뢰즈적 주체에게 현실의 복합성을 인식할 수 있도록 지속적으로 지연시키고 유보시키는 역할을 하기 때문이다. 예컨대 소셜 네트워크와 같은 직접 민주주의의 탈주의 방식 역시 그냥 자연적으로 주어진 것이 아니라는 사실, 즉 그 행위를 항상 착취하고 상징체계 안으로 재-전유하려는 정보 권력이 있음을 주지할 필요가 있는 것이다.

신자유주의를 지배하고 있는 거대한 표상의 체계, 상징계의 세계에서 혁명적 주체가 탈주한다는 것은 직관적인 의식으로 가능한 것은 분명 아닐 것이다. 때로는 혁명적인 시간을 위해 상징 질서에 대한 간파와 표상체계와의 협상, 또 다른 재영토화를 위한 상징적 행위도 요구된다. 이는 혁명적 주체의 형성에서 무의식에 대한 탐구, 그것도 결핍으로서의 무의식과 생산으로서의 무의식에 관한 탐구가 동시에 필요하다는 점을 알려준다. 지배적 표상체계를 전복시킬 수 있는 혁명적인 주체가 순수하게 표상체계로부터 완전히 벗어나는 것이 과연 가능

---

41. 서동욱, 「라깡과 들뢰즈: 들뢰즈의 욕망하는 기계와 라깡의 부분충동—스피노자적 욕망이론의 라깡 해석」, 453 참고.

한가 하는 질문들을 라캉적 주체에 대한 학습을 통해서 던질 수 있다. 새로운 실천적 주체이론을 구성하는 데 있어 라캉과 들뢰즈의 주체이론은 상호보완적일 수 있다. 라캉적 주체는 시니피앙의 체계를 너무 절대화하고 있고, 들뢰즈적 주체는 시니피앙의 힘을 너무 간과하고 있다는 점이 역설적이게도 서로 상반된 두 이론의 연대가 필요한 지점이다. 그것이 정신분석학의 가족관계 안에서 갇히지 않는다는 전제하에서 말이다. (2011)

제7장

—

동물과 인간 사이,
그 철학적 질문들과 문화적 실천

어떤 위대한 철학자에게서도, 플라톤부터 하이데거까지
그 누구의 편에서도, 이른바 동물의 문제, 그리고 동물과 인간 사이의
경계 문제가 철학적으로, 그 자체로 제기되지 않았다
— 데리다, 「동물, 그러니까 나인 동물」에서

동물론의 두 가지 테제를 넘어서

이 글은 인간과 동물의 관계에 대한 세 명의 철학자들의 다소 난해한 질문들을 소개하고 나름 해석하여, 그 의미를 문화적 실천으로 전환하려는 기획을 담고 있다. 기실 이 글의 대부분은 그동안 동물에 대한 다양한 논쟁을 이끌었던 주요 이론가들의 글들을 단편적으로 소개하는 데 할애했지만, 궁극적으로 우리 사회에서 동물을 바라보는 관점을 새롭게 정립하는 데 있어 필요한 구성주의적 문제의식을 드러내고자 한다. 동물에 대한 복합적, 구성적 글쓰기는 동물의 종분류학적 입장에서 벗어나 동물이 인간, 자연과 어떤 관계를 맺고, 어떤 사회적 맥락에서 존재하는지를 파악하는 성찰적 글쓰기이다. 이는 마치 푸코가 『광기의 역사』에서 18세기 광기가 질병의 대상으로 편입되

는 과정에 형식주의적인 식물분류학이 개입되었다고 언급[1]하듯이 종 분류학에 따른 인간과 동물의 구분은 이 두 대상 사이의 관계의 복합적이고 구성적 맥락을 기각한다.

동물에 대한 글쓰기는 관계와 맥락의 글쓰기이며, 들뢰즈가 언급했듯이 '되기'라는 생성의 관계를 위한 글쓰기이다. 들뢰즈는 초상화가 프란시스 베이컨에 대해 다음과 같이 말한 바 있다. "머리의 화가이지 얼굴의 화가가 아니다."[2] 얼굴은 인간의 유기체, 즉 "구조화된 공간적 구성"이지만, 머리는 "신체의 뾰족한 끝"(31)으로 신체에 달라붙어 있는 비유기체적 고기이다. 얼굴이 아닌 고기는 고통의 감각, 연민의 감정을 느낄 수 있는 기관 없는 신체이다. 머리-고기에 대한 고통과 연민은 인간과 동물을 하나로 묶어준다. 머리-고기는 인간의 동물되기이다. "고기는 인간과 동물의 공통 영역이고, 그들 사이를 구분할 수 없는 영역이다"(34)라는 들뢰즈의 언급은 감각을 공유하는 "인간의 동물되기"(39)를 역설한다. 인간의 신체 형상이 하나의 점과 구멍으로 빠져나가려고 하는 것, 이것은 초상화가 프란시스 베이컨이 감각을 그리고자 했던 것이며, 그 감각은 유기체적 인간을 넘어서려는 인간의 동물되기, 혹은 동물의 인간되기의 감각이다.

동물은 인간에게 어떤 존재인가? 인간의 육식을 위한 사육의 대상인가? 인간의 곁을 함께 하는 반려의 대상인가? 전생에 죄의 억겁을 짊어진 채 비천하게 살아야하는 윤회의 대상인가? 아니면 인간과 다른 자연의 세계에 살고 있는 독립적인 존재인가? 이 네 가지 문제설정은 동물의 현재적 위치를 모두 설명해 준다. 동물은 인간 육식의 욕

1. 미셸 푸코, 『광기의 역사』, 이규현 옮김, 나남, 2003, 326.
2. 질 들뢰즈, 『감각의 논리』, 하태환 옮김, 민음사, 2008, 39.

구를 위해 대량 사육되는 고기 덩어리에 불과하며, 심지어 자본주의 다국적 음식산업에 의해 고도로 착취되는 상품이다.[3] 그런가하면 동물은 인간의 외로움을 해소하고, 인간의 인간관계를 대신하는 반려동물로 존재한다. 반려동물은 대부분 특정하게 제한된 동물의 종이지만, 동물과 인간의 관계를 새롭게 정립하는 상호관계의 위치에 있다는 점에서 단지 인간의 사교성을 촉진하는 종속적인 타자의 위치에 머무르지는 않는다. 또한 동물은 현존하는 세계의 구성원일 뿐 아니라, 인간 신화의 상징적 아이콘이기도 하면서 종교 원리를 지탱해주는 구성적 요소이다. 동물은 인간 윤리의 긍정과 부정의 대상이기도 하다. 종교와 신화의 장에서 동물은 인간의 종적 우위를 정당화하는 도구이기도 하면서 동시에 생명 그 자체의 소중함을 각인시켜 주는 비인간주의적 생태론의 기원이 된다. 때때로 동물은 인간의 어리석음, 허무함, 이기적 속성을 알게 해주는 숭배와 성찰의 대상이 되기도 한다. 물론 동물의 존재는 인간을 배제한 그 자체로 독립적인 내적 존재성과 외부환경을 가지고 있다. 수없이 관찰해 왔지만, 아직도 모르는 동물만의 고유한 세계를 우리 인간이 모를 뿐이다.

인간의 인식과 감각 저 너머에 있는 동물의 세계를 제외한다면, 인간과 동물의 관계는 사회적 상호작용을 통해서 역사적으로 다양한 형태로 형성되었다. 신화적 관계, 종교 제의적 관계, 경제적 관계, 그리

---

3. 다음의 인용문을 보라. "이제 지역적으로 다양한 특색을 자랑하는 농업은 한 가지 작물만 재배하거나 한 종류의 가축만 기르게 되었고 중앙집권화 되었다. 패스트푸드 산업의 성장은 이러한 경향에 힘을 보탰다. 미국 최대의 쇠고기 구매자는 〈맥도날드〉이다. 1970년대 제품 균일화가 필요하다는 생각에 〈맥도날드〉는 더 이상 여러 공급업자와 거래하지 않기로 결정한다. 그 결과 거대 가축 생산업체들만 〈맥도날드〉와 거래를 유지할 수 있었다"(캐서린 그랜트, 『동물권, 인간의 이기심은 어디까지인가?』, 황성원 옮김, 이후, 2012, 56).

고 최근에 우리 사회에서도 많은 관심을 갖고 있는 반려 관계 등 인간과 동물의 관계는 역사적으로 다양하고 복잡하다. 이러한 구성적 관계를 이해하는 데 있어 동시대 동물론은 인간중심주의 사고에서 벗어나는 방향으로 전개되어 왔다. 이글에서 소개되는 세 명의 이론가, 다나 해러웨이Donna Haraway, 조르조 아감벤Giorgio Agamben, 자크 데리다Jacques Derrida는 지금까지 설명한 인간과 동물의 관계에 대한 새로운 시각들을 각자 자신의 입장에 따라 개진하고 있다. 이들 이론가들의 난해한 주장들을 언급하기에 앞서 전통적인 동물담론에서 제기하는 동물복지론과 동물권리론을 비판적으로 언급하고자 한다. 이는 동물담론의 정형화된 관점을 교정하고, 그것의 사회적, 문화적 실천 영역을 확장하기 위한 우회적 전략이기도 하다.

주지하듯이 전통적인 동물담론은 동물을 최적의 환경에서 자랄 수 있도록 배려하는 공리주의적 입장에 기반한 동물복지론과, 종별 차이와 상관없이 동물의 본래 타고난 내재적 가치를 중시하는 동물권리론으로 양분된다. 동물복지론의 이론적 기초를 제공한 공리주의자 제레미 벤담Jeremy Bentham은 고통과 즐거움을 느낄 수 있는 동물의 존재를 강조한다. 벤담에게 있어 가장 중요한 원칙은 "고통의 최소화"이다. 인간이 동물을 차별하는 것에 반대하는 가장 중요한 기준은 동물이 이성을 가지고 말을 할 수 있는지 여부가 아니라 고통을 느낄 수 있는지에 관한 것이다. 동물이 고통을 느낄 수 있는 존재라면 인간과 동물은 같은 존재이며, 동물을 차별해서는 안 된다는 것이 동물복지론의 기본적인 주장이다. 동물복지론자들이 동물의 종별 차이를 차별로 보려는 것에 반대하는 것은 바로 이런 이유에서이다.

동물복지론의 대표적 이론가인 피터 싱어Peter Singer는 종차별주의에 대해 "자기가 속한 구성원들에게는 하지 않을 행동을 다른 종에게 저지르는 행위"[4]로 정의하고 있다. 종차별주의는 "자기가 소속되어 있는 종의 이익을 옹호하면서 다른 종의 이익을 배척하는 편견 또는 왜곡된 태도를 말하기도 한다."[5] 그는 감각을 가진 존재로서 동물은 '윤리적 고려의 대상'이며, 인간에게 '배려와 돌봄의 대상'이라고 말한다. 종차별주의에 대한 반대는 세계의 모든 생물학적, 동물학적 종을 인간의 관점에서 수렴하는 것을 반대하는 것으로 이성, 언어, 사고의 관점을 인간 중심에서 바라보아서는 안 된다는 입장을 견지한다. 진정으로 고려되어야 할 것은 "'감정을 가진 비인간동물이 쾌락과 고통을 느끼는가' 하는 점이고, 인간에게 적용되는 것과 동일하게 동물에게 '동등 배려의 원칙'을 적용하는 것이다."[6] "동등 배려의 원칙"은 인간과 동물의 수평적이고 완전한 평등을 인정하는 것을 의미하는 것이라 인간이 동물에 대한 독립적인 종으로서의 등등한 배려를 의미한다.

공리주의적 동물복지론의 관점은 그런 점에서 인간과 동물의 관계에 있어 인간의 역할을 강조한다. 동물복지론은 인간이 동물에 대하여 행하는 모든 위계적 행위, 예컨대 동물을 먹거나 일에 동원하거나, 애완의 대상으로 보는 것을 원천적으로 거부하지는 않는다. 대신에 그 행위를 가장 윤리적이고 도덕적으로 행사할 것을 주장한다. 피터 싱어는 동물에 대한 대중의 관심을 환기시키는 과정에서 겪는 가장 어려운 것이 '인간 우선'이라는 가정과 동물에 관한 문제는 인간

---

4. 같은 책, 28.
5. 피터 싱어, 『동물해방』, 김성한 옮김, 연암서가, 2012, 35.
6. 박김수진, 「'종차별주의'를 넘어, 피터 싱어와 톰 리건 〈동물권 이야기〉 동물을 바라보는 철학과 사상들 (하)」, 여성주의저널 〈일다〉 홈페이지 참고. http://www.ildaro.com

에 관한 문제만큼 도덕적, 정치적 이슈가 될 수 없다는 가정이라고 말한다.[7] 동물복지론자들은 동물이 고통과 두려움을 가진 존재임을 인정하지만, "인간과 동물 간에는 자연적 위계가 존재하기 때문에 인간이 책임 있는 자세로 동물을 이용하는 것은 문제가 되지 않는다"[8]고 생각한다. 동물복지론자들은 동물을 야만적으로 집단 사육하는 것에 반대하지만, 인간의 육식문화 자체를 반대하지는 않는다. 그들은 또한 동물을 학대하는 것에는 반대하지만, 동물이 인간의 반려동물이자, 즐거움의 대상으로 간주되는 것에 반대하지 않는다. 인간의 육식성을 현실적으로 인정해야 하며, 인간의 종적 특수성의 위치도 고려되어야 한다는 입장이 동물복지론이다.

이에 비해 동물권리론은 동물복지론보다 더 급진적인 관점을 가진다. 동물복지론이 인간과 동물 사이의 평등을 주장한다면, 동물권리론은 인간과 무관하게 동물이 가질 수 있는 내재적인 순수한 권리를 주장한다. 동물권리론이 주장하는 가장 핵심적인 내용은 동물은 그 자체로 고유한 내재적 가치를 가진 존재라는 점이다. 동물은 인간과 대당적인 관점에서 해석되거나 인지될 수 없는 고유한 가치를 가진 종이며, 인간의 도구나 수단이 될 수 없다. 이러한 입장을 통상 미국의 철학자 톰 리건Tom Regan[9]이 제시한 의무론적 권리론으로 부른다. 의무론적 권리론은 동물이 삶의 주체라면 누구나 자신의 본래적 가치를 발현할 도덕적 권리를 가지고 있고, 감각과 고통의 유무와 관계

---

7. 피터 싱어, 앞의 책, 371.
8. 캐서린 그랜트, 앞의 책, 25.
9. Tom Regan, *The Case for Animal Rights* (Berkeley: University of California Press, 1983).

없이 타고난 권리가 있음을 강조한다.[10] 톰 리건은 그의 저서 『동물 권리를 위한 사례』에서 최소한 비인간동물도 도덕적 권리를 가지고 있는데, 그 이유는 동물이 삶으로서의 주체이며, 이러한 권리는 인지되는 것과 관계없이 동물들에게 귀속되기 때문이라고 말한다. 이에 대해 역시 동물권리를 주장하는 마크 롤랜즈Mark Rowlands는 모든 삶으로서의 주체는 내재적인 가치를 가지고 결코 수단으로서가 아닌 그 자체 목적으로 간주되어야 한다고 주장한다.[11] 리건은 삶으로서의 주체인 동물에 대해 다음과 같이 언급하고 있다.

삶으로서 주체는 단지 살아있다는 것, 의식이 있다는 것 이상을 함축한다. 개체들이 삶의 주체라는 것은 그것들이 믿음과 욕망, 지각과 기억, 자신들의 미래를 포함해 미래에 대한 감각을 가지고 있는 한에서 그렇다. 그것들은 쾌락과 고통의 정서들을 가지고 있는 감정의 삶을 보유하며 자신들의 욕망과 목표를 추구하며 행동을 개시할 수 있는 능력을 가지고 있는 한에서 그렇다는 뜻이다.[12]

리건의 입장은 동물도 감각과 의식의 주체라는 것을 명확히 하는 것이다. 동물권리론은 동물복지론의 윤리적 관점이 동물의 내재적 가치론에 근거하기보다는 인간의 도덕의식의 각성에 기초한다는 점을 비판하고 있다. 동물복지론은 삶의 주체로서 동물의 내재적 가치를 온전하게 인정하지 않는다는 것이다. 동물복지론에서 윤리는 동물을

---

10. 캐서린 그랜트, 앞의 책, 32.
11. Mark Rowlands, *Animal Rights: a philosophical defence* (Houndsmills: Macmillan, 1998).
12. Tom Regan, op. cit., 243.

대하는 인간의 윤리를 의미하는 것일 뿐, 동물 그 자체의 윤리를 의미하지는 않는다. 따라서 동물권리를 강하게 주장하는 이들은 야만적인 집단사육 자체를 반대하며, 인간의 식욕을 위해 동물이 죽어가는 현실, 인간의 오락을 위해 동물을 우리에 가두는 방식 자체를 반대한다. 동물의 해방은 인간의 윤리에 의해 조절된 제한된 해방이 아니라 근본적이고 본질적인 해방임을 강조한다. 동물권리운동은 동물복지운동보다 급진적 운동으로서 동물이 누려야 할 보편적 권리를 위한 과격한 집단행동을 주저하지 않는다.

그런데 동물권리운동에 내재한 한 가지 편견은 이 운동이 서양 중심적인 동물이론에 기초해 있다고 생각하는 데 있다. 동물권운동이 "전적으로 서구적인 현상이며, 전 세계인들의 필요와 문화보다는 동물을 더 중시"[13] 한다는 비판을 받기도 하고, 심지어는 "동물의 이익을 증진하는 것은 문화제국주의이며 비서구인들에게 서구적 가치를 강요하는 결과를 낳는다"(40)는 주장도 개진된다. 예컨대 한국의 개고기 문화가 갖는 특수성을 동물권리운동의 입장에서 야만적 행위로 비난하는 것은 서양 중심의 문화제국주의를 강요하는 것이라는 주장 말이다. 캐서린 그랜트는 동물권리운동이 전적으로 미국과 유럽이 주도하는 선진국 형 운동으로 제3세계의 문화현실과 대립할 수 있다는 점을 경고한다. 그러나 다른 한편으로 동물권리운동은 서구의 문화전통과 대립하고 동양의 고유한 종교와 철학 사상에서 유래한다는 주장도 일리가 있다. 서양 기독교 문명의 정신적 기초 중의 하나라 할 수 있는 유대교는 동물에 대한 인간의 정복을 정당화하고 있는 것에

---

13. 캐서린 그랜트, 앞의 책, 40.

비해, 자이나교, 힌두교, 불교 같은 동양의 종교들은 동물을 살생하면 안 되는 소중한 생명으로 다루고 있기 때문이다(43). 힌두교와 자이나교의 전통적인 채식주의 문화나 인도를 포함해 아시아 국가에서 동물을 신성시하는 일상의 관습들은 동물권리운동이 전적으로 서구 중심적인 전통이 아니라는 점을 상기시켜 준다.

이상과 같이 동물복지론이나 동물권리론은 동물담론을 주도하는 두 가지 관점이다. 전자가 평등의 원칙에 기반한 동물의 고통의 최소화를 주장한다면, 후자는 권리의 원칙에 기반한 동물의 내재적 가치를 주장한다. 앞서 설명했듯이 이러한 관점들은 모두 동물담론의 진보성뿐 아니라, 동물운동의 진보성을 지탱해준다. 동물보호운동이나 동물해방운동은 이제 미국과 유럽의 선진국들에서 주도하는 문화만이 아니라 제3세계 국가를 포함해 다른 대륙의 국가들에서도 가장 부상하는 시민문화운동의 형태가 되었다. 그러나 동물담론의 진보성을 담지하며 하나의 생태적 문화운동으로서 부상하는 동물보호 및 권리운동의 이론적 기초라 할 수 있는 동물복지론과 동물권리론은 동물담론 내부의 이론적 진정성과 필요성에도 불구하고 동물과 인간 사이에 대한 좀 더 깊은 철학적 성찰을 추동해내지 못한다. 이들 담론들은 동물과 인간 사이에 대한 충분한 철학적 성찰 없이 동물을 위한 현실문화의 진단과 인간중심주의적 사유, 거대농장이 지배하는 육식 자본주의의 비판에 개입한다. 즉 동물복지론에서의 평등과 동물권리론에서의 권리는 인간과 동물의 사이에 대한 복잡하고도 의미심장한 문제들을 내장하고 있다. 그런 점에서 철학적, 사회적, 문화적 탐색 없이 동물의 복지와 권리를 단순하게 주장할 경우, 인간과 동물의 관계를 이분법적으로 설정할 수 있는 위험을 안고 있다. 동물권리론에 기반한 급진적 동물해방운동이 자칫 인간과 동물 사이의 복합적 경계에 대한 성찰 없이 오로지 목적만을 정당화하는 직접행동에 빠져 다른 사회운동과 연계되지 못하는 한계를 가질 수도 있다. 이제 현실 동물담론의 더 심도 깊은 철학적 성찰을 보충하기 위해 앞서 언급했듯이 세 명의 이론가들이 말하는 "인간과 동물 사이"의 철학적 질문들에 대한 논의를 전개하고자 한다.

종횡단적 사회성으로서 반려동물 인지하기

동물권리운동의 철학적 토대는 인간중심주의에 기반한 서양 근대철학보다는 세계 내 존재하는 모든 생명을 존중하는 동양철학에 더 가까운 것이 사실이다. 서양 근대철학의 근간이라 할 수 있는 데카르트는 일찍이 동물을 인간보다 종적으로 낮은 지위에 있는 하찮은 존재로 구별했다. 이에 비해 동양철학은 동물을 인간과의 관계 속에서 파악하고자 했고, 동물을 생태적 존엄성의 대상으로 인정하고자 했다. 동시대 사회문화 환경에서 동물을 육식과 착취의 대상이 아니라 보호와 배려의 대상으로 인식하는 경향은 분명 미국과 유럽의 선진 국가들이 주도했다고 볼 수 있다. 그러나 개와 고양이 등 인간과 친밀한 반려동물들을 가족의 구성원처럼 키우는 문화가 일상화되어 있는 상황에서 반려동물 문화는 이제 전 지구적 현상으로 등장했다. 반려동물 문화는 역사적으로 오래된 것이지만, 그것이 사회적 이슈로 본격 등장한 것은 크게 두 가지 맥락에서 설명될 수 있다. 첫 번째는 후기 산업사회의 효과로 전통적인 가족문화가 변화하고 핵가족화하면서 탈가족화 현상이 두드러졌고, 도시 안에 살고 있는 외로운 개인들이 반려동물과의 만남을 통해서 비인간적 가족문화를 형성했다는 점이다. 즉 반려동물은 인간의 외로움을 달래주는 삶의 동반자로 인간의 필요에 의해서 선택된 것이다. 두 번째는 반려동물이 인간의 가족문화 안으로 자연스럽게 들어오면서 동물의 사회적 위치에 대한 인식이 바뀔 수밖에 없다는 점, 그리고 그 과정에서 야기되는 수많은 문제들, 예컨대 반려동물 유기, 반려동물 내 위계화, 동물보호운동에 따른 문화충돌의 문제들이 제기되고 있다는 점이다.

최근 한국사회에서도 반려동물이 증가하면서 그에 따른 사회적 문제들이 대두되고 있다. 특히 대중연예인들이 반려동물에 대한 사회적 환기 작용에 큰 역할을 하면서 반려동물을 단순히 개인 일상생활과 가족문화의 구성적인 요소로 간주하지 않고, 비인간동물로서 누려야 할 권리 주체로, 인간과 동등한 위치에서 사회적 돌봄의 대상으로 간주하고 있다. 또한 한국에서 반려동물은 TV 오락프로그램에서 빼놓을 수 없는 인기콘텐츠가 되었다. 이는 자연동물의 세계를 관찰하고 탐색했던 과거의 TV 교양프로그램이나 케이블 채널의 전통적인 동물 다큐멘터리 프로그램과는 다른 맥락을 가진다. 비록 오락적 재현의 한계는 있지만 반려동물과 관련된 TV 프로그램은 반려동물의 다양성, 가족적 친근함, 그리고 그 동물과 관련된 현실적 문제들을 일반인들이 이해하는 데 적지 않은 역할을 했다.

반려동물의 존재와 위치에 대해 가장 중요한 이론적 관점을 제시해주는 사람이 바로 미국의 대표적인 비판 구성주의 페미니스트 다나 해러웨이Donna Haraway이다. 1985년에 발표한 『사이보그 선언』으로 유명한 해러웨이는 2003년에 『반려동물 선언』을 발표하면서 반려동물 문화에 논쟁을 일으켰다. 해러웨이의 이론은 인간의 심심함을 메워

주는 대상으로 반려동물을 조악하게 이해하는 수준을 넘어 반려동물의 관계와 존재에 대해 새로운 관점을 제시했다. 해러웨이는 이 선언문에서 인간과 반려동물의 관계를 서로 공생co-habitation, 공진화co-evolution하는 자연문화natureculture의 형성으로 설명하고자 한다. 그녀가 언급하는 자연문화는 인간, 동물, 자연이라는 근대적 구분법에서 벗어나 인간 중심의 사회문화, 인간과 별개의 원시적 동물문화의 경계를 허무는 인지적, 문화적 실천을 상상하는 것이다. 자연문화는 자연과 문화, 인간과 동물의 선택적, 도덕적 결합이 아닌 진화하는 사회의 실체로서, 종횡단적 사회성cross-species sociality이란 성격을 표방한다. 종횡단적 사회성은 종과 종의 경계를 허무는 사회적 성격을 상상하는 것이며, 기술, 인간, 동물의 사회적인 경계를 해체하고 재구성하는 새로운 형태의 자연문화를 형성하길 요청한다. 해러웨이가 두 개의 선언문에서 제시한 사이보그와 반려동물은 인간의 양극단에 존재하는 것이 아니다. 그것들은 "현재의 생활세계에서 살아있는 정치학과 존재론을 충실하게 알려"주며, "인간과 비인간, 유기체와 기술체, 탄소와 실리콘, 자유와 구조, 역사와 신화, 부자와 빈자, 국가와 주체, 다양성과 결핍, 현대성과 포스트현대성, 자연과 문화를 예기치 않게 가져다"[14] 주는 인간의 사이, 혹은 횡단의 구멍들이다.

해러웨이는 『반려동물 선언』에서 두 가지 질문을 던진다. 첫째는 개-인간의 관계를 진지하게 설정하는 것을 통해서 의미있는 타자성의 활성화에 참여하는 윤리와 정치학을 어떻게 배울 수 있을까 하는 것

14. Donna Haraway, *The Companion Species Manifesto: Dogs, People, And Significant Otherness* (Chicago: Prickly Paradigm Press, 2003), 4. 이후 이 책에서의 인용은 본문에 쪽수를 표시한다.

이고, 둘째는 자연문화에서 개-인간의 세계에 관한 이야기가 어떻게 역사를 확신시킬 수 있는가 하는 것이다(3). 이러한 두 가지 문제의식의 탐구는 반려동물과 산다는 것이 어떤 의미를 가지고 있으며, 역사적으로 어떤 정치적 효과를 생산하는가를 질문하는 것과 같다.

타자의 활성화, 자연문화 내에서 인간-동물 내 역사의 확신이라는 문제의식을 구체화하기 위해 해러웨이는 공생과 공진화라는 개념을 내세운다. 앞서 설명했듯이, 해러웨이에게 있어 '공생'과 '공진화'는 인간과 반려동물의 관계를 이해하는 주요한 키워드이다. "사이보그와 유사하게, 반려종의 의의는 고정되거나 억제되는 것이 아니라 오히려 항상 전환하고 변화하고 불완전한 것이다."라는 지적[15]은 반려동물과 인간의 관계가 '공생'하면서 '공진화'하는 관계라는 점을 강조하는 것이다. 그렇다면 공생과 공진화를 어떻게 이해해야 할까? 해러웨이는 화이트헤드가 "구체성"을 "이해의 합생a concrescence of prehension"으로 기술한 것에 주목하면서 그가 말하는 구체성은 "실제적인 기회"를 의미한다고 말한다. 이 실제적인 기회들이 개별 존재에 앞서고, 살아있는 현실 속에서 실제적 관계를 형성하게 만든다. "개별 존재들은 그들의 관계에 우선하지 않는다" "이해는 결과들이다"(6)라는 지적은 존재보다는 관계를 더 중시하는 관점을 드러낸다. 다음의 인용문을 보자.

세계는 움직이는 하나의 매듭이다. 생물학적, 문화적 결정론은 잘못 위치지어진 구체성의 심급이라 할 수 있다. 즉 첫째로 "자연"과 "문화"와 같은 임시적이고 지엽적인 추상성을 세계로 오해하고, 둘째 강

---

15. Chris Vanderwees, "Companion Species under Fire: A Defense of Donna Haraway's *The Companion Species Manifesto,*" *Nebula* (June 2009), 74.

력한 잠재력이 예상되는 결과를 이미 존재하는 토대로 오해하는 것을 말한다. 이미 구성된 주체와 대상이란 존재하지 않는다. 단일한 원천도, 통합된 행위자들도, 최종적인 목표도 존재하지 않는다. 주디스 버틀러의 언급대로 오직 "우연한 토대들"만 존재할 뿐이다. 문제의 몸은 결과물이다. 그것은 동물우화집의 대리점, 일종의 관계들, 심지어는 가장 바로크적인 우주학자의 상상물인 타임 트럼프의 수들이다. 나에게는 이것이 반려동물이 의미하는 바이다(6).

『반려동물 선언』은 수없이 많은 실제적 기회들을 이해하는 합생을 통해서만 가능한 친족 요청서라 할 수 있다(9). 실제적인 기회들 속에서 인간과 반려동물들은 공생하고 공진화한다. "반려동물은 공동 구성, 유한성, 불순성, 역사성과 복합성이라는 네 가지 구성 요소들에 관한 것"(16)인데, 이 구성 요소들은 인간과 반려동물의 공진화를 잘 설명해주는 키워드들이다. 해러웨이는 이러한 공생과 공진화의 철학적 사유를 대단히 유쾌한 비유로 설명한다. 어원학적으로 어형변이 metaplasm는 리모델링을 의미하는데, 이 단어를 이용해 개와 인간이 이해하는 세계가 변형되고 있다고 말한다. 예컨대 사육에서 공진화로의 변형은 자연과 문화가 상호작용하여 만들어낸 하나의 리모델링으로 볼 수 있다. 해러웨이는 "동물 진화의 살아있는 역사의 모든 단계가 내부적, 외부적으로 동물에 대량 서식하는 박테리아에 적응하는 과정"(32)인 것처럼 인간의 질병 역시 가축과의 공생을 통해 바이러스에 감염된 결과이다. 어형변이적인 관점에서 예술과 기술이 서로 공진화하듯이, 자연과 문화가 상호작용함으로써 인간과 반려동물도 서로 적응하면서 공진화한다.

해러웨이의 『반려동물 선언』이 궁극적으로 말하고자 하는 것은 인간과 반려동물과의 대당 관계가 아닌 공진화하는 관계이다. 인간도 변화하고 진화하듯이 동물도 스스로 변화하고 진화한다. 그녀는 동물에게 요구되는 것은 인간의 일방적인 동물에 대한 사랑과 배려가 아니라 "존경과 신뢰"(39)이며 이 관계는 자기통제를 위한 반려동물의 훈련 속에서 가능하다고 말한다. 반려동물 역시 인지적인 능력이 요구되는 지속적인 자기훈련이 요구되는 것이다. 흥미로운 사실은 반려동물의 훈련을 인간에 의한 종속적인 행위로 보지 않고 자신의 유한성에 대한 긍정으로 본다는 점이다. 이러한 긍정적인 인식은 자신의 유한성을 부정하려는 인식에서 비롯된다. 반려동물의 이러한 인식은 개들이 인간을 관계 속의 타자로 보게 만든다. "문자 그대로 동물을 의인화해서 동물 신체에 털 달린 인간을 찾는다든지 개의 가치를 서양철학과 정치이론에서 중시되는 권리를 지닌 인간적 주체와 유사성의 기준에서 측정"(51)하는 일들이 벌어질 수 있다.

앞서 언급했듯이 적어도 반려동물에게 있어서 상호주체성의 개념은 형식적인 평등의 권리를 요청하는 것이 아니라 "반려자로서 얼굴을 맞대고 함께 추는 춤에 온 신경을 집중하는"(41) 일종의 훈련을 통해서 가능하다는 점을 주지시킨다. 해러웨이는 반려동물의 권리를 "반려동물 훈련이라는 상하 위계적 훈육에 의해 가능해지는 종횡단적 성취"라는 관점에서 이해하고 있다. 이는 반려동물의 권리가 그냥 주어지는 것은 아니라는 점을 분명히 한다. 마찬가지로 "권리의 기원은 개별적이거나 이전부터 존재하는 범주의 독자성에 있는 것이 아니라 관계의 유지에 있으므로, 개별적 인간도 개들을 훈련함으로써 권리를 획득"(52)할 수 있다.

해러웨이의 이러한 사유는 인간과 반려동물의 공진화가 그냥 주어지는 것이 아니라는 것을 강조하는 것이다. 하나의 가족구성원으로 인간과 반려동물은 "가족만들기"라는 끊임없는 공생, 공진화의 실천을 필요로 한다. 결국 가족이라는 것은 "변형되면서 사라져야만 하는 역사라는 유산의 괴물 뱃속에서 잉태"(96)되기 때문이다. 해러웨이에게 가족은 인간 역사의 산물이 아니라 동물과 기계와의 공생을 통해 변형하면서 소멸하는 자연문화의 유산인 셈이다. 반려동물과의 가족만들기는 결국 "유한한 자연문화를 육화하는"(100) 것이다.

해러웨이가 최종적으로 언급하고자 하는, 반려동물과 가족만들기에 참여하는 자들의 궁극적인 목표인 "유한한 자연문화의 육화"는 단지 반려동물만의 문제를 넘어서 인간의 존재론적 후형질metaplasm의 변이의 가능성을 열어놓는, 일종의 급진적인 포스트휴먼 담론을 제안하는 듯하다. 어떻게 보면 해러웨이의 『반려동물 선언』은 반려동물을 둘러싸고 동물복지론이냐, 동물권리론이냐 하는 동물담론 내부의 형식 논쟁의 수준을 뛰어넘는 그 이상의 의미를 생산한다. 이는 1985년에 쓴 『사이보그 선언』의 문제의식의 연장에 있다고 볼 수 있다. 자연문화의 개념이 자연과 문화의 이분법을 경계하고 그것의 공생과 공진화를 강조하듯이, 사이보그라는 개념 역시 유기체와 기계의 이분법을 넘어서는 것을 기획했기 때문이다. 『사이보그 선언』에서 『반려동물 선언』으로의 이행은 반려동물을 인간의 외로움을 달래주는 도구적 수단으로 간주하려는 일체의 인간중심주의를 버리고, 인간 이후, 혹은 인간을 넘어선 미래의 사회적 관계를 급진적으로 상상한다.

동물화, 혹은 인간화의 개방성

해러웨이가 인간과 반려동물 사이의 끊임없는 종횡단적 사회성을 강조했다면, 조르조 아감벤은 '인간의 동물화'와 '동물의 인간화'라는 신화적 상상력의 복원을 통해 인간과 동물이 서로 개방성the open에 다가가는 것을 강조했다. 인간과 반려동물의 공생관계의 지속적인 과정을 강조한 해러웨이와 달리, 아감벤에게 '개방성'은 인간과 동물이 가진 본래적인 속성이다. 아감벤은 밀라노의 성 암브로시우스 도서관에 있는 13세기 히브리 성서의 마지막 장에 그려진 세밀화 속의 동물들을 언급하면서 종말론적인 동물과 인간의 형상들, 예컨대 독수리부리, 소의 붉은 머리, 사자머리, 당나귀 머리, 표범의 옆모습을 지닌 의인들과, 원숭이 머리를 한 바이올린 연주자들의 형상들은 영지주의, 메시아주의, 그리고 동물의 대우주와 인간의 소우주 유대관계를 의미한다고 해석한다.[16] 아감벤이 보기에 인간의 몸을 가진 동물-머리가 메시아를 기다리는 이스라엘의 생존자를 상징한다면, 그 동물-머리의 도상은 "인간과 동물의 관계가 새로운 형태를 띠고, 인간이 스스로의 동물적 본성과 타협하게 되는" 것을 예견한다. 아감벤은 동물적인 형상과 행위라는 것은 예술과 사랑, 유희처럼, 전쟁, 혁명, 철학과 같은 유한한 인간의 모습을 지울 수 있는, 인간을 행복하게 하는 무한정 보존되는 것과 같다고 본다(6). 동물의 형상은 "예술, 사랑, 유희들이 인간적인 틀을 벗어나 동물적이고 자연적인 행위가 되어 인간을 만족시켜줄 것임을 확인"(7)한다.

16. Giorgio Agamben, *The Open: Man and Animal* (Stanford, Calif.: Stanford University Press, 2002), 1. 이하 이 책에서의 인용은 본문에 그 쪽수를 표시한다.

아감벤은 여기서 인간과 인간의 역사를 "초역사적 주변부ª fringe of ultrahistory"의 관점에서 정의하고자 한다. 그가 말하는 "초역사적 주변부"는 인간 외부의 역사를 의미한다. "초역사적 주변부"의 관점에서 보는 인간의 잔여적 인간성은 호모사피엔스라는 종의 동물적 생존성을 가정하는데, 그것이야말로 인간의 인간성을 지지하는 것임을 아감벤은 간파한다(12). 다음의 인용을 보자.

> 헤겔에 대한 코제브의 독해에서 인간은 생물학적으로 정의된 종이 아니고, 한때 주어진 것이나 모든 것의 실체도 아니다. 오히려 인간은 언제나 이미 내재적 휴지에 의해 절단된 일종의 변증법적 긴장의 장이다. 내재적 휴지란 적어도 가상적이나마 인간의 형태를 한 동물성과 그 안에서 하나의 신체의 형태를 취하는 인간성을 매시간 분리하는 순간이다. 인간은 오직 이러한 긴장 안에서만 역사적으로 존재한다. 인간이 인간인 것은 오로지 그가 자신을 지탱하는 인간의 형상을 한 동물을 초월하고 변형하는 한에서 그렇다. 그리고 오로지 부정의 행동을 통해서 그가 그 자신의 동물성을 마스터링하고 궁극적으로는 그 동물성을 파괴하는 능력을 가지기 때문에 그렇다(12).

아감벤의 이러한 지적은 현대 인간이 동물적 삶이나 자연적 삶을 거부하기보다는 그러한 것들을 적극적으로 지향해야 한다는 점을 강조한다. 그가 보기에 푸코가 말하는 생태권력의 획득은 바로 동물과 자연을 선택하는 인간의 행위에서 비롯된다. 그런 점에서 인간의 인간성humanity은 인간중심주의의 요소라기보다는 애초부터 존재했던 인간의 동물성의 변형된 역사의 결과로 볼 수 있다. 여기서 우리가 주목할 점은 인간^{homo}을 정의하는 데 있어 새로운 관점이 형성될 수 있다는 점이다. 인간의 정의는 인간 내부에서 정의되는 것이 아니라 인간 외부를 통해 정의된다. 그리고 그러한 정의는 인간의 외부를 대립과 정복의 대상으로 설정하는 방식을 통해서가 아니라 상호보완적, 보충적인 관계를 통해서 이루어진다. 18세기까지 서양에서 동물과 인간을 구분하는 척도는 언어였지만, 앵무새의 등장으로 이러한 구분은 무의미하게 되었다. 인간과 동물을 구분하는 구분법은 애초부터 분명하지 않았다. 18세기 스웨덴의 동물학자 리나에우스는 인간은 구성적으로 "인간의 형태를 가진 동물" 즉 "닮아가는 인간"을 의미하는데, 닮아가는 인간이란 인간이 되기 위해 자기 자신을 비인간 안에서 인식해야 하는 것을 말한다(27).

인간의 형태를 한 동물은 닮아가는 인간과 같은 것이며, 이것을 역으로 말한다면, 동물의 형태를 한 인간은 닮아가는 동물과도 같은 것이다. 전자의 명제가 "동물의 인간화"라면, 후자의 명제는 "인간의 동물화"라고 할 수 있다. 역설적으로 인간은 동물의 인간화의 거울과도 같다. 인간을 규정하는 근대적 기준들, 예컨대 인식하는 주체나 말하는 의식적 주체들의 기준들은 아감벤에 따르면, "내부와 외부" "포함과 배제"를 통해서 고대와 현대를 구분하는 기준과 같다(36). 이러한 기준들은 생성의 관점을 무시한다. 인간중심주의 관점에서 보면 인간은 동물의 배타적 외부이며, 동물은 인간의 지배적 외부가 된다. 아감벤은 이러한 근대적 이분법적 기준들, 인간과 동물을 몇 가지 기준과 장치로 구분하는 것에 의문을 제기하고, 이 이분법의 사이의 공간에 주목하며 "인간의 동물화"와 "동물의 인간화" 관점을 제시한다.

인간과 동물을 구분하는 것은 언어이다. 그러나 이것은 인간의 정신물리학적 구조에 이미 내재한 자연적인 것은 아니다. 그것은 오히려 하나의 역사적 산물로서, 인간이나 동물에게 적절하게 할당될 수 없는 그런 것이다. 만일 이러한 요소를 빼앗겼을 때, 인간과 동물의 차이는 사라진다. 만일 차이가 사라지지 않는다면 우리는 말하지 않는 인간을 상상할 수 있는데, 이 인간은 동물에서 인간으로 지나가는 하나의 다리로 기능할 수 있다. 그러나 모든 증거는 이것이 오직 언어에 의한 투영, 말하는 사람의 전제라는 것을 시사한다. 이로써 우리는 항상 인간의 동물화(동물-인간) 아니면, 동물의 인간화(인간-동물)를 획득한다. 동물-인간과 인간-동물은 한쪽으로는 수정될 수 없는 단일 골절의 두 측면이다(36).

다소는 비유적인 아감벤의 이러한 지적은 사실 인간의 원초적 이면, 혹은 동물의 원초적 이면을 눈여겨보자는 뜻을 담고 있다. "말하지 않는 사람은 말하는 사람의 전제"가 된다는 말은 역으로 언어적 동물로서 인간의 전제는 말하지 않는 인간임을 역설하고 있다. 아감벤은 인간과 동물 사이의 이분법적 구분 사이에는 예외가 존재하며, 이 예외적 공간에는 인간적 삶도 아니고 동물적 삶도 아닌 그 자체로 분리되어 있고 배제되어 있는 "발가벗은 삶^{bare life}"(38)이 위치하고 있다고 말한다.

아감벤이 말하는 이러한 발가벗은 삶이 바로 인간과 동물의 이분법을 넘어서는 '사이'의 삶이며, 인간의 동물화, 동물의 인간화로 이행하는 경계의 삶이다. 아감벤은 이 삶의 공간에서 개방성을 찾고 있다. 여기서 개방성은 인간만이 열린 세상을 볼 수 있다고 믿는 은폐된 사고에서 벗어나는 것을 말한다(57). 역설적으로 동물에게서 개방성을 발견할 수 있는 것은 동물이 인간이 보는 열린 세계를 볼 수 없기 때문이다. 하이데거가 지적한대로 생명의 본질은 파괴적인 관찰을 통해 서만 접근 가능하듯이, 삶은 인간이 아무것도 모른다는 것을 인정할 때, 더 풍부하게 열릴 수 있다.

아감벤은 인간의 개방성과 동물의 개방성이 만나는 지점을 하이데 거가 말하는 "심오한 따분함profound boredom"의 두 가지 철학적 관점 을 분석하면서 설명하고자 한다. 첫째, 하이데거에게 있어서 따분함이 란 "텅 빈 채로 남겨진 상태being left empty"(63)로 집중할 일이 없이 동 물처럼 심심함에 매혹된 상태를 말한다. 텅 빈 상태로의 순간은 따분 함을 본질적으로 경험할 수 있는 상태에 있음을 의미한다(64). 심오한 따분함으로 인해 공허함에 남겨진 상태에서 인간은 마치 동물과의 관 계에 있어 과거에는 결코 드러나지 않았던 '타자'로서 본질적인 분열 의 반향처럼 뭔가 떨림이 일어나는데, 바로 이러한 이유 때문에 따분 함을 느끼게 된다. 따분함을 느끼는 인간은 스스로 동물적 매혹에 가 장 근접한 상태에 있음을 발견한다(65). 아감벤에게 있어 따분함이란 결국 동물의 개방성과 인간의 개방성이 만나는 순간을 의미한다.

두 번째는 심오한 따분함의 구조적 순간이 우리로 하여금 동물적 매혹에 근접하게 하고, 나아가 따분함이 그 매혹을 넘어설 수 있는 단계를 명확하게 해준다는 점이다. 이 두 번째 구조적 순간은 현존재 Dasein가 보류되고 유예된 상태를 말한다(66). 현존재가 총체성 속에 있으면 모든 것에 무관심해지고, 스스로를 거부하기 때문에 비활동 적이 되는데 이 비활동성은 구체적인 가능성을 비활성화함으로써 순 수한 가능성을 가능하게 한다. 이 순수한 가능성은 현존재를 자의적 으로 변화가능하게 하는 가능성을 의미한다(67). 이러한 심오한 따분 함의 두 번째 본질적인 특성인 "보류되고 유예된 상태"는 모든 구체적이고 특별한 가능성을 유예하고 보류하는 과정을 통해 모든 것이 원초적으로 가능하다는 것을 숨기지 않고 드러내는 것을 경험하게 된다(67).

결국 아감벤은 하이데거의 현존재의 의미를 언급하면서 인간의 개방성의 조건으로 "심오한 따분함"에 빠지는 두 가지 상태, 즉 텅 빈 채로 남겨진 상태와 유예되고 보류된 상태를 강조한다. 이 상태를 바로 동물적 근접성, 동물적 매혹에 빠진 상태로 볼 수 있다. 아감벤은 인간의 현실적 존재를 인간 외부에서 찾기를 요청하며, 그것은 바로 인간의 동물성을 회복하는 것이라 할 수 있다. 인간의 동물화는 바로 인간의 원초적 회복 그 자체인 것이다. 이는 인간과 동물 사이의 분리를 극복하고 하이데거가 말하는 "내버려 둠letting be", 즉 존재의 외부로 향하는 것을 의미한다. 만일 인간이 어떤 세계를 열 수 있고, 어떤 가능성을 자유롭게 할 수 있다면 그것은 오직 따분함의 경험 속에서 동물이 개방성에 접근할 수 있는 능력disinhibitor과 맺는 관계를 유예시키고 비활성화시킬 수 있기 때문에 그렇다(91).

인간과 동물 사이의 복잡한 철학적 논의가 말하고자 하는 핵심은 인간과 동물을 구분하는 경계라는 것은 보잘 것 없는 것이며, 비인간적 삶을 가치 없는 것으로 여기는 인간중심적인 역사와 그 역사를 생산하는 인류학적 기계들의 장막에 맞서, 인간은 본질적으로 동물과 기계적으로 구분되지 않는다는 점을 강조하는 데 있다.[17] 인간의 개방성을 동물의 따분함에서 찾고자 하는 철학적 사유는 우리에게 인간중심적인 사유에 대한 반성뿐 아니라, 인간의 노동의 본질에 대한 성

17. Stephen Fernandez, "Agamben Notes," *Technepoiesis* 12, February 20, 2012. www.technepoiesis12.wordpress.com

찰, 인간의 생태적 삶에 대한 성찰을 가져다준다. 이에 대한 문제는
결론 부분에서 구체적으로 언급하고자 한다.

인간과 동물의 경계 가로지르기: 발가벗음의 역설과 양가성

종횡단적 사회성으로서의 인간-동물의 공진화를 강조한 해러웨이
와, 동물의 따분함의 매혹을 통해 인간의 개방성을 역설한 아감벤의
철학적 성찰이 인간과 동물 사이의 새로운 관계설정을 요청한 것처럼,
인간과 동물의 발가벗음의 역설과 양가성에서 타자성의 진리를 질문
하는 데리다의 철학적 성찰 역시 같은 문제의식을 갖고 있다. 데리다
의 발가벗음의 역설은 그가 오랫동안 비판했던 로고스중심주의의 해
체를 기획하는 것이다. 이 기획의 중심에 인간의 종속적 타자가 아닌
인간의 양가적 존재로서 동물의 동물성이 자리잡는다. 동물의 동물
성은 인간의 인간성의 성찰에 대한 거울과도 같다. 마리 루이즈 말레
Marie Louise Mallet가 데리다의 책 서문에서 언급했듯이 동물에 대한 데
리다의 질문은 두 가지 모티브를 갖고 있다. 첫째는 철학에서 거의 잊
혀져 있거나 조롱당해 왔던 동물적 삶의 양상에 대한 "연민"의 감정
을 표현하는 것이고, 두 번째는 철학 역사의 사유에서 가장 지속적이
고 집요했던 '철학적 상대성'의 의미를 전통적인 철학적 사유에서 비
껴나간 접근이라 할 수 있는 동물의 이면에 대한 놀라움의 발견을 통
해 간파하는 것이다.[18] 이 두 가지 모티브들은 모두 인간중심주의적

18. Marie-Louise Mallet, "Forward," in *The Animal That Therefore I Am*(by Jacques
Derrida and translated by David Wills) (New York: Fordham University Press,
2008) 참고. 이 글에서 인용된 한국어 번역은 『문화/과학』 76호(2013년 겨울)에 실린

사유에서 벗어나기 위한 예외적 선택의 사례로 동물의 삶을 들여다 보려는 의도를 갖는다. 데리다는 서양의 수많은 주체이론 철학자들의 담론들에 대하여 다음과 같이 지적하고 있다. "보고 있는 동물, 즉 그들을 바라보는 동물의 경험은 그들 담론의 이론적 또는 철학적 건축에서 전혀 고려되지 않았다."[19] 이는 인간중심적인 주체의 시선 문제를 근본적으로 제기하는 것이다.

데리다는 또한 "동물적 삶의 양상에 대한 연민의 감정, 동물의 이면에 대한 놀라움의 발견"을 "발가벗음^{naked}"이란 개념으로 설명하고자 한다. 데리다는 『동물, 그러니까 나인 동물』에서 발가벗음의 역설과 양가성을 통찰하면서 로고스중심주의, 인간중심주의에서 벗어나는 철학적 발견을 시도하고 있다. 발가벗음은 자신의 적나라한 모습을 타자의 동일한 상태를 통해 그 이면을 발견하려는 성찰적 행위를 말한다. 발가벗겨진 인간은 이미 발가벗은 동물을 통해 자신의 존재를 다시 생각한다. 그렇다면 발가벗음의 역설이란 무엇일까? 실제로 자신과 함께 살고 있는 고양이와의 에피소드를 기억하며, 데리다는 먼저 발가벗은 채 동물 앞에 서 있는, 그리고 동물의 시선에 포착된 인간의 곤란함, 부끄러운 상황을 상상해 보라고 한다. "동물의 집요한 응시 앞에, 발가벗은 채 진실된 모습으로 서는 이 곤란한 만남의 원초적인, 단일하고 비교 불가능한 경험"(4)은 원래 발가벗은 동물 앞에서 인간의 발가벗음이 얼마나 부끄러운 것인지를 알게 한다. 다음의 인용문을 보자.

데리다의 동명의 글을 참고하였음을 밝힌다.

19. Jacques Derrida, *The Animal That Therefore I Am*, 13. 이하 인용은 본문에 쪽수를 표시한다.

무엇을 부끄러워하며 누구 앞에서 부끄러워하나요? 짐승처럼 발가 벗고 있는 걸 부끄러워합니다. 비록 이제 내가 검토할 철학자들 중 어느 누구도 이 점에 대해 언급하진 않지만, 일반적으로 사람들은 짐승에 고유한 속성이, 또 마지막 심급에서 짐승과 인간을 구분짓는 것이, 발가벗고 있다는 사실을 알지 못한 채 발가벗고 있다는 사실 이라고 생각합니다. 결국 발가벗고 있지 않다는 것이죠. 그네들의 발 가벗음을 알지 못한다는 것, 한 마디로, 선악에 대한 의식이 없다는 겁니다(4).

데리다는 인간의 고유한 속성 중의 하나가 옷을 입고 있다는 사실 에 있다며, 이 사실이 옷을 입을 필요가 없는 동물과 현실적으로 대 조되는 지점이라고 말한다. 동물은 자신이 발가벗었다고 느끼지 못하 기 때문에 오히려 발가벗지 않았다고 말할 수 있다. 자연 속에서는 어 떤 발가벗음도 존재하지 않게 된다. 동물은 오로지 "발가벗음 속에서 만 실존하는 감수성, 정동, 경험만이 있을 뿐이다"(5). 반면에 인간은 다르다. 인간은 옷을 입는 유일한 동물이다. 데리다의 언급대로 인간 은 자신의 성기를 가리기 위해 옷을 발명한 유일한 존재이다(5). 여기 서 역설이 발견된다. 인간은 발가벗겨질 수 있다는, 즉 부끄러워질 수 있다는 한에서만 인간이다. "자신을 안다는 것은 스스로 부끄러워질 수 있다는 것을 안다"(5)는 것을 의미한다. 그런 점에서 인간이 부끄러 움을 이기기 위해 옷을 입는 것은 사실상 발가벗겨진 상태를 의미한 다. 그것은 자연 속의 동물과 문화 속의 인간의 역설을 의미하기도 한 다. 자연 속에서 발가벗은 상태에 있는 동물에게 어떠한 발가벗음도 없다는 역설은 문화 속에서 발가벗지 않은 인간에게도 동일하게 적용된다. 옷을 입고 있는 인간은 역설적으로 발가벗고 있는 상태라는 역설 말이다.

발가벗음의 역설은 곧바로 발가벗음의 양가성을 생산한다. 이 양가성은 로고스중심주의, 인간중심주의의 경계를 해체하고자 한다. 데리다는 다음과 같은 상태에 대한 철학적 존재의 성찰을 요구한다. "발가벗은 나를 보는 고양이 앞에서 나는 발가벗음에 대한 감각을 가지고 있지 않은 한 마리의 짐승처럼 부끄러워할까요? 아니면 정반대로 발가벗음의 감각을 유지하고 있는 한 인간처럼 부끄러워할까요? 그렇다면 나는 누구일까요?(5)

데리다는 이 질문에 대해 곧바로 명증하게 대답하지는 않지만, 적어도 데카르트적인 동일자로서의 인식적 주체로 인간을 위치 지우려는 사유에 의문을 제기한다. 데리다는 로고스중심주의적인 인간의 위치를 교정시키고자 발가벗은 상태에 있는 인간, 그리고 그 인간을 바라보는 동물이라는 상황을 설정하고 있다. 여기서 중요한 것은 시선의 주체가 동물로 전환되었다는 점이다. "한 동물이 발가벗은 나를 바라본다"(6). "내가 고양이와 놀 때, 내가 고양이에게 시간을 내주는 것이 아니라, 고양이가 내게 시간을 내주는 것인지 누가 알랴"(7)라는 지적은 시선의 주체가 인간이 아니라 동물이라는 점을 강조한다. 그리고 『이상한 나라의 앨리스』에서 앨리스가 두 팔을 감싸 쥐며 플라맹고로 고슴도치를 치려고 할 때, "플라맹고가 몸을 비틀어 그녀의 얼굴을 올려다 보았"(7)을 때, 모든 시선과 행위의 주체도 인간이 아니라 동물이 된다. 주체의 시선의 전환으로 발가벗고 있는 나를 보는 고양이는 "종이나 유의 존재가 아니라 내 일상에서 대체할 수 없는 생명체"(9)가 되며, "모든 개념을 거부하는 하나의 실존"(9)이 된다.

주체의 시선의 전환은 인간의 시선이 동물의 응시를 통해 새로운 관계를 생성하는 것을 가능케 하는데, 데리다는 이 관계의 생성을 "따름과 뒤에 있음"이라는 양가적 언어로 설명하고자 한다. 사실 따름과 뒤에 있음은 같은 말이지만, 주체의 시선에 따라 양가적인 의미를 가지고 있다. "따름"은 앞선 주체에 이끌리는 것을 말하며, "뒤에 있음"은 앞선 주체의 조건 혹은 전제의 상태를 말한다. "따름"과 "뒤에 있음"은 마치 인간과 동물의 시선, 혹은 인간과 동물의 관계의 시공간적 위상을 알게 해주는 양가적 표현이다. 그것이 시공간적 위상의 관계인 이유는 "따름"과 "뒤에 있음"이 직선적, 선형적 관계가 아니라 데리다의 언급대로 곁에 있음, 같이 있음이라는 원환적 관계이기 때문이다(11). 그리하여 인간과 동물 사이의 "응시의 발가벗은 진실"(12)은 다음과 같은 명제를 가능케 한다. 타자의 시선은 응시의 결핍이라기보다는 응시의 충만한 상호보완적 관계의 형성이라는 것. 그것은 동물의 열정이 느껴지는 것과 동물에 대한 인간의 열정이 느껴지는 양가성을 생성한다. 데리다는 이러한 응시의 발가벗음을 마치 태초의 인간과 신과의 관계로까지 해석하고자 한다.

말하지 않고 나를 바라보는 고양이의 시선은 마치 "신의 눈 속 깊숙이 있는" 이런 "보기 위해서"의 심연 앞에서 느끼는 현기증이 내가 고양이 앞에서 고양이와 마주하여 그렇게 발가벗고 있다고 느낄 때, 나를 사로잡은 현기증과 같은 것은 아닌지 궁금해 합니다(16-17).

데리다는 풍부한 고대 신화의 도상적, 서사적 해석을 통해 동물의 동물성이 우리가 통상 이해하고 있는 "짐승스러움—우매함"이나 "야수성-잔인함"과 다른 체계에 있음을 지적한다(40). 동물의 진정한 동물성을 데리다는 "동물말^{Ecce animot}"이라는 개념으로 설명하고자 한다. 동물말은 "종도 아니고 유도 아니며 개체도 아니다." 그것은 "유한한 것들의 생생한 다수성, 환원불가능한 다수성"(41)으로 정의될 수 있다. "동물말"은 어떤 점에서 단지 동물에만 한정될 수 없는 자전적 글쓰기라 할 수 있다. 자전적 글쓰기는 "자기 글쓰기, 살아있는 것의 자기에 대한 자취, 자기에 대한 존재, 살아있는 것의 기억 또는 저장고로서의 자기-정동이나 자기-감염"(47)이라 할 수 있다.

데리다는 결론적으로 발가벗은 인간이 거울을 통해 자신의 모습을 보듯이, 고양이가 자신을 바라볼 때, 그 고양이가 "그 눈 깊은 곳에서, 나의 첫 번째 거울일 수는 없는 걸까"(51) 하는 질문을 던진다. 이는 어떤 로고스적 언어도 불필요한, 응시하는 동물의 눈에 투영된 인간 존재의 깊은 성찰을 질문하는 것과 같다. 인간의 거울과도 같은 동물의 응시에서 인간의 발가벗음의 역설과 양가성의 순간을 포착할 수 있게 된 것이다.

철학적 사유에서 문화적 실천을 상상하기

지금까지 언급한 인간과 동물의 관계에 대한 세 가지 철학적 성찰들은 적어도 내가 생각하기에 세 가지 문화적 실천의 이행의 의미들과 관계하며 그 의미들을 함축하고 있다. 이는 인간중심주의의 또 다른 편향이라 할 수 있는 동물중심주의의 담론 틀에 갇히지 않고 현실 자본주의, 혹은 당대의 신자유주의 체제를 넘어서는 문화적 상상과 맞닿아 있다. 해러웨이, 아감벤, 그리고 데리다 모두 인간과 동물 사이의 단순한 이분법적인 경계를 넘어서는 상호관계성을 강조하고 있지만, 각각의 이론가들이 내세우는 철학적 근거 안에는 서로 다른 문화적 실천으로의 이행을 함축하고 있어 보인다. 문화적 실천의 상상들이 인간과 동물의 관계를 탐구하는 본래의 논점을 흐릴 수 있는 소지가 없지 않지만, 동물담론과 동물의 철학적 질문의 실천 지형들을 기획하는 것이 논점에서 비켜가는 것이 아니라면, 이는 충분히 시도할 수 있는 문화연구의 실천이다. 또한 철학적 사유에서 문화적 실천으로의 이행은 다소 도식적이고 자의적일 수 있지만, 문화연구자로서의 해석적 실천을 담고 있다는 장점도 있다. 이 글이 전형적인 동물담론의 계열에 속하지 않고, 비판적 문화연구의 확장된 담론적 실천의 계열에 속한다면, 아마도 그것은 동물담론의 한계를 넘어서려는 철학적 질문에 대한 문화적 상상 때문일 것이다. 다소 도식적일 수 있을지 모르겠지만, 나는 해러웨이의 종횡단적 사회성의 공진화라는 개념에서 사회적인 것의 진보란 무엇인가 하는 질문을, 아감벤의 동물의 따분함의 이해를 통한 개방성의 발견에서 생태적 삶이 무엇인가 하는 질문을, 데리다의 발가벗음의 역설과 양가성에서 타자의 일상성이란 무엇인가 하는 질문을 던지고 싶다.

먼저 해러웨이 글에서 흥미로운 것은 그녀가 말하는 "공진화하는 자연문화"가 사회적인 것의 진보성을 암시하고 있다는 점이다. 동물과 인간의 공진화를 설명하기 위해 동원된 어형변이, 훈련, 후형질과 같은 개념들은 인간의 기술적 섭생과 육화가 가능해진 현실에서 사회적인 것의 진보가 무엇인지를 새로운 관점에서 제시하고 있는 듯 보인다. 정치적, 이념적 진보를 말하기 전에 먼저 사회적 진보라는 것을 이야기할 때, 우리가 가장 먼저 눈여겨보아야 할 것은 사회체제의 진보가 아니라 사회를 구성하는 주체들의 역능의 변화와 그에 따른 주체의 존재론적 위치, 그리고 그 주체들의 관계의 지속이다. 해러웨이는 인간과 동물의 공진화의 관계를 자연문화의 관점으로 제시하면서 이러한 사회적 진보의 다른 시각을 상상하고 있다. 이는 그녀가 『사이보그 선언문』에서 급진적 페미니즘의 관점을 남녀 대당관계를 뛰어넘는, 여성과 테크놀로지의 공진화 관계로 설명하고자 했듯이, 『반려종 선언』에서도 인간과 동물의 관계를 그 대상으로 한정하지 않고, 자연과 기술의 영역으로 확장하여, 사회적인 것 전체의 공진화를 기획하고 있다.

사회적인 것의 대상은 인간을 넘어 인간과 인간 외부, 주체와 주체 외부로 확장되며, 단순히 확장되는 것만이 아니라 그 관계들의 공생과 진보의 모든 것을 포함한다. 예컨대 해러웨이가 인간과 동물의 공진화를 설명할 때, 일종의 주체의 기능전환을 의미하는 어형변이를 강조하거나, 인간과 동물이 한 가족이 될 때, 훈련과 훈련의 공감의 중요성을 말하는 것은 사회적인 모든 관계로 확장이 가능하다. 또한 주체의 후형질의 변이 가능성은 인간, 동물, 생물, 대지, 기계, 전자코드 등 동시대 사회적 구성 요소들의 공진화를 매개로 한 사회적 진보의 형성 원리를 상상하게 만든다. 예컨대 사회적으로 존재하는 모든 것들의 역능의 활성화와 그러한 역능을 위한 훈련과 교육프로그램의 설계 및 호혜적 배움의 지식생산, 디지털 통섭의 시대 포스트휴먼 사회로 이행하는 사이보그적 실천들이 인간과 동물의 공진화를 강조하는 해러웨이의 글에서 상상 가능한 문화적 실천들이다.

아감벤이 말하는 동물의 따분함에서 인간의 개방성을 발견하자는 의미는 어떻게 문화적으로 이해될 수 있을까? 인간의 동물화라는 이 관점에서 '동물화'는 화폐자본을 위한 노동의 시간에서 벗어나 생태적 삶으로의 이행을 의미화한다고 볼 수 있다. 동물처럼 심심하고 따분한 시간을 보낸다는 것은 인간이 필요 이상의 노동과 필요 이상의 소비에서 벗어나 생태적 삶을 사는 것을 의미한다. 동물의 개방성은 인간의 동물화의 가능성, 잠재성을 전제하는 것인데, 그 가능성과 잠재성은 생태적 삶의 필요조건이자 충분조건이 된다. 동물화의 가능성으로서 생태적 삶의 필요조건이 동물처럼 따분하게 살아가는 일종의 여유있는 일상문화의 시간의 확보라면, 동물화의 잠재성으로 생태적 삶의 충분조건은 과도한 식생활과 문화소비생활을 억제하는 삶의 패턴을 형성하는 것이다.

인간의 동물화 과정은 어떻게 보면, 노동시간의 단축과 자율시간의 확보라는 문제와 맞닿아 있다. 이 문제에 대한 이론적 고찰은 이미 충분히 논의된 바 있고, 이 글의 본래 취지와 많이 비껴가기 때문에 재론할 필요가 없지만, 한 가지 중요한 점은 아감벤이 말하는 동물적 따분함의 두 가지 관점, 즉 텅 빈 채로 남겨진 상태와 유예되고 보류된 상태는 아무 의미없는 시간의 반복을 말하려는 것이 아니라는 점이다. 그것은 아감벤 스스로 언급했듯이 텅 빈 채로 유예하고 보류하는 과정을 통해 모든 것의 가능성을 열어두는 것을 의미한다. 동물적 따분함의 시간은 지금 인간의 억압적, 폭력적 시간을 텅 빈 채로 만드는 시간이자, 그것을 보류하고 유예하는 시간이다. 이 시간의 공백과 유예를 통해 인간의 삶이 동물을 포함해 자연에 개방적인 태도로 향할 수 있도록 문화적 시간을 활성화하는 것이다.

한 가지 주의할 점은 여기서 말하는 문화적 시간은 생태적 삶을 전제로 한다는 점이다. 문화적 시간은 어떤 점에서 동물의 따분한 시간과 대립된다. 특히 소비자본주의, 미디어자본주의가 문화자본을 독점하는 상황에서 인간의 문화소비는 노동의 과다시간 만큼 과도하게 프로그램화되어 있다. 여기서 말하고자 하는 문화적 시간은 과도한 문화적 소비의 시간과는 다르다. 문화적 시간은 자생하고 공유하고 공생하는 문화의 지속을 말한다. 최근 문화담론에서 주목하고 있는 자율주의 문화, 공유문화, 커뮤니티예술, 메이커문화, 문화귀촌운동이 바로 아감벤이 말하는 인간의 동물화의 문화적 해석이자 실천이라 할 수 있다.

동물의 따분함은 최근 주목받는 슬로우 시티의 일상, 채식과 섭생의 일상의 가치와 연계될 수 있다. 생태적 삶의 의미를 찾는 데 있어 문화적 시간만큼 중요한 것이 생태적, 윤리적 식생활이다. 생태적, 윤리적 식생활은 온전한 채식주의를 지향하는 것은 아니지만, 육식산업의 반도덕성에 대한 경고, 육식생활의 윤리적 전환을 요구한다. 육식산업의 반도덕성은 동물의 권리를 박탈할 뿐 아니라 경쟁과 지배의 논리에 따른 육식의 사회적 잉여를 조장한다. 어류를 제외하고 전 세계 매년 도살되는 식용동물은 250억 마리에 이른다.[20] 미국 닭고기 생산업계의 동업자조합인 '전국닭고기협회'에서 발표한 동물복지 지침에 따르면 평균 시장 거래 체중을 가진 닭 한 마리당 96평방인치의 몸을 움직일 공간이 주어져야 하는데, 이 공간은 통상 미국에서 사용하는 복사용지의 크기와 유사할 정도이다.[21] "공장 식 축산업의 성장이 전 세계에서 시사하는 바를, 특히 음식으로 퍼지는 질병, 항생제에 대한 내성, 잠재적 유행병의 문제와 연관지어 고려해 보면, 정말로 모

20. 캐서린 그랜트, 앞의 책, 55.
21. 피터 싱어·짐 메이슨, 『죽음의 밥상』, 함규진 옮김, 산책자, 2008, 41.

골이 송연해진다."[22] 이상과 같이 열거된 과도한 육식생활과 비윤리적인 육식산업의 폐해들은 생태적 삶과 대립된, 생태적 사회 외부의 적대적 요소들이다. 생태적 삶에 있어 육식생활 윤리성은 피할 수 없는 문제이고, 생태적 삶의 태도와 실천에 있어 중요한 인식소이다. 그것은 또한 소비를 줄이고, 건강한 삶을 지속할 수 있다는 점에서 일상의 문화에 개입할 수 있다.

마지막으로 인간과 동물의 발가벗음의 역설을 통해서 타자성을 발견하고자 하는 데리다의 언급들은 본인의 글에서도 비중있게 적시되고 있듯이 자본주의 문화에 좀 더 비판적 관점을 내장하고 있다. 데리다는 자본주의(그는 책에서 자본주의라는 말 대신에 지난 2세기라고 명명한다) 시대에 들어와 전례 없이 동물에게 가해지는 종속을 폭력으로 규정한다. 최근의 유전적, 생물학적, 동물학적 전환의 징후들은 동물에 대한 인간의 자기정의, 자기이해관계, 자기상황과 관련된 것들이다.[23]

무릇 그 징후들은 성경이나 고대 그리스의 동물 희생을 훨씬 넘어서는 것들입니다. 헤커톰(소 백 마리를 희생물로 바치는 것을 표현하는 말인데, 이후 이 표현에는 온갖 은유들이 덧붙여졌지요)을 훨씬 넘어서며, 그리고 사냥, 낚시, 길들이기, 훈련이나 전통적인 동물 에너지의 착취(운반 또는 밭갈이, 수레 끄는 동물들, 말, 소, 순록 등 그리고 경비견, 또 소규모 도살과 동물 실험 등등을 생각해 보세요)를 넘어섭니다. 지난 2세기를 거치면서 동물을 다루는 이 전통적인 방식들이 동물학과 생태학, 생물학, 유전학 등의 지식이 결합하여 이룬 발전으로 완

---

22. 조노선 샤프란, 『동물을 먹는다는 것에 대하여』, 송은주 역, 민음사, 2011, 192.
23. Jacques Derrida, op. cit., 24. 이하 인용은 본문에 그 쪽수를 표시한다.

전히 뒤집혔다는 것은 너무나 명백한 사실입니다. 이러한 지식은 살아 있는 동물인 그 대상 속으로 개입해 들어가고 그 대상 자체를, 또 그 대상의 환경과 세계를 변형하는 기술과 언제나 불가분의 관계에 있지요. 그렇게 이룬 발전이란, 과거와는 전혀 다른 규모의 사육과 조련, 유전학적 실험, 동물 고기의 식용 생산이라 부를 수 있는 것의 산업화, 대규모 인공 수정, 점점 더 대담해지는 게놈 조작 등입니다. 식용 고기의 더 활성화된 생산과 재생산(호르몬, 이종교배, 복제 등)으로 동물을 환원시킬 뿐 아니라 인간의 특정한 존재와 소위 인간적 웰빙에 봉사하게끔 모든 종류의 다른 목적으로 동물을 환원하는 것이 여기에 해당되지요(25).

데리다가 지적하는 동물에 대한 인간의 착취는 나치가 유태인을 가스실에 던져 넣는 것과 마찬가지로, 인간이 동물을 살찌워서 도살장에 보내버리는 폭력을 자행한다. 이는 사회적 약자, 사회적 소수자에 대한 다수자의 폭력의 논리와 같다. "이를테면 나치의 의사와 유전학자들이 인공 수정으로 유태인, 집시, 동성애자들을 과잉생산하고 과잉증식하기로 조직적으로 결정하여, 항상 더 많은 수의 또 더 잘 먹인 이런 사람들이 언제나 증대하는 수로 유전자 실험에 처해지거나 가스나 화염으로 몰살되는"(27) 상상은 인간의 동물에 대한 착취, 산업의 자연에 대한 착취, 다수자가 행하는 소수자에 대한 착취로 대체될 수 있다. 데리다는 이 심각한 상황에 직면해서 고통, 연민, 동정과 같은 파토스의 문제에 귀기울이기를 호소한다. "그 2세기는 불평등한 싸움의 진행 중인 전쟁의 세기입니다. 이 불평등은 언젠가는 역전될 수 있겠지요. 그것은 한편으로 동물의 삶뿐 아니라 동정의 감정까지

침해하는 자들과 다른 한편으로 이 연민에 대한 외면할 수 없는 증언을 들어달라고 호소하는 자들 사이의 전쟁입니다"(29)라는 지적은 동물에 대한 인간의 착취의 현실이 자본주의 육식산업을 포함해 다수자의 폭력에 의한 사회적 지배체제 전체의 문제임을 강조하는 것이다. 인권과 동물권을 보호한다는 점에서 채식주의는 가장 급진적인 정치활동이라는 주장[24]도 채식주의가 채식주의자들만의 문제가 아니라, 사회 구성원 모두의 문제로 공유해야 한다는 점을 역설한다.

사회적 소수자들은 인간의 문제만은 아니다. 그것은 인간의 문제를 넘어, 동물, 식물, 자연, 세계를 구성하는 모든 소수적인 것들의 문제이다. 데리다의 정치철학적 전환의 담론들은 인간을 넘어서는 확장된 타자의 문제를 제기하고, 사회를 구성하는 모든 소수자들의 일상에 관심을 갖기를 촉구한다. 데리다가 자신의 집에서 키우는 고양이와 발가벗은 채로 마주 대하고 있듯이, 말하지 않은 고양이의 눈에서 타자의 시선과 말의 의미를 간파할 수 있듯이, 일상 속에서 타자의 시선, 타자의 침묵의 말을 기억해야 한다. 이것은 전적으로 소수자 문화의 문제이다. (2013)

24. 김우열, 『채식의 유혹』, 퍼플카우, 2012, 197.

제8장

비평전쟁 시대의
메타비평 메니페스토

비평전쟁: '기생'으로서 비평, '좀비'로서의 비평가

작년 문학장에 가장 큰 파장을 몰고 온 신경숙 표절 논란은 우리 시대 비평의 기능과 비평가의 위상을 다시 질문하게 만들었다. 신경숙 표절은 일차적으로는 창작의 장에 국한되지만, 표절의 문제를 제기하고, 문학권력의 논쟁을 일으키며, 문학장에 대안을 제시하려는 연속된 토론의 과정에서 표절의 국면은 창작의 장에서 비평의 장으로 이행하였다. 표절은 창작의 장에 속하지만, 표절과 관련된 사회적 논란은 비평의 장에 속한다. 표절은 소설가가 했지만, 논쟁은 비평가가 하고, 변화의 책임도 비평가가 진다. 물론 창작자들 내부에 변화가 없는 것은 아니긴 하지만 말이다.[1] 역설적이게도 신경숙 표절의 내면화와 문학장의 침묵에 비평이 책임을 부인할 수 없다면, 신경숙 표절의 공론화와 그로 인한 문학권력의 논쟁에 비평의 역할과 위상은 매우 모순적이다. 비평이 표절의 내면화를 한동안 방치했다가, 정작 어느 소설가에 의해 공론화되자, 표절의 진위 여부와 문학권력의 논란에서 심판자 역할을 하려는 것, 그것은 비평이 현재 처한 모순적인 위상을 드러낸다. 표절의 내면화는 사실 지배적 문학장의 지배적 논리로서 문학권력의 재생산에 동원되는 '창작-비평'의 동맹관계 속에서 형성되기 때문에 더욱 문제적이다. 정확히 말하면 비평은 표절의 내면화를 위해 침묵했다기보다는 그것이 마치 부재한 듯 보이려고 다른 토픽으로 이행하며 활발하게 활동한 셈이다. 예컨대 문학 이념과 창작 실천의 대립을 떠나 자신의 문학장을 지키기 위해 이른바 '신경숙 문학시장'으로부터 자유로울 수 없는 『창작과비평』과 『문학동네』의 비평가들이 '표절의 동굴' 앞에 장막을 치는 이런저런 비평 작업에 동원된 것이 대표적인 예증이 아닐까.[2]

1. 이동연, 「문학장의 위기와 대안 문학생산 주체」, 『실천문학』 119호, 2015년 가을 참고. 이 글은 본 책에 함께 수록되어 있다. 이동연은 이 글에서 대안적 문학생산의 예로 격월간 소설 전문 문예지 『악스트Axt』, 2013년 봄에 창간한 『소설문학』, 2014년에 창간된 웹진 〈소설리스트〉, 2015년 여름에 창간한 『문학과 행동』, 소설가 이인성, 시인 김혜순, 평론가 성민엽, 정과리가 참여하는 새로운 문학동인 '문학실험실', 시인 심보선, 송경동, 김선우 등이 참여하는 '304낭독회', 인문학의 새로운 연대의 장을 열고자 하는 '인문학협동조합', 일반 독자들의 자발적인 독서 연합체인 '땡땡책협동조합', 독립 문예잡지로서 개인들의 소설 펀딩으로 운영되는 『더 멀리』를 들고 있다.

2. 신경숙 표절 사태와 문학권력을 비판적으로 바라보는 글에 대해 반대의 입장을 보인 글은 윤지관, 「문학의 법정과 비판의 윤리」, 『창작과비평』, 2015년 가을; 남진우, 「영향과 표절—영향에 대한 불안과 예상표절의 사이」, 『21세기문학』, 2015년 겨울; 남진우, 「표절의 제국—회상, 혹은 표절과 문학권력에 대한 단상」, 『현대시학』, 2015년 12월; 백영서, 「표절과 문학권력의 논란을 겪으면서」, 『창작과비평』, 2015년 가을; 권희철, 「눈동자 속의 불

주지하듯이 신경숙 표절과 그에 따른 문학권력의 문제를 비판한 비평적 전사[3]가 있다. 그리고 그 표절 논란에서 신경숙을 적극적으로 방어한 비평[4]도 존재했다. 비평은 방치하거나 침묵한 게 아니라 표절에 대해 비판적으로 개입하거나 혹은 방어하는 적극적인 역할을 했다. 부르디외의 논리대로라면, 신경숙이란 소설가를 둘러싸고 표절을 비판하고 변호하는 '전복과 배제'의 장의 논리가 그대로 작동한 것이다. 물론 그러한 비평적 논쟁은 그리 지속되지 않았다. 비평의 목소리는 그 공명의 효과가 미진하였다. 논쟁이 반복될수록 문학권력의 '어둠의 속'으로 파고들어가지 못하고 일종의 진영 논리에 입각한 표절의 비판과 옹호라는 제로섬 게임으로 이행하면서, 비평은 표절 국면에서 문학장 앞에서 무장해제 당했다.

2000년대 초에 있었던 신경숙 표절 논쟁의 첫 번째 라운드는 사실상 표절에 대한 비평의 굴복으로 요약할 수 있지 않을까 싶다. 정확하게 말하자면 표절에 대한 비평의 굴복이라기보다는 창작의 장을 형성하는 문화자본의 논리, 혹은 문학권력의 논리에 대한 비평의 굴복이다. 그것이 비판이든, 변호이든 말이다. 우연인지는 모르겠지만, 비평의 위상은 그 후로 급격하게 위축되었고, 누구도 표절의 문제를 공론

안」, 『문학동네』, 2015년 가을 등의 글들이 대표적이다. 윤지관은 신경숙 표절 논란이 문학담론의 차원에서 논의되지 못하고 미디어에 의해 여론재판의 형태로 진행된 것을 비판하면서, 신경숙이 일구어 낸 문학적 성과가 고려되기도 전에 과도한 징벌을 받았음을 지적한다. 남진우는 표절을 비판하는 평자들의 근본주의적인 입장으로 인해 표절의 준거와 해석의 객관성이 상실되었음을 지적하면서 모든 창작자들은 표절의 혐의로부터 자유로울 수 없다는 점을 덧붙인다.

3. 권성우, 「우리를 아프게 하는 비평을 원한다」, 『황해문화』, 2001년 가을; 「논쟁의 혁신과 진전을 위한 제안」, 『황해문화』, 2002년 봄.
4. 남진우, 「주鑄와 비贊의 사이에서」, 『문학동네』, 2001년 여름; 윤지관, 「푸코에 들린 사람들—비평과 비판의 경계」, 『문학동네』, 2001년 여름 참고.

화하는 비평적 글쓰기를 이어나가지 못했다. 대중들은 비평의 비판을 지겨워했다. 그것은 더 이상 쿨하지 않았다. 비평은 이념적 진보와 보수의 장에 관계없이, 그 장을 유지하기 위한 일종의 문학권력의 방탄창, 혹은 방호벽으로 활용되었고, 비평은 그 역할의 정도만큼만 권위를 인정받았다. 비평가는 마치 신고전주의 시대 작가가 귀족의 후원을 통해 생존했듯이, 시장을 좌지우지하는 베스트셀러 창작자를 위해 존재하고, 출판자본에 기생한다. 그 상징자본과 권위에의 칭호는 학력자본, 문단을 향한 인정투쟁을 통해서만 부여받을 수 있다. 한때 비평이 세상의 변혁을 위해 전위에 섰던 시절은 사라진 지 오래고, 다만 생존과 기생을 위해 창작자와 출판시장과 문단권력의 재생산을 도모하는 공모자로 자처한다. 이것이야말로 기생으로서의 비평, 좀비로서의 비평가의 위치이다.

기생으로서의 비평, 혹은 좀비로서의 비평가라는 위치는 비단 표절로 불거진 문학의 장에 국한된 것은 아니다. 비평의 역사적 기능,[5] 비

---

5. 영국 근대비평의 생성과 진화의 역사적 과정을 설명한 테리 이글턴의 『비평의 기능』은 비평(가)의 역사적 변천과 위상의 변화, 당대 문화시장과의 관계를 잘 설명해 주고 있다. 다음의 인용문을 보자. "빅토리아 시대의 영국에서 매개자 중개인으로서 일상적인 담론을 형성하고 조절하고 받아들이는 역할을 수행했던 비평가는 한편으로는 이데올로기적으로 반드시 필요한 존재이면서 지식의 전문화, 이데올로기적 입장 간의 싸움, 그리고 편차가 상이한 교육받은 독서대중들의 증가로 인해 점점 더 설 땅을 잃게 되었다. 앞서 말한 비평가의 역할을 가능하게 했던 바로 그 상황은 결국에는 그 역할이 실현될 가능성을 무산시키면서 끝난 것이다. 다른 의미로도 역시 매개자로서의 비평가의 전통적인 역할은 불필요한 것이 판명되었다. 예를 들어 디킨스는 그와 그의 독자 사이에 어떤 중개인도 필요하지 않았다. 대중 작가는 그들 자신이 그들의 작품을 소비하는 독자의 감수성을 형성하고 반영함으로써, 비평가의 기능 중 하나를 떠맡아버렸던 것이다. 비평가는 문학 상품의 생산법칙과 싸울 수는 있어도 그 법칙을 폐기할 수는 없다. 특정한 문학작품이 미학적이며 이데올로기적인 기준에 얼마나 위배되는가, 혹은 얼마나 부합하는가를 재단하는 비평은 정기간행물에 여전히 실리고 있었다. 그러나 그러한 비평 활동은 시장과 거리를 두고 이루어져야 했으며, 실제로 받아들여질 수 있는 상품을 결정하는 것은 비평

평가의 시대적 임무[6]라는 탈근대 시대의 근대적 성찰의 국지적 실천은 그나마 인문학적 프리미엄의 존엄을 부여받고 소수의 사투를 벌였을지도 모른다. 따지고 보면 기생하는 비평과 좀비로 사는 비평가는 문학이 아닌 다른 문화의 영역에서 더 심각한 상태인지 모르겠다. 전문 평론가가 쓰는 영화비평은 이미 영화 텍스트를 향한 명예와 권위의 별점을 매길 수 있는 명줄을 놓은 지 오래다. 영화평론은 지면에서 사라졌고, 네티즌은 평론가를 지워버렸다. 영화평론가가 살아남기 위해서는 영화와 관련된 말랑말랑한 방송 프로그램에 출연하거나, 인문학 지평의 확장이란 명분을 걸고 대중들에게 어려운 철학의 논리를 설명하기 위한 텍스트 해설사로 자처하는 수밖에 없다. 출판비평은 출판사를 위해 존재하고 대중음악평론 역시 방송사와 기획사를 위해 존재한다. 게임비평은 게임 텍스트의 특성상 게임의 내면세계로 침잠하거나 게임셧다운제나 게임중독법과 같은 게임의 사회문화적 논란의 방어술로 일부 긍정적으로 기능한다. 그것은 간혹 기술미학의 대안적 미디어 재현으로서의 게임의 가치를 설파하기도 하지만, 게임의 문화자본 논리에 저항하기에는 역부족이다. 비평은 상품으로서 문화 텍스트에 기생하고 비평가는 '지면과 비판' 부재의 시대에 생존하

적 담론이 아니라 시장이었던 것이다"(테리 이글턴, 『비평의 기능』, 유희석 옮김, 제3문학사, 1991, 57-58).

6. 최근에 발간된 테리 이글턴과 매슈 보몬트의 대담집인 『비평가의 임무』에서 테리 이글턴은 사회주의 비평가의 임무에 대해 "대중의 문화적 해방에 참여하는 것"(테리 이글턴, 『비평가의 임무』, 문강형준 옮김, 민음사, 2015, 503)이라고 말한다. 작가들의 워크숍과 민중극을 조직하고 공공 디자인 건축에 참여하는 행동들에서 비평가의 임무를 발견한다는 것이다. 이글턴은 이러한 볼셰비키 혁명기의 비평가의 임무가 지금도 여전히 유효하다는 점을 강조하면서 비평가의 임무는 "아직 도래하지 않은 상태"이고 비평가의 임무를 사유하는 것은 "도달한 미래 앞에서 우리가 무력해지지 않을 수 있는 한 방법"(같은 책, 503)이라고 말한다.

기 위해 "나 아닌 나인 것 같은" 좀비로 살아야 한다. 비평가는 죽지도 않고 살지도 못하며, 문화자본이 만든 이례적 현상을 좇아 해설하거나, 기업과 미디어가 주문한 새로운 메뉴판에 'ㅇㅇ비평'이란 이름으로 기생한다.

물론 신경숙 표절 논란은 첫 번째 라운드와 비교해 보면 적지 않은 변화를 몰고 왔다. 창작의 진실과 소설가의 진정성[7]의 공론화를 넘어 다시 문학권력 논쟁[8]으로 이행했다. 그로 인해 『창작과비평』의 오랜 터줏대감 백낙청이 물러나고 편집위원 체제에 변화가 있었으며, 『문학동네』는 1세대 편집위원이 물러나고 기존 젊은 편집위원인 신형철, 권희철과 함께 문화비평계의 신임 편집위원들[9]이 영입되어 새로운 변신을 도모하고자 한다. 과거 문학권력 논쟁과는 달리 이번에는 표절 논란이 사회적 공론장으로 확대되면서, 그 부담을 견디지 못하고 문학장 내부가 부분적으로 내파된 것이다. 눈치가 빠른 분은 이미 간파했겠지만, 신경숙의 표절 논란으로 『창작과비평』과 『문학동네』의 변화의

---

7. 정문순, 「신경숙 표절 글쓰기, 누가 멍석을 깔아주었나」, 문화연대 주최, '신경숙 표절 사태와 한국문학의 미래' 긴급 토론회 자료집; 「환멸에서 몰락까지, 나는 시대의 증언자가 돼야 하나」, 『실천문학』 119호, 2015년 가을 참고.

8. 윤지관, 「문학의 법정과 비판의 윤리: 신경숙을 위한 변론 1, 2, 3-1, 3-2, 4-1, 4-2, 5」, '한국작가회의' 게시판; 오길영, 「한국문학의 아픈 징후들」, 『황해문화』, 2015년 겨울을 참고 바란다. 오길영은 '창비'와 '문학동네'는 작가를 신화화할 수 있는 힘을 가진 출판사이자 그 권력을 유지하는 잡지를 가지고 있음을 지적한다. 이들 출판사와 잡지들이 물질적, 상징적 권력으로 작가나 비평가들을 관리하고, 작가들을 선별해 막대한 광고와 마케팅을 해왔다는 점에서 문학권력으로 간주할 수 있는데, 오길영은 이를 극복하는 대안으로 출판사의 단행본 기획과 잡지 기획에 비평가가 지나치게 개입하는 것을 막아야 하고, 비평가가 출판자본으로부터 독립해야 함을 주장한다(같은 글, 234-235).

9. 『문학동네』의 신임 편집위원들은 모두 문학평론가가 아닌 대중음악평론, 문화평론, 영화평론을 했던 젊은 비평가들이다. 문강형준은 문화비평가로 활동하고 있고, 남다은은 신예 여성영화평론가이며, 김영대도 현재 미국에서 유학 중인 신예 대중음악평론가이다.

최종심급은 결국 창작의 장이 아닌 비평의 장에서 벌어졌다. 신경숙을 포함해 작가들의 입장에서는 달라진 것이 별로 없다. 두 잡지에 속한 비평가들의 세대교체, 혹은 물갈이가 이루어졌고, 비평의 장은 문화와 사회의 의제들을 포괄하려는 변화의 모색을 꾀하려 한다. 이번 표절 사태를 계기로 비평과 비평가의 위치를 다시 질문하는 성찰적 글쓰기도 병행하였다.[10]

비평가의 세대교체, 비평의 장의 확대, 그리고 비평(가)의 자의식적 성찰로 비평의 파국적인 기생, 비평가의 좀비적 지위라는 위기가 해결될 수 있을까? 그렇게 함으로써, 비평은 표절을 응징하고, 표절한 소설가를 단죄하는 심판의 기능을 수행할 수는 있을 것이다. 반대로 어느 평론가는 그러한 비평적 수행마저도 조롱의 수사학으로 조롱하고 있다.[11] 새로운 집행체제로 전환한 『창작과비평』이지만, 신경숙 표절에 대해서만큼은 냉정하기보다는 변명에 가까운 방어 논리를 고수하고 있으며, 여전히 『창작과비평』 창간 50주년이란 역사적 유산을 비판적

---

10. 대표적인 글로는, 백지연, 「비평의 질문은 어떻게 귀환하는가」, 『문학동네』, 2015년 겨울; 도정일, 「비평은 무슨 일을 하는가」, 『문학동네』, 2015년 가을; 김병익, 「'비평-가'로서의 안쓰러운 자의식」, 『문학동네』, 2015년 가을이 있다.

11. 신형철, 「해도 되는 조롱은 없다」, 『광주일보』, 2016. 2. 11. 신경숙 표절에 대해 비판적으로 대응한 비평에 대해 신형철은 이렇게 말하고 있다. "비판은 언제나 가능하다. 풍자는 특정한 경우에 가능하다. 그러나 조롱은 언제나 불가능하다. 타인을 조롱하면서 느끼는 쾌감은 인간이 누릴 수 있는 가장 저급한 쾌감이며 거기에 굴복하는 것은 내 안에 있는 가장 저열한 존재와의 싸움에서 패배하는 일이다. (타인의 조롱 때문에 많은 고통을 받은 이들이 그에 대한 반발로 타인을 조롱하는 데 몰두하는 경우도 있는데, 이해 못 할 일이 아니지만, 그것이 결국 자신이 지키고자 하는 평등과 정의의 가치를 훼손하는 일이며 궁극적으로 자기 자신에 대한 모독이라는 점은 엄연하다.) 이 세상에 해도 되는 조롱은 없다. 앞으로 내가 나 자신과의 싸움에서 패배하여 내 문장을 누군가를 조롱하는 데 사용하게 된다면 나는 그 날로 글쓰기를 그만 두어야 마땅할 것이다."

으로 성찰하는 계기로 삼으려 하지 않는다.[12]

지금까지 신경숙 표절과 관련된 많은 비평들을 보면, 비평이 표절의 구조적 원인에 접근하여, 문학과 문화의 장을 둘러싸고 있는 경제자본의 장을 내파하고, 비평의 사회적 저항을 선언할 수 있을지 의문이다. 신경숙 표절 논란을 통해 제기된 그간의 많은 비판적 비평들은 대부분 문학의 장, 문학비평의 장 안에서 대안을 찾을 것을 고민한다. 심지어는 이번 표절 논란으로 인해 문학시장이 위축되지 않을까, 문학 한류의 세계화 흐름을 방해하지 않을까 우려하기도 한다. 만일 신경숙 표절 논란으로 인해 야기된 문학권력과 비평의 위치에 대한 논란이 문학의 장, 혹은 문학비평의 장 외부를 고려하지 않는다면, 그것은 사실상 비평의 죽음을 선언하는 것이다. 표절에 대응하는 비평의 비판적 진실은 바로 문학과 문학비평 장에 대한 내파와 해체를 향해야 하기 때문이다. 비평이 문학장의 내부에서만 살길을 발견하고, 문학장의 동요를 안정시키는 해독제 역할만 한다면, 그것은 역설적으로 비평의 죽음을 선언하는 것이다. 왜냐하면 표절과 그로 인한 비평의 권력과 자기 위기는 본래 문학 외부의 장, 말하자면 경제·사회의 장에 문학과 비평이 종속된 것에서 비롯되었기 때문이다.

신경숙 표절 논란에서 비평이 해야 할 일은 표절의 객관적 근거를 밝히고, 그 배후의 문학권력을 비판하는 것에서 그쳐서는 안 된다. 비

---

12. 본격적인 글은 아니지만 '창비'의 편집인 백낙청은 2015년 11월 창비문학상 통합시상식에서 "신경숙의 표절의 일방적 단죄에 합류하지 않은 것이 한 소설가의 인격과 문학적 성과에 대한 옹호를 넘어 한국문학의 품위와 인간에 대한 예의를 지킨 것"이라고 언급하였고, 올 2월 말 『창작과비평』 창간 50주년 행사에서는 "2015년 한 해 동안의 성취 중 하나는 지난해 6월부터 우리 문단과 사회를 뜨겁게 달구었던 표절 논란과 이른바 문학권력 시비를 견디고 이겨낸 일입니다"라고 언급하였다.

평은 문학과 문학비평의 장에 대한 자기 내파와 새로운 대안적 장을 형성하기 위해, 상실된 비판의 복원과 상상해야 할 새로운 비평의 위상과 역할을 물어야 한다. 비평이란 무엇인가에 대해 스스로 질문을 던져야 하며, 문학장에 대한 자기부정의 미적인 근거를 찾아야 하며, 비평의 급진적 상상력을 위한 사회적, 정치적 논쟁에 뛰어들어야 한다. 비평은 달라진 비평장의 환경과 문화생태계에서 무엇을 할 수 있을까 하는 인지적 지도그리기와 혐오, 증오, 분노, 배제, 공포의 감정에 휩싸인 우리 사회의 정동적 전환의 정치경제적 맥락에 대해 간파해야 하며, 재난과 파국 지형의 토폴로지를 분석해 내야 한다.

물론 비평의 새로운 대안 찾기가 자동적으로 주어지는 것은 아니다. 비평은 이익의 분화와 비판의 해체를 경험하고 있고, 문화자본과 영리한 대중에 의해 그 위상이 흔들리고 있다. 비평은 한편으로 냉전 회귀의 시기에 이데올로기의 적대 전쟁의 불편한 전위로 호출 받는다. 우익의 정치비평과 일베의 혐오 담론과 싸워야 하고, 국가권력의 검열 국면에 개입해야 한다. 비평은 이데올로기 적대 정치에서 정치적 제로섬 게임을 벌여야 한다. 비극적 좀비로서의 비평가는 이데올로기 적대를 생산하는 또 다른 좀비와 싸워야 한다. 비평은 생존의 위협에 시달리고, 그 기능은 이데올로기 적대 정치에 활용된다. 비평은 이제 놀랍게도 비판의 대상이었던 신자유주의 상품과 문화현상을 옹호하고, 냉전적 전제군주적 통치자의 이데올로기적 전위를 자처하며, 사회적 재난의 상황에 극단적 혐오를 생산한다. 비평의 힘이 이데올로기 적대 정치에 소진당하고, 대중과 자본으로부터 조롱당하는 시대에 비평의 실천적 위치를 다시 물어본다는 것은 비평이 비평전쟁의 장으로 뛰어든다는 것이다.

"별이 빛나는 하늘이, 갈 수 있고 또 가야만 하는 길들의 지도였던 시대, 별빛이 그 길들을 훤히 밝혀주던 시대는 얼마나 행복했던가"라는 루카치의 『소설의 이론』 첫 문장을 상상할 수 있는 낭만적 비평의 시대는 이미 종말을 고했다. 비평의 지도는 존재하지 않는다. 비평은 재난과 파국의 시대에 별빛의 지도 없이, 새로운 길을 열어야 하는 순간에 있다. 나는 이런 시대를 메타비평의 시대라고 말하고 싶다. 비평이 자신에게 비평이란 무엇인가를 다시 물어야 하는 순간, 비평가는 자신에게 무엇을 해야 하는가를 물어야 하는 순간, 비평이 비난의 대상이 되고, 대중이 비평가를 조롱하는 순간, 비평이 권력을 비판하는 또 다른 권력으로 변환되는 순간, 비평이 스스로 질문해야 하는 것은 메타적인 것일 수밖에 없다. 비평의 위기, 비평의 죽음의 시대에 비평의 위치를 말해야 하기 때문이다. 기생으로서의 비평, 좀비로서의 비평가의 위치를 확인하고, 그 장을 내파하기 위한 비평전쟁의 실천적 위상을 독해하기 위해 먼저 메타비평이 무엇인지 개념 정의를 하고자 한다. 그리고 1980년대 이후 비평의 역사적 궤적의 변화를 세 가지 시기로 구분하고 각 시기의 특이성을 설명한 후에 메타비평의 실천을 위한 메니페스토의 지도를 그리고자 한다.

메타비평이란 무엇인가

일반적으로 메타비평metacritics은 '비평의 비평'으로 일컬어진다. '비평이란 무엇인가'와 같은 원론적인 질문에서부터 비평의 역사, 원리, 기능, 방법에 대한 이론적인 정리에 이르기까지 메타비평은 비평의 행위와 규칙 자체를 담론의 대상으로 삼는다. 비평이 비평의 대상이 되는 메타비평은 대체로 비평이란 특정한 실천을 설명하는 기술 technology을 체계화하는 작업으로 간주되었다. 메타비평은 비평 자체에 대한 비평 행위를 의미한다는 점에서 텍스트 비평과 구분된다. 그러나 텍스트 비평 역시 작품의 의미들을 설명하는 과정에서 비평가의 입장과 원칙들을 드러내고, 분석의 규칙과 원리를 가질 수밖에 없다는 점에서 그 자체로 메타적인 의미를 함축하고 있다. 메타비평은 범주 상으로는 텍스트 비평과 다른 층위에 있지만, 텍스트 비평 방법을 그 대상으로 간주할 수 있고, 텍스트를 반드시 필요로 하지는 않지만, 그것을 의식적이든 무의식적이든 항상 전제하고 있다.

메타비평이 텍스트를 전제한다는 것은 그것의 특정한 위상 때문이다. 기존의 메타비평적인 기술들은 크게 보아 두 가지 층위로 양분되었다. 하나는 비평이 이론, 역사, 사회와 같은 텍스트 외부에 대해 지속적으로 비판하고 개입하려는 이데올로기 비평과, 다른 하나는 텍스트의 완결된 구조를 결정하려는 형식주의 비평이다.[13] 그래서 메타비평은 텍스트 외적인 것과 내적인 것 중에 어느 하나를 추상화하는 배타적인 작업으로 진행되어 왔지만 메타이론적인 것과 메타텍스트적인 것의 경계가 교차되는 층위에 대해서는 많은 연구가 이루어지지 못하고 있다. 메타비평이 이데올로기 비평이나 형식주의 비평을 넘어

---

13. 텍스트의 역사성, 비평의 사회적 실천을 강조하는 맑스주의 비평은 비평의 이데올로기적 실천을 텍스트 비평의 전제조건으로 삼는다는 점에서 메타비평으로서의 성격이 가장 강하다고 볼 수 있겠는데, 이때의 '메타적'인 의미는 형식주의 비평의 초역사적인 메타성과는 반대로 물질적이며 역사적이다. 소위 리얼리즘 비평이 하나의 메타비평으로 기능하는 것은 그것이 문학의 내적 형상화의 사실성을 제대로 평가하는 비평이기 이전에 사회와 역사를 바라보는 비판적 현실인식을 담지하기 때문이다. 방법으로서 리얼리즘은 그런 점에서 작품의 전형성과 세부사실이라는 형상화 방법을 의미하는 것이 아니라 사회와 현실을 바라보는 메타적인 실천정신을 의미한다.

서기 위해서 텍스트 내부와 외부를 교차시키는 작업이 필요하다. 바로 이러한 교차 분석에서 메타비평의 새로운 위상이 생겨난다. 비평이 텍스트의 외부를 다루든 내부를 다루든 어떤 규칙과 원리를 질문한다는 점에서 모두 메타적인 의미를 갖는다. 그러나 그것이 외재적인 것의 내부, 혹은 내재적인 것의 외부를 교차시켜야 한다는 점에서 메타비평은 특정한 위상을 부여받게 되고, 그 위상에 대한 재구성 작업이 동시에 필요해지게 된다.

그렇다면 메타비평이 텍스트의 외부와 내부를 교차시키는 작업이라는 것은 무엇을 의미하며 기존의 메타적인 비평과는 어떤 차별점이 존재하는가? 이 질문에 대답하기 전에 여기서 말하고 있는 메타비평은 '비평의 본질과 객관성'과 같은 일반적인 정의에 대한 의문을 담고 있다는 점을 먼저 언급하는 것이 필요하다. 왜냐하면 메타비평에 대한 기존의 논의들은 대개 비평의 본질과 객관성의 문제에 집중했기 때문이다. 비평은 인간의 고유한 사유형태 중의 하나, 혹은 사전적인 의미[14]에서 어떤 대상을 평가하고 판단하는 행위라는 일반적인 정의 이외에 비평의 본질과 객관성을 실질적으로 말할 수 있을까? 이에 대해 휴머니즘 이데올로그들은 가치와 진리를 그 해답으로 제시한다. 그러나 비평이 하나의 제도로 정립된 이래 비평의 가치와 진리는 사실 '역사적으로' 논의된 적이 없다고 해도 과언은 아니다. 그것은 오히려

---

14. 웹스터 사전에는 비평을 다음과 같이 정의하고 있다. "1. 다양한 판단들을 만드는 행위. 어떤 자질들을 분석하고 서로 비교할 만한 가치들을 평가하는 행위. 2. 그러한 분석과 판단을 표현하는 코멘트나 리뷰, 논문 등등. 3. 잘못된 부분들을 지적하는 행위: 비난, 부인 따위. 4. 비평 혹은 비평가의 기술, 원칙, 방법들. 5. 텍스트와 자료들의 기원과 역사. 혹은 본래의 형태를 발견하기 위해서 과학적이고 학술적으로 조사하는 행위"(Victoria Neufelt et al., *Webster's New World College Dictionary: Third Edition* [London & New York: Macmillan, 1997]).

비평의 역할로 대체되면서 문학의 가치와 진리에 대한 해명으로 상대화되었을 뿐이다. 비평이 문학의 가치와 진리를 말할 때 그것은 필연적으로 가치 있는 문학과 그렇지 않은 문학을 위계질서화하고, 진정한 문학과 세속적인 문학을 구별짓는 기준으로 작용했다. 그러나 이것 역시 역사적인 특정한 국면에서 문학이 담당해야 할 특정한 사회적 요구를 반영하는 것이었다. 그것은 바로 사회의 세속화에 대한 문학의 치료 능력과 문학의 세속화에 대한 사회적인 방어라는 이중적인 요구였던 셈이다.

비평의 기능과 규칙으로서의 메타비평이라는 문제설정이 비평의 본질론과 거리를 두고 오히려 메타적 추상성을 사건에 대한 구체적인 개입의 효과로 인지하려고 한다면, 외부와 내부를 교차하는 실천으로 메타비평을 재구성하는 작업은 필수적이라 할 수 있다. 그렇다면 메타비평은 텍스트의 외부와 내부를 어떤 식으로 교차시킬 수 있을까? 이러한 문제설정은 소위 텍스트와 현실, 담론과 역사를 변증법적으로 통합시킨다는 인식론과는 다른 취지를 가지고 있다. 메타비평의 재구성에서 먼저 필요한 것은 그러한 당위적인 인식이 아니라 오히려 그 대상을 새롭게 구성할 수 있는 토픽들의 발견이다. 토픽은 단순히 주제로 번역되어서는 안 된다. 그것은 그리스어로 '장소'라는 뜻을 가진 '토포스topos'와 '지형'이라는 뜻을 가진 '토폴로지topology'와 관련이 있다. 그래서 토픽은 특정한 주제가 사회적 관계와 맺는 '위치'나 '위상'으로 이해하는 것이 필요하다. 토픽으로서 메타비평은 비평이 사회적 관계에 맺는 위치와 위상을 의미한다. 메타비평적 토픽의 발견은 바로 텍스트 외부와 내부를 교차시킬 수 있는 개념의 발견이다. 메타비평이 현실과 텍스트, 역사와 담론의 교차관계들을 해명하는 작업이 되기 위해서는 개념에 대한 비평이 필요하다. 왜냐하면 개념들은 과학과 기술의 교차적인 지위를 갖고 있기 때문이다. 물론 형식주의 비평이나 이데올로기 비평과 같은 기존 비평이론에 개념비평이 없었던 것은 아니다. 전자는 언어의 은유와 환유, 비유와 상징이, 후자는 역사와 사회적 관계가 비평의 중요한 개념이다. 그러나 메타비평에서의 개념은 텍스트 내의 문장의 구조를 설명하고 역사의 순수한 메타성을 추상화하는 것과는 다른 차원에 있다. 그것은 텍스트 내부의 생성조건과 텍스트 외부의 역사적 조건을 개념의 사유를 통해 재-텍스트화 하는 작업이다. 이러한 개념에 대한 재발견은 탈구조주의적 토픽에 와서 비로소 구체화되었다.

탈구조주의적 문제설정이 본격적으로 논의되기 전까지 메타비평은 형식주의건 맑스주의건 모두 규범화되고 자기 완결적이고 추상적인 개념들을 가지고 있었다고 볼 수 있다. 그러나 탈구조주의 철학에 의해 텍스트의 기표-기의의 이항대립이 해체되고, 기표의 미끄러짐과 의미의 불안정성이 제기되면서 텍스트에 대한 메타비평은 초월적이고 본질적인 메타성 자체에 대한 비판으로 이어졌다. 탈구조주의 맥락에서 메타비평은 텍스트의 자율성과 비평의 행위 자체의 자율성을 동시에 말하게 되었다. 그런 점에서 '메타'라는 형이상학적인 토픽은 오히려 비평이 원-텍스트와 원저자로부터 단절됨으로써 누릴 수 있는 자율성과 세속성을 강화하는 반형이상학적인 방향으로 전환되었다. "쾌락으로서의 텍스트" "상호텍스트성" "주체의 해체" "저자의 죽음" "반해석"과 같은 탈구조주의 비평의 선언들은 근대적 메타비평의 문제설정에 대한 근본적인 반전을 담고 있다. 탈구조주의적인 개념의 토픽이 반전시키려 하는 것은 '메타'의 초월적이고 형이상학적 의미들이다. 즉 그것은 비평 행위를 실존적으로 정의하거나, 다양한 텍스트 분석의 방법들을 개발하는 과정에서 생겨나는 비평 개념들과 규칙들을 '재-메타화'하려는 기획인 것이다. 이때 '재-메타화'의 기획은 우리가 통념적으로 받아들이는 메타비평의 개념들에 근본적인 의문을 제기하고, 그것을 재구성하는 작업이다.

그러나 탈구조주의적 메타비평 역시 극단적인 편향을 피할 수 없었는데, 요컨대 문제시되는 개념들의 해체 작업이 그 내용과 의미를 보강하는 방식으로 진행되기보다는 극단적인 개념의 회의와 형식적인 기표 논리의 게임으로 치닫는 한계들을 보였다.[15] 탈구조주의의 극단적인 형식론에 빠져있는 포스트모더니즘에서 "메타픽션"이란 개념은

---

15. 탈구조주의 철학, 특히 데리다의 해체주의를 문학비평의 방법론으로 적극 수용했던 1970년대 미국의 예일 학파가 그 대표적인 경우라 할 수 있다. 예일 학파는 1930년대의 신비평과 그 방법론을 계승한 1950-60년대의 구조주의의 한계들을 비판하면서 문학의 구조와 형식 분석에 있어 데리다의 기표의 차이와 유희 개념을 적용했다. 1966년에 데리다의 존스홉킨스 대학 강연에서 제기된 구조주의 비판이 이들에게 텍스트 분석의 혁명적인 전환을 가져오게 했다. 데리다의 강연은 미국에서 문학언어에 특권적 지위를 부여하려는 모든 비평에 대한 공격을 감행하는 계기를 낳게 했는데, 폴 드만Paul de Man이나 조프리 하르트만Geoffrey Hartman, 힐러스 밀러Hillis Miller 등의 예일 학파들은 데리다의 구조주의 비판에서 중요한 문제설정을 얻어냈다. 데리다의 해체주의에 영향을 받기 이전까지 이들은 하나의 비전으로서 시의 개념들을 받아들였고, 텍스트 실제 비평에 의존했다. '문학의 내재성을 탐구하기 위한 시어들의 장식의 필요성' '순수의식의 형태로서의 문학' '더 폭넓은 상상력의 구조'에 관심을 보였다. 이들은 문학의 언어학적이고 구조적인 측면들이 문학의 의식을 도외시하고, 낭만주의적 상상력을 훼손시킨다는 이유로 그것을 반대했다. 그러나 그들은 데리다의 해체주의적 선언 이후에는 문학의 언어, 형식, 의식, 지향성들이 그 구체성을 상실하게 되고, 구조주의적 방법론 자체가 해체될 수 있다는 점을 인식했다. 결국 구조주의의 대안으로 제기된 데리다의 해체주의는 문학의 전통적인 이해에 결정적인 위협을 가하게 되었는데, 1970년대 이들이 실제 비평에서 이론 비평으로 전환하게 된 것은 이러한 해체주의적 대안이 만든 딜레마를 해결하기 위한 시도로 받아들일 수 있다(Jonathan Arac et al., "Introduction," *The Yale Critics: Deconstruction in America* [Minneapolis: Univ. of Minnesota Press, 1983] 참고).

픽션에 대한 픽션, 말하자면 가공된 이야기의 규칙과 언어의 논리를 재픽션화 하는 것을 의미한다. 이것이 한편으로 전통적인 문학 서사의 해체와 상호 텍스트성에 기반한 저자의 죽음과 독자의 부활을 강조하고 있긴 하지만 여전히 기표적인 형식주의의 연장에서 벗어나지 못하고 있다. 그런 점에서 탈구조주의가 텍스트, 해석, 글쓰기, 주체와 같은 개념들을 새롭게 사고하는 데 결정적인 계기를 마련해 준 것은 사실이지만, 그 개념들의 정치적 재-메타화를 위한 작업은 여전히 공백으로 남아있다.

그렇다면 메타의 정치적 '재-메타화'라는 문제들을 해결하기 위해 메타비평은 어떤 방식으로 전화되어야 할까? 여기에는 적어도 다음 두 가지 문제가 관건이라고 본다. 첫째는 메타비평의 개념적 실천이 개념들만을 위한 개념화로 또 다른 형식주의에 빠지지 않는 것이 필요하다. 그러기 위해서는 개념들의 사회적 효과와 그것의 정치적 의미에 대한 적극적인 검토가 요구된다. 이는 텍스트, 해석, 글쓰기, 주체를 새롭게 바라보려 했던 탈구조주의적 개념들을 어떻게 정치적인 의미로 재해석할 것인가 하는 과제와 연결되는데, 이 문제를 집약하자면 탈구조주의의 개념적 사유와 맑스주의의 실천과학의 절합이라고 볼 수 있다.

요컨대 제임슨의 작업을 바로 이러한 메타비평 정치화[16]의 한 사례라고 할 수 있다. 제임슨은 모든 비평은 자신의 존재를 드러낼 수밖에

---

16. 먼저 지적해야 될 것은 제임슨의 메타비평metacommentary은 텍스트 해석에 대한 정치성에 집중한다는 점에서 이 글에서 제기하고 있는 메타비평의 범주보다 제한적인 의미를 지닌다는 점이다. 제임슨의 메타비평론은 형식주의와 구조주의의 무역사성이나 비실재성을 비판하면서 역사와 실재에 대한 해석을 재구성하기 위해 무의식과 기호의 문제를 맑스주의의 의미로 끌어들이는 작업이라 할 수 있다.

없고 자신을 정당화한다는 점에서 메타비평적이지만, 진정한 의미에서 해석은 역사 그 자체에 대한 관심뿐 아니라 작품과 비평가의 역사적 상황에 대한 관심을 환기시키는 것이라고 말한다.[17] 그러나 해석해야 할 역사는 명시적인 사건이나 표상된 의미의 표층에서 발견되기보다는 항상 숨겨지고 드러나지 않는 곳에서 발견된다. 제임슨은 메타비평은 징후와 억압된 개념들 사이의 차이, 명시적인 것과 숨겨진 내용들의 차이, 가장한 것과 가장된 메시지 사이의 차이에 기반한 모델을 암시하며, 텍스트 속에 그 차이를 생산하는 검열의 현존을 밝혀내는 것이라고 말한다(13). 메타비평은 검열 그 자체의 논리, 그것이 생겨나는 상황 논리, 그리고 그 검열이 우리 현실 속에서 전개되는 과정을 숨기고 있는 언어의 흔적을 따라가는 것을 목적으로 한다(16).

둘째로 메타비평은 비평(행위)의 본질과 위상을 지도 그리는 추상적 수준에서 벗어나, 텍스트의 의미를 새롭게 재정의하는 개념적·기호적 실천으로 전화되어야 한다. 메타이론과 실제 비평의 간극으로 인해 텍스트에 대한 이론의 과잉 해석과 이론을 배제한 텍스트 현상분석 사이의 배타적인 간극이 발생한다. 이는 이론과 실제 비평 자체의 문제라기보다는 이론의 실제 비평화, 비평의 이론화라는 교차적인 담론생산에 대해 숙고하지 못한 데서 기인한다. 개념적 실천으로서 메타비평이 요구되는 것이 바로 이런 이유 때문이다. 요컨대 '텍스트' '글쓰기' '해석' '욕망' '기호' '의미'와 같은 개념들에 대한 비평 작업은 이론 없는 텍스트 비평, 혹은 텍스트 없는 이론 비평의 공백들을 메우는 데 중요한 역할을 할 수 있다.

17. Fredric Jameson, "Metacommentary," in *Ideology of Theory*, Vol. 2 (Minneapolis: Univ. of Minnesota Press, 1988), 5.

이상의 논의를 정리하자면 메타비평의 정의는 두 가지 중요한 문제 의식을 갖고 있다. 첫째는 메타비평이 한편으로는 원론적이고 이데올 로기적인 추상의 수준을 극복하고 다른 한편으로 텍스트 비평의 테 크닉이나 형식적인 규칙으로 환원되지 않기 위해서는 개념비평으로 전화되어야 한다는 점이다. 그러한 문제의식 하에 '해석' '글쓰기' '텍 스트'라는 개념들에 대한 비평적 개입이 중요하다. 그러나 개념들을 검토하는 과정이 의미 있기 위해서는 그 개념들을 가동하는 분명한 입장이 드러나야 된다고 생각한다. 그러한 분명한 입장이 바로 개념 의 토픽화라고 할 수 있다. 예컨대 '해석의 정치' '글쓰기의 욕망' '텍 스트의 의미'라는 구체적인 토픽에 대한 비평이 필요하다. '해석의 정 치'는 해석이 텍스트의 의미를 보충하는 주석 행위가 아니라 텍스트 를 재텍스트화하는 적극적인 의미실천 행위라는 점에서, '글쓰기의 욕망'은 글쓰기가 서사의 표상이 아닌 표현의 생성이라는 점에서, '텍 스트의 의미'는 텍스트가 지시와 표명의 산물이 아니라 감각과 정념 의 산물이라는 점에서 개념들의 토픽적 실천의 구체성을 담고 있다.

둘째로 메타비평은 보편적이고 가치중립적인 개념들을 정치적으로 사고하기 위해서는 그 개념들이 본래 정박하고 있는 탈구조주의적 토 픽을 맑스주의적 문제설정으로 전도시켜야 한다는 입장을 가지고 있 다.[18] 이 문제는 탈구조주의의 정치성에 대한 재고일 뿐 아니라 근대

18. 이 문제설정에 대한 기존의 대표적인 작업으로는 마이클 라이언Michael Ryan을 들 수 있다. 라이언은 해체주의 철학과 맑스주의 정치학을 결합함으로써 철학적인 것은 탈정 치적일 수 없으며, 정치 역시 철학적이고 개념적인 전제에 의존할 수밖에 없다고 말한 다. 그는 맑스주의와 해체주의의 결합은 두 가지 실천적 활동을 이끌어 낼 수 있다고 말한다. 첫째 맑스주의의 개념적 하부구조 내에서 형이상학적 요소들을 골라내는 것, 특히 그것이 계급의 변증법과 갖는 밀접한 관련성을 고찰하는 것, 둘째 맑스주의의 정 치비판의 무기로서, 반형이상학적이고 포스트레닌주의적인 진보들을 위한 이론적 탐색

적 메타 담론으로서 맑스주의 비평의 전화와 맥락을 같이 한다. 근대적 메타 담론으로서 맑스주의는 텍스트, 해석, 글쓰기, 욕망과 같은 문제를 자신의 메타이론의 구성조건으로 적극 사고하지 않았을 뿐 아니라 심지어는 그 개념들을 극복해야 할 대상으로 보았다. 계급성과 생산양식, 개인의 억압과 사회의 모순이 텍스트 내에서 어떻게 각인되어 있는지를 심도 있게 파악하기 위해서는 담론의 물질적인 조건들과 의미의 미시적이고 무의식적인 영역들에 대한 개념적인 검토를 요한다. 해석, 글쓰기, 텍스트에 대한 정치적 재메타화는 맑스주의 비평의 전화를 위한 개념들의 실천으로 자리매김 될 것이다.

지금까지 메타비평에 대한 개념을 이론적으로 설명했는데, 사실 이 글에서 중요한 것은 메타비평의 개념 정의가 아니라 메타비평의 실천적 토픽을 어떻게 구상할 수 있는가에 있다. 그래서 중요한 것은 메타비평이라는 개념이 아니라, 메타비평이 비평의 개념을 재사유하는 것, 그러한 개념을 토픽적으로 사고하는 것, 그 토픽을 정치적으로 전유하는 것이다. 지금까지 메타비평의 개념 설명은 이러한 목적을 위해서이다. 비평의 존재와 위치를 질문해야 하는 비평전쟁의 국면에서 메타비평의 이러한 검토는 유의미하다. 지금 비평은 좀 더 개념적인 자기성찰과 그 개념의 사회적 관계들을 확장해야 하기 때문이다. 그리고 1980년대 이후 비평의 역사적 궤적에서 어떤 실천적 개념들을 도출해야 하는가도 지금 비평의 위치를 이해하는 데 도움을 줄 것이다.

을 제공하는 수단으로서 해체주의적 분석을 사용하는 것이다. 그는 결국 데리다의 해주체의적 사유와 맑스의 변증법을 절합하는 것을 탈근대적 맑스주의의 중요한 이론적 실천으로 보고 있는 듯하다(Michael Ryan, *Marxism and Deconstruction: A Critical Articulation* [Baltimore & London: Johns Hopkins University Press, 1982], 서문과 2, 3장 참고).

1980년대 이후 비평의 역사적 궤적에서 메타비평의 계기와 실천을 어떻게 발견할 수 있을까?

비평전쟁의 역사적 궤적과 응축된 것들의 발견

1980년대 이후 비평전쟁의 역사적 궤적은 크게 보아 세 시기로 구분될 수 있다. 첫 번째 시기는 1980년대 말에서 1990년대 초반까지 '이념비평의 시기'로 주로 민족문학 이념 논쟁이 사회구성체의 성격에 조응해 서로 다른 사회변혁 이념을 설파하려 했던 시기이다. 민족문학 이념 논쟁은 주로 사회변혁 이념을 달리하는 문학 계간지나 비정기 간행물에 속한 문학평론가들에 의해 주도되었고, 이념적 정파의 이데올로기적, 정치적 입장을 대변하였다. 두 번째 시기는 1990년대에서 2000년대 중반까지 '문화비평의 시기'로 현실 사회주의 붕괴와 소비자본주의의 본격 도래에 따라 생성된 다양한 문화현실의 의미를 해석하고 문화의 주체성과 비판적 수용성에 주목하던 시기이다. 문화비평의 시기는 문학연구에서 문화연구라는 분명한 시기 구분의 이행을 명시하는 언표이지만, 문학비평의 완전한 소멸을 의미하거나, 문화담론의 완전한 수렴을 의미하지는 않는다. 그것은 텍스트 비판과 분석 대상의 이행보다는 비평의 확장과 그 정치적 개입의 의미의 차이를 발견했던 시기이다. 세 번째 시기는 2000년대 후반부터 현재까지 메타비평의 시대로, 비평이 분화되고 대중화되며, 비평가의 경계가 소멸되어 비평의 위치와 위상에 동요가 생겨나는 시기이다. 비평과 비평가의 존재에 대한 근본적인 물음이 생겨나고, 비평의 발화 위치와 수신 대상이 불명확하며, 비평이 대안적 이념을 제시하기보다는 신자유주의 지배 이념에 포획되는 현실을 지시한다. 문화자본의 논리에 의해 텍스트는 비평을 종속시키길 원하며, 인권과 민주주의를 지키기 위한 현장의 직접 행동은 비평을 필요로 하지 않게 되었다. 비평이 무엇인지에 대한 근본적인 자기 질문이 필요한 시점에 서 있는 것이다.

비평의 메타적 위치를 묻는 이 글에서 각각의 시기에 비평전쟁이 어떤 역사적 궤적을 그렸는가를 구체적으로 설명하는 것은 중요하지 않다. 중요한 것은 메타비평이라는 시기 구분이 1980년대 이후 비평의 역사적 궤적에서 어떤 의미를 가지며, 어떤 비평적 유산들을 계승하고 단절하는가이다. 또한 지금을 메타비평이란 시기로 정의할 수 있는 근거와 그 명명의 전략적 함의와 메타비평 실천의 원천을 앞선 두 시기에서 어떻게 발견할 수 있는가가 중요하다. 메타비평이라는 시기 구분과 그것의 객관적 분석과 요청은 사실 그냥 나온 것이 아니다. 시기 구분은 이전 시기, 즉 민족문학 이념 논쟁과 문화비평의 시기와 단절하게 된 사회적 변화에 대한 객관적 분석에 따른 것이다. 흥미로운 점은 메타비평의 시기로 단절되는 근거들은 이전 시기 구분에 있었던 논쟁 속에서 찾을 수 있다는 점이다. 비평의 위기와 위치에 대한 근본적인 위상 변화를 함축하는 메타비평은 바로 이전 시기 비평의 변화 속에서 나온 것이고, 메타비평의 실천적 선언을 위한 위상 정립 역시 이전 시기 비평에 응축된 것들 안에서 발견할 수 있기 때문이다. 메타비평의 실천적 위상은 이전 시기의 비평의 문제의식을 기각하는 게 아니라 오히려 그것을 재해석하는 과정을 통해 발견할 수 있다. 비평의 시기 구분을 통해 우리가 지금 비평의 메타적 위상을 질문할 수 있게 된다면, 그것은 역사적 비평전쟁의 구체적인 내용이라기보다는 그 논쟁 속에서 비평이 던졌던 공통의 질문과 역할에 관한 것이다.

민족문학 이념 논쟁과 주체의 실천

그런 점에서 1980년대 민족문학 이념 논쟁의 재해석에서 메타비평의 실천 토픽을 발견한다는 것은 전혀 이상할 것이 없다. 이른바 민족문학 이념 논쟁으로 불리는 1980년대 후반의 비평전쟁은 문학과 문예운동이 어떤 변혁의 주체를 설정하고, 그 주체의 변혁을 위해 어떤 창작을 형상화할 것인가로 압축될 수 있다. 민족문학 이념 논쟁은 서로 다른 사회성격 분석에 따른 주체의 실천을 구별짓고 구체화하려는 비평전쟁이었다. 당시의 민족문학 이념 논쟁은 다양한 형태로 분화하면서 상당히 오랫동안 논쟁을 이어왔는데, 그 시작은 1970년대부터 체계화되기 시작한 『창작과비평』계의 민족문학론에 대한 비판에서 비롯되었다. 주지하듯이 김명인의 「지식인 문학의 위기와 새로운 민족문학의 구상」이란 글이 민족문학 이념 논쟁을 촉발시킨 계기가 되었다. 그는 이 글에서 기존의 민족문학론을 소시민적 지식인 문학으로 비판하고 1987년 민주화 운동 이후의 민중계급의 역사적 등장에 주목하는 새로운 민족문학을 구상할 것을 제안한다. "노동, 농민, 도시빈민 운동 등의 급속한 발전과 더불어 역사의 전면에 나서게 된 현실의 민중은 감상적 온정주의나 낭만적 급진주의의 대상이었던 관념 속의 대중과는 사뭇 달랐"[19]음을 염두에 두면서 새로운 민중 주체의 도래

---

19. 김명인, 「지식인 문학의 위기와 새로운 민족문학의 구상」, 『전환기의 민족문학』, 풀빛, 1987, 65. 다음 인용문을 보자. "무엇보다도 문학운동은 노동자 계급운동의 일부로 자리 잡지 못하고 있으며 노동자 대중 속으로 파고들지 못하고 있다. 게다가 문학가들이 노동자 계급의 독자적 사상을 자기 것으로 체현하고 있지 못하다. 노동자 계급에 기초한 수미일관한 문예 정책의 부재와 노동자 계급을 대변하는 문인들의 독자적 조직화가 지체되고 있는 현실은 오늘의 문학운동의 민중연대성이 그 최고의 형태인 노동자 계급 당파성에까지 이르지 못하고 불철저한 수준에 머물러 있다는 것을 반증하는 사태이다"(241).

가 기존의 소시민 계급에 근거한 민족문학론으로는 수렴될 수 없음을 지적한다. 1987년 민주화의 흐름은 "70년대까지 이 땅을 풍미했던 지식인 문학이 근본적인 위기에 봉착했다"는 것을 의미하고, "대부분 문학 이름 아래 역사 발전의 과정에서 사회적 주도권을 상실하고 그 기생성만 갈수록 강화되어 가는 소시민 계급의 자기 분열을 표현하거나, 자기 위안에 함몰하거나, 성장하는 민중의 움직임에 대해서 소극적인 지지와 감상, 혹은 의혹과 불안이 교차하는 주변적인 모습만을 보여주고 있을 뿐이다"(65).

김명인의 새로운 민족문학의 구상의 기본조건은 변혁 주체의 변화에 대한 인식에서 비롯된다. "역사적으로 의미 있는 계급으로서 소시민은 종속적 하청자본으로 귀속하거나 생산수단을 사회적으로 박탈당하여 프롤레타리아트화"(85) 되어 소멸되었다는 것이다. 이를 대신해 새로운 생산 대중이 출현했다. 민족경제론과 반제반봉건-분단문제, 통일문제를 기반으로 하는 시민적 민족문학론은 설자리를 잃고 "이제까지 추상적, 관념적으로 제기되어 오던 민족해방과 민주주의의 실현 문제가 실제로 모순 해결의 주체인 민족 성원 각 부분의 구체적인 삶과 운동 속에서 주체적으로 다시 등장되고 그것이 문학적으로 형상되는 민족문학의 '아래로부터의 재편성'이 이루어지게"(94) 되었음을 말한다. 김명인은 새로운 민족문학의 구상으로 '민중적 삶과 운동의 형상화' '노동자 생산 대중의 세계관을 수용하는 지식인 문학인의 존재론적 결단' '새로운 문학운동, 새로운 창작을 위한 모색'을 제안한다.

김명인의 비평은 민족문학의 중심에 있던 『창작과비평』의 계급적 한계를 소시민적 민족문학론으로 정면으로 비판한 것이어서 민족문학 이념 논쟁이란 비평전쟁의 시작을 알렸지만, 그 역시 비판의 중심이었던 변혁 주체의 설정에 있어 불명확한 입장을 견지하여 또 다른 비판의 대상이 되고 말았다. 대표적인 비판은 바로 한국사회 변혁의 핵심 주체로 혁명적 노동자 계급을 주장한 『노동해방문학』 그룹의 조정환의 입장을 통해서였다. 조정환은 『노동해방문학』 창간호에 실린 「민주주의 민족문학론에 대한 자기비판과 노동해방문학론의 제창」이란 글에서 노동자 계급운동으로서 문학운동의 불철저함을 자기비판하고, 노동자 계급이 중심이 되는 문학운동으로의 전환을 선언한다.[20]

김명인은 민주주의 민족문학론에 대한 자기비판을 통해서 민족문학론의 폐기와 민족문학운동 논쟁의 비판[21]을 이어나가는데, 이 비판의 근저에는 노동자 계급의식의 부재, 노동자 계급 당파성의 몰이해가 있다. 조정환은 노동자 계급의 문예전선으로서 노동해방문학을 다음과 같이 제창한다.

노동해방문학은 무계급적 민족문학과 다를 뿐 아니라 무당파적 노동문학과도 달라야 한다. 노동해방문학은 노동문학의 최고의 형태로서 민중문학의 구심점이 되고 영도자가 되어야 한다. 이러한 노동

---

20. 조정환, 「민주주의 민족문학론에 대한 자기비판과 노동해방문학론의 제창」, 『노동해방문학』 창간호, 1989, 241.

21. 조정환은 '문지'계열의 순수문학론에 대해서 문학을 삶에 접근하고 현실을 인식하는 수단으로 보지 않고, 형식실험에만 몰두하여 현실주의를 인정하지 않는다고 비판하였으며, 분단체제의 민족문학론은 우리 사회의 근본모순 즉 생산의 사회적 성격과 수취의 사적 성격 사이의 모순에 기초한 노동자 계급과 자본가 계급의 대립을 해결하려는 것을 가로막고 있다고 비판한다. 또한 민중적 민족문학론은 민중 주체의 이념을 획득하는 대신 민족문학론이 가지고 있는 현실주의적 전망과 객관적 총체성의 이념을 상실함으로써 민족문학론에 대한 올바른 극복 대안으로 서지 못하였다 비판한다(262-263).

해방문학은 무엇보다도 노동자 계급의 당파성을 분명히 하고 노동
해방 사상을 견지하며 노동자 계급 현실주의의 방법에 의거하지 않
으면 안 된다(264).

조정환의 노동해방문학론은 당대 한국사회 변혁 주체를 혁명적 노
동자 계급으로 분명하게 설정하고, 그러한 노동자 계급의 당파성을 문
학적으로 형상화할 것을 요청한다. 문학의 당파성은 노동자 계급 변
혁 주체의 현실인식과 형상화 방법을 모두 포함하는데, 이 과정에서
당파성에 대한 과학적 이해를 좀 더 면밀하게 검토할 것을 주문하는
당파적 현실주의론은 노동해방문학론과 대립한다. 당파성과 문학적
형상화에 있어 노동해방문학론과 다른 입장을 가진 노동자문화운동
연합(노문연)은 당파성을 낭만적으로 이해하는 것을 비판하며 과학적
으로 전유할 것을 주장한다. 김정환은 『민중문예』 창간호 발간사에서
과학적 사회주의와 노동운동의 결합을 목표로 하는 당파적 현실주의
를 선언한다.[22] 노문연의 당파적 현실주의는 노동자 계급 중심의 창작
주체나 노동자 계급 재현의 대상에 국한된 현실주의가 현실에 대한
과학적 이해와 인식을 바탕으로 한 문학적 형상화를 강조한다는 점

---

22. 김정환, 「발간사: 문예운동의 좌표―새로운 전망과 건설을 위한 『민중문예』를 창간하면
서」, 『민중문예』, 1992. 다음의 인용문을 보자. "과학은 현실 속에 실재하는 법칙의 체
계인 동시에 현실과 대중을 전유―장악하기 위한 과학이다. 현실과 무관한 과학, 대중
성이 없는 변혁이론은 현실과 무관한 현실주의란 말과 마찬가지로, 맑스 이래 언제나
상호모순적이었다. 당파성은 최고의 과학성이다. 그리고 당파적 현실주의는 최고의 현
실주의이다. …우리는 역량 있는 비판적 현실주의 작가와 노동자 계급과의 거리를 더욱
좁힘으로써 혁명적 낭만주의의 낭만성을 현실주의로 극복시키고 비판적 현실주의의 비
판성 수준을 당파성 수준으로 극복시키고 비판적 현실주의의 비판성 수준을 당파성
수준으로 극복시키는 과제에 좀 더 적극적이어야 한다"(12-13).

에서 당파성을 구현하는 주체와 그 재현의 폭을 넓히고자 했다. 당파적 현실주의는 비단 문학에만 국한되지 않고, 영화, 연극, 시각문화 등 문화예술 전 영역에 해당된다. 예술은 대중과 만날 수 있는 접점의 계기를 만들어야 하고, 노동자 계급 문예운동 조직도 노동자 계급의 집단창작을 물신화해서도 안 된다. "문예의 특수한 의식성과 창조성 계기의 명백한 구분-결합을 위해서 독자적인, 그러므로 '대중적이고 전문-창작활동가적인 조직"으로 확대해야 한다(16). 노동자문화와 대중문화의 관계를 기계적으로 대립시키지 말고, "대중문화 내 민주주의적 지향과 전범을 강하게 키워내어, 그것을 노동자 계급 문화를 위한 기초 재료로, 우리의 무기로 삼아야 한다"(17). 당파성과 대중성을 대립적으로 보려는 이분법에서 탈피하여 노문연의 당파적 현실주의는 변혁의 주체를 특정한 노동자 전위 계급으로 한정하지 않고, "노동운동을 의식-조직화할 뿐 아니라 과학-사상을 구체-현실 속으로 상승시키고 변혁"(14)시키는 모든 주체를 상정하고자 한다.

문학과 예술의 당파성이 변혁 주체의 실천과 미적 형상화에 가장 중요한 토픽인 것과 달리 민족해방문학론은 당파성보다는 자주성을 더 중시한다. 민족해방문학론은 "노동문학이 한국사회의 계급모순을 형상화하는 것은 너무도 당연한 임무이겠으나 '제국주의 규정성에 따른 한국사회 성격' 속에서의 계급모순의 성격을 정확하게 살필 필요가 있다"[23]고 본다. 1980년대 노동문학에는 민족문학 운동의 지도성과 주도성을 확인시켜줄 만한 모범적인 전형이 아직 준비되지 않았다는 것이다. 민족해방문학론을 주창한 백진기는 한국사회 성격은 식민

---

23. 백진기, 「민족해방문학의 성격과 임무」, 『녹두꽃 2』, 녹두, 1989, 17. 이하 인용은 본문에서 쪽수로만 표시한다.

지 반자본주의 사회이고, 한국사회 변혁은 민족해방 운동이기 때문에, "현 단계 노동문학에서 관철되어야 할 당파성의 옳고 그름의 여부는 변혁적 문예작품의 생산과 변혁적 대중운동 내에 자주·민주·통일운동의 정치사상성이 올바로 구현되어 있는가, 그렇지 못한가에 따라 결정된다"(18)고 주장한다. 따라서 민족해방문학론의 변혁 주체의 설정은 한국사회를 식민지반자본주의로 규정하여 이를 극복할 수 있는 반미·반제·자주통일의 주체와 동일하다. 민족해방문학론은 "변혁적 문예작품을 생산하고 변혁적 대중문예 운동을 수행, 과학적 문예운동"(30)이지만, "각계각층을 포괄하는 전민족의 공동체적인 이해관계를 반영하여 나라와 민족의 자주성을 실현하기 위한 민족적 차원의 운동"(30)임을 전제로 한 것이다. 문학적 당파성은 문학적 자주성에 종속되는 것이다.

이상과 같이 개괄한 1980년대 말의 민족문학 이념 논쟁은 결국 한국사회 성격을 어떻게 인식하고, 변혁 주체를 어떻게 설정할 것인가를 놓고 벌인 비평전쟁이었다. 짧은 시기이지만, 많은 논자들이 참여한 민족문학 이념 논쟁은 물론 프로파간다적 문학장의 변동, 운동 조직의 강령, 민족문학의 개념, 리얼리즘의 형상화 방법, 미적 당파성과 같은 구체적인 토픽들에 대해 다양한 논쟁을 벌였다. 그러나 비평전쟁의 역사적 궤적의 단절과 순환의 관점에서 한 가지 공통된 지점은 '주체의 실천'에 관한 것이었다. 여기서 주체의 실천은 창작자뿐 아니라, 비평가, 운동가, 독자 대중을 모두 포함한다. 민족문학 이념 논쟁에서 주장한 것들은 어떤 점에서 당대 급격한 사회변동에 조응하는 것들로서 역사적 지속성과 유효성을 갖기 어려웠다. 민중적민족문학론, 노동자계급해방론, 민족해방문학론, 당파적 현실주의론 모두 치열했던 비평전쟁의 사투에 비해 이론적으로 오래 유지되진 못했다. 1990년대 현실사회주의권의 붕괴로 변혁 이념의 좌표가 상실되고, 민주화의 부정적 효과로 자유주의에 기반한 소비자본주의가 도래하며, 비평과 이론의 지형에서는 포스트모더니즘 논쟁이 곧바로 제기되면서 민족문학 이념 논쟁은 너무 쉽게 비평전쟁의 장에서 사라졌다. 당시 논쟁을 주도했던 비평가는 얼마 되지 않아 대부분 대학과 정계 등 제도권으로 편입되거나 다른 활동의 장으로 자리를 옮겼고, 운동 조직들은 와해되었다. 민족문학 이념 논쟁이 1980년대 말 비평전쟁에서 논쟁의 열기에 비해 쉽게 종식되었던 것은 비평의 내재적 원리와 이론적 객관성과 보편성을 보유하지 못하고, 달라진 사회적 환경과 정치적 현상에 조응하는 비평의 기능과 역할만을 강조했기 때문이다. 한국사회의 조건과 현상이 급격하게 바뀌니 비평도 오래갈 수 없었던 것이다. 비평전쟁은 비평의 장 내부의 동력에 의한 논쟁이 아니라 사회적 조건에 의해 외삽된 것이었다. 문학의 장에서 비평전쟁은 1990년대 중반부터는 민족문학 이념 논쟁을 중단하고 대신 포스트모더니즘, 문학의 근대성, 문학의 상업주의, 문학과 문화연구, 표절과 문학권력의 토픽으로 이행하였다.

그러나 당시 민족문학 이념 논쟁이 많은 한계에도 불구하고, 비평전쟁의 역사적 궤적에서 한 가지 일관되게 각인했던 것은 비평의 사회적 개입과 주체의 실천에 관한 것이다. 특히 비평에서 주체의 실천은 주체의 자명성과 투명성에 대한 의식적 관철이라는 비판에도 불구하고 지금 표절과 문학권력을 마주하는 국면에서 회고해 보면 매우 중요한 토픽이다. 좋은 글쓰기를 해야 하고, 좋은 작품을 변별하고 해석해야 한다는 비평, 혹은 비평가의 임무는 메타비평의 구성에 있어 필요조건이지 충분조건은 아니다. 비평의 위기 시대에 메타비평을 구성하는 충분조건으로서 주체의 실천은 오히려 민족문학 이념 논쟁 속에서 발견할 수 있다. 그 시대는 무엇보다도 비평에서 주체의 실천 문제가 가장 중요했기 때문이다.

문화비평의 새로운 패러다임

비평전쟁의 두 번째 시기인 문화비평의 시기는 첫 번째 시기와 어떤 차별성을 갖고 있을까? 그리고 문화비평의 시대는 지금 메타비평 시기의 비평적 실천에 어떤 시사점을 던져줄 수 있을까? 민족문학 이념 논쟁에서 새로운 문화운동, 문화실천으로의 이행에 대한 문제의식을 담은 논의들이 많은 것은 아니지만, 새로운 시대로의 진입과 새로운 사회체제와 문화 환경의 변화에 따른 문화운동의 전화를 주장하는 글들은 1990년대 문화비평의 시대의 조건을 이해하는 데 도움을 준다. "기존 문화운동의 요건에 포괄되지 않던 문화적 현상이나 인식 대상이 도래하고 있는 것이 사실로 확인된다면 문화운동의 편재는 당연히 재구성되어야 한다"[24]는 이성욱의 지적은 달라진 시대에 걸맞은 문화운동의 전화를 주장한 것이다. 달라진 문화 환경은 다음과 같은 언급에서 확인할 수 있다.

현대사회와 그것이 만들어 내는 문화형태는 대중을 상품과 상품광고와 상품에 대한 욕망의 소용돌이로 몰아넣고 있다. 이런 소용돌이

24. 이성욱, 「90년대 문화운동의 방향」, 『문화/과학』 창간호, 1992년 여름, 154. 이하 인용은 본문에 쪽수로 표시한다.

안에서 인간이 세계를 체험하고 지각하는 틀은 과거와 비교가 안
될 정도로 변화했다. 예컨대 대중매체를 통해 다양한 수위로 조절되
기도 하는 욕망구조의 변화, 전산화 시스템을 통한 상품 유통구조
의 혁신, 또 이런 유통구조의 혁신에 기초한 대중적 예술의 확산, 이
른바 과학기술 혁명으로 인한 표현 영역의 확장 등은 문화 영역만으
로만 제한시켜 보더라도 정서구조나 지각구조에 있어 과거와는 질적
으로 다른 형성 규준들이 아닐까 한다. 한편 이런 지형은 새로운 매
체, 마케팅 및 미적, 상업적, 문화적 전략을 통해 대중문화, 일상생
활문화, 대량소비문화 등을 구성해가고 있다(157).

이성욱이 문화이론과 문화비평이 본격적으로 등장하는 시점에서
문화운동의 전화를 주장한 것은 기존의 민족문학 이념 논쟁과 그에
기반한 문화운동 조직들과의 단절을 시도한 것이라 할 수 있다. 그 단
절의 인식론적 토대가 바로 문화의 대상과 방법에 대한 것이었다. 이
는 문화를 다루는 대상과 방법이 변해야 한다는 문화 이행적인 관점
을 드러내는 것이면서 동시에 문화의 본질주의에 대한 비판으로 보
아야 한다. 이성욱은 1980년대의 문화론은 "본질주의적, 선험주의적,
혹은 경험주의적"(165) 한계를 드러냈고, 이런 경향은 문화론의 방법
과 대상에 대한 오해에서 비롯되었다고 판단한다. 1980년대 문화운동
의 문화론은 문화라는 범주와 개념을 너무 자명하게 간주하여 그 안
에 민중적이고 계급적인 내용들을 채우기만 하면 되는 것으로 생각했
다(165). 1980년대 민족문학 이념 논쟁이나 노동자 문화운동론에서는
관심을 기울이지 못했던 대중문화에 대한 새로운 이해와 실천 전략
이 새로운 문화운동과 비평의 대상으로 등장했다. 대중문화를 지배이

데올로기의 통치 수단이나, 소비자본주의 재생산의 장으로만 보지 말고 대중들의 자생적 문화실천의 장으로 바라보는 시각도 필요한 것이다. "이제껏 대중문화를 다만, '반동일시'하거나 민중문화와 반정립적인 것으로 간주해왔지, 대중문화를 변혁을 위한 저항성이 숨 쉬는 공간 혹은 저항의 성격을 작동시킬 수 있는 잠재적 영역으로 그리고 전체적으로는 이행을 위한 문화 전략의 주요 교전장으로 사고하는 적극적인 면은 거의 없는 지경이었다"(173).

문화비평은 비평전쟁의 1990년대 이행에 있어 대체로 이러한 문제의식을 가지고 있었다. 문화비평으로의 이행이 민족문학 이념 논쟁과 무관한 것처럼 보일 정도로 이질적인 궤도를 가진 것은 아니다. 그것은 문학 텍스트에서 문화 텍스로의 이행, 국가독점자본주의에서 후기자본주의로의 인식적 이행, 노동자 계급 중심에서 다원적 주체로의 이행, 이념에서 욕망으로의 이행이라는 국면에서 단절과 연속, 차이와 반복의 계기들을 만들어 놓았다. 1990년대 문화비평을 비평의 확장, 텍스트 분석의 다원적 글쓰기라는 정도로 평가할 수 없는 것은 그것이 이러한 문화적, 사회적 이행에 있어 인식론적 단절의 문제의식을 갖고 있기 때문이다. 문화비평은 "모든 것은 텍스트다"라는 슬로건 하에 새로운 글쓰기 대상의 발견이라는 의의를 부여받을 뿐 아니라, 달라진 문화 환경과 사회적 성격의 변화를 대표하는 인식론적 단절의 개념이다. 왜냐하면 1980년대 대중문화도 왕성하게 발전했었고, 영화, 대중음악 분야에서 문화비평도 존재했기 때문이다. 그럼에도 1990년대 문화비평이란 기표가 이전 시대와는 다른 맥락 속에서 이해되는 것은 그것이 단지 방법이 아니라 비평 패러다임의 변화를 지시하는 개념이기 때문이다. 문화비평은 어떤 점에서 현상비평이기보다는 글쓰기의 실천과 방법의 인식적 전환을 상상하게 만드는 메타적 의미를 내재한다. 1990년대 문화비평이 현재 메타비평의 선언과 연관이 있다면 아마도 비평의 패러다임을 전환시킨 개념적 사유에 있지 않을까 싶다.

그렇다면 개념으로서 1990년대 문화비평은 어떤 특이성을 가지고 있고, 어떤 메타비평의 함의를 가지고 있을까? 먼저 이 시기 문화비평은 네 가지 토픽으로 그 특이성을 설명할 수 있다. 첫째, 문화비평은 비평의 대상을 자명하지 않게 보았다는 점이다. 근대적 비평은 비평의 대상을 문학 텍스트에 국한해서 그 가치를 위계화하려 했다. 비평은 좋은 작품을 분별해내는 능력, 혹은 문학적 가치의 진정성을 대중들에게 설득하는 기능을 중시했다. 문화비평은 대상이 문학 텍스트로 고정되지 않는다는 점을 분명히 한다. 비평은 문학뿐 아니라 영화, 드라마, 대중음악, 만화, 애니메이션에 이르기까지 다양한 대중매체를 포괄하며, 공간, 육체, 제도, 기호, 시각문화 전반을 대상으로 한다.[25] 비평의 역할도 좋은 텍스트를 변별하는 것에 그치지 않고, 그 텍스트가 어떤 의미를 생산하며, 어떤 문화적 효과를 드러내는지, 텍스트는 어떤 조건 속에서 생산되고, 어떤 이데올로기적 의도를 가지고 재생산되는지에 대해 분석한다. 문화비평은 비평 대상의 비자명성을 전제하며, 텍스트에 내재한 가치와 진정성을 독해하기보다는 그 텍스트의 생산과 소비의 과정에 대한 분석을 중시한다.

둘째, 문화비평은 정체성에 대한 실질적인 분석에 집중하였다. 정체성은 계급의 본질주의, 경제주의의 관점에서 벗어나 차이와 욕망으로

---

25. 1990년대 이러한 문화비평의 텍스트 분석 대상의 확장에 기여한 저서로는 강내희 외, 『문화분석의 몇 가지 길들』, 문화과학사, 1994; 강내희, 『공간, 육체, 권력』, 문화과학사, 1995; 이동연, 『문화연구의 새로운 토픽들』, 문화과학사, 1997 등을 들 수 있다.

서 주체의 중층결정을 실질적으로 분석하는 개념으로 사용되었다. 문화비평에서 정체성 연구는 계급결정론에 대한 비판에서 비롯된 것이다. 1990년대 중반에 새로운 비판이론으로 문화연구가 등장한 이래, 신세대문화, 청년하위문화, 젠더문화, 퀴어문화 담론이 문화이론과 분석의 실천의 장에서 서로 경합하는 상황을 '정체성의 정치학'이란 말로 압축할 수 있다.[26] 1990년대 문화비평이 활발하게 분석한 신세대문화론,[27] 저항적 청년하위문화론,[28] 여성주의문화론,[29] 성소수자 연구들[30]은 1980년대 민족문학 이념 논쟁의 성격과 변별되는 글쓰기로서 당시 문화비평의 중심축을 이루었다. 정체성의 정치학은 문화정체성의 비본질적 구성원리에 대한 탐구, 차이와 모순의 중층결정, 일상적 삶의 실천이라는 문화비평의 중요한 실천 토픽을 남겨 놓았다.

셋째, 문화비평은 장치로서의 문화의 물질성을 구체화했다. 장치

26. 이동연, 「문화연구의 이론적 전화와 '주체'의 문제」, 『좌파가 미래를 설계하는 방법』, 문화과학사, 2016, 361. 이 글은 본 책에 함께 수록되어 있다.

27. 신세대문화론의 대표적인 연구서로는 김진송·엄혁·조봉진 엮음, 『압구정동: 유토피아 디스토피아』, 현실문화연구, 1992; 미메시스 기획, 『신세대: 네 멋대로 해라』, 현실문화연구, 1993 등이 있다.

28. 청년 하위문화연구는 국내에서 주로 영국 문화연구에 대한 저서, 번역과 청소년 문화 현장관찰기록 연구로 나타났다. 대표적인 연구로는 딕 헵디지, 『하위문화: 스타일의 의미』, 이동연 옮김, 현실문화연구, 1998; 필코헨 외, 『하위문화는 저항하는가』, 이동연 외 옮김, 문화과학사, 1998; 이동연, 「하위 문화연구, 어떻게 할 것인가」, 『문화연구의 새로운 토픽들』, 문화과학사, 1997; 이동연, 「청소년 하위문화의 공간과 스타일」, 『대중문화연구와 문화비평』, 문화과학사, 2002 등이 있다.

29. 1990년대 여성주의 문화연구는 『또 하나의 문화』와 『여/성이론』이 대표적이다. 1990년대 페미니즘 문화연구의 전체적인 흐름에 대해서는 김현경, 「문화연구의 비판적 성찰: "문화" 개념과 "성차" 관련 개념들에 관한 몇 가지 고찰—1990년대 이후 한국사회 "페미니즘 문화연구"를 중심으로」, 『민족문화연구』 53호, 2010을 참고하기 바란다.

30. 서동진, 『누가 성정치학을 두려워하랴』, 문예마당, 1996이 대표적인 퀴어 문화비평 연구서이다. 서동진의 이 책은 1990년대 퀴어문화 논쟁을 일으키는 데 결정적인 역할을 했다.

로서의 문화는 문화의 재현과 제도화를 위한 물적 토대를 함축한다. 1990년대 문화비평은 물질적 텍스트의 다원화가 가능했기 때문에 활성화될 수 있었다. 문화를 재현할 수 있는 대중문화 매체의 등장과 또한 문화비평의 담론 축적을 가능하게 했던 다양한 문화잡지들의 출현도 장치로서의 문화비평에 주되게 기여했다.[31] 문화비평이 1980년대에 비평의 장에서 문학비평과 다르게 공적인 담론에서 인정을 받지 못했던 것은 1990년대와 같은 담론을 활성화할 수 있는 물적인 장치가 부족했기 때문이다. 문학의 장과 문화의 장을 결합하고자 했던 『상상』과 같은 잡지들은 당시 대중문화 매체와 비평의 역할을 무시할 수 없었기 때문에 생겨난 것이고, 국내 최초의 문화이론 전문지로 출범한 『문화/과학』도 문화현실분석이라는 개념을 만들어 문화비평의 영역 확장에 기여하기도 했다. 이밖에 『리뷰』, 『이매진』 같은 잡지는 오래가지는 못했지만, 대중잡지를 표방하면서 대중문화 현상에 대한 심층적인 분석을 시도했다. 『핫뮤직』, 『키노』와 같은 대중음악과 영화 매체의 전문 비평지로 문화평론가들의 지적 활동을 넓히고, 문화비평의 전문적 지식수준을 높였다. 장치로서의 문화비평은 비평의 대상과 담론적 실천에 있어 패러다임의 전환을 확고하게 몰고 온 물적인 토대의 기틀을 다졌고, 대학에서 문화연구가 간학제적 실천으로 주목받으면서 공식적인 대학의 교육과정에 수용되기도 하였다.

넷째, 문화비평은 문화테크놀로지에 대해서 혹은 그것을 통해서 확

---

31. 1990년대 문화비평의 시대를 열었던 잡지들로는 『문화/과학』, 『상상』, 『리뷰』, 『이매진』 등을 들 수 있고, 개별 문화장르 비평들은 영화 분야의 『키노』, 『시네21』, 『필름 2.0』, 대중음악 분야의 『핫뮤직』, 『서브』, TV·방송 분야의 『TV저널』, 만화 분야의 『찬스』, 『소년챔프』 등의 잡지를 통해 활발하게 전개되었다.

산되었다. 1990년대 후반부터 인터넷 정보문화의 도래는 문화비평의 장에 새로운 변화를 몰고 왔다. 문화비평은 그동안 물리적 현실 문화 공간 비평에서 가상문화와 가상현실에 대한 비평으로 확대되었다. 문화비평은 달라진 정보문화 환경과 사이버문화의 텍스트 재현에 대한 비평을 소위 '사이버문화'로 확대하였다. 문화비평은 대중문화 매체에서 재현되는 테크놀로지 문화의 철학적 미학적 근거에 주목했고, 사이버문화의 잠재성에서 새로운 문화실천의 가능성을 주목하였다. 1990년대 중후반에 나온 『사이버문화, 사이버공간』과 『사이보그, 사이버컬처』란 두 권의 책은 국내 사이버문화연구의 이론적 기초를 다지는 데 기여했고, 1999년에 번역 출간된 니콜라스 네그로폰테의 『디지털이다』는 디지털 세계의 인터페이스와 인간의 디지털 삶의 일상화에 대한 전망을 담고 있다. 디지털문화연구와 기술미학연구는 2000년대 중반부터 본격적으로 진행되었지만, 1990년대 후반의 문화테크놀로지에 대한 비평적 관심은 문화비평의 특이성을 살려준 토픽인 것은 분명하다. 사실 문화테크놀로지는 자본주의 대중문화의 역사에서 중요한 연구의 토대이지만, 특별하게 1990년대 문화비평의 특이성으로 간파하려는 것은 1990년대의 문화테크놀로지가 문화의 장에서 기술적 패러다임의 변화를 가장 극적이고, 중요하게 보여주었다는 판단 때문이다. 문화테크놀로지는 이전 시기와 구분되는 문화비평의 패러다임을 형성하는 데 중요한 토픽이었다.

문화비평의 시기는 비평의 대상과 방법을 확장시켰고, 이데올로기, 욕망, 타자, 권력, 구별짓기와 같은 이론 비평의 열기를 고조시켰으며, 비평의 장이 문학 텍스트 중심에서 문화 텍스트로 중심으로 이행하는 시기였다. 1990년대 문화비평은 그런 점에서 앞서 언급했듯이 문학비평과 대립하여 문화 텍스트와 문화현상에 대한 장르 비평이라는 좁은 의미를 넘어서 비평의 위치를 변화시키고, 비평의 패러다임을 바꾸려 했던 개념이었다. 비평의 패러다임은 비평의 개념, 비평의 기능과 역할, 비평의 실천에 대한 새로운 생각을 가능케 한다는 점에서 메타비평의 토픽을 제기한다.

비평의 위기와 메타비평의 징후들

문화비평의 메타비평적 성격은 비평의 전성기 시기에는 발견하기 어려운 것이었다. 그것은 역설적으로 문화비평이 위기를 맞는 시기에 드러났다. 문화비평은 적어도 2000년대 중반까지만 해도 지배적인 비평의 장을 유지하고 있었다. 대중문화의 물적 토대는 더욱 확대 재생산되었고, 한국의 문화현실은 매우 역동적으로 이행하였다. 예컨대 디지털문화의 활성화, 한류문화의 확산, 시각문화의 다양성은 적어도 문화비평의 호황의 조건들이었다. 그러나 2000년대 중후반부터는 문화비평마저도 위기를 맞게 되었다. 1990년대 문화비평은 다양한 문화 계간지의 창간과 대중적 문화 교양잡지들의 등장으로 활발한 글쓰기와 사회적 발언을 행사했다. 대중음악, 영화, 공간, 라이프스타일, 스포츠 등 문화비평은 지식인 담론의 전위에 있었다. 그러나 2000년대 중반부터 대부분 문화 계간지와 문화잡지들은 폐간되고, 일간지의 음반평, 영화평은 사라진 지 오래다. 이른바 '문화전성기의 시대'에 문화비평이 오히려 고사 직전의 위기를 맞는 상황을 어떻게 이해해야 할까?

대중들은 문화를 다양하게 소비하지만 불행하게도 문화비평을 싫어한다. 그들이 읽고 싶어 하는 것은 비평이 아니라 정보다. 대중들이 알아야 할 영화에 대한 모든 정보는 전문 비평가에게서 나오는 것이 아니라, 인터넷 지식검색에서 나온다. 인터넷 시대 지식검색은 문화비평을 대체한 훌륭한 정보터미널이 되었다. 전문가 문화비평에 대한 네티즌의 냉소는 문화 정보에 대한 강한 자신감에서 비롯된다. 특정한 문화 정보에 관한한 스스로 전문가이길 자처하는 문화마니아들의 글쓰기는 이른바 전문 문화비평가들의 존재를 위협하기에 충분하다. 문화비평의 위기가 심화된 또 한 가지 이유는 바로 문화 담론의 제도적 딜레마 때문이다. 1990년대 문화비평가로 활동했던 많은 지식인들은 제도권 담론에서 벗어나 경제적 어려움을 감수하면서 자유로운 비평 활동을 전개했다. 그러나 문화비평을 주도했던 지식인들은 대부분 제도권 학문 안으로 포섭되었고, 문화의 현장과 사건을 대면하는 긴장감 있는 글쓰기의 전투에서 퇴각했다. 많은 문화비평가들이 문화전쟁의 종군기자가 되길 원치 않으며 대신 국가가 예산을 지원하는 정책보고서나 학술연구재단의 맞춤형 논문 쓰기, 공식적인 연구 업적을 인정받는 재미없는 학술논문 작업에 매진했다. 문화비평을 담을 수 있는 매체도 사라졌고, 대중들은 문화비평을 혐오하며, 지식인은 학술장의 이해관계 때문에 문화비평을 더 이상 쓰지 않았다.

　문화비평의 위기는 곧 비평의 위기와 맞닿아 있다. 비평이 정치, 경제, 사회뿐 아니라, 엔터테인먼트, 여가, 푸드, 여행 등 다양한 영역으로 분화되어 일상화, 대중화되었지만 지금 비평의 분화는 직업 비평, 해설 비평, 마니아 비평의 수준에 머물러 있다. 비평의 비판적, 분석적 기능이 충분히 발휘되지 못하고, 새로 나온 상품의 제품설명서나 지배적 문화현상의 정보전달이나 문화적 마니아들을 위한 지식 나르시시즘이 된 것이다. 비평 패러다임의 변화를 몰고온 1990년대의 문화비평의 개념은 지금 더 이상 유효성을 갖지 못하고 비평의 위기, 죽음, 소멸의 증인이 되고 있다.

이러한 비평의 위기 상황을 일컬어 메타비평의 시기라고 부를 수 있지 않을까 싶다. 비평의 존재와 존립 근거가 위협을 받고 비평을 둘러싼 정치적, 문화적 환경의 변화가 심각하기 때문이다. 메타비평은 비평의 위기와 비평의 또 다른 전화의 국면을 지시한다. 비평의 위기는 비평 전화의 징후가 되는데, 이때 비평의 위기는 특정한 비평 담론의 위기가 아니라 비평 자체의 위기를 담고 있다는 점에서 메타적이다. 지금 비평의 위기 시대에 메타비평의 징후들을 어떻게 발견할 수 있을까?

메타비평 전환의 징후는 크게 보아 세 가지 관점에서 나타난다. 먼저 언급할 것은 비평의 존재와 물질성의 해체에 대한 요청이다. 지금 비평은 스스로 자기 존재를 증명할 수 없게 되었다. 이전에 비평은 텍스트를 통해서 자신의 존재를 증명할 수 있었다. 비평은 텍스트를 해석하고 그 의미를 사회적 차원으로 끌어올려 텍스트의 정당성을 발견하고자 했다. 비평은 텍스트의 부재 의미들을 발견하고, 텍스트의 무의식을 독해하고, 그래서 텍스트의 사회적 의미를 채우는 데 있어 상호보완적인 기능을 수행했다. 그러나 비평의 비판의식, 비평장의 전복과 배제의 법칙이 실종되어 비평 자체가 상품의 수사학이 되고, 담론시장으로의 진입을 위한 필요 경력으로 삽입되며, 비평과 비평 사이의 논쟁이 부재한 상황에서 비평의 존재는 전통적인 지식의 장을 더 이상 유지할 수 없게 되었다. 다른 한편 비평은 더 이상 문자 텍스트를 통해서만 생산되고 유통되지 않는다. 책에 쓴 글로서 존재했던 비평의 물질적 권위는 공기 속으로 사라지고 대신 비평의 물질성은 비물질적인 공간으로 산화한다. 비평의 텍스트는 온라인 공간에서 '넷비평'이란 이름으로 새로운 지위를 얻고, 비물질적 기호와 이미지로 변형된다. 비평의 물질성은 문자에서 이미지로, 언어에서 도상으로 확장되고, 소셜네트워크서비스(SNS)의 인터페이스로 인해 자발적으로 복제된다. 비평의 물질성은 소멸되었다기보다는 다른 테크놀로지로 전환된 것이다.

둘째, 비평의 개념적 사유가 불가능해지고, 실천의 전망이 불투명해진 현재의 상황이 메타비평 전환의 또 다른 징후이다. 신경숙 표절 논란의 국면에서 비평은 자본과 권력에 오염된 텍스트를 해독할 권위를 오랜만에 부여받았다. 신경숙 표절 논란 이전까지 비평이 할 수 있었던 것은 고작 텍스트를 위한 애증의 친밀감을 드러내는 행위이거나, 상품을 빛나게 할 주문형 제작생산, 혹은 간혹 문화시장의 폐해를 지적하고 해결될 수 없는 대안을 주장하거나 대중문화 텍스트의 불편한 재현을 불편하게 반응하는 것이다. 비평은 텍스트의 심연으로 가라앉았다. 신경숙 표절 사태는 이후 문화 계간지의 수많은 비평 기획과 수록 원고에서 확인할 수 있듯이, 비평 본연의 위상과 권위를 회복하는 계기가 되었다. 비평이 텍스트의 과오를 지적하고, 비평의 부끄러운 행적을 공론화하고, 문학과 문단의 해체와 재구성을 요청한다. 비평이 오랜만에 비평가들 간의 논쟁의 공간으로 복귀했다.

그러나 그러한 표절 사태로 야기된 비평 논쟁들은 역시나 표절 논쟁으로 끝나는 듯하다. 비평의 글들은 대체로 신경숙 표절의 근거들, 표절에 침묵한 문학권력의 구조적 원인들에 대해 진단하고, 문학에서 표절의 시스템을 극복할 수 있는 나름의 대안을 주장한다. 반대로 신경숙의 작품들을 표절로 볼 수 없다고 주장하거나, 신경숙의 문학적

성과가 매도되어서는 안 된다고 하거나, 과도하게 문학권력의 문제로 확대된 것에 불편한 심기를 드러낸다. 그런데 정작 이 국면에서 비평이 표절에 대해서 말하는 것 말고 비평이 스스로 어떤 문제의식을 가져야 하며, 자신의 위치를 어떻게 설정하고, 어떤 실천을 해야 하는지에 대한 메타적인 성찰은 거의 없어 보인다. 비평은 표절 국면에서 여전히 표절에 대해서만 이야기하며, 비평의 존재와 위치에 대한 개념적 사유로 확장되지 않는다.

비평의 메타적 성찰의 부재는 아마도 현재 한국사회가 안고 있는 이데올로기의 동요, 혹은 전망의 부재에서 비롯된 것이 아닐까 싶다. 비평이 어떤 사회적 전망을 말하기에는 지금 현실은 너무나 파국의 상황으로 달려가고 있다. 극단적인 냉전적 이념 대립이 정치적 우익 헤게모니 집단에 의해 자의적으로 형성되고, 신자유주의 투기와 전제군주적 통치술이 사회적 재난을 양산하고 있는 상황에서 비평이 어떤 사회적 전망을 내놓는다는 것은 거의 불가능하게 되었다. 혐오와 차별, 증오와 분노의 감정이 요동치는 정동적 비극의 사회에서 비평의 논리는 정동의 카오스를 극복하기가 어렵다. 정동의 카오스는 더욱이 조잡한 이해관계로 뭉친 우익들이 생산한 '이데올로기적 노이즈'와 '공공연한 종북 프로파간다'로 인해 비평의 목소리를 단번에 잠식해버린다. 정동의 카오스는 비평의 비판 이성과 분석적 논리를 거세시켜 버린다. 전자적 노이즈의 회로가 음성 제국주의를 만들어 모든 사운드의 차이를 거세시키는 것과 마찬가지로 이데올로기 노이즈로 구성된 정동의 카오스는 비평의 다성적 목소리를 동일한 회로 속으로 빨아들인다. 그래서 사회적 재난과 파국의 시대에 텍스트를 통한 '비평'보다는 차라리 현장 속에서의 '선언'과 '행동'이 더 중요해졌다. 비평의 비판적 공간이 삭제되고, 남은 것은 수많은 이데올로기적 노이즈들과 이에 맞서는 현장에서의 선언과 행동뿐이다. 비평은 표절의 국면에서조차 공명의 효과를 내지도 못하고, 사회적 장으로 공진화하지 못한다. 이것이 세 번째 메타비평 전환의 징후이다.

메타비평 메니페스토

그렇다면 메타비평 전환의 징후들은 비평의 죽음과 종말의 징후인 것인가? 만일 비평이 현실 혹은 현장의 행동과 원래부터 분리된 것이라면, 비평은 정동의 카오스 시대, 이데올로기적 노이즈의 시대에 죽음을 맞을 수밖에 없을 것이다. 그러나 비평은 상황과 국면에 따라 '현실과 행동'을 다르게 보게 할 뿐, 그것을 배제하거나 부정하지 않는다. 비평은 현실이 아니고, 현장의 행동도 아니지만, 현실을 보게 하고, 행동의 이유와 근거를 구성한다. 비평은 주체의 실천을 요청하며, 새로운 실천의 패러다임 지도를 그릴 잠재성의 공간을 보유한다. 다만 현재 비평이 그러한 잠재성을 현실성으로 전환시키기에는 지금 마주하고 있는 사회적 재난과 파국이 녹록치 않을 뿐이다. 이 글에서 메타비평 전환을 이야기하기 전에 이전 시기로부터 '주체의 실천'과 '비평의 패러다임'을 내재적인 이행의 조건으로 언급한 것은 바로 이 때문이다.

사회적 재난, 정치적 파국, 경제적 공포가 이데올로기의 적대를 생산하는 비평전쟁의 시대에 메타비평의 메니페스토는 다음과 같은 비평의 실천을 제안하고자 한다. 먼저 메타비평은 '비평의 비평'의 실천을 선언하지만, 비평에 대한 이론적 형식을 재구성하는 것을 목적으로 하지는 않는다. 그것이야 말로 비평에 대한 형식주의에 불과하다. 메타비평은 비평이란 무엇인가를 재개념화함으로써, 결국 비평의 실천, 즉 비평의 외부를 향한 발화를 정치화, 사회화하는 것이다. 비평이 텍스트를 해석하든, 사회적 현상을 비판하든, 정치적 의제와 경제적 코뮌에 대해 대안을 제시하든, 비평은 비평의 외부를 향한 사회적, 정치적 발화로 자신의 입장과 구체성을 가져야 한다. 비평가의 임무는 앞서 이글턴의 대담집을 인용하면서 언급했듯이 우리 앞에 놓인 현실에 무력해지지 않으면서 "대중의 문화적 해방에 참여하는" 일이다. 이글턴은 이러한 임무가 "아직 도래하지 않은 것"[32]이라고 말하지만, 그것이 현실 속에서 계속 유보되는 한 그것은 비평가가 현실에서 대면해야 할 것이다.

정치적, 경제적, 사회적 현실이 비평의 해석과 사유의 여지조차 불필요하게 할 정도로 직접적인 재난, 파국, 공포를 생산하는 상황에서 비평의 실천, 비평가의 임무를 주장하는 것이 얼마나 의미가 있을지 모르겠다. 그러나 비평은 자신의 존재를 무력하게 만드는 사회적, 정치적 현실에 맞서 사회적, 정치적 기획을 이론화, 담론화해야 한다. 그것은 마치 비평이 사이비 정치평론에 맞서고, 경제주의 문화비평의 환상에서 깨어나야 하는 것과 마찬가지로 비평은 사회적 재난에 맞서 사회적 커먼스를, 정치적 파국에 맞서 정치적 코뮌을 기획하는 프로그램을 구체화해야 한다. 비평은 어느 소설가의 비윤리적 표절 사태에 개입하고, 표절을 변호하는 이해관계 당사자와 맞서 윤리적 논쟁을 벌이는 노력도 중요하지만, 사회적 재난과 정치적 파국에 적극적

---

32. 테리 이글턴·매슈 모몬트, 『비평가의 임무』, 503.

으로 개입하는 노력도 함께 요구된다. 비평은 세월호 재난, 도시의 젠트리피케이션, 계급의 프리카리아트화, 경제적 불평등과 부정의의 사회에 대해 끊임없이 고발하고 폭로하는 사회적 실천의 의지를 견지해야 한다. 그것은 또한 적대를 생산하는 이데올로기적 노이즈와 정동의 카오스, 그리고 그 반대편에서 감정을 사물화하는 주체의 모든 인지적 노동에 대해 미학적 윤리적 논쟁을 촉발해야 한다.

우리는 미디어 텍스트를 통해 즉, '아이돌' '요리' '여행' '건강' '힐링'을 위한 미디어 텍스트를 통해 미학과 정치를 분리하려는 문화자본의 논리를 자명한 것으로 받아들이고 있다. 미디어는 사회적 현상을 반영하는 것뿐 아니라 사회적 현상을 생산한다. 그것은 감각과 정서의 사회적 상태를 재현하는 것만이 아니라 사회적 감각과 정서를 공공연하게 생산한다. 우리가 대량소비하는 문화적 신드롬, 예컨대 '아이돌' '먹방' '쿡방' '나홀로 문화' '역사 향수주의'는 사회적 감각의 생산에 있어 결정적인 역할을 한다. 그러한 사회적 감각의 일반화는 정치적 감각의 일반화로 이행한다. 가족주의, 공동체문화의 붕괴를 우려해서 만들었다는 많은 미디어 프로그램들은 역설적이게도 그러한 문화의 감각적 붕괴의 현실을 재생산한다. 그런 점에서 비평은 그렇게 다양하게 분화된 미학적, 감각적 재현들 속에서 미학과 정치가 얼마나 내재적으로 은밀하게 결합되어 있는지를 밝혀야 한다. 재난과 파국의 시대에 미학의 정치화는 혁명적 시대의 그것보다 훨씬 정치적이다.

문화자본의 논리가 미학의 정치적 내면화를 대가로 자본 독점의 자격증을 부여받듯이, '정치의 미학화' 역시 문화와 예술을 공적으로 지원하겠다는 대가로 정치적 감각을 생산하는 허구적 장치로 예속화한다. 예컨대 박근혜 정권이 취임 초기에 문화융성이란 국정과제를 제시한 것도 정치적으로는 보수적 원칙을 고수하지만, 문화적으로는 자유주의의 원칙을 견지하겠다는 모순된 논리를 표면적으로는 합리화한 것이다. 그러나 그러한 '정치의 미학화' 정치가 문화융성은 고사하고 문화검열로 변모하는 데는 그리 오랜 시간이 걸리지 않았다. '정치의 미학화'는 문화를 공보의 기능으로 환원하려 든다. 정치적 실패와 정치적 공약의 파기의 은폐를 위해 박근혜는 독해 불가능한 정신분석적 수사를 동원한다. 박근혜의 독해 불가능한 자기모순적 언술들은 정치적 진실을 모호하게 만드는 '정치의 미학화'의 독특한 사례이다. 지금 말하고 있는 '미학의 정치화'와 '정치의 미학화'는 테리 이글턴과 자크 랑시에르가 벤야민을 언급하면서 말하는 혁명기 "대중의 시대에서의 정치의 필연적인 미학화" 맥락과는 정반대에 있다. 지금 미학과 정치의 관계는 랑시에르의 지적대로 미학과 정치의 관계에 있어 "공동체의 공통적인 것에 대한 감각적 경계 설정의 수준"[33]에 이르는 것들이 거의 붕괴될 정도로 유착되어 있다. 미학과 정치는 마치 완전히 분리된 것처럼 행동하지만, 실제로는 권력과 이익의 장에 의해 긴밀하게 연결되어 있다. 감각들이 분배되기는커녕 정치적 이해관계에 의해 일체화되는 상황인 것이다. 비평은 자본이 지배하는 미학의 정치적 무의식과 권력이 지배하는 정치의 미학적 무의식을 텍스트 밖으로 드러내고 그 공모와 유착관계를 폭로해야 한다. 그것이 메타비평적 실천이다.

어떤 점에서 신경숙 표절 사태로 촉발된 비평의 위기론은 비평의 존재와 개념에 대한 사유의 경로를 거쳐 비평의 역할과 비평가의 임무에 대한 사회적, 정치적 메니페스토로 귀결되는 듯하다. 비평의 사

33. 자크 랑시에르, 『감성의 분할』, 오윤성 옮김, 도서출판b, 2008, 22.

회적, 정치적 실천에 대한 선언들이 1980년대 변혁 이념을 대리하는 주의주의로 환원되거나 다원적 문화비평의 장으로 회귀될 수는 없을 것이다. 더욱이 비평적 메니페스토가 사회적 분노를 분출하는 감정적인 선언주의로 그쳐서도 안 되겠다. 비평은 사회적 재난과 정치적 파국에 대한 비판 이전에 객관적 논리와 근거, 합당한 설득의 힘이 내재되어야 하는 것은 분명하다. 메타비평적 전환이 그것의 정치적 메니페스토의 기획보다 먼저 전제되어야 하는 것도 이 때문이다. 그럼에도 비평은 지금 사회적, 정치적 선언으로 전환해야 하는 수많은 이유와 근거가 있다. 전쟁과 폭력으로부터의 위협, 재난을 더 재난스럽게 만드는 통치술, 사회적 안전망이 거세된 일상의 위협들, 차별받고 배제된 사람들, 인권 없는 인권자들, 세월호를 비롯해 사회적 재난의 국면에서 잊혀져가는 피해자들, 도시의 젠트리피케이션에서 희생되고, 국가의 검열로 창작의 권리가 박탈당한 예술가들의 현실 등, 비평이 사회를 향해 선언해야 하는 수많은 발언들은 여전히 유의미한 근거를 가지고 있다. 현실이 비평을 기각하지 않고, 현장이 비평가를 삭제하지 않도록 비평과 비평가가 현실과 현장의 이야기를 자신의 서사로 전유할 것들이 너무나 많다. 비평전쟁의 시대에 메타비평이 해야 할 일들은 바로 이런 것들이다. (2016)

제9장

—

혁명의 문화,
문화의 혁명

혁명의 문화적 유산: 바츨라프 광장의 역설

　전 세계 음악도시의 현황과 미래를 함께 고민하는 '뮤직시티 컨벤션' 발표차 베를린에 갔다가, 프라하의 유서 깊은 재즈 클럽 '레두타'를 방문할 기회가 생겼다. '레두타'에 들리기 전, 체코 민중혁명의 상징적 장소인 바츨라프 광장 근처에 위치한 공산주의 박물관을 찾았다. 박물관 하면 통상 단독 건물을 상상하기 쉬운데 이곳은 광장 중심가에 즐비한 상가 건물들 중 하나에 있었다. 대로변에 있지만 표지판도 쉽게 눈에 띄는 게 아니어서 유럽 박물관의 일반적인 형태를 상상하는 사람들에게는 구글맵의 도움 없이 바로 찾기 힘든 곳이다. 공산주의 박물관은 그렇게 광장 안으로 꼭꼭 숨어 있다. 그런데 간신히 찾은 공산주의 박물관 표지판 바로 옆에 당황스럽게도 카지노 도박

장 표지판이 함께 있었다. 설마 공산주의 박물관과 카지노가 같은 건물에 있을까 의심의 눈초리를 보내며 화살표를 따라 2층으로 올라가니 정말 왼쪽은 공산주의 박물관, 오른쪽은 카지노다. '한 지붕 두 가족'이란 말이 가장 어울릴 법한 '공산주의'와 '카지노'라는 이 낯선 두 언어의 공존은 프라하 바츨라프 광장을 찾는 관광객들의 볼거리를 충족시켜 주는, 지금 이 시절의 '문화관광 콘텐츠'라는 실용적 풍경을 자아낸다.

　박물관 공간의 디자인과 쾌적함, 전시물의 배치와 상태는 그리 좋은 편이 아니었다. 맑스, 레닌, 스탈린, 후르시초프의 크고 작은 동상들은 전시공간의 맥락을 충분히 고려하지 않고 여기저기에 배치되었다. 심지어 이들의 작은 흉상들이나 체코 공산주의 역사의 중요한 유산을 표상하는 물품들이, 다소 과장되게 표현하자면 동네 슈퍼 한구석에 쌓아놓은 과자더미처럼 어지러이 놓여 있었다. 체코슬로바키아가 제2차 세계대전 이후 러시아 사회주의 연방정부의 냉전체제에 흡수되면서 필연적으로 안고 갈 수밖에 없었던 정치-지리적 상황은 박물관의 공간 배치에 그대로 반영되었다. 맑스, 레닌의 동상으로 시작해서 체코슬로바키아 인민들의 정치적 프로파간다와 사회주의 일상의 삶의 변화를 지나 1968년 정치적·이데올로기적 모순을 간직한 '프라하의 봄', 그리고 1989년 페레스트로이카 이후 일어난 벨벳혁명의 기억들이 혁명의 파노라마처럼 전시되어 있다. 혁명의 국지적 리듬의 특이성을 고려하면 혁명은 이데올로기로, 정치로, 문화로 이행한다. 그 이행은 시간의 이행이기도 하면서 정치적 격변과 봉합과 변질의 시간이기도 하다. 그런 점에서 프라하를 찾은 관광객들에게 체코 공산주의의 유산과 향수를 하나의 '상품'으로 전달하는 공산주의 박물관의 현재 위치도 어찌 보면 국지적 혁명이 역사적으로 변해가는 한 순간을 보여주는 것인지도 모르겠다. 지금 프라하 시민들은 공산주의가 몰락한 세상에 살고 있지만, 앞으로 그들에게 다가올 또 다른 혁명의 시간을 상상한다면 상품 형식으로 존재하는 공산주의 박물관은 단지 체코 혁명의 역사를 전시하는 장소만이 아닌, 혁명이 어떻게 변하고 있는가를 보여주는 징표이기도 하다. 공산주의 박물관은 혁명의 표상이자, 반역의 대상이고, 또 다른 혁명을 기다리는 문화적 플랫폼이다. 그러나 적어도 지금 바츨라프 광장의 공산주의 박물관은 '혁명의 상품화' 혹은 '상품 형식으로 흡수된 혁명의 유산'으로 위치지어진다.

나중에 알게 되었지만, 이 공산주의 박물관은 개인이 만든 사립 박물관이었다. 돈을 벌어야 하는 사설 박물관이니 관광객들을 위한 혁명의 상품화가 낯설지 않다. 그럼에도 상품 형식으로 흡수된 혁명의 유산들이 역사적 향수를 자극하여 관광 콘텐츠가 되는 반복적인 상황들은 동시대 혁명의 우울한 미래를 엿보게 해준다. 혁명의 상품화는 단지 체코 프라하 공산주의 박물관에만 있는 것은 아니다. 베이징의 '798 예술단지'와 상하이의 '모간산루 M50'에서 전 세계 관광객에게 팔리는 마오의 상품들, 베트남 혁명의 아버지 호치민과 1917년 러시아 프롤레타리아 혁명의 지도자 레닌의 관광 상품들, 그리고 남미 민중혁명의 아이콘 체 게바라의 글로벌 상품화는 프라하 공산주의 박물관에서 보았던 혁명의 상품화와 크게 다르지 않다. 냉전의 벽을 넘어 전 지구인들이 마음만 먹으면 어느 나라든 여행할 수 있는 문화관광의 시대, 사회주의 역사를 가진 국가들이 자국의 문화관광을 위해 마련한 '혁명의 상품화'는 그들의 입장에서 보면 당연해 보이기도 한다.

물론 역사적 혁명은 이데올로기로만 존재하지 않으며, 역사적 향수주의의 상품으로만 존재하지도 않는다. 혁명은 그 나름의 역사적 교훈이 있으며 지도자의 사상과 지적 유산으로 남는다. 상품화의 논리 속에서도 국지적 혁명의 진정성을 조금이라도 알리려는 노력들은 문화관광의 현실적 논리와 힘들게 경합한다. 관광객을 위한 체코 공산주의 유산의 전시물들은 "그래도 이것들이 우리 역사의 일부다"라는 속내를 숨기지 않는다. 공산주의 박물관에서 구입한 『유산』이라는 책은 박물관의 존재 이유를 이렇게 요약한다. "관광객들이 맥주잔보다는 이 박물관을 통해서 이 작은 나라의 역사를 충분히 알 만한 지성을 갖춘 분들이라는 점을 상기하면서, 결국 우리의 비전은 이 점을 강조하는 데 있다. 박물관과 이 책은 공산주의 체제 하의 체코 인민의 삶을 소개하는 것을 목적으로 한다. 공산주의 하에서 삶은 값비싼 경험이었는데, 기실 이 삶은 인류의 본질과 정치적경제적 사회에 대한 개인의 관계가 모두 허위의식이라는 사실에 기반한 것이었다."[1]

카지노와 함께 관광객들의 볼거리를 충족시키는 상품으로 기능하는 공산주의 박물관임에도 불구하고, 이 박물관의 설립자는 체코 공산주의 역사를 성찰적으로 본다. "러시아 사회주의 체제 시절에 당-국가는 인민을 지배하고, 공산주의를 필요의 이데올로기로 합리화하려 했다." 이 서문에 담겨 있는 공산주의의 역사적 유산에 대한 비판의식의 연장에서, 『유산』은 1968년의 민중혁명과 1989년의 민주주의 혁명에 주목하면서 혁명 이후 반혁명에 대한 저항이 유효하며 여전

---

1. David Borex et al., *Legacy* (museum of communism, 2003), 9-10.

히 그 교훈의 고통이 지속되고 있음을 강조한다. 혁명의 상품화에서 한자리를 차지한 『유산』이라는 책의 내용은 뜻밖에도 혁명유산과 그 이후의 삶을 다층적으로 상상하게 해준다. 그런 점에서 전 세계 혁명의 국지적 특이성을 내장한 바츨라프 광장의 유산은 2016년 겨울부터 시작된 광화문 광장에서의 촛불시민혁명의 현재와 미래를 성찰하게 만드는 텍스트다.

국지적 혁명의 아이콘, '프라하의 봄'을 잉태한 바츨라프 광장에서 겨울 내내 촛불시민혁명의 거점이었던 광화문 광장을 상상한다는 것은 어떤 의미일까? 그것은 혁명과 문화, 문화와 혁명의 변증법에 대한 상상일 것이다. 혁명은 광장으로 가고, 광장은 혁명을 받아들인다. 모스크바, 파리, 산티아고, 프라하, 베이징, 그리고 서울에 위치한 혁명의 광장들은 압제에 시달려 권력과 통제의 공간으로 기능하다 그 억압이 응축-대체되어 혁명으로 폭발하는 순간에 인민들의 정치적 요구와 문화적 해방의 공간으로 변신한다. 체제를 전복하고, 통치자의 하야를 요구하고, 인민의 이해와 요구를 관철시키려는 광장에서의 집단적 행동은 소위 '공공의 질서와 안위'라는 일상 지배의 규칙을 깨고, 평상시 상상으로만 그쳤던 것들을 감행한다. 거리로 나온 혁명의 리듬은 자율과 평등의 연대의 가치를 공유하며, 우발적이고 일탈적인 상상력을 실행하고자 한다. 바리게이트를 치고, 구호를 외치고, 노래를 부르며, 마음속에 담아둔 미래의 비전들을 언어로 풀어내는 것, 그것이 혁명의 시간이다. 혁명의 시간은 권력의 타도와 통치자의 하야를 외치는 시간이자, 일상의 억압에서 벗어나는 감수성 해방의 시간이기도 하다. 혁명의 시간에서 발견한 감수성의 해방은 사실 인민이 일상에서 자기해방을 진정으로 원한다는 것을 반증한다. 혁명은 정치적 프로그램이라기보다는 일상의 해방을 위한 문화적 프로그램이다. 일상에서 억압된 무의식의 욕망들이 혁명의 순간에, 광장이라는 공공의 장소에서 터져 나오는 것은 곧 일상을 혁명하라는 뜻일 것이다. 비일상적 '사건'으로서 혁명이 주는 일상적인 충격은 정치적인 것에서 문화적인 것으로의 이행을 통해 가장 강렬하게 전파된다. 1789년과 1848년 프랑스 혁명이 주는 교훈은 바로 일상의 혁명화의 응축된 에너지다.

바스티유 감옥의 탈취로 시작되어 1799년 나폴레옹 1세의 쿠데타로 막을 내린 프랑스 혁명의 중요성은 봉건제도의 철폐와 공화정 수립 혹은 봉건귀족에 대한 부르주아지의 승리라는 체제 변화의 차원을 넘는 것이었다. 혁명은 앙시엥레짐이 물려주었던 거의 모든 문화적 전통과 관행을 파괴해 이전에는 상상할 수조차 없었던 낯선 것들로 바꾸었기 때문이다. 가톨릭 성직자는 국가의 충성을 맹세하는 공무원으로 변신해야만 했고, 오랫동안 서양인들의 시간관념 기준이 되었던 그레고리 책력은 공화정이 선포된 1792년을 원년으로 하는 혁명 책력으로 대체되었다. 기독교 축제는 세속화된 이성의 숭배에 자리를 내주어야만 했고, 도시와 거리 이름도 위대한 성인이나 왕의 이름에서 계몽주의 철학자와 혁명영웅의 이름으로 바뀌었다. 프랑스인들이 일상생활의 일부처럼 간직했던 시공간의 개념과 세계관을 급진적으로 교체했다는 측면에서 프랑스 혁명은 무엇보다도 '심오한 문화적 사건'이었던 것이다.[2]

혁명은 일상의 양식들을 바꾸어놓지만, 시간이 지나면 일상의 지배

---

2. 육영수, 『프랑스 혁명의 문화사: 혁명의 배반, 저항의 기억』, 돌베개, 2013, 151-152.

를 받는다. 혁명의 상품화 역시 그로 인한 하나의 결과다. 혁명의 문화는 대중들에게 그 시절의 향수로 기억되거나, 동시대 유산이 되어 일상의 양식으로 코드화된다. 이 과정에서 혁명은 지리적 조건에 따라 찬란한 전통이 되기도, 잊고 싶은 망령이 되기도 한다. 혁명의 문화가 일상에서 상품으로, 관습으로, 추억의 소재로 코드화되지 않기 위해서는 일상을 혁명적으로 전환시키는 지속적이고 우발적인 사건들이 생산되어야 한다. 문화의 혁명은 바로 이러한 일상의 혁명, 혁명의 문화를 일상화하는 것을 의미한다. 문화의 혁명은 혁명의 문화를 지속 가능하게 만들고, 그것이 역사적 향수주의의 상품으로 고착되지 않도록 일상에서 끊임없는 반역과 전복의 계기를 만드는 것을 말한다. 앙리 르페브르Henri Lefebvre가 말한 일상의 혁명, 혹은 '리듬분석'이라는 말도 이런 맥락 위에 있다.[3]

"사건으로서 대혁명의 주된 성격은 그것이 역사적 행위의 특정한 양식이라는 점이다. 사람들이 정치적, 이데올로기적, 혹은 문화적이란 이름으로 부를 수 있는 역동성이 바로 그것이다"라는 언급은 비일상

---

3. 르페브르는 "자신의 호흡, 혈액순환, 심장박동, 말의 속도"인 리듬을 기준으로 삼아 구체적으로 자신의 신체에서 체험된 시간을 사유한다(『리듬분석』, 정기헌 역, 갈무리, 2013, 이하 쪽수만 표기). 사실 이러한 리듬의 감각을 체화하기 위해서는 리듬의 시간을 견뎌야 하고, 그것의 차이를 인지해야 한다. 르페브르는 역사학자들이 생각하는 리듬은 "주체, 관념, 현실들과의 긴밀한 관계를 고려하지 않고 비인칭적 법칙들이 야기한 결과만을 보려는 경향"이 있다고 말한다(59-60). 여기서 말하는 역사가들은 반복을 체험할 수 있는, 실제 시간의 현장에 있지 않은 사람들이다. 르페브르는 차이가 리듬을 생성하며, 그 차이는 반복을 통해서만 가능하다고 본다. 반복적인 것에 새로운 것이 끼어드는 것이 바로 차이다(61). "반복은 차이를 배제하지 않으며 심지어 그것을 만들어낸다. 반복은 차이를 생산한다. 반복은 언젠가는 도래하는 혹은, 반복적으로 생산되는 연속과 연쇄 속에서 돌발적으로 발생하는 사건과 맞닥뜨린다. 그 사건의 다른 이름이 차이다"(63). 르페브르의 이러한 지적은 혁명의 리듬을 가능케 하는 '차이와 반복'의 변증법은 일상의 혁명, 즉 '문화의 혁명'이라는 것을 전제할 때만 가능한 것임을 강조한다.

적이고 예외적일 수밖에 없는 혁명의 시공간이 실제로는 일상적 혁명의 시공간을 위한 것임을 강조한다.[4] 그런 점에서 역사적으로 유례를 찾기 힘든 광화문 광장의 촛불시민혁명이 지속적으로 혁명적 에너지를 분출시키지 못한다면, 그것 역시 대의적 정권 교체의 성과로만 그치거나 역사적 향수주의의 소재로만 기억될 것이다. 혁명은 문화를 일상의 지배와 규칙으로부터 해방시키고자 하며, 문화는 혁명을 일상 안에서 반복하게 만든다. 차이와 반복, 반복과 차이, 이것이 혁명의 문화, 문화의 혁명의 리듬 변증법이다. 그렇다면 촛불시민혁명의 전위에 섰던 광화문 캠핑촌 예술행동은 혁명과 문화의 리듬 변증법을 어떻게 내재화했고, 그 한계는 무엇이었나?

촛불시민혁명의 전위, 광화문 예술행동의 의미

"피청구인 대통령 박근혜를 파면한다." 헌법재판소 이정미 재판장이 차분하지만 추상같이 이 주문을 낭독한 뒤, 헌재의 판결을 숨죽이고 지켜보던 시민들은 일제히 환호했고 거리로 나와 시민혁명을 향한 승리의 첫걸음을 함께했다. 광화문에서 노숙농성을 하는 예술가들은 함께 참여한 비정규직 노동자들과 다 같이 기뻐했고, 일부는 눈물로, 일부는 차분한 미소로 화답했다. 마치 1987년 6월 항쟁을 광화문 광장에서 재연하듯 촛불시민의 승리는 대의제 정치를 넘어서 직접 민주주의의 소중함을 일깨워주었다. 촛불시민혁명은 근대 혁명의 일반적인 성격에 온전히 부합한다고 보긴 어렵지만, 낡은 체제로부터의

---

4. François Furet, *Interpreting the French Revolution* (Cambridge & New York: Cambridge University Press, 1981), 22; 육영수, 앞의 책, 155에서 재인용.

단절과 새로운 사회로 가는 이행의 잠재성을 직접민주주의의 형태로 보여주었다는 점에서 혁명적 시간에 준하는 의미를 부여받는다. 그러나 여전히 촛불시민혁명은 미완의 혁명이다. 박근혜의 구속수사가 미완의 시민혁명을 완수하는 필요조건이라면, 10년 만에 이루어진 정권 교체로 인한 국가통치성의 정상화가 민주주의 복원에서 최소한의 필요조건이라면, 시민혁명을 완수하는 충분조건은 유신체제의 역사적 종언을 실질적으로 이끌어내는 사회 전 분야의 적폐 청산과 헌법과 민주주의의 주체로서 시민들의 온전한 주권 회복에 있다. 더 나아가 그것은 통치의 불능이 야기한 사회적 재난들의 완전한 진상 규명과 책임자 처벌, 비정규직 없는 노동평등의 세상, 국적·인종·성·성차로 인한 배제와 차별을 없애는 시민정부의 구성에 있다.

광화문 캠핑촌에서 노숙농성을 이어온 예술인들의 행동 역시 단지 블랙리스트 사태에 저항하기 위한 것만은 아니었다. 그것은 시민혁명의 충분조건을 만들어 내기 위한 예술인들의 사회변혁 요구와 사회적 연대투쟁의 의미를 갖는다. '박근혜 퇴진과 시민정부 구성을 위한 예술행동위원회'라는 이름이 함축하듯이 광화문 캠핑촌 예술행동(이하 광화문 예술행동)은 '예술 검열과 블랙리스트'라는 예술가 자신의 문제에서 출발해 박근혜 탄핵이라는 시민적 요구를 수렴하고, 나아가 시민이 주인 되고, 시민의 주권이 바로 서는 시민정부를 구성해야 한다는 정치적 의제를 최종적으로 제시했다. 혁명의 역사적 궤적에서 촛불시민혁명에서만큼 문화와 예술이 전위에 섰던 경험이 없었던 점을 감안하면, 광화문 예술행동은 문화가 단지 혁명을 재현하는 도구가 아니라 혁명의 중요한 구성 요소라는 것을 일깨워 준다.

그런데 문화가 혁명의 중요한 구성 요소라고 해서, 문화운동의 수준을 넘어 정치적·이데올로기적 혁명의 전위에 서야 한다는 문화적 프로파간다의 임무를 광화문 예술행동에 요구하는 것은 또 다른 문화적 도구주의로 귀환하는 것이다. 프로파간다로서 예술운동의 혁명적 요구는 이미 1980년대 민중운동, 노동자계급운동, 그리고 6월 항쟁으로 표상되는 민주화운동의 수많은 경로를 통해서 이뤄졌다. 1980년대 문화운동은 변혁운동의 정파적 이념을 창작물에 도식적으로 재현하려 했다는 점에서, 특정한 정파의 이념을 선전하는 문화적 프로파간다의 임무에서 벗어나지 못했다. 급진적인 수준으로 따진다면, 아마도 1980년대 민족문학 이념 논쟁에서 노동자 당파성에 근거한 계급혁명을 주장했던 노동해방문학 진영이나, '과학적 사회주의와 노동운동의 결합'을 주장한 노동자문화운동연합(노문연)이 가장 급진적인 조직일 것이다.

주지하듯이 1980년대의 문화운동은 노동자, 민중을 기반으로 하는 조직운동을 중심으로 이뤄졌다. 1980년대 초반 노동문화운동은 대학가 문화운동 세력의 지원을 받아 사업장별 문화 프로그램 중심으로 전개되었다. '성남 만남의 집' '영등포산업선교회' '청계피복 노동조합의 평화의 집' 등 물리적 공간을 확보하고 있는 종교단체나 노동조합, 노동운동단체를 중심으로 연극, 노래, 그림, 풍물 등 예술 장르를 활용하는 문화 프로그램을 진행했다. 이렇게 노동조합 중심의 노동자 문화운동과 대학가 문화서클 그룹 중에서 문화적 전문성을 강화한 그룹들이 1980년대 반독재 민주화투쟁 정세를 계기로 본격적으로 조직적 활동에 매진하게 된다. 1980년대 초 미술운동의 커다란 분기점이 되었던 '현실과 발언'을 비롯해서 1980년대 중반의 '민중문화운동연합', 1980년대 말에 발족한 '한국민족예술인총연합'(민예총), 그리고 노동자 문화운동의 독자성을 주도했던 '노동자문화예술운동연합' '노동해방문학' 등, 10년 사이에 민족과 노동에 대한 문화적 접근 방식이 서로 다른, 즉 변혁 이념의 차이를 가진 다양한 문화운동 조직들은 '민족문학 이념 논쟁'이라는 이름으로 노동자계급 당파성과 민족통일과 관련된 문제들에 대해 치열하게 논쟁했다.

1980년대 문화운동의 주된 목표는 토대-상부구조에서 상부구조로서 문화의 실천적 지위를 이념화·구체화하는 것이었지만, 다른 한편 변혁 이념과 조직 건설에 있어서 서로 다른 정치적 입장들로 인해세 가지 쟁점이 형성되었다. 첫 번째는 1970년대에 별다른 의심 없이 수용했던 민족문화의 형식과 공동체문화주의가 계급적 인식의 확대에 따라 비판받게 되었다는 점이다. 공동체문화론은 근본적으로 자본주의적 발전에 의해 끊임없이 해체의 위협을 받는 소부르주아 계급의 문화이념이며, 공동체문화론의 미적 원리인 신명론神明論 초기의 진보적 의의에도 불구하고 민중적 창작을 절대화하는 민중주의 미학이자, 유희적 기능을 절대화하는 비합리주의적 미학이라는 것이었다.[5] 이러한 비판의 기저에는 문화와 문화예술운동의 계급성 강화, 즉 문화의 과학화라는 맑스주의의 일반 명제를 중요시하는 입장이 존재했다. 말하자면 1980년대 문화운동의 중요한 주제는 문화적 실천의 과학성에 대한 것이었다.

두 번째는 문화와 예술의 과학성과 관련된 것으로, 미적 당파성에 대한 상이한 입장에 기반을 둔다. 1980년대 말 민족문학 이념 논쟁은 크게 보아 '소시민적 민족문학론' '민중적 민족문학론' '민족해방문학

---

5. 위성식, 「문예운동의 과학화를 위하여」, 『노동자문화통신』 창간호, 1990 참조.

론' '노동해방문학론'으로 구별되는데, 이 각각의 분파들은 대개 당파성에 대한 계급적·정치적 차이를 드러냈지만 다른 한편으로는 당파성의 미적 형상화에 대해서도 이견을 드러냈다. 가령 소시민적 민족문학론에서 미적 당파성은 진리에 대한 진정성으로 설명되는 반면,[6] 민중적 민족문학론에서는 현실에 대한 비판적 인식으로,[7] 민족해방문학론에서는 주체사상에 입각한 수령관으로,[8] 노동해방문학론에서는 노동자 봉기를 위한 전투적 형상화로 해석된다.[9]

세 번째는 1980년대 문화운동의 조직화다. 1980년대 문화운동은 진보적 전문 예술가들의 성장에 따른 장르적 분화를 종합하는 조직적인 효과를 거뒀다. 당파성의 문제와는 별개로 문학, 미술, 연극, 영화 등에서 장르운동이 활성화되었고 이에 따라 생겨난 조직들이 연합하게 된 것이다. 장르예술운동의 활성화는 1970년대 대학 문화서클이 중심이 되던 문화운동과는 다른 성격을 갖는다는 것을 보여주며, 1980년대 문예운동의 성과이자 한계를 드러내는 것이기도 하다. 문학을 중심으로 한 재현의 정치학 극복, 문화운동의 전문적 활동의 토대 구축, 문화적 아마추어리즘의 극복이라는 성과와 함께 분과예술운동의 고착화, 현장운동과의 연계 부족이라는 한계는 1980년대 조직문화운동의 딜레마였다고 할 수 있다.

1980년대 문화운동이 광화문 예술행동 원천의 일부이긴 하지만,

---

6. 백낙청, 「민족문학의 현단계」, 『창작과비평』, 1975년 겨울.
7. 김명인, 「지식인 문학의 위기와 새로운 민족문학의 구상」, 『전환기의 민족문학』, 풀빛, 1987.
8. 백진기, 「문예통일전선과 후반기 민족문학의 대오」, 『실천문학』, 1989년 가을.
9. 조정환, 「민주주의 민족문학론에 대한 자기비판과 '노동해방문학론'의 제창」, 『노동해방문학』 창간호, 1989.

광화문 예술행동은 1980년대 문화운동처럼 변혁 이념에 따라 조직이 분리되어 싸우지 않았고, 전위조직을 건설하기 위해 분투하지 않았다. 오히려 문화운동의 이념과 조직 내 세대 사이의 간극을 극복하고 다양한 연대와 협력을 이끌어 내고자 했다. 중요한 것은 정치적 슬로건의 요구 수준이나 문화적 실천의 현장성 여부를 떠나서, 이번 예술행동이 1970년대 이후 역사적 문화운동들과 2000년대 이후 파견예술운동과 어떤 점에서 특이성을 갖는가이다.

광화문 예술행동은 실천의 방식, 형식과 내용의 수준, 사회적 역할과 기여의 관점에서 볼 때, 한국 문화운동의 역사에서 전무후무한 사건이자 가장 급진적인 문화적 실천의 현장이었다. 그것은 한국 문화운동의 지형을 바꾸어놓았고 문화운동의 역사에 인식론적 단절을 가져올 만큼 특이성을 갖는다. 광화문 예술행동만큼 시대의 정치적 변화를 이끌어내고, 이른바 시민혁명의 최전선에 서서 승리에 결정적인 역할을 했던 예술운동은 아마 없을 것이다. 예술행동은 적어도 역사적 문화운동의 관점에서 그 가치와 의미가 제대로 평가되어야 하며, 2000년대 파견예술운동의 역사에서도 그 특이성에 대해 치열한 토론과 논쟁이 필요하다. 사실 광화문 예술행동을 지금 당장 역사적 문화운동으로 평가할 수는 없다. 하지만 142일 동안 지속된 광화문 노숙농성 투쟁으로 집약할 수 있는 예술행동이 역사적 문화운동의 궤적에서 어떤 차별성을 갖고, 어떤 실천적 의미를 가지는지를 논의함으로써 혁명의 문화, 문화의 혁명의 리듬 변증법을 상상해볼 수 있을 것이다.

첫째, 광화문 예술행동은 역사적 문화운동들 가운데 가장 급진적인 직접 행동의 실천이었다. 여기서 이야기하는 급진성은 이념적 급진성이라기보다는 실천의 방식과 양태의 급진성이다. 이전의 역사적 문

역사적 문화운동의 궤적들

시기	성격	주된 기능	실천 사례
제1기 (1970-80)	국가독점자본주의의 독재타도 민주화 민족-계급예술운동	자유실천문인협의회, 민족문학작가회의, 현실과 발언, 민중문화운동연합, 한국민족예술인총연합, 노동자해방문학, 노동자문화운동연합 등	탈춤부흥운동, 민족극운동, 대학/노동현장 노래패운동, 민족문학 이념 논쟁, 문화예술계 조직운동의 활성화, 이념의 검열에 따른 필화, 금서, 판금, 작품 압수 사건 등
제2기 (1990-99)	소비자본주의 신세대 문화의 등장 욕망의 문화정치 문화운동의 다원화	한국독립영화협회, 독립예술제, 우리만화협의회	신세대문화운동, 문화비평-이론의 활성화, 문화잡지들의 전성시대, 대안공간운동
제3기 (2000-현재)	신자유주의 체제 문화정책의 개입 사회운동의 강화 예술노동과 예술행동	문화연대, 한국작가회의, 예술인소셜유니온, 파견예술가 그룹 예술행동위원회, 대학로X-포럼(연극), 국선즈(미술), 오롯(무용), 뮤지션유니온(음악)	문화정책의 비판적 개입 활동, 표현의 자유운동, 문화자본의 독점반대운동, 예술행동(대추리, 한미 FTA, 희망버스, 한진, 용산, 쌍차, 기륭, 유성, 콜트-콜텍, 강정, 밀양, 세월호 등)의 활성화, 도시젠트리피케이션 대응행동, 예술검열과 블랙리스트 저항, 광화문 캠핑촌 예술행동

화운동들에서는 주로 사회 현실을 고발하고 비판하는 재현 행위를 통해서 예술행동이 이뤄졌다. 그 행동은 개인적이거나 조직적이었으며 대체로 재현 행위가 벌어지는 장소는 예술가의 작업실, 극장, 전시실이었다. 물론 1980년대 문화운동도 대학에서, 공장에서, 광장에서, 열사들을 하늘나라로 보내는 노제에서 예술의 재현 행위를 벌이기도 했다. 그러나 예술운동의 장소가 제도화된 장소가 아니라 현장으로 확대되더라도 역사적 문화운동에서 여전히 중요한 것은 사회 현실을 반영하는 최고 수준의 미적 재현에 있었다.

앞서 설명했듯이 1980년대 예술운동은 예술의 미적 가치를 통해 사회 현실을 재현하는 과제와 함께 사회변혁에 복무하는 조직운동을 함께 병행했다. 그래서 민족예술인총연합(민예총)을 비롯해, 장르별 문화운동 단체들, 그리고 좀 더 급진적으로 계급운동과 통일운동에 복무하는 조직들을 결성했다. 1980년대 역사적 문화운동들을 하나로 일별할 수는 없지만, 그것의 목표는 대체로 정치적 이념에 근거하여 사회변혁을 위해 '미적 재현과 조직화'를 이루는 것이었다고 말할 수 있다.

재현으로서의 예술운동이 정치 민주화 이후 제도권 안으로 들어오면서 1990년대 말부터 예술행동의 현장성과 장소성이 중요한 논쟁으로 부상했다. 예술 현장에서도 제도 안으로 편입되는 예술운동의 자산들을 비판하면서 독립적·비주류적 태도와 입장을 견지하는 그룹들이 만들어졌고, 이 그룹들이 1990년대 말에서 2000년대에 분화된 문화운동을 대변했다. 한편으로 재현으로서 예술행위가 갖는 비제도적 현장성을 중시하면서 예술이 파업과 재난의 현장에 직접적으로 참여해 의미를 생산하는 파견예술이 중시되었다. 재난이 늘 벌어지는 것은 아니지만 언제 어디서든 일어날 수 있다는 긴박한 마음을 가지고, 재난의 현장이 언제 끝날지 모른다는 장기 지속의 태도를 가지고, 파견예술은 예술가의 일상적 작업실에서 뛰쳐나와 기꺼이 현장으로 가고자 한다. 재난이 벌어진 곳이 예술이 존재하는 장소이며, 현장이 작업의 공간이 되는 파견예술은 평택 대추리 미군기지 반대운동에서 한진중공업 고공농성, 용산참사를 거쳐, 쌍차-강정-밀양-세월호를 지나 지금 광화문 캠핑촌 예술행동에 이르기까지 재난의 현장에서 '비일상적 사건의 일상적 개입'과 '장기 지속 내 단기적 활동'을 벌여왔다.

2000년 이후 한국에서 파견예술은 '재현과 조직'으로서의 기존 예술운동의 관성을 깨고, '생산과 개입'이라는 직접행동의 새로운 문화실천을 보편화했다.

광화문 예술행동은 2000년대 이후 이러한 예술운동의 비판적 흐름을 계승한다고 볼 수 있다. 단, 두드러진 차별성 한 가지는 예술행동이 갖는 시공간의 특이성이다. 광화문 예술행동은 140여 일이 넘는 시간동안 광화문 광장을 점거하면서 노숙투쟁을 벌였다는 점에서, 유례가 없을 정도로 시간을 압도적으로 지배한 싸움이었다. 예술운동에서 긴 시간을 지배하는 투쟁의 방식은 쉬운 일이 아니다. 예술행위는 시간의 단절 없이 지속할 수 없기 때문이다. 예술운동이 공공장소를 완전히 점거하여 장시간 농성과 예술행위를 반복함으로써 시국 사건에 개입한 예는 일찍이 없었다. 1980년대 문화운동 상당수가 자유로운 공간을 확보하기 어려울 정도로 정치적인 탄압을 받긴 했지만, '장소의 점거'가 예술운동의 투쟁의 방식이 되지는 않았다. 그리고 2000년대 이후 파견예술에서는 재난이 벌어진 특정 현장에 개입하여 벌이는 장기 지속의 싸움들이 있었지만, 재난의 사건이 마무리될 때까지 24시간 내내 공간을 점유하지는 않았다. 파견예술의 기존의 공간 싸움 방식은 장소의 전유였지, 점거는 아니었다. 특히 점거로서의 광화문 예술행동은 재난이 벌어진 특정한 장소에서 벌인 싸움이라기보다는, 대통령 하야와 탄핵, 그리고 국가 개조와 적폐 청산, 혁명 수준에 가까운 사회체제의 리셋을 위해 공공의 장소를 점거하여 촛불 시민들과 소통의 폭을 넓힌, 장소를 매개로 한 실제적이면서도 상징적인 싸움이었다.

둘째, 광화문 예술운동은 2000년대 이후 파업과 재난의 현장에 개입한 예술행동의 궤적 가운데 가장 넓은 의미에서 시민들과의 연대의 폭을 넓히는 데 성공했다. 광화문이라는 국가적 상징공간이자 도심의 공공장소에서 텐트를 치고 24시간 점거운동을 벌인 광화문 예술행동은 시민들과 꾸준히 마주했다. 촛불집회가 아닌 주중에 아침, 점심, 저녁, 그리고 밤 광화문 예술행동은 시간의 특성에 맞게 시민들과 만났다. 기존 파견예술의 제한된 장소성과 달리 언제나 항상 시민들이 볼 수 있는 광화문이라는 광장에서 벌어진 광화문 예술행동은 시민들에게 일상적으로 각인되었다. 캠핑촌의 노숙농성 자체가 시공간이 결합한 예술행동의 양식이라고 할 수 있다.

주말마다 열린 촛불집회에서 시민들은 광화문 캠핑촌에 들러 다양한 예술행동과 조우했다. 캠핑촌에 있는 촛불탑을 배경으로, 박근혜-김기춘-조윤선-이재용 등의 피규어를 배경으로 사진을 찍고 궁핍현대미술관에 들러 전시를 관람하고 블랙텐트에서는 공연을 보았다. 최병수 작가가 광화문 현장에서 만든 조형물들, 풍물과 춤, 노래와 시낭송 등 예술인들의 수많은 퍼포먼스를 통해 예술행동은 시민들과 미학적 거리를 좁혔다. 대통령 하야와 탄핵, 세월호 진상 규명과 새로운 사회로의 이행을 원하는 시민들의 공감대가 워낙 컸기 때문이기도 했지만, 광화문 예술행동은 기존의 수많은 파견예술의 현장보다도 시민들과의 소통과 공감을 가장 많이 이끌어냈다.

셋째, 광화문 캠핑촌 예술행동은 예술가들 간의 연대만이 아니라 노동운동 조직과의 연대를 통해 예술의 사회운동적 의미를 더욱 살렸다. 캠핑촌에서 노숙농성에 참여한 주체들은 예술가들만이 아니었다. 그 안에는 여전히 자신들의 작업장으로 돌아가지 못한, 여전히 사태를 해결하지 못한 노동자들이 있었다. 쌍용자동차 동지들, 기륭-유성 기업 동지들, 콜트-콜텍 동지들, 그리고 비정규직 노동자들과 함께 싸운 '비없세' 동지들이 함께했다. 광화문 예술행동에서 우리가 청산해야 할 대상으로 재벌기업을 적시한 것도 단지 예술-노동운동의 연대의 형식적 표현이 아니라 독점자본, 불공정한 재벌 특혜에 대한 청산 없이는 예술행동의 사회적 개입 역시 의미 없다는 것을 다시 한번 강조한 것이라 할 수 있다.

'예술-노동'의 연대는 2000년대 파견예술의 장 안에서는 자연스러운 일이지만, 이번 광화문 예술행동이 특별했던 것은 노동행동에 개입하는 예술행동이 아닌, 예술행동에 개입하는 노동행동이었다는 점이다. 대부분 파견예술은 장기농성 파업에 참여하는 노동자나 사회적 재난의 피해 당사자가 요청해왔을 때 이뤄진다. 그런데 이번 경우는 예술 검열과 블랙리스트에 저항하는 예술인들의 행동에 노동행동이 연대했다는 점에서 매우 특이하다. 물론 예술-노동 행동 모두가 '박근혜 퇴진과 한국사회 적폐 청산'이라는 대사회적 의제에 함께 동참한 것은 맞지만, 이번 광화문 캠핑촌의 연대는 예술인들의 예술행동의 선언에 노동행동이 화답한 경우라 할 수 있다.

마지막으로 광화문 캠핑촌 예술행동은 예술 장르, 운동 조직, 창작 세대, 정치적 견해 등에서의 다양한 차이들이 서로 연대하고 경합하는 '예술행동의 어소시에이션'을 가능케 했다. 예술운동은 시대별로 다른 실천 목표와 양식을 가졌다. 말하자면 예술가의 신체에 각인된 예술행동의 아비투스가 자신들이 살아온 시대의 감정 구조에 따라 각기 달리 형성된 것이다. 1980년대 민주화운동의 한편에서 예술운동을 주도했던 예술가들, 그리고 1990년대 '이념과 조직'에 기반을 둔 예술운동을 비판하면서 개인과 그룹들의 자율적·감성적 실천을 중시하고 문화와 예술의 분야별 운동에 관심을 보였던 예술가들, 그리고 2000년대 들어 새로운 실천 방식으로 신자유주의 체제에 저항하며 사회적 재난에 개입한 예술가들은 각기 자신들만의 예술운동의 아비투스를 가지고 분화, 분리되었다. 그래서 예술운동 내부에서 자연스럽게 세대가 갈리고, 조직적인 분파들이 생겨나고, 생각과 입장과 감수성을 달리하는 예술가들이 각자 도생하는 상황들이 초래되었다.

그런데 이번 광화문 예술행동은 그동안 분리, 분화되었던 예술가들이 거의 모두 함께 하나의 목표를 가지고 참여했다. 광화문 예술행동은 세대와 장르와 입장을 뛰어넘어 각자 자신이 할 수 있는 일과 역할을 위임받아 다양한 실천들을 광장에서 쏟아냈다. 예술행동은 개인의 자발적 참여에서 조직의 참여에 이르기까지 주체들이 다양한 방식으로 참여하도록 이끌었고, 참여의 형태·규모·내용에 대한 폭넓은 연대를 지향했다. 광화문 예술행동의 다양한 예술적 실천이 가능했던 것은 예술인들 사이의 자유로운 연합이 가능했기 때문이다. 광화문 예술행동에서는 그동안 함께 만날 수 없었던 예술가들이 만났고, 서로 다른 예술 장르와 감수성이 함께 교류했고, 세대와 입장의 차이를 넘어서 예술인들이 새로운 사회를 위해 광화문 예술행동으로 함께 연대했다.

광화문 캠핑촌은 예술의 공유지가 되었다. 광화문 캠핑촌에는 초라한 텐트지만 예술인 레지던스가 있었고, 수많은 뮤지션들이 참여한 '하야아락' 무대가 있었고, 촛불 시민의 열정과 분노를 담은 '궁핍현대미술광장', 연극인과 동료 예술인이 만든 블랙텐트가 있었다. 매일 많은 예술인이 공연하고, 광장 곳곳에는 커뮤니티 아트가 넘실댔다. 광화문 캠핑촌은 예술인들의 해방구가 된 것이다. 142일 동안 광장을 미적으로 점거한 광화문 예술행동은 촛불시민혁명의 국면에서, 문화와 예술의 진정한 혁명의 한 형태를 실재하는 현실에서 경험한 사건이었다.

혁명과 문화의 관계를 다시 상상하기

혁명과 문화를 이야기할 때, 우리는 혁명이 문화의 실재이고 문화는 혁명의 재현이라는 통상적인 관계 설정에 익숙하다. 혁명은 문화의 혁명을 가능하게 하는 정치적·경제적 이데올로기적 실재이며, 문화는 혁명의 국면과 그 이후를 재현해야 하는 임무를 부여받는다. 문화의 혁명은 따로 주어진 것이 아니라 혁명의 실재와 그것의 정치적 이데올로기를 표상하는 것에 그 의미를 둔다. 1905년 러시아 혁명을 이끌었던 레닌은 "톨스토이는 러시아 혁명의 거울"이라고 말했다. 톨스토이가 위대한 것은 "부르주아 혁명이 러시아에 다가오고 있던 당시 수백만 러시아 농민들 사이에서 출현한 이념과 정서의 대변자로서" 소설을 썼기 때문이다. 톨스토이는 "농민 부르주아 혁명으로서의 우리 혁명의 특수한 성격을 표현"했고 이러한 관점에서 레닌이 보기에 톨스토이의 문학은 "농민계급이 우리 혁명에서 그 역사적 역할을 수행해야 했던 당시의 모순된 상황의 진정한 거울"인 것이다.[10] 『레닌의 문학예술론』 편자들의 독일어판 서문은 혁명과 예술의 관계를 이렇게 설명하고 있다. "현실의 반영 형식으로서의 예술이라는, 유일하게 올바른 유물론적 사고는 예술의 특수성이라는 문제를 해결하기 위한 하

---

10. 레닌, 『레닌의 문학예술론』, 이길주 역, 논장, 1988, 60. 이하 인용은 본문에 쪽수로만 표시한다.

나의 필수불가결한 전제이다. 이러한 문제의 해결 그 자체에는 당연히 예술을 현실 반영의 다른 형식들로부터 구별하고 과학, 철학, 정치적 이데올로기 등등의 곁에 예술이라는 존재를 둘 수 있는 특수성이 발견된다는 사실을 전제로 한다"(9).

"예술이 현실을 반영한다"는 리얼리즘 미학의 기본 토대는 좀 더 구체적으로 말하자면 노동자의 현실과 그 미적인 재현을 말한다. 여기서 문화와 예술은 혁명의 객관적 현실과 그 주체의 형상화를 위해서 존재한다. 레닌은 "예술은 인민에게 속하는 것입니다. 그것의 뿌리는 바로 노동하는 대중의 한가운데에 깊이 심어져야 합니다. 그것은 이들 대중에게 이해되고 사랑받아야 합니다. 그것은 그들의 감정, 사고, 의지를 결합시키고 제고해야 합니다"라고 말한다(333). 물론 예술의 목적이 인민의 혁명만을 위한 것은 아니지만, 혁명은 문화와 예술의 창조적 권리를 확장하는 계기를 만들어준다는 점에서 문화예술은 인민의 혁명과 무관하지 않다. 혁명은 시장과 상품에 종속된 예술가들을 해방시킨다.

그런데 20세기 초 프롤레타리아트 혁명에서 시작된 문화예술의 임무와 역할, 즉 예술은 계급투쟁을 형상화하고, 노동자의 신성한 노동력을 서사화하고, 공장의 굴뚝을 노래해야 한다는 교조적인 정의들이 문화의 혁명적 잠재성을 무력하게 만들었다는 점을 간과할 수 없다. 문화예술은 노동자계급의 전위조직인 당을 위해 복무해야 한다는 정의는 이른바 문화예술의 당파성이라는 이름으로 오랫동안 지속되었다. 이러한 주장의 근간을 제공한 레닌의 글 「당 조직과 당 문학」은 당 문학의 원칙을 다음과 같이 말한다.

문학은 프롤레타리아트의 공동대의와 무관한 개인적 과업일 수 없다. 비당파적인 작가들을 타도하라! 문학적 초인을 타도하라! 문학은 프롤레타리아트의 공동 대의의 일부분이 되어야 하며, 전 노동계급의 정치의식화된 전 전위에 의해 가동되는 단일하고 거대한 사회민주주의적 기계장치의 '톱니바퀴와 나사'가 되어야 한다. 문학은 조직적·계획적·통일적인 사회민주당 작업의 구성 요소가 되어야만 한다(52).

문학과 예술의 당파성은 사회주의 리얼리즘의 이론논쟁에서 가장 핵심적인 주제이고 당파성 논쟁은 1980년대 민족문학 이념 논쟁에서도 중요한 쟁점이지만, 혁명과 문화의 문제를 다루는 이 글에서 이 주제를 자세하게 거론하는 것은 적절하지 않아 보인다. 다만 20세기 사회주의혁명의 국면에서 문화는 노동자 인민대중의 계급성 원리를, 예술은 노동과 노동자의 미적 형상화 원리를 일국의 국민국가 체제 안에서 과도하게 강조하면서 실제로 혁명의 문화적 잠재성과 문화의 혁명적 가능성이 봉쇄되었다는 점만 간략히 언급하려 한다. 국가사회주의 체제 안에서 문화는 단지 혁명 이념과 전위 주체를 형상화하는 사후 수단으로만 간주되었다. 따라서 적어도 1960년대 이전의 냉전 하에서 국가사회주의 체제는, 예술 그 자체의 표현-기술적 진보와 기존 장르를 넘어서는 새로운 형태로의 전화 가능성을 탐색하여 문화가 자기 제도와 기반으로부터 해방될 수 있는 혁명적 계기를 만드는 것을 부정적으로 보았다. 심지어 그러한 실천들은 계급이념에 대항하는 반동적 태도로 간주되었다. 문화가 혁명의 현실을 재현하고 형상화하는 도구로 사용되긴 했지만, 문화의 내적 혁명, 즉 문화가 개인 일상의 혁명적 자원이면서 삶의 자유와 주권을 행사하고 표현하며 모든 권력과 권위를 타파하는 상상력의 원천이 되지는 못했다.

사회주의혁명의 이러한 내적 한계가 폭발하여 새로운 혁명으로 이행한 사건이 바로 20세기 유럽 사회를 뒤흔들었던 이른바 '68혁명'이다. 68혁명은 유럽 혁명사에서 정치적으로는 물론 문화적으로 가장 중요한 사건이었다. 68혁명의 슬로건은 '권위주의에의 저항'과 '자유로운 삶을 향한 새로운 연합'이다. "1968년에 유럽을 휩쓴 시위는 1945년 종전 이후 유럽 사회에 잠재하던 변혁의 욕구가 폭발한 사건이었고, 이 운동이 겨냥한 변혁의 대상은 정치에만 국한된 것이 아니라, 일상생활과 사고방식 및 예술을 포함한 사회 시스템 전반에 걸쳐 있다"는 지적은 자본주의와 사회주의 냉전체제의 이념적 분할의 강박증에 따른 대중의 억압된 욕망들이 응축되어 폭발된 역사적 특이성을 설명한 것이라 할 수 있다.[11]

68혁명의 폭발은 사회주의혁명 이후 구체제의 권력이 되어버린 혁명 주체들과 그들이 만든 권위적 제도에 대한 거부를 의미한다. 그것은 또한 국가 사회주의의 반대편에서 성장한 서구 자본주의의 착취를 정당화하기 위해 수많은 혁신 의제들이 사회적으로 봉합되는 것에 대한 강렬한 저항이기도 했다. 68혁명은 국가와 체제, 이념의 혁명이라기보다는 개인의 해방을 목표로 한 것이었다. 펠릭스 가타리^{Félix Guattari}와 안토니오 네그리^{Antonio Negri}는 "1968년의 본질적 힘은 착취에 대항한 인간적 반란의 역사에서 처음으로 그것이 단순한 해방을 목표 삼는 데 그치지 않고 명백한 개인적 사슬들의 제거를 넘어서까

---

11. 오제명 외, 『68, 세계를 바꾼 문화혁명』, 길, 2006, 5.

지 확장되는 진정한 해방을 목표로 삼았다는 데 있다"고 강조한다.[12]

개인의 진정한 감성적 해방은 '해방의 신체화'로 명명할 수 있다. 가타리는 해방의 신체화가 무엇보다도 68혁명의 가장 중요한 목표였다고 말한다. 그는 "신체들의 반란은 주체성의 표현이었고 욕구들과 필요들의 물질성의 화신"이라고 표현하면서 새로운 주체들의 삶에서 자유의 공간을 창출하는 것, 전혀 다른 유형의 힘·지성·감수성을 계발함으로써 적의 권력의 실체를 박탈할 계기를 만드는 것은 "혁명적 운동보다 고유한 질문들"이라고 말한다(89). 68혁명에 참여했던 예술가들이 원했던 것도 바로 제도로서의 예술을 타파하고 '정치-경제-문화' 권력을 넘어서는 새로운 상상력을 분출하는 것이었다.

처음에 그들은 '예술의 폐지'에 관심이 있었다. 다시 말해 그들은 그들 이전의 다다이스트들과 초현실주의자들처럼 분리된 활동으로서의 예술과 문화라는 범주를 대체하여 그것들을 일상적 삶의 부분으로 변형시키고 싶어 했다. 문자주의자들처럼 그들은 노동에 반대하고 완전한 여흥을 옹호했다. 자본주의하에서 대부분의 사람들의 창조성은 엉뚱한 곳에 소모되고 억압받으며 사회는 배우들과 구경꾼들, 생산자들과 소비자들로 분할된다. 그리하여 상황주의자들은 다른 종류의 혁명을 원했다. 그들은 일단의 사람들이 아니라 상상력이 권력을 장악하기 원했고 모든 이들이 시와 예술을 창작하게 되기를 원했다. 그것으로 충분하다! 그들은 선언했다. 노동이나 권태 따위는 지옥으로나 가라![13]

12. 펠릭스 가타리, 안토니오 네그리, 『자유의 새로운 공간』, 조정환 역, 갈무리, 1995, 46.
13. 피터 마샬, 「기 드보르와 상황주의자들」 부록 1, 『스펙타클의 사회』, 이경숙 역, 현실문화

'상상력에게 권력을'이라는 68혁명의 슬로건은 이 운동이 노학연대로만 그치지 않고, 예술인들의 적극적인 저항으로 이어졌다는 것을 상상케 한다. 대학생이건 노동자이건 예술이건 이들이 연대하는 공통된 요구와 이해는 바로 '자주관리'였다. "1968년 5월 자발적인 노동자 연대파업이 이어지고, 신좌파 성향의 프랑스 민주노동연맹(CFDT)이 주창한 구호는 자주관리"였다.[14] 노동 현장에서 자주관리는 "작업장에서 자결과 자치를 통한 지배와 위계의 제거 및 노동자의 창의적 분출"로 정의할 수 있는데, 이러한 자주관리의 반위계적이고 반권위주의적 요소는 예술노동자와 대학생의 연대를 넘어 예술가들의 연대로 이어졌다. 대표적인 것이 1968년 5월 13일부터 계획된 오데옹 극장 점거다. 5월 16일 파리 오데옹 극장 벽에 적힌 "미래를 장악해야 한다. 낡은 정부에 미래는 없기 때문이다"라는 구호는 68의 정신이 정치적 항의에서 문화적 저항으로 전파되었음을 알려준다(109). 이 점거 행동에는 수천 명의 관객이 참여했고, 많은 토론을 통해서 "새로운 언어와 새로운 사고, 새로운 청중이 중요하다"는 점에 공감했다(110). 전위적 예술가들은 공장이 파업하고 학교 본부가 점거되는 사태를 목도한 뒤 마침내 다음과 같은 결의안을 발표하면서 극장을 점거했다.

상상력이 권력을 인수한다!
거리에서 분출한 노동자와 학생의 혁명적 투쟁은 이제 작업장과 소비사회의 사이비 가치에 대한 투쟁으로 번지고 있다. 어제는 낭뜨의

연구, 1996, 178.
14. 잉그리트 길혀홀타이, 『68혁명, 세계를 뒤흔든 상상력』, 정대성 역, 창비, 2009, 107. 이하 인용은 본문에서 쪽수로만 표시.

'쒸드 아비아씨옹' 항공기 공장에서, 오늘은 이른바 오데옹의 '프랑스 극장'에서.

연극, 영화, 미술, 문학 등등은 … 엘리트가 소외와 중상주의 그 자체의 목표로 타락시켜버린 산업이 되었다. 문화산업을 사보따주하라! 문화산업 기관을 점거하고 파괴하라! 삶을 새로이 창조하라! 예술, 너희들이 그것이다! 혁명, 너희들이 그것이다! 오늘부터 '옛 프랑스극장'으로 자유로이 입장하라(111).

68혁명은 이렇게 혁명적·문화적 에너지를 분출했지만 지속적인 일상과 사회혁명으로 나아가지 못했다. 가타리는 이러한 결과를 "사회·정치·경제적 봉합" "자본의 기호학에 종속"으로 규정한다(44). 그가 보기에 68혁명 이후 사회적 타협이 이뤄져 자본주의 체제의 적대적 모순을 제거하거나 지양하지 못했다. 오히려 혁명 이후에 "자본주의적 발전과 착취가 사회적 의미"가 되고(43), 새로운 사회화를 "사회적 생산을 분할하는 규칙들과 제도들의 틀 속에 가두며", 경제권력을 정치권력으로 변형시키는 방식으로 자신들의 통제적 지위를 재생산하고 재강화했다(43). 혁명의 열기가 점차 사라지고, 문화는 저항의 상품 형식으로 체제 내로 흡수되면서 신보수화되었다.

혁명이 사회·정치적으로 봉합되고 경제적으로 흡수되면서 문화의 혁명적 에너지는 두 가지 형식으로 변질되었다. 첫 번째, 문화의 혁명적 에너지는 혁명의 기억을 표상하는 문화적 아이콘으로 응축, 대체되었다. 전 세계 근대 혁명의 역사에는 모두 혁명을 문화적 아이콘으로 응축하는 표상물, 혹은 그것을 대체하는 이벤트들이 존재한다. 혁명의 문화적 아이콘은 "권력은 기념물에 각인된 상징 표상을 통해 문자를 해독하지 못하는 대중에게 친근한 이미지 형태로 행사"하려 든다.[15] 예컨대 1848년 프랑스 혁명의 문화적 아이콘은 공화주의의 알레고리였던 '자유의 여신상'이다. 자유의 여신상은 "부르주아 자유주의와 사회주의라는 상반된 두 가치관을 통합적으로 대변했다"(163). 자유의 여신상이라는 아이콘은 이후 루이 나폴레옹의 쿠테타로 인해 사라졌다가 1851년 농민봉기에 '마리안느'라는 이름으로 다시 부활한다. 마리안느가 쓴 프리기안 모자는 노예 해방을 의미하는데, 이 모자의 알레고리는 들라크루아Eugène Delacroix의 〈민중을 이끄는 자유의 여신〉이라는 그림으로, 뮤지컬 〈레미제라블〉의 바리게이트 장면으로 대중들에게 각인된다.

혁명의 문화적 아이콘을 대체하는 대표적인 사례는 혁명축제다. "혁명축제는 국가와 국민 사이에 교류되는 집단적 정신 자세를 보여주는 야외무대"라는 점에서 "고도의 문화정치"다(158). 그것은 "낡고 권위적인 상징체계들이 사라진 후에 찾아오는 일종의 심리적 아노미를 극복하고 혁명이 이룩한 '신성성의 전이'를 운반하는 매개체"이기도 하다(160). 혁명축제는 혁명 이후 세대들에게 혁명을 기념하게 하고 혁명 세대들에게는 혁명의 역사를 향수하게 만듦으로써, 혁명이 여전히 지속되고 있음을 훈육시키는 문화 장치로 기능한다.

두 번째, 문화의 혁명적 에너지는 상품 형식으로 흡수되었다. 서두에 언급했듯 혁명은 기념하는 것만이 아니라 소비하는 것이다. 베이징의 톈안먼 광장, 페체스부르크의 붉은 광장, 프라하의 바츨라프 광장, 부에노스아이레스 5월광장 등 전 세계의 혁명광장은 역사적 기념

---

15. 육영수, 앞의 책, 162. 이하 인용은 본문 쪽으로만 표시한다.

비로서 존재하지만, 수많은 해외 관광객을 위한 여행 공간이기도 하다. 혁명이 더 뜨겁고 처절했을수록 역사적 기념비로서의 혁명광장은 동시대 관광자원의 경쟁력으로 전환된다. 맑스, 레닌, 마오, 체 게바라 등 혁명가의 신체는 다양한 상품의 오브제로 형상화되고, 혁명일을 기념하는 주화와 우표가 상품으로 진열, 판매되며, 일상 속에서 사용하는 다양한 물건들 안에 혁명의 메시지가 표시되는 일이 더 이상 낯설지 않다. 상품 형식 안으로 흡수된 혁명은 문화를 혁명의 이념적 도구로 사용하려 했던 것과 다르게 문화자본의 논리에 종속시킨다. 혁명의 이념적 재현과 상품 형식으로의 흡수는 사회주의와 자본주의라는 양극단의 문화적 봉합이다. 그렇다면 혁명과 문화가 이념과 상품으로 변질되지 않고, 변증법적으로 상호작용하기 위해서는 어떤 리듬이 필요할까?

혁명과 문화의 리듬 변증법

작년 겨울을 뜨겁게 달구었던 촛불시민혁명이 통치자 박근혜를 탄핵하고 구속시켰고, 결국 정권 교체를 이루어 문재인 정부가 출범했다. 촛불시민혁명이 요구한 많은 과제들은 아직 그대로 남아 있다. 적폐 청산, 블랙리스트 진상 규명, 비정규직 노동자들의 노동과 삶의 권리 확장, 사회적 소수자들에 대한 편견과 배제의 장막을 거두는 일 등 시민혁명의 시간은 이제 앞으로가 중요하다. 혁명은 새로운 사회를 만들어낸다. 그러나 잠시 만들어낸다. 시간이 지나면 혁명과 혁명의 주체들은 낡은 사회로 안주하고, 기득권 세력으로 변질된다. 혁명의 직접행동과 요구가 권력의 대의제에 막혀 시간이 지나면 그 봉합된 상황 자체가 다시 혁명의 대상이 되곤 한다. 예컨대 맑스가 『루이 보나파르트의 브뤼메르 18일』에서 프랑스 1848년 혁명의 결과가 통치권력에 의해 왜곡된 현실을 언급한 것도 바로 이런 이유에서다.

이렇게 헌법은 대통령에게 실질적인 권력을 부여해주었다면, 의회에서는 도덕적 권력을 확보해주었다. 대통령 선출행위는 주권적 인민이 4년마다 한번씩 하는 트럼프 놀이다. 선거에 의해 선출된 의회는 국민과 형이상학적 관계를 유지하고 있지만, 대통령은 국민과 개인적 관계를 지닌다. 사실 의회는 개별적 대표자들을 통해 국민정신의 다양한 측면을 나타내지만 대통령 안에서는 국민정신 그 자체의 현신을 발견한다. 의회와 달리, 대통령은 일종의 신권을 보유한다. 한마디로 그는 인민의 은총을 받은 대통령인 것이다. 이상과 같은 것이 1848년의 헌법이었다. 이 헌법은 1851년 12월 2일, 머리에 의해 무너진 것이 아니라 모자가 단지 한번 스쳐지나가는 것만으로도 붕괴하기에 충분했다. 그 모자는 다름 아닌 나폴레옹의 삼각 모자였다. 곧 헌법은 어머니의 태내에 있을 때부터 인민에게 겨누어진 총검에 의해 보호받았으며, 총검에 의해서만 세상에 나올 수 있었다는 점이다. 이 '존경할 만한 공화파들'의 선조들은 그들의 상징인 삼색기를 유럽 전체에 전파했다. 그들은 차례로 또 하나의 발명품을 만들어냈다. 그것은 저절로 전 유럽 대륙을 여행했으며, 한층 새로워진 예정을 가지고 프랑스에 돌아와서는 프랑스 행정구역의 절반 이상에서 자연스러운 것이었다. 그것은 바로 계엄령이었다.[16]

16. 칼 마르크스, 『루이 보나파르트의 브뤼메르 18일』, 최형익 역, 비르투출판사, 2012, 33.

맑스는 이 책에서 1848년 프랑스 노동자계급 혁명에 의해 정초된 헌법이 대통령의 일방적 권한에 의해 어떻게 무력화되는지를 잘 포착하고 있다. 노동자들이 혁명을 통해 그토록 원했던 것이 만인의 투표권이었지만, 인민의 투표로 결정된 의회는 인민을 대변하지 못했고, 인민의 은총을 받은 대통령이 행사한 권한은 오로지 헌법 파괴, 의회 해산이었다. 인민 위에 군림하는 의회, 의회 위에 군림하는 대통령, 이것이 노동자들이 피를 흘리며 원했던 민주주의는 아니었을 것이다. 인민을 기만한 부르주아 공화파의 기만적인 처세와 인민이 호명한 루이 보나파르트Louis Napoleon Bonaparte의 기만과 독재술의 관계를 잊어서는 안 된다. 헌법을 단숨에 무력화한 나폴레옹의 독재술을 예리하게 분석한 맑스는 인민의 혁명이 선사한 대의제가 결국 인민을 배반하는 제도정치, 의회정치의 어두운 거울을 반사시켜 주었음을 밝혀낸다.

물론 이런 사태는 일어나지 않아야 한다. 많은 사람들의 촛불로 시작된 시민혁명, 혹은 명예혁명의 결과가 나폴레옹 1세의 조카인 전제 군주 루이 보나파르트의 등극과 같은 비극이 되어서는 안 된다. 문재인 정부의 출범을 혁명의 이행과 완전히 별개인 반동적 정치 프로그램으로 외면하자는 것이 아니다. 정치적 대변으로서 권력의 이행이 혁명의 정치적 프로그램 중 하나의 과정이라는 점은 부정할 수 없다. 중요한 것은, 촛불시민혁명의 모든 의제를 이러한 정치적 대변으로서 권력의 이행만으로 해결하려 해서는 안 되며, 혁명의 주체는 위임받은 권력과 그 제도가 아니라 우리 각자 개인들이라는 사실이다.

그런 점에서 혁명의 주권자인 우리 개인들이 혁명의 이행기에 어떤 삶을 살 것인가가 매우 중요하다. 즉 일상의 삶에서 우리가 어떤 혁명의 주권자가 될 것인가를 고민해야 한다. 혁명의 문화는 시간이 지나면 그 당시 혁명에 대한 문화의 유산, 혹은 기억해야 할, 소비해야 할 역사적 향수주의의 형식으로 남는다. 그러나 문화의 혁명은 혁명의 문화를 현재로 지속시키고, 미래로 나아가게 한다. 문화의 혁명은 문화에 대한 혁명이 아니며, 혁명을 지속 가능한 현재와 미래로 이행시키는 능력을 갖고 있다. '혁명의 문화와 문화의 혁명'의 수사학은 서로 다른 것이 아니라, 서로가 원인과 결과가 아니라, 목표와 수단이 아니라, 혁명을 지속 가능하게 만드는 리듬의 변증법을 생산하는 것이다. 혁명의 문화가 역사적 유산이자 지속 가능한 혁명의 원천이 되기 위하여, 광화문 예술행동의 실천에서 우리가 경험했듯이 문화는 혁명의 현재와 미래를 끊임없이 질문하며 사회적 연대를 위한 투사의 형상으로, 소수자의 형상으로, 다양성과 자율성의 가치의 형상으로 남아 있어야 한다. 알랭 바디우Alain Badiou의 다음 언급은 혁명의 문화, 문화의 혁명의 리듬 변증법을 상상하는 데 있어 적절하다.

철학자의 눈에 감지되는 최근의 미광은 국가와 조합 지도부 그리고 '좌파'를 선두로 하는 정당들의 통일전선이 악착같이 배제하는 그런 종류의 결류들이 최근에 시도되고 실험된다는 것이다. 혼성적인 집단들이 형성되고, 그들 스스로에게 다음과 같은 분명한 임무를 부여한다. 여기저기를 점거하기, 복수의 기치를 내걸기, 무력한 조합적 시위행진에 활기를 불어넣기 … 그때, 어쩌면 오늘, 내일 ….[17]

---

17. 알랭 바디우, 『투사를 위한 철학』, 서용순 역, 오월의 봄, 2013, 54-55.

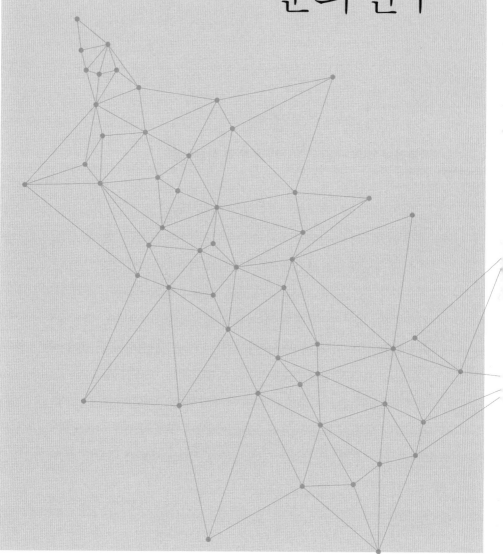

3부
_
개입하는
문화연구

제10장

—

『문화/과학』의 이론적 실천과
문화운동의 궤적들

문화의 '이론 – 실천', '개념 – 운동'의 상호작용

『문화/과학』이 1990년대 이후 한국 문화운동의 전화에 이론적 토대가 되었다는 점은 부인하기 어려운 사실이다. 『문화/과학』의 창간에 대해 일각에서는 포스트주의의 문화적 확장이라든지, 진보적 관점이긴 하나 최신 서구 이론의 수입상을 벗어나지 못한다는 비판이 있긴 했지만, 실제 『문화/과학』의 파장은 이론지형의 장보다는 현실 문화운동의 장에 더 크게 작용했다. 『문화/과학』이 탄생하게 된 계기가 되었던 1991년 중앙대학교에서의 토론회의 주된 주제는 '현 단계 문화예술운동의 점검과 새로운 실천 방향'에 관한 것이었다. 이 자리에 참석한 사람들이 토론회 후에 모여 논의했던 것이 새로운 시대에 문화운동의 좌표를 제시할 수 있는 이론적 실천을 어떻게 구성할 것인가 하는 것이었다. 당시 문화운동 연구 조직의 각 단위들의 대표 격에 해당되는 사람들이 추가로 결합해서 『문화/과학』 출간을 위한 장기간 내부 세미나를 개최하기도 했다. 결과적으로 『문화/과학』의 공식 창간에 당시 문화운동 조직에 관여했던 사람들이 많이 참여하지는 못했지만, 『문화/과학』은 창간 준비단계부터 현실 문화운동의 전화와 내파를 목적으로 기획된 것이었다.

『문화/과학』의 이론적 실천과 현장운동의 전망은 1990년대 초반 현실 문화운동을 주도했던 한국민족예술인총연합(민예총), 노동자문화운동연합(노문연), 문학예술연구소 등과 분명 다른 입장을 갖고 있었다. 『문화/과학』은 예술가들의 창작실천(민예총)과 노동자계급 중심의 당파적 현실주의(노문연)와는 다르게 문화가 현실에서 작동하는 방식에 대한 과학적 이해와 그것이 대중들을 어떻게 호명하고 그 호명에서 벗어나기 위해서는 어떤 이론적 실천을 해야 하는지에 대한 현실분석을 중시했다. 문화적 실천이 특정한 창작주체와 특정한 노동계급에만 국한된 문제가 아니라 사회 구성원 모두에 해당되는 문제라고 인식할 필요가 있고, 사회 구성체 안에서 문화가 작동하는 방식과 원리를 비판할 뿐 아니라, 그 현실 안으로 개입하고 전화시키는 실천이 필요했다. 『문화/과학』은 문화의 관념론을 비판하는 과학적 문화론, 재현 중심의 문예론의 좁은 실천을 확장시키는 문화정세에의 개입, 그리고 자본이 지배하는 문화현실에 대한 징후적 분석을 통해서 기존의 문화운동과 차별화하려고 했다.[1] 문화운동을 바라보는 입장의 차이는 『문화/과학』의 편집진들이 중심이 되어 1990년대 말 새로

---

1. 『문화/과학』 편집위원회, 「『문화/과학』을 창간하며」, 『문화/과학』 창간호, 1992년 여름 참고.

운 문화운동 조직인 〈문화연대〉를 출범시키는 배경이 되었다.『문화/과학』의 이론들이 현실 문화운동에 개입한 사례들을 떠올려보면『문화/과학』이 지나치게 이론중심적이며, 운동 현장이 없는 서양이론의 수입상이라는 비판은 애초부터 잘못된 설정이다.『문화/과학』의 이론적 실천과 현실 문화운동으로의 전화가 얼마나 타당하고 생산적인가와 상관없이『문화/과학』은 창간에서 지금까지 현실 문화운동의 실천들과 긴밀한 연관성을 갖고 있다.『문화/과학』은 때로는 현실 문화운동의 새로운 영역을 열기도 했고, 문화운동의 의제들의 의미를 새롭게 재전유하기도 했다.

　『문화/과학』의 이론적 궤적들을 추적해 보면, 그 개념들이 2000년대 이후 한국사회에서 벌어진 특정한 문화운동들의 이론적 토대가 되었다는 것을 확인할 수 있다.『문화/과학』에서 그동안 주되게 논의했던 이론적 개념들이 현실 문화운동의 장에서 새로운 흐름을 만들어낸 사례들은 크게 보아 네 가지로 정리할 수 있다. 첫째는 '문화공학'이란 개념이다. 이 개념은 문화운동의 새로운 대상과 방법을 발견하는 데 이론적 토대를 마련해 주었다. 인간의 일상을 구성하는 문화와 과학과 기술의 발전을 함축하는 공학 사이의 관계는 현실 문화운동에서 서로 대립적이거나 비대칭적인 것으로 인식되어 왔다. 문화운동에서 반공학적인 정서는 주로 예술의 미적 재현의 진정성을 설파하려고 한다. 문화적 러다이트주의는 기술을 예술의 수단으로 보거나, 기술이 예술의 혁명에 미치는 힘을 과소평가한다. 본격 예술의 비판적 진정성을 강조하는 리얼리즘 이론은 기술에 대한 미적 의존은 예술을 자본에 종속시키려는 성향을 드러낸다고 본다. 문화공학은 문화의 기술적 과정, 예술적 장치의 진보적 형식들이 표현할 수 있는 잠재성의 능력을 강조한다. 또한 문화공학은 문화운동의 대상을 내파하려는 기획을 갖고 있다. 1990년대까지 한국의 현실 문화운동은 주로 예술의 재현운동을 중심으로 이루어졌는데, 문화공학은 문화운동의 대상을 예술의 재현운동에서 문화적 생산과 수용 과정에 대한 개입으로 전환할 것을 요청한다. 문화공학의 상상력은 문화운동에서 테크놀로지와 그것의 활용이 얼마나 중요한지, 문화적 행위의 능력과 그것을 표현하는 기술적 과정이 서로 얼마나 상호작용적인지를 각인시켜 준다.

둘째, 『문화/과학』의 가장 중요한 이론적 실천 중의 하나인 '문화사회론'이 현실 문화운동에 어떤 영향을 미쳤는가를 따져보는 일이다. 『문화/과학』이 주장하는 문화사회론은 앙드레 고르^{André Gorz}와 울리히 벡^{Ulrich Beck}, 그리고 폴 라파르그^{Paul Lafargue}의 사상에서 영향을 받았지만, 그 실천적 함의는 문화운동과의 접목을 통해서 확대되었다. 근대적 자본주의체제의 산물인 노동사회라는 패러다임을 넘어서는 것은 노동시간을 단축시키는 것만이 아니라, 그 결과 확보되는 개인들의 자율시간을 어떻게 가치있게 사용할 것인가, 즉 자율시간의 문화적 의미를 어떻게 활성화할 것인가에 달려 있다. 노동사회에서 문화사회로의 이행은 자본주의의 체제 변화에 따라 주어진 것이 아니라 개인들의 적극적인 참여와 요청에 의해서 가능하고, 그것은 결국 인간이 얼마나 자신의 삶에서 행복할 권리를 확보하는가와 관련되어 있다. 1999년에 출범한 〈문화연대〉는 이러한 문화사회론의 이론적 기반 하에서 만들어졌다. 문화연대의 창립선언문에서 알 수 있듯이 문화사회론은 개인들의 자발적이고 자유로운 삶, 규율사회의 억압으로부터의 해방, 개인들의 창조적 역능들의 실현, 일상적 삶의 문화적 재구성과 같은 문화연대의 실천 의제들을 함축하고 있다.

세 번째는 문화사회론의 이론적 연장에서 탐색했던 '생태문화 코뮌주의'의 현장실천과 관련된 것이다. 생태문화코뮌 네트워크는 세계화의 광풍 속에 위협을 받고 있는 개인들의 삶의 생태적 위기에 맞서는 대안사회를 구상하는 과정에서 발견한 개념이다. 경제적 양극화로 인한 절대 다수 개인들의 삶의 황폐화, 개발과 착취로 인한 지구 생태계의 위험, 자원의 고갈과 더불어 조절하기 어려울 정도로 과잉 생산되는 소비재의 처리 문제에 대응하는 실천으로 개인들의 자발적인 연합에 따른 생태문화적 코뮌의 형성은 그 어느 때보다도 절실해졌다. 생태 문화적 코뮌은 노동규율로부터의 탈피, 자율시간의 문화적 활용, 문화자원들의 호혜적 공유를 통해 구체화될 수 있는데, 이러한 문제의식을 갖고 시작한 것이 〈민중의 집〉이다. 민중의 집은 문화연대의 실천과는 다르게 생활 현장에서 개인들을 만나고, 개인들의 일상에서 문화적 자원들을 서로 배분하고 공유하려는 목적을 갖고 있다. 민중의 집은 문화사회를 향하는 주체형성의 구체적인 실천 형태를 프로그램화하는 것으로 자율적 문화네트워크의 실천 장소라 할 수 있다.

　마지막으로 문화와 예술이 현실에서 무엇을 할 것인가에 대한 급진적 상상력을 제공하는 개념으로 『문화/과학』이 제시한 '사회미학'이 한국의 사회운동에 끼친 영향을 주목하는 것이다. 사회미학은 자본이 지배하는 상품미학과 개인들의 사적 욕망을 위한 소비미학과 달리 사회적 공공성 안에서 문화와 예술이 거할 수 있는 실천적 위치에 대한 사유를 추동한다. "미학의 사회화"로서 사회미학은 미학적 실천이 사회운동의 현장에 개입할 수 있는 급진적 상상력을 제공해줄 수 있으며, 이러한 상상력과 미적 감성은 사회운동의 현장에 대한 문화적 대응의 수준을 넘어서 파괴된 현장을 수습해서 미래로 나아갈 대안

사회의 미래를 꿈꾸게 해준다. 사회미학의 개념은 2000년대 이후 한국 사회운동의 현장에서 새로운 활력을 불어넣었던 다양한 문화행동의 이론적 토대가 되었다. 평택 대추리에서 한미FTA 반대 운동, 촛불시위, 용산참사 저항운동, 그리고 최근의 희망버스까지 사회운동의 현장에서 벌어진 문화행동은 『문화/과학』에서 주목한 사회미학이라는 독특한 개념을 투사한 것이다.

이 글은 『문화/과학』의 이론적 실천이 현실 문화운동의 현장에서 어떻게 파급효과를 생산했는가를 네 가지 형태의 '이론–실천' 짝의 상호작용을 검토하면서 논의하고자 한다. 이 '이론–실천' '개념–운동'의 상호작용에 대한 검토는 어느덧 성인이 된 『문화/과학』의 독특한 지위를 조명하는 것을 넘어서 앞으로 20년의 '이론–실천'의 궤적을 그리는 데 있어서도 유의미하다.

문화공학과 문화운동의 개입

문화공학은 『문화/과학』 편집위원들이 새로 창안한 개념은 아니다. 문화공학은 1980년대 중반부터 새로운 형태의 민중미술 운동을 실험하려는 '현실과 발언' 동인들 중에서 아방가르드적 창작과 이론을 지지하는 작가와 이론가들에 의해 처음 사용되었다. 『문화/과학』은 이 개념을 예술생산의 영역에 국한하지 않고 다양한 문화적 실천에 접목하고자 했다. 『문화/과학』이 문화공학이란 개념을 중시했던 가장 큰 이유는 이것이 1980년대 정치적 이념에 기반한 예술재현 중심의 문화운동과 다르게 새로운 문화적 실천의 대상과 방법을 지시해 주고 있기 때문이다. 문화공학은 이론과 담론 중심의 문화실천을 넘어서 문화가 만들어지고 소비되는 과정에 직접 개입할 것을 주장한다. 문화공학이라는 다소 이질적이고 낯선 개념은 목적으로서 인간주의, 방법으로 리얼리즘, 가치로서 예술의 진정성을 원칙으로 한 1980년대 의 문화예술운동과의 인식론적 단절을 시도한다. 그렇다면 문화공학 은 어떤 개념인가?

'문화공학'은 여기서 예술적 창작 과정의 혁신, 예술적 재현 혹은 감 수성 발현의 방식 탐구와 그에 따른 실험, 또 그와 관련된 사회적 쟁점들의 발견 혹은 부각을 둘러싼 대립과 투쟁, 문화적 정체성 형 성 방식의 전환, 문화예술의 기능전환 등 다양한 종류의 문화실천들 의 전화를 목표로 하는 문화운동의 전략으로 제시된다. 문화적 실 천을 문화공학의 형태로 수행하자는 것은 문화운동의 방법론을 수 정하자는 제안이다.[2]

위의 정의대로라면 문화공학은 문화운동의 전화를 기획하는 것이 다. 그것은 문화적 실천의 수단으로만 간주했던 문화의 테크놀로지를 적극적으로 전유하자는 제안과 함께, 문화의 실천에서 기획과 정책의 중요성을 강조하는 것이기도 하다. "공학적 기술을 배제한 문화적 생 산은 이제 상상하기 힘들며, 이는 흔히 기술과 대별된다고 하는 예술 의 생산도 마찬가지"(18)일 정도로 문화에서 공학적 과정은 필수적인 것이 되었다. 또한 공학적 기술이 과학적인 공정을 통해 새로운 생산 물을 만들어내듯이, 문화적 실천 역시 이념적 선명성만을 내세우지

2. 강내희, 「'문화공학'을 제안하며」, 『문화/과학』 14호, 1998년 여름, 13. 이하 이 글에서의 인용은 본문에 그 쪽수를 표시한다.

않고 철저한 기획과 창조적인 공정을 통해 실질적인 결과물을 만들어내자는 것이 문화공학의 주된 이론적 관점이다. 그런 점에서 문화공학은 공학적 과정, 즉 "문화적 실천을 수행하는 방식, 태도, 혹은 관점의 의미를 더 강하게 가지"(17-18)자는 취지를 갖는다. 물론 문화공학이 낡은 방식의 문화적 실천과의 단절을 위해 공학과 기술을 강조한다고 해서, 문화의 고유한 심미적, 창조적 가치를 경시할 수는 없다. 문화공학의 개념을 비판하는 인문학자들은 문화공학이 인간의 심미적 가치와 창조적 리터러시를 부정하는 것으로 오해하고 있다. 그러나 문화공학은 인문학의 분과적인 폐쇄성을 비판하고, 문학 텍스트의 절대적 진리를 의심할 뿐이지, 인간의 고유한 심미적 가치와 능력을 부정하지는 않는다. 오히려 문화공학은 테크놀로지의 진보적 능력을 통해서 인간의 심미적 가치와 능력을 극대화하고자 한다. 말하자면 문화공학은 문화에서 공학으로 이행하자는 것이 아니라 문화와 공학의 상호작용을 강조하는 것이다. 그것은 "예술과 기술, 문화와 공학 사이의 다층적 연관관계와 '절합적' 개념을 함축"[3]하며, "전통적인 문화 개념에서 전제되었던 문화영역 간의 수직적 위계를 철폐하고 오늘날의 문화과정 자체가 예술과 기술의 상호작용만이 아니라 예술과 일상생활의 상호작용에 의해 역동적으로 변화하고 있음을 주목"(58)하는 것이다.

　　문화공학에 대한 또 다른 비판 중의 하나는 아마도 이것이 후기자본주의 문화 생산을 정당화하는 논리로 사용될 수 있다는 우려에서 나온다.[4] 실제로 문화공학이란 개념은 특정한 이념적 지향성을 갖기보

---

3. 심광현, 「시각이미지, 공간, 문화공학」, 『문화/과학』 14호, 58.
4. 일례로 영미문학연구회가 1997년 4월에 개최한 〈오늘의 영문학 연구와 교육의 과제〉에

다는 하나의 방법과 태도에 관한 것이다. 따라서 문화공학은 진보적 실천의 전유물이 될 수 없으며, 오히려 자본주의 문화자본의 독점 논리를 대변하는 개념으로 더 많이 사용되었다. 할리우드 영화 제작 시스템, '원소스 멀티유즈OSMU' 미디어 플랫폼의 확장, 방송 콘텐츠 포맷 산업 등이 바로 문화공학적인 방법을 사용한 사례들이다. 따라서 앞서 언급한 문화공학에 대한 우려가 설득력이 있는 것은 사실이지만, 거꾸로 문화공학의 방법이 반드시 문화자본의 확대에만 기여할 것이라고 보는 것도 일면적이다. 문화공학은 자본의 논리에서 반자본 운동의 방법과 기술을 배우는 일종의 역동일시적인 개념으로서, 문화적 실천에서 개입의 중요성을 역설한다고 볼 수 있다. 문화자본의 논리에서 보면 문화공학이 국가와 시장의 지배체제를 더욱 공고하게 만들어주는 것이라면, 문화운동의 논리에서 문화공학은 국가와 시장의 지배체제에 개입하여 저항하는 방법을 역으로 알려준다. "문화운동이 문화적 실천의 가능성을 넓히는 노력이라고 보면, 문화운동은 당연히 문화정책이나 문화산업에 개입하여야 할 것이다. 이는 오늘 '문화'의 의미와 문화적 효과를 규정하는 가장 강력한 현장이 바로 국가와 시장이라는 영역이라는 점을 인정하는 것이며, 문화공학은 그런 판단에

서 강내희 교수가 발표한 「한국 영문학 연구와 교육의 탈바꿈을 위하여」에서 주되게 논의했던 문화공학의 개념에 대해 한 참석자가 토론과정에서 질문했던 내용이 바로 이러한 우려를 담고 있다. "그러나 제가 정말 궁금한 것은 그런 기능인이 기능인으로 끝나는지 하는 겁니다. 다시 말해서 강선생님께서 문학, 또는 인문학이 가지는 보편적인 가치 또는 혹 그것이 이데올로기라면 그중 좀 더 나은 이데올로기랄까 그런 부분과 이 공학적인 것이 좀 균형 있게 결합되어야 하지 않나 하는 생각이 있으면서도 기능이나 기술 쪽을 너무 강조하고 나온 것인지, 아니면 전적으로 그런 인간적 가치 이런 것은 뭐 그냥 중요하지 않은 것이고 공학기술 쪽으로 훈련시켜야 한다고 생각하시는 것인지, 만약 후자라면 그것이 아까 말씀하신 독점 자본의 지배를 강화시키는 역할을 할 위험은 없는지 하는 것입니다"(「현장토론」, 『안과밖』 제3호, 1997년 하반기, 51).

따라 문화 현장 내부에서 '진지전'을 펼치는 것이 필요하다"(40)라는 지적은 국가와 시장에 개입하는 새로운 형태의 전략으로서 문화공학의 역할을 적시하는 것이다.

그렇다면 문화공학이 현실 문화운동에 실제로 어떤 영향을 미쳤는가? 이 질문은 1990년대 이후 문화운동이 이념의 선명성만으로 대중들을 설득할 수 없고, 문화적 실천에 있어 그 나름의 자기 역능과 방법을 가져야 한다는 반성과 함께 '국민의 정부'라는 이름으로 새롭게 등장한 민주화 운동 이후의 민주주의 정부에서 문화운동의 개입의 필요성이란 국면을 제대로 이해하는 가운데서 적절한 해답을 찾을 수 있다. 사회주의 붕괴와 소비자본주의의 전면 도래로 현실 문화운동은 위기를 맞았지만, 민주적 정부의 출범이라는 환경에 놓이게 되면서 한국사회에서는 새로운 형태의 실천이 요구되었다. 문화운동의 개입은 다른 주체와 다른 방식을 필요로 했으며 그 결과 문화의 제도와 권력을 내파시키는 새로운 문화운동의 주체와 방법을 모색하게 되면서 문화연대(출범 당시 이름은 문화개혁시민연대)가 1999년 출범하게 되었다. 문화연대의 출범은 문화운동의 주체가 예술가 중심에서 진보적 시민과 지식인들로 확대되고, 국가의 제도와 권력을 원천적으로 부정하는 방식에서 그것들에 말을 걸고 개입하는 문화개혁과 비판적 정책기획의 필요성을 반영한 것이다.

문화연대의 출범 이후 국가 문화정책에 대한 개입은 문화운동, 혹은 비판적 문화연구의 새로운 전화를 지시하는 것이었다. 영국의 대표적인 비판적 문화연구자 중의 하나인 토니 베넷Tony Bennette은 주로 '의미화실천signifying practice' 중심으로 이루어졌던 문화연구가 구체적인 제도적 실천을 담은 문화정책 연구로 방향 전환되어야 한다는 점

을 강조한다. 베넷은 문화실천을 헤게모니 투쟁의 장으로 보려는 한
계를 문화연구가 뛰어넘기 위해서는 문화지배의 장에 들어가 그것을
전략적으로 해체시키는 정책적 고려가 전제되어야 한다는 점을 강조
한다.[5]

문화연대의 출범 초기에 운동의제들은 대체로 국가의 문화정책에
비판적으로 개입하는 것이었고, 이것이 『문화/과학』에서 제안한 문화
공학이란 개념에서 비롯된 것은 부인할 수 없는 사실이다. 이와 관련
하여 두 가지 실천 사례들이 주목할 만하다. 하나는 국민의 정부 시
절에 뉴 밀레니엄 국가 문화 프로젝트로 실행하려 했던 이른바 새천
년위원회의 '새 천년의 문' 사업에 대한 비판적 개입이었다. 국민의 정
부는 문민정부 초기 문화부 장관이었던 이어령 전 장관의 주도 아래
국가의 새로운 기운을 모을 수 있는 거대 상징 조형물을 조성하려는
계획을 가지고 있었다. '새 천년의 문' 사업은 상암동 월드컵 경기장
주변에 직경 200미터의 원형 띠 모양의 대형 조형물을 만드는 프로젝
트로서 총 650억 원의 예산이 투입될 예정이었지만, 문화연대를 비롯
해 〈환경운동연합〉과 예산 감시단체인 〈함께하는 시민행동〉이 대표적
인 예산 낭비 사업으로 지정하여 반대운동을 펼쳤다. 알다시피 상암
동 경기장 일대는 과거 쓰레기 매립장으로 지반이 약하기 때문에 거
대한 원형 조형물을 세우게 되면, 시민 안전이 우려되고 그 주변에 지
반 보강공사를 벌여야 해서 별도의 추가 예산이 필요했다. 대표적인
전시성 국가주의 프로젝트였던 '새 천년의 문' 사업을 반대하기 위해
문화연대는 이 사업이 문화적, 생태적, 경제적 관점에서 왜 중단되어

5. Tony Bennett, "Putting Policy into Cultural Studies," in L. Grossberg et al., *Cultural Studies* (London & New York: Routledge, 1992), 23-37.

야 하는지에 대한 기자회견과 전체 예산 650억 중 국고 300억 원을 아껴서 다른 분야에 투자하면 얼마나 효율적인지를 분석한 보고서와 언론 칼럼을 게재했고, 여론의 지지를 받아 마침내 사업을 중단시키기에 이르렀다. 문화운동 진영이 국가의 대형 프로젝트 사업을 중단시킨 첫 번째 사례였다. 당시 문화체육부는 새 천년의 문 사업으로 책정한 300여억 원의 예산을 문화연대 등의 요청을 받아들여 전국 도서관에 도서를 구입하는 예산을 증액하는 데 사용했고, 이것이 후에 책 읽는 사회 만들기 국민운동과 어린이 책읽기를 위한 '기적의 도서관' 사업으로 확장되었다. 이 운동이 성공할 수 있었던 것은 운동 이슈에 대한 시민적 공감대가 형성되었기 때문이기도 하지만, 이 캠페인을 논리적으로 설득하기 위해 과거처럼 구호만 외치는 운동이 아닌 실제 데이터를 분석하고 구체적인 대안을 제시하는 문화공학적인 과정을 도입했기 때문이다.

국가와 시장에 개입하는 문화공학적 문화운동의 또 다른 사례는 용산 미군기지의 생태문화 공원화 캠페인이었다. 용산 미군기지는 조선시대 이래 오랫동안 식민지 지배를 받았던 공간으로 임진왜란, 일제 식민지, 한국전쟁의 아픈 역사를 거치면서 모두 침략국과 주한미군의 군사기지로 활용되었다. "용산 미군기지는 122년이라는 기나긴 세월을 외국군이 주둔하며 전쟁을 준비하고 군사주의를 확산해 왔던 폭력의 땅이다."[6] 용산 미군기지는 여의도 면적에 버금가고 뉴욕의 센트럴파크의 1.5배 크기를 가진 공간으로 전 세계 미군기지 중에서 흔치 않게 수도의 도심 안에 있다. 문화연대 산하 '공간환경위원회'는 2000

---

6. 문화연대 성명서, "정부와 서울시는 '용산 미군기지 공원화' 약속을 충실히 이행하라!! 용산 미군기지를 시민의 문화생태공간으로," 2004년 1월 20일자 참고.

년부터 용산 미군기지를 생태공원으로 전환시키키 위해 환경단체들과 연대해서 다양한 캠페인을 벌였는데, 매년 열리는 지구의 날 행사를 통해 시민들을 대상으로 용산 미군기지 이전의 당위성과, 이전되면 그 공간을 어떻게 활용할 수 있을지, 그 대안들을 알리는 캠페인을 전개했다. 이 캠페인 역시 급진적 반미주의자들의 슬로건이라는 프레임에 빠지지 않기 위해 용산 미군기지로 인해 받게 되는 시민들의 일상의 불편함이 얼마나 큰지, 그리고 공간이 생태공원화 할 경우 도심공간의 환경이 어떻게 변화할 것인지에 대한 구체적인 대안들을 전문 건축가들이 직접 작성한 마스터플랜 설계도를 제시하면서 운동을 전개하였다. 이 운동의 핵심은 도시공간의 생태적 전환이며, 이를 위한 구체적인 공학적 과정을 제시하는 데 있었다. 그 노력의 결과였는지는 모르겠지만, 2004년 1월 국방부 관련 담당자와 미 국방부 아태 담당 부차관보를 각 측 단장으로 하는 한미 대표단이 하와이 호놀룰루 아시아태평양안보연구센터에서 미래한미동맹 정책구상 6차 회의를 갖고 2006년 말까지를 목표 시한으로 용산기지 전체를 옮기는 데 합의했다. 3년 가까이 싸웠던 이 운동이 일차적인 결실을 맺게 되는 순간이었다.

문화공학의 개념이 앞서 언급한 대로 국가의 공공 문화정책에 개입할 수 있는 문화운동의 새로운 프레임과 상상력을 제공해준 것은 사실이다. 그러나 문화공학의 이론적 실천이 문화운동의 비판적 개입의 사후 과정을 모두 책임지지는 않는다. 문화운동의 비판적 개입은 언제나 현재진행형이며, 경우에 따라서는 문화운동의 에너지가 모든 국가 문화정책을 정당화하는 구성적 요소로 흡수될 수 있기 때문이다. 새천년 문 사업의 건립 중단으로 문화부의 예산이 도서구입비로 변경

되는 긍정적인 결과를 낳기도 했지만, 국가 문화정책에서 출판 제작과 유통 소비의 공공성은 여전히 취약한 상황이다. 2002년 노무현 참여정부의 출범으로 문화연대가 국가의 문화정책에 개입할 수 있는 기회를 많이 가지게 되어, 정권 초기에 상당히 많은 대안 문화정책을 수립하는 데 기여했고, 『창의한국』이라는 통합적인 문화정책의 마스터플랜을 수입하는 데 큰 역할[7]을 차지했지만, 현재 MB정부의 문화정책의 현재 상황만 놓고 보면 문화정책의 비판적 개입이라는 것이 얼마나 지속가능하지 못한 것인가를 알 수 있다. 국가 문화정책의 감시활동과 긍정적 정책 결과물을 내기 위한 개입 전략은 문화운동의 전략이지 목적은 아니다. 또한 용산미군기지 생태공원화의 운동 아젠다와 관계없이 현재 그 공간의 활용에 대한 정부의 추진계획들은 부분적으로 공원화를 유지하지만, 결과적으로는 이 공간을 상업적 목적에 맞게 개발하는 데 맞추어져 있다. 이 역시 꾸준한 생태 문화운동에 기반한 감시활동이 없으면 운동의 목적이 개발주의자들의 이익을

---

7. 참여정부 초기, 150여 명의 문화정책 전문가들이 모여 만든 『창의한국』은 역대 정부의 문화정책 보고서 중에서 가장 방대하고 통합적인 내용을 담고 있다. 그것은 문화정책의 대상을 유네스코의 광의의 문화 정의에 기반을 두고 있다. 유네스코에서 정의하는 넓은 의미의 문화란 "어떤 사회나 집단의 성격을 나타내는 독특한 영적, 물질적, 지적, 정서적 특성들의 총체적인 복합체라고 할 수 있다. 그것은 예술과 문자뿐만 아니라 삶의 양식, 인간의 기본권, 가치체계, 전통, 믿음을 포함한다." 『창의한국』은 이러한 넓은 의미의 문화정책을 기반으로 다양한 갈등을 품고 있는 사회문제에 문화적 관점이 개입되어야 하고, 소수의 이익보다는 다수의 공동선을 추구하며, 감성과 상상력에 기반한 창조적 능력을 활성화시키는 것을 새로운 문화정책의 원리로 간주하였다. 『창의한국』은 문화의 대상을 확장하기 위해 문화와 관련된 영역을 '문화와 세계' '문화와 사회' '문화와 경제' '문화와 개인' '문화와 지역'과 같이 다섯 개의 영역으로 설정하여, 각각 그 영역에 해당하는 핵심 정책 과제를 '평화와 번영을 위한 교류협력 추진' '문화의 정체성과 창조적 다양성 제고' '문화를 국가발전의 신성장동력화' '문화참여를 통한 창의성 제고' '국가균형발전의 문화적 토대구축'으로 정리했다(이동연, 「대안적 문화정책의 구상—새로운 패러다임은 가능한가?」, 문화연대 대안을 준비하는 문화정책 3월 월례포럼 행사 발제문, 2012 참고).

위한 것으로 왜곡될 수 있다. 이렇듯 문화공학의 문화운동으로의 전환은 공공적 가치와 제도의 혁신을 위한 기획과 전략의 방법을 바꾸는 것에 그치지 않고, 20세기 초반 유럽의 아방가르드 운동이 그러했듯이, 급진적 상상력과 자율적이고 독립적인 정치적 감각이 견지되는 것이 전제되어야 한다.

문화사회론과 문화연대의 사회적 문화운동

『문화/과학』의 이론적 실천이 만들어낸 개념들 중에서 문화사회론은 현실 문화운동의 전환에 있어 가장 중요한 이론적 지침이 된다. 문화사회론은 『문화/과학』 17호(1999년 봄) 특집 '문화사회로의 전환'에서 본격적으로 다뤄진 이래로 50호(2007년 여름) 특집 '코뮌주의와 문화사회'에 이르기까지 『문화/과학』이 가장 오랫동안 탐색해 왔던 토픽이다. 문화사회론은 20호(1999년 겨울)의 특집 '노동과 노동거부', 30호(2002년 여름) '이데올로기와 욕망', 35호(2003년 가을) '위험사회', 38호(2004년 여름) '오늘, 문화란 무엇인가', 46호(2006년 여름) '한미FTA를 깨고 문화사회로'에서 지속적으로 다루어졌고, 한국사회의 문화적 재구성의 이론적 지도그리기에서 대안적 가치를 담은 메타이론으로 논의되었다. 『문화/과학』은 문화사회라는 메타이론을 한국사회에 대한 문화적 이해의 수준을 넘어서 신자유주의 정치 지배체제, 자본이 스스로 야기시켰고, 자본에 의해 통제되는 위험사회를 극복하는 대안적인 이념으로 간주했다. 대안사회의 이념으로서 문화사회론은 50호를 기점으로 코뮌주의적 생태문화 네트워크라는 구체적인 실천 경로로 이행하였고, 이후에 사회미학(53호, 2008년 봄)이라는 개념을 통해서 사회운동의 미학적 재구성, 미학의 사회적 재구성이라는 문제의식으로 문화운동이 사회운동의 장에 직접 행동하는 새로운 방향을 제시하기도 했다.

문화사회론은 특히 현실 문화운동에 직접적인 영향력을 끼쳤는데, 1999년에 새로운 문화운동 조직으로 출범한 문화연대가 대표적인 경우이다. 문화연대는 예술가 중심의 민족·민중 예술운동의 틀에서 시민들과 지식인들도 함께 참여하는 시민운동 조직으로 출범했다. "글로벌 문화자본의 독점화가 강화되고 있는 새로운 문화환경에서 전문 예술가 중심의 문화운동은 한계를 맞을 수밖에 없었고" "문화운동은 점차로 전문 문화예술인 중심에서 시민 중심으로, 창작적 실천에서 문화공공성 구축으로, 이념적 실천에서 제도적 실천으로 그 방향이 전환될 필요성"[8]이 제기되었다. '문화개혁시민연대'라는 초기 이름에서 알 수 있듯이 문화연대는 문화 영역에서 나타난 NGO 그룹을 표방했다. 문화연대는 창립초기에 국회의원들의 낙천낙선 운동을 주도했던 총선시민연대에 주도적으로 참여했고, 문화체육부의 예산 정책 감시활동과 축제 감리활동과 같은 전형적인 NGO활동을 벌였다. 그러나 실제 운동의 이념과 전망은 대표적인 NGO 단체인 참여연대나 환경운동연합에 비해 훨씬 진보적이고 급진적이었다. 문화연대는 일반적인 시민 문화운동뿐 아니라, 노동, 여성, 청소년, 창작 분야의 소수자들을 위한 직접 행동을 벌여 기존의 시민운동과 차별적인 실천 지형을 갖고 있었다. 특히 참여정부 하에서 한미FTA 협약 선언이 있고 난 후 문화연대의 운동 방향은 주로 신자유주의 착취 구조에 맞

---

8. 이동연, 「문화연대가 꿈꿔온 문화사회의 궤적들: '표현의 자유'에서 '광장의 정치'까지」, 『대안문화의 형성』, 문화과학사, 2010, 102.

서는 사회운동과의 연대를 강화했다. 이러한 문화연대의 현장 실천의 차별화는 문화사회론에 기반을 두고 있고, 이는 문화연대의 창립선언문에서도 확인할 수 있다.

> 오늘 우리는 '문화연대'를 창립하고자 한다. 문화연대를 창립하려는 것은 문화가 꽃피는 사회, '문화사회'를 건설하기 위함이다. 문화사회는 개인들이 타인과 연대와 호혜의 관계를 유지하면서도 자신의 꿈과 희망과 욕망을 최대한 구현하며 공생할 수 있는 사회이다. 문화사회는 따라서 삶을 자율적으로 꾸려나갈 수단과 조건이 갖추어진 사회요, 인간과 인간 그리고 인간과 자연 사이에 착취나 억압, 파괴가 더 이상 일어나지 않는 사회이다.

문화연대가 추구하는 문화사회는 국가-자본의 착취와 억압으로부터 개인들의 자유로운 문화적 활동과 역능을 지켜내는 것이라 할 수 있다. 여기서 문화사회의 성격은 경제사회, 정치사회와 같은 수준에서 문화적 삶의 특수성을 강조하는 것이 아니라 사회구성체로서의 새로운 사회를 상상한다. 따라서 문화사회는 사회 성격의 이행을 전제로 한 것이며, 이른바 '노동사회'에서 '문화사회'로 이행을 주장했던 앙드레 고르의 이론을 수용한다. 문화사회로의 이행은 노동-생산의 영역에서 노동시간을 자율적으로 선택할 수 있는 권리를 부여받을 뿐아니라 "모든 사람에게 학습, 혹은 재학습할 수 있게"[9] 만드는 사회

---

9. 앙드레 고르, 「노동사회에서 '문화사회'로의 이행: 노동시간의 단축―쟁점과 정책」, 이병천·박형준 편, 『후기 자본주의와 사회운동의 전망: 맑스주의의 위기와 포스트맑스주의 Ⅲ』, 의암출판사, 1993, 367.

의 재생산 영역 모두에서 전환할 것을 목표로 한다. "노동-다중 연대가 만들어낼 문화사회는 사회적 보장소득이 제공되고, 노동자-다중이 민주주의의 주체가 되는 가운데 사회적 풍요를 누리며 문화적 향유가 가능해야 하므로 일차원적인 사회가 아니라 교환가치 이외에도 다양한 유형의 사용가치와 문화적 가치들이 공존하는 다차원적인 사회"[10]이다. 문화사회는 국가-시장을 근본적으로 부정하기보다는 "국가를 지속적으로 민주화하고 시장을 자본주의의 착취와 독점으로부터 해방시켜 투명한 교환의 장소로 전환함으로써 사회적 공공성을 확대하는"[11]것을 목표로 삼는다는 점에서 아나키즘적인 전복이 아닌, 체제의 급진적 전환으로서 이행을 기획한다.

'전환-이행'으로서 문화사회는 노동시간의 단축과 자율시간의 증대라는 탈근대적인 생산-재생산의 사회구성 패러다임에 기반한다. 물론 문화사회로의 이행이 노동시간 단축과 자율시간 증대의 기회를 곧바로 보장하는 것은 아니다. 노동시간 단축은 제레미 리프킨이 주장하듯이 자본주의 생산체제의 변화에 따른 기술자동화의 결과로서 개인의 자율적 선택이 아닌 국가-자본의 이해관계에 따른 결과이기 때문이다. 강제적인 노동시간의 단축은 개인들을 강제적 실업과 강제적 비정규직화라는 극단의 상황으로 내모는바, 그로 인한 비노동 시간의 증대가 바로 자율시간의 증대가 될 수는 없는 것이다. 기술자동화, 정보기술의 혁신은 개인에게 노동거부와 노동시간 단축이라는 요구에 공포심을 유발하게 만드는 탈근대적 노동사회의 윤리를 정당화하게 만든다. "노동의 기계적 포섭으로 일자리가 사라져가는 사회지만, 그

---

10. 심광현, 「문화사회적 사회구성체론을 위한 시론」, 『문화/과학』 46호, 2006년 여름, 167.
11. 같은 글, 171.

희소한 일자리 때문에 모두가 더 힘들게 노동에 천착해야 하고, 인간 노동의 가치가 사라짐으로 인해 노동이데올로기를 더욱 강화할 필요가 있는 역설적 사회가 바로 '노동사회'인 것이다"[12] 따라서 노동시간 단축이 가져다준 개인들의 자율시간 증대와 그에 따른 개인들의 행복한 권리를 찾기 위해서는 '노동-놀이' '생산-재생산'의 이분법적 사유로부터 벗어나 양자를 스스로 결정하고, 선택할 수 있는 사회적 조건과 장치들의 확보가 필요하다. 문화사회는 이러한 노동시간 단축과 자율시간 증대라는 사회적 조건에 대한 요청만이 아닌 그 조건을 창조적인 내용으로 전환시키는 개인들의 자유로운 감성 활동과 그 의지들의 연합을 꿈꾼다. "노동사회가 허용하는 활동이 타율적인 성격이 강하다면 문화사회에서의 활동은 자율적이어야 한다. 우리가 꿈꾸는 문화사회가 문화적 활동으로 넘쳐난다면, 그것은 자율적인 삶이 최대한 보장되기 때문일 것이다. 자율성의 보장 속에서 펼쳐지는 창조적 활동의 결과로 다양한 자기표현들이 가능하고 또 표현능력들이 계발된다"는 지적[13]은 문화사회의 '전환-이행'의 성격을 강조한 것이라 하겠다.

그렇다면 문화연대는 이러한 '전환-이행'으로서 문화사회론의 이념과 가치를 어떻게 실현하고자 했는가? 나는 문화연대의 문화사회적 실천을 사회적 문화운동이란 관점으로 설명하고자 한다. 사회적 문화운동은 문화의 사회적 운동으로서 문화운동의 급진적 미학을 사회운동의 행동 원리로 삼고자 한다. 그것은 사회운동의 현장에 문화적 행

---

12. 문강형준, 「노동사회 비판과 문화사회의 이론적 지도」, 『문화/과학』 46호, 2006년 여름, 147.
13. 강내희, 「노동거부와 문화사회의 건설」, 『문화/과학』 20호, 1999년 겨울, 22.

동을, 방법적 수단이 아닌 과정이자 의미있는 커뮤니케이션으로 접목하는 것이다. 그것은 또한 문화운동의 미적인 급진성과 코뮌적인 가치들을 사회운동의 중요한 대상으로 요청하는 것이다. 사회운동과 문화행동의 접목은 중요한 토픽이라 『문화/과학』이 제기한 또 다른 개념인 사회미학을 논의하는 자리에서 별도로 다루기로 하고, 여기서는 문화운동의 미적인 급진성에 대한 실천들이 어떻게 사회운동의 중요한 대상이 될 수 있는지에 대해 언급하고자 한다.

문화연대의 미적 급진성은 개인들의 자유로운 연합, 주체들의 자발적 욕망, 자기표현 능력의 극대화라는 문화사회론의 중요한 원리를 공유한다. 미적 급진성은 사회적 문화운동의 중요한 자원이다. 문화연대는 이러한 미적 급진성으로써 사회적 문화운동을 실천하고자 했는데, 그중 대표적인 것이 표현의 자유 운동이다. 문화연대가 창립 이래 지금까지 지속적으로 벌인 표현의 자유 운동은 문화적 표현물을 만드는 창작자-제작자들의 권리를 위한 것만이 아닌 문화적 표현물에 접근할 수 있는 수용자들의 권리를 위한 것이었다. 표현의 자유는 헌법 제22조가 보장한 국민의 기본권 중 하나이지만, 대체로 이것은 창작자들의 권리로만 인식되어 왔다. 그러나 국가의 정치적, 윤리적, 이념적 통제술로 인해 개인들이 일상생활 안에서 자신이 즐기고 싶은 것, 표현하고 싶은 것들을 제대로 누리지 못하고 있는 현실을 직시해 보면, 표현의 자유가 사회운동에서 중요한 문제라는 것을 알 수 있다. 표현의 자유에 대한 통제는 민주적 정부이건 억압적 정부이건 국가가 개인의 감정을 훈육하는 기술로서 사용된다. 1997년에 제정된 청소년보호법은 국민의 정부와 참여 정부 내내 문화적 표현물의 자유로운 창작과 수용의 권리들을 통제하는 법적 장치로 사용되었다. 이명박 정부 들어 표현의 자유에 대한 통제술은 창작자들만이 아닌 개인들의 일상적 의사표현의 권리를 제한하는 방향으로 확대되었다. 사이버 모욕죄의 도입, 인터넷 실명제의 전면적 확산, 집시법에 의한 시위자들의 처벌강화 등의 사례들은 개인들의 일상의 의사표현의 자유를 통제하려는 의도를 드러낸다. "최근 개인들의 표현의 자유에 대한 국가의 전면적인 통제술은 최진실 자살사건과 같은 특정한 국면을 이용해서 개인들의 의사와 행동 일체를 24시간 감시하고 처벌하겠다는 팬옵티콘적인 국가의 지배전략이다."[14] 이명박 정부 하에서 표현의 자유 억압은 창작자의 문제만이 아니라 개인들 모두의 문제라고 인식하게 만들었고, 문화연대 역시 다양한 형태의 퍼포먼스와 직접 행동으로 이에 저항하고자 했다.

문화연대는 장선우의 〈거짓말〉, 이현세의 〈천국의 신화〉, 박진영의 〈게임〉 등 영화, 만화, 음반과 같은 문화적 표현물이 등급보류를 받거나 청소년 유해매체로 고시될 때 창작자-제작자들의 표현의 자유를 지지하는 운동을 전개했을 뿐 아니라, 등급 제한으로 접근이 원천적으로 차단된 청소년 수용자들의 볼 권리를 위해 싸우기도 했다. 이 과정에서 문화연대는 음란물을 창작할 권리와 청소년보호 폐지 논쟁을 일으켰다. 음란물, 즉 성적 표현물을 창작할 권리에 대한 옹호는 예술의 진정성, 완결성을 지지하는 진보와 보수계의 문화예술계 인사들이나 여성단체들로부터 모두 공격을 받았다. 그 이유는 작품성이 떨어지는 상업적 음란물은 옹호할 필요가 없고, 여성의 신체를 남성의 성적 욕망을 위해 대상화하는 작품들은 표현의 자유라는 잣대로 보

---

14. 이동연, 「'표현의 자유'를 다시 생각한다」, 『대안문화의 형성』, 299.

호할 수 없다는 주장 때문이었다. 또한 보수적인 청소년·기독교 단체 소속인 청소년보호론자들은 음란물로부터 청소년을 보호하는 것은 창작자들의 표현의 자유를 보호하는 것보다 우선시 되어야 하며, 문화연대의 표현의 자유 수호는 문화산업계의 상업적인 이익을 대변하는 결과만 낳는다고 비판한다.

성적 표현물을 예술적 완결성, 청소년보호, 여성신체의 대상화, 상업적 이해관계의 논리와 관계없이 옹호할 수밖에 없는 것은 그것이 갖는 인간의 기본적인 권리 때문이다. 청소년호보법이나 영상물 등급 분류의 기준이 아닌 형법에 의해 처벌 받아야 할 폭력적인 행위가 문화적 표현물에 없는 한, 누구도 이 권리를 빼앗아갈 수 없으며, 결국 이 권리에 대한 과도한 통제는 창작자들만의 문제가 아니라 그것을 보는 개인들의 삶의 자유를 침해하는 문제이다. 청소년보호 이데올로기는 그런 점에서 청소년을 유해 매체와 환경에서 보호하겠다는 명분으로 청소년과 성인 모두를 통제하려는 목적을 갖는다. 청소년보호론은 정작 보호해야 할 청소년들의 인권은 보호하지 않고, 성적 표현물을 창작하고 볼 수 있는 민주적 자기결정을 통제하기 위한 대중 설득의 장치로 활용된다. 문화연대는 2000년 초반부터 청소년보호법 폐지운동과 청소년인권보호법 대체입법화 운동을 펼쳤지만, 보수-진보 정치인들과 보수적 시민단체들이 유포한 청소년 보호이데올로기의 벽에 막혀 성공하지 못했다.

문화연대의 표현의 자유 운동에서 또 한 가지 부딪친 논쟁은 음란물의 표현에 대한 권리이다. 음란물의 제작과 유통에 대한 보수적인 판단은 음란물을 보는 개인들의 창작-수용의 권리를 왜곡시킨다. 음란물에 대한 옹호는 보수진영이건 진보진영이건 모두 '불편한 진실'이며, '상업성 비판의 포기'라는 문제로 환원된다. 음란물에 대한 심의 규제의 기준과 사회적 판단은 그것이 정말 음란해서가 아니라 국가장 치의 지배적 가치와 질서가 그것을 음란하게 보려는 대중을 향한 암 묵적인 강요와 설득에 의해 포획된 결과이다.[15] 표현의 자유에 대한 대중들의 윤리적 도덕적 가이드라인보다 훨씬 급진적인 권리를 주장 하는 것은 음란물에 대한 대중들의 혐오와 공포의 가이드라인의 윤 리적 트라우마를 제거하기 위한 것이며 이는 결국 문화사회의 중요 한 가치 중의 하나인 개인들의 자유로운 의사표현과 자기결정의 권리 를 확대하는 데 기여할 수 있다. 예컨대 문화연대가 대중들의 공감대 를 얻지 못할 것임에도 불구하고 문신 합법화와 대마 비범죄화와 같 은 급진적 개인의 권리 운동을 전개한 것도 국가의 규율과 통제로부 터 자유롭고, 개인들 스스로 자신들의 행복할 권리를 스스로 찾고 결 정하는 문화사회의 기본 이념을 실천하기 위해서였다. 물론 문화연대 의 사회적 문화운동은 개인들의 문화적 자유로만 국한되지 않고, 개 인들의 자유로운 연합, 즉 문화적 어소시에이션으로 확대된다. 이 문 제는 『문화/과학』의 코뮌주의와 생태문화 네트워크의 이론적 실천과 연계된다.

생태문화코뮌과 민중의 집

생태문화코뮌은 코뮌주의에 대한 『문화/과학』식의 번역이다. 코뮌 주의는 현실사회주의 정치체제로 굳어지기 이전에 1848년 파리 바

---

15. 이동연, 「표현의 자유와 문화전쟁」, 『대중문화연구와 문화비평』, 문화과학사, 2002, 219.

리게이트나 1917년 러시아 프롤레타리아트 혁명기에 노동자 대중들이 스스로 자기 주체 역량을 발휘했던 데서 기원한다. 코뮌주의는 역사적 사회주의, 역사적 공산주의와 다른 국가자본주의, 국가사회주의에 포획되지 않은 노동자 대중들의 자발적 연합을 의미한다. 맑스·엥겔스 역시 이러한 노동자 대중의 코뮌주의를 대중들의 자발적인 연합으로 정의했고, 1847년의 사회주의자들을 코뮌주의자들과 분리하고자 했다.[16] 코뮌주의는 부르주아 사회주의와는 대별되는 노동자 대중들의 자발적 연합과 역능을 의미하며, 맑스의 『요강』에서 알 수 있듯이 노동자 대중의 생산능력의 발전과 함께 향유능력의 발전을 지향한다. 코뮌주의자들은 혁명의 내재적 주체이지만, 혁명의 정치적 대변자들은 아니다. 코뮌주의 사회는 "축적된 노동이 오직 노동자들의 생활 과정을 확장시키고, 풍요롭게 만드는, 그리하여 노동자들의 문화적 역능이 활짝 개화할 수 있도록 후원하는 수단으로서만 기능하는 사회이다. 부르주아 사회가 자본축적을 위한 소외된 노동이 제일의 사회적 가치가 되는 '노동사회'라면, 코뮌주의 사회는 개개인의 문화적인 역능의 개화가 제일의 사회적 가치가 되는 '문화사회'이다."[17]

프롤레타리아 혁명기에 노동자들은 자신들의 공장과 지역에서 자발적으로 강연, 세미나, 여가활동을 통해서 위로부터의 혁명이 아닌

---

16. "1847년에 사회주의자들이라고 하면, 한편으로는 다양한 공상적 체계들의 추종자들, 즉 이미 점차 사멸해가는 종파들로 오그라들고 있었던 영국의 오언주의자들, 프랑스의 푸리에주의자들을 의미했고, 다른 한편으로는 잡다한 졸서들을 통해서 자본과 이윤에 어떠한 위험도 주지 않고 사회적 폐해들을 제거하겠노라고 약속하는 잡다하기 그지없는 사회적 돌팔이 의사들을 의미했다"(칼 맑스, 「공산주의당 선언」, 『칼 맑스·프리드리히 엥겔스 저작 선집』 1권, 최인호 역, 박종철출판사, 1991, 380).

17. 심광현, 「맑스적 코뮌주의의 '문화사회적' 성격과 이행의 쟁점」, 『문화/과학』 50호, 2007년 여름, 27.

아래로부터의 혁명을 꿈꾸었다. 글로벌 자본의 독점이 지배하는 신자유주의 시대 코뮌주의는 어떤 모습을 가질 수 있을까? 개인들의 자발성에 근거한 연합, 즉 어소시에이션 운동의 기본 원리들은 동일하겠지만, 오늘날의 코뮌주의에서는 과거보다 훨씬 문화적 활동들이 중시될 수 있다. 온라인 네트워크, 문화 테크놀로지를 충분히 활용해서 개인들의 문화적 역능을 충분히 발휘하면서 동시에 그러한 문화환경을 지배하는 문화자본의 독점에 대면하는 생태적 저항이 필요하다. 문화적 역능을 발휘하면서 생태적인 삶의 의지를 다지는 것이 신자유주의 시대 코뮌주의의 본 모습이다.

생태적이면서 문화적인 코뮌주의는 '자유-공유' 삶의 네트워크를 추구한다. 한미FTA 이후부터 『문화/과학』이 고민했던 이른바 생태문화라는 애초의 문제의식은 코뮌주의에 대한 문화적 재해석을 통해서 생태문화-코뮌주의로 발전했다. 생태문화코뮌은 개인들의 자발적인 문화 역능이 발휘[18]되고 서로의 문화적·사회적 자산들을 공유[19]하는

---

18. "생태적-문화정치적 활동이란 곧 생태친화적이고 공생적인 방향에서 내가 하고 싶은 종류의 일을 원하는 시간·장소에서 행하면서 자립적·연합적으로 생계를 꾸려갈 수 있는 사회상태, 즉 생태적 문화사회를 구성하기 위해 기존의 제도나 관습을 뜯어고치고 새로운 제도와 관행을 창안하고 실천하는 일, 이를 통한 다양한 권리(노동권·환경권·교육권·생존권·건강권·문화권·소수자인권) 주장과 사상·표현·결사의 자유를 확대하고 그것을 저해하는 다양한 장애들과 투쟁하는 활동이다"(같은 글, 45).

19. "코뮌적 공동체를 구성하는 기반 가운데 빼놓을 수 없는 것이 공유commons이다. 이 공유는 공동체에 속한 서로 다른 사람들이 공동으로 소유하거나 이용할 수 있는 자원이나 제도, 서비스, 기술, 지식 등을 포괄하며, 한 사회의 공동체로서의 활수澀手함과 풍요로움은 공유가 얼마나 많고 풍부한가에 따라 정해진다…코뮌적 공동체의 풍요로움을 만들어내는 데에는 공동체의 주어진 조건, 예컨대 자연적 조건만이 작용하는 것이 아니라 사회적 조건이 큰 역할을 할 것이며, 이때 공동체를 구성하는 특이성으로서의 개인들이 지닌 역능이 중요하리라고 본다. 그리고 이런 점 때문에 코뮌적 공동체의 구성에는 문화적 접근이 중요하다고 할 수 있을 것이다"(강내희, 「코뮌주의와 문화사회」, 『문화/과학』 50호, 70-71).

것이다. 이러한 생태문화코뮌을 문화운동의 현장에서 실천하려고 했던 것이 바로 〈민중의 집〉이다. 민중의 집은 2005년 '마포문화사회만들기 모임'에서 시작해서 지역의 풀뿌리 단체들이 만 3년간 준비 끝에 2008년 7월에 마포에서 첫 문을 열었다. 현재는 마포에 이어 구로와 중랑에 민중의 집이 만들어졌다. 민중의 집은 근거리 생활 터전에 기반한 풀뿌리형 생활 네트워크를 지향한다. 예를 들어 마포민중의 집을 운영하는 지역 주체들은 '문화연대' '햇살과나무꾼' '마포농수산물센터상인연합회' '서울가든호텔노동조합' '전국언론노동조합 한겨레신문지부' '마포구청 상용직노동조합' '전국공무원노동조합 마포지부' '홈플러스테스코노동조합 월드컵지부' 'AIA생명노동조합' 등 마포 지역에 기반을 두고 있는 주체들이다. 그러나 민중의 집은 지역에 기반을 두고 자립적-생태적 네트워크를 만들기 위해 생활중심형 프로그램을 운영하고 있지만, 기존의 풀뿌리 시민단체들이나 먹거리에 기반한 생활협동조합과는 다른 성격을 가진다. 가령 공정무역 운동은 착취에 시달리는 제3세계 노동자들의 궁핍한 삶을 지원하는 역할을 담당하지만, 이것이 중산층 소비자들의 착한 윤리의식을 넘어서 새로운 대안사회를 지향하는 반신자유주의적 생태적 가치들을 확대하기에는 역부족이며, 근린 생활 먹거리 환경에 안착한 생활협동조합 역시 공정무역운동보다는 지역공동체의 의미를 더 강조하지만, 거대 유통체제와 불안전한 식탁의 현실적 모순들을 모두 생협 안으로 해소하려 들고, 일종의 사회적 기업으로서 먹거리 비즈니스 이외에 지역의 생태적 네트워크에는 큰 관심을 보이지 않는다.[20] 민중의 집은 공정무역운

---

20. 이동연, 「생태주의 대안운동의 가능성과 한계: 공정무역운동에서 생협운동까지」, 『문화/과학』 56호, 2008년 겨울 참고.

동이나 생협운동보다는 생활 안의 민중적 삶의 문제들을 함께 고민한다. 민중의 집은 "민중 스스로가 건설하는, 사회운동 간 소통의 확장 및 통합적 사회운동을 위한 지역-현장에서의 거점이자, 지역 민중들의 정치-경제-문화의 구심"[21]이다. 민중의 집은 지역-현장에서 생태문화코뮌을 실험하려는 민중공동체이다. 마포 민중의 집 소개 글을 잠깐 보도록 하자.

민중의 집은 지역주민들이 스스로 삶을 가꾸고 서로 나눔으로써 지역사회를 보다 건강하고 따뜻하게 바꾸기 위해 만든 주민들의 자치공간이자 공동체입니다. 민중의 집에서는 주민들이 삶의 대안과 희망을 만들어 나갈 수 있도록 다양한 교육·문화 프로그램을 운영하고, 생활에서 부족한 것을 함께 채우고 필요한 것을 나누는 생활협동 네트워크를 만들어 나갑니다. 또한 지역사회의 건강한 변화를 이끌어 낼 수 있는 공익사업들을 주민들과 함께 힘 모아 진행합니다.[22]

민중의 집은 지역 주민들의 자치 공간 공동체를 지향하면서 정치-이념적 프로그램보다는 개인의 문화활동과 가족 공동구성원들이 일상에서 필요로 하는 프로그램들을 운영하고 있다. 일례로 마포 민중의 집은 '작은 사람들이 만드는 행복한 마을 공부방' '책과 함께 세상을 만드는 청소년 독서토론 교실' '시민이 시민이 되는 시민강좌' '서로가 서로에게 배우는 생활강좌' '밥과 함께 정을 나누는 화요밥상' '생

21. 최준영, 「지역-현장을 기반으로 한 사회운동의 거점, 〈민중의 집〉」, 『문화/과학』 50호, 223.

22. 마포 민중의 집 홈페이지 참고. http://www.peoplehouse.net

활협동 벼룩시장 다정한 시장' '여가 생활이 더욱 즐거워지는 민중의 집 동아리' '더불어 잘 살기 위한 지역복지 네트워크' 등의 프로그램들을 운영하고 있는데, 이 프로그램들은 일방향적이지 않고 자신들이 가진 능력을 서로 공유하는 호혜적인 공통의 자산을 활성화하고자 한다. 여기서 생태적인 의미는 자연환경과 먹거리에 국한되지 않고, 민중의 집 구성원들이 각자의 능력과 자원들을 서로 공유하면서 최소한의 자원으로도 최대한의 만족을 누릴 수 있는 일상 삶의 생태적 가치를 말한다. 그런 점에서 민중의 집과 같은 소유가 아닌 공유로서의 생태적 어소시에이션 운동은 그 자체로 문화적 가치를 중시한다고 볼 수 있다.

현재 마포를 비롯해서 운영 중인 민중의 집의 '지역-현장' 중심의 가치들과 그에 기반한 다양한 생활 프로그램에도 불구하고, 생태문화코뮌으로서 민중의 집은 여전히 많은 한계를 안고 있다. 민중의 집의 운영 주체들이 지역에 기반한 사회운동 단체나 지역 단위 조합조직, 풀뿌리 민중 단체로 구성되었지만, 실제 운영 과정에서 진보신당과 같은 현실 정당 조직 주체들의 권한이 크게 작용하고, 진보적 정당의 정치 조직의 확산 수단으로 활용될 위험성을 안고 있다. 또한 2008년 7월에 마포 민중의 집이 문을 연 이래 구로와 중랑에서 민중의 집이 오픈했지만, 예상만큼 지역 확산이 안 되고 있으며 그나마 처음 생긴 마포 민중의 집 외에는 운영 프로그램들이 활성화되지 못하고 있는 실정이다. 공정무역운동이나 생활협동조합의 지역 확산에 비교하면 민중의 집의 지역 거점화는 아직 걸음마 단계이다. 『문화/과학』이 제시한 생태문화코뮌을 현장에서 실험하는 문화운동은 아직 많은 노력이 필요한 시점이다. 다만 민중의 집의 형태와는 달리, 문화예술의 현장에 자발적 어소시에이션 운동이 가시화되고 있기는 하다. 예를 들어 '서교음악자치회' '한국독립음악제작사협회' 등 홍대 인디음악 씬에 서 몇년 전부터 가시화되고 있는 인디음악의 문화네트워크는 사회운 동으로서 생태문화코뮌의 정치적 입장을 특별하게 견지하고 있지 않 지만, 음악산업의 생태계의 위기를 자발적으로 극복하기 위해 문화적 생협의 형태를 지향한다는 점에서 주목할 만하다. 또한 최근에 주목 받고 있는 '청년유니온' 그룹들의 운동들은 노동과 문화의 영역에서 소외받고 있는 청년주체들의 자발적 네트워크를 주창하고 있다. 어쨌 든 『문화/과학』의 생태문화코뮌은 많은 실천적 한계에도 불구하고 사 회운동의 생태적 문화 네트워크와 청년 독립 문화운동 영역에 중요한 이론적 기반을 제공해주고 있다.

사회미학의 이중적 실천과 문화행동

『문화/과학』 53호 특집 주제로 다뤄진 '사회미학'은 앞서 제기했던 문화사회론과 생태문화코뮌 네트워크의 실천에서 미적인 성격과 행동 의 원리를 말해준다. 사회미학은 예술가들이 문화사회와 생태문화코 뮌을 위해 무엇을 해야 하는가, 혹은 문화사회와 생태문화코뮌의 세 상이 어떤 미적인 가치를 가져야 하는가에 대해 상호질문을 던지게 한다. 자본주의 시대 미학은 부르주아들이 주도하는 고급예술의 미학 과 자본이 통제하는 상품미학이 지배한다. 부르주아 고급취향과 상품 미학에 저항하는 20세기 초반의 역사적 아방가르드 운동이 있긴 했 지만, 그 에너지는 곧 문화자본 안으로 흡수되었다. 20세기 중반의 플 럭서스 운동 역시 기술의 혁신을 통한 급진적 전위예술을 실천했지만, 자본에 의해 포획된 나르시시즘적인 자유주의 미학의 형태로 변질되었다. 사회미학은 부르주아의 고급예술 미학과 자본의 상품미학 모두를 극복하고, 동시에 미학의 자율성을 강조하되 자유주의적 개인화로서의 사적인 욕망을 넘어 사회적 공공성에 개입하는 미적 실천을 말한다.[23] 사회미학이 중요한 것은 지금 우리 시대에 미학이 자본에 종속되어 개인의 소비 욕망 안으로 스며들어 간 사이, 사회 현실에 말을 거는 다양한 기회들을 상실했기 때문이다. "오늘 사회미학이 요청되는 것은 자본주의 사회, 특히 신자유주의적 자본 축적 전략의 극복을 위한 사회운동에 새로운 미학적 또는 문화적 관점의 정의 실천이 요구된다고 보기 때문이다"(27). "일상적 삶의 심미화", 즉 "상품의 심미화"(33)로 인해 대상들의 기능적 가치는 평가 절하되고(34), 미학은 단지 개인의 이미지를 치장하는 장신구로 전락해버렸다. 사회미학은 상품미학과는 달리 개인(예술가 혹은 대중 모두)이 사회적 실재와 맺는 미적인 관계를 복원하고자 한다.

개인이 사회적 실재와 맺는 미적인 관계의 복원은 크게 두 가지 방식으로 존재한다. 하나는 '미학의 사회화'이고 다른 하나는 '사회의 미학화'이다. 미학적 실천은 문화운동의 장이 아닌 오히려 소비자본주의 시장의 중요한 소재로 이용되고, 자본과 국가 정책에 흡수되면서 미학의 정치적 힘이나 사회적 역할이 상당히 위축되었다. 미학은 상품

---

23. 다음의 인용문을 보라. "사회미학이 공공성 쟁취투쟁을 신자유주의에 대한 반대운동의 시야 너머로 확대해야 할 이유가 여기에 있다. 사회미학이 추구하는 공공성은 이런 점에서 자본주의에 여전히 포박된, 자본주의에의 포섭을 목적으로 한 대중에 대한 배려로서의 공공성이 아니라 자본주의 자체를 넘어서는 대안적 사회의 기반으로 작용해야 한다"(강내희, 「의립과 시적 정의, 또는 사회미학과 코뮌주의」, 『문화/과학』 53호, 2008년 봄, 49). 이하 이 글에서의 인용은 본문에 그 쪽수를 표시한다.

의 형식으로 전환되어 개인의 문화적 취향을 구별짓는 기준으로 활용되면서 사회적 의미들을 상실하는데, 지난 몇년 간 예술가들의 문화행동 안에는 이러한 상품미학에 저항하고 미학이 사회적 공공성의 중요한 자원임을 실천하는 사례들이 늘어났다. 대표적인 사례들이 청계천 복원사업 기간 현장에 남아서 철거과정을 사진으로 기록하고 인근 주민들과 함께 시각예술 문화행동을 시도했던 '플라잉 시티' 그룹, 새만금 간척사업 현장에서 장기간 반대운동을 펼친 최병수 작가, 새만금 간척사업의 대중 선전을 위해 마련된 '새만금 록페스티벌'에 반대하여 부안 해창 갯벌에서 살살 페스티벌을 열었던 '농발게'와 '에코토피아' 그룹, 그리고 MB의 경부대운하 사업을 반대하고 생태적 소중함을 알리기 위해 현장 르포 기행을 선언한 '리얼리스트100' 그룹들을 들 수 있을 것이다.[24] 미학의 사회화를 위한 이러한 문화행동들은 "예술가, 문화운동가들이 얼마만큼 사회미학의 관점을 획득할 수 있는가, 혹은 단순히 말하면 미학적 실천이 어떻게 많은 사람들과 소통될 수 있는가"[25]를 위한 실험이었다.

사회미학은 사회의 미학화 문제이기도 하다. 그것은 사회운동의 현장에서 문화행동이 어떤 미학적 능력을 발휘하고 운동의 주체들과 어떻게 소통하는가와 관련된다. 한국 사회운동의 현장에는 급박하고 급진적인 이슈들이 항상 첨예하게 싸움을 벌이고 있지만, 투쟁의 방법과 과정은 여전히 과거처럼, 거대한 스크럼조직과 비장한 구호가 적힌 깃발, 그리고 확성기에서 흘러나오는 정치적 슬로건과 민중가요로 구성된다. 낡은 집회 방식과 사운드 데모는 대중들의 눈에는 피로한 문

24. 이동연, 「예술운동의 죽음과 생성」, 『문화/과학』 53호, 90.
25. 좌담 「문화운동의 재구성을 위한 사회미학의 실천 경로들」, 『문화/과학』 53호, 143-144.

자이자, 귀에 거슬리는 노이즈로 받아들여진다. 포스콤, 기륭전자의 비정규직 노동자들의 해고에 저항하는 시위 현장, 위장 폐업으로 하루아침에 길거리로 쫓겨난 콜트-콜텍 기타 노동자들의 거리 농성, 비극의 연쇄자살로 이어지는 쌍용자동차 해고 노동자들의 복직투쟁 현장, 글로벌 개발자본의 이익을 위해 커다란 희생자들을 낳았던 용산 참사 현장, 한진중공업 노동자 해고에 맞서 장기 크레인 고공 농성 투쟁을 벌이고 있는 한 여성 노동운동가의 농성 현장들은 처음에는 모두 엄숙하고 고통스럽고 지쳐있었다. 문화연대가 사회운동의 현장에서 작가들과 함께 처음에 할 수 있었던 것은 문화행동이 아닌 정치적 행동의 도움에 불과했다. 그들을 위해 노래를 불러주고, 그림을 그리고, 지지 서명을 하는 것밖에는 달리 할 수 있는 게 없었고, 투쟁의 현장에 있는 사람들 역시 비장한 현장에서 즐거운 문화행동이 판을 치는 것을 원하지 않았다. 여의도 국회의사당 근처에서 천막 농성을 벌이고 있던 포스콤 해고 노동자들에게 지저분한 텐트 주변을 정리하고 지나가는 사람들이 관심을 가질 수 있도록 미술작업을 벌이자고 제안했을 때, 농성자들은 처음에는 시큰둥했다. 용산 참사 현장 초기에 작가들이 현장에서 유가족과 전철연 회원들에게 다양한 문화행동을 제안했을 때, 희생자들에 대한 예의가 아니라고 반대에 부딪치기도 했다. '펜더' 등 전 세계 유명 브랜드 기타를 만드는 콜트-콜텍 노동자들에게 함께 매월 마지막 주 수요일마다 클럽 빵에서 '콜트-콜텍 수요문화제'를 하자고 제안했을 때, 그리고 스스로 기타 노동자가 아닌 기타 연주자로 변신해 보자는 제안을 했을 때, 노동자들의 처음 반응은 대체로 회의적이었다. 부산 영도조선소 85호 크레인에서 고공 농성을 벌이고 있는 김진숙 동지를 응원하기 위해 시작한 희망버스

투쟁이 처음 시작되었을 때에, 희망버스라는 문화적 지지와 한진중공업 정리해고 철회라는 승리는 별개의 것이라고 에둘러 평가절하하던 사람들도 있었다.

그러나 사회운동의 현장에서 벌인 최근의 문화행동들은 단지 농성을 연장하기 위한 볼거리 제공의 차원이 아닌 운동현장의 역사적 맥락 한가운데로 들어가는 중요한 구성 요소가 되었다. 용산 참사 현장에서 벌인 '망루전', 용산 유가족들을 돕기 위한 콘서트 '라이브 에이드 희망', 콜트-콜텍 노동자들을 위한 '클럽 수요문화제', 크레인 고공농성 투쟁을 지지했던 '희망버스'와 같은 문화행동은 작가주의, 분업주의의 한계[26]에도 불구하고 사회운동 현장 안으로 참여하는 문화의 직접행동, 즉 사회의 미학적 재구성을 위한 실천을 구체화했다. 이제 한국 사회운동의 현장에서 문화행동은 방법적인 도구가 아닌 사회운동의 중요한 요소가 되었다.

『문화/과학』에서 제시한 사회미학은 어떤 점에서 문화행동의 이론적 근거를 마련하기 위해 사전에 기획된 개념이라기보다는, 이러한 다양한 문화행동의 사례들에 주목하면서 상품미학을 넘어서는 미학적 실천에 대한 새로운 의미를 부여하기 위한 사후적 개념이라 할 수 있

---

26. "예를 들어 한미FTA 반대운동을 할 때, 문화예술운동 안에서 문화예술운동 주체들이 보여준 한계가 매우 크다고 봅니다. 직업적 접근, 부분적 접근의 한계로 인해 사회미학을 통한 관계 맺기에 한계를 많이 보였거든요. 물론 사회 전체적으로 문화적 다양성이나 공공성에 대한 무관심이나 경제 회생론에 대한 환상이 강하기는 하지만, 문화예술 주체들 스스로가 미학의 공공성을 통한 관계 맺기에 실패하고 있지 않나 생각이 들어요. 사실 한미FTA 반대투쟁만 해도, 주로 스타시스템을 이용해서 영화배우들이 크게 어필했을 뿐, 기본적으로 스타시스템이나 대중문화 등을 포함하여 문화예술 영역의 미학적 전략이나 사회미학 등에 대한 고민은 부재했거나 미흡했던 것 같습니다"(좌담 「문화운동의 재구성을 위한 사회미학의 실천 경로들」, 144).

다. 사회미학은 사회운동 안에서의 문화행동의 미적인 실천 논리와 그것의 이론적 의미를 정의하기 위한 담론적 실천이다. 사회미학은 앞으로 이론적으로 더 치밀하게 논의되어야 할 유동적인 개념이다. 그러나 사회미학의 문화행동을 논의하는 데 있어 한 가지 주목할 점은 문화행동의 많은 사례들에서 우리가 발견할 수 있는 공통된 특성이 모두 신자유주의적 신개발주의와 정리해고에 반대하는 운동에 문화행동이 가장 강한 형태로 이루어졌다는 점이다. 이는 신자유주의의 강도 높은 착취의 현장에 급진적 문화행동으로 대변되는 사회미학적 실천이 감성적으로도 중요하다는 것을 알게 해준다. 비인간적인 착취의 현장에 미적 감수성으로 맞서는 것은 어떤 점에서 가장 중요하고 긴요한 전략이라고 할 수 있다. 그런 점에서 사회미학의 실천에서 장소와 현장은 존재론적인 중대성을 갖는다. 사회미학은 "인간의 자발적 욕망의 배치와 사회적 감성의 재구성이 아니라 존재론적이면서 지리학적 구체성을 담아야"[27]하는 것이다.

나가며

지금까지 언급한 『문화/과학』의 이론과 문화운동의 실천 사이의 관계들은 사실 불완전하고 완결적이지 않다. 문화공학, 문화사회, 생태문화코뮌, 사회미학이란 개념은 문화운동의 현장을 이론화하기에는 일면 추상적이고 수사적인 한계를 가지고 있다. 문화공학이 문화운동의 개입을 위해 구체적으로 어떤 프로그램과 기술적 전유들을 필요

---

27. 고길섶, 「지역 문화행동과 사회미학적 실천」, 『문화/과학』 53호, 69.

로 하는지, 문화사회론의 이론적 배경이 되는 노동시간의 단축과 자율시간의 확보라는 것이 어떻게 문화운동을 통해 보장될 수 있는 것인지, 아니면 그러한 환경을 보장하기 위한 사회운동의 현장에서 사전에 어떤 행동이 필요한지에 대해 『문화/과학』은 충분한 이론적 후속 작업을 지속하지 못했다. 그리고 생태문화코뮌이 현실화되기 위해 부문운동으로서 환경-생태 운동과 현실 문화운동이 어떻게 연대할 수 있는지, 사회미학이 사회운동의 현장에서 펼쳐지는 문화행동의 미학적 원리가 되기 위해 어떻게 이론적 구성을 지속할 수 있을지에 대한 고민 역시 부족했다. 이 글에서 설명한 『문화/과학』의 네 가지 중요한 이론적 개념들은 문화운동의 현장에서 여전히 중요한 의미를 지니고 있지만, 애초에 제기한 이론을 재평가하고 현실 문화운동에 맞게 재구성하는 작업들도 충분하게 진행되지 못했다.

문화운동 역시 『문화/과학』의 이론들을 충분히 현장에서 실현하기에는 많은 한계를 안고 있는 것이 사실이다. 문화공학의 이론을 실현하기 위한 실천 경로 중의 하나인 문화정책으로의 개입은 정권이 교체되고 문화권력이 재구성될 때마다 무기력하게 원점으로 되돌아가는 경우가 많았고, 생태문화코뮌을 위한 민중의 집 역시 그 거대한 이념을 현실에서 구현하기에는 가지고 있는 능력이 너무 부족하다. 문화사회를 만들겠다고 출범한 문화연대 역시 오랫동안 문화운동의 현장에서 고군분투하고 있지만, 사회적 '전환-이행'의 구심점이 되기에는 아직 가야 할 길이 너무 멀다. 문화연대가 중심이 된 급진적 문화행동들도 제한된 인적 자원과 물적 토대를 갖고 사건이 터진 후에나 사회운동의 현장에 찾아가기가 급급했을 정도이다. 문화운동의 현실은 『문화/과학』의 거창한 문화이론을 수용하기에는 인적, 물적, 조직적 한계가 분명한 것이 솔직한 현실이다.

그러나 이러한 솔직한 고백에도 불구하고『문화/과학』의 이론적 실천은 여전히 현재진행형이며, 현재진행형인 만큼 새로운 문화운동의 잠재성을 내재화하고 있다.『문화/과학』은 어찌 보면 현실 문화운동의 좌표를 설정하고, 그 전망을 설계하기 위한 이론적 자양분을 수혈하는 데 있어 거의 유일한 장소이다.『문화/과학』의 이론적 실천이 1990년대 이후 한국의 문화운동의 판을 바꾸고, 그 스펙트럼을 확장시키는 데 결정적인 역할을 한만큼, 신자유주의의 정치적, 경제적 지배가 갈수록 기승을 부리는 상황에서 향후 문화운동의 대안 이념과 전략을 짜는 데『문화/과학』의 역할은 여전히 유효하고, 유의미하다. 이제 마지막으로『문화/과학』의 이론적 실천이 대안적 문화운동의 판을 짜는 데 주력해야 할 토픽들이 무엇인지를 간략하게 언급하고 글을 마치고자 한다.

먼저 문화사회-생태문화코뮌의 이론적 구상들을 현실 문화운동에 좀 더 구체적으로 실현시킬 수 있는 지적기획이 제시되어야 한다. 광우병 파동, 한미FTA 체결, 그리고 무차별적인 강제적 정리해고와 대책 없는 비정규직 양산에 따른 사회적 양극화의 극단적 상황을 목도하면서, 그리고 근 미래에 닥치게 될 공황의 사회적 재난을 상상해 보면, 지금 우리에게 필요한 것은 생존을 위한 경쟁과 대립이 아니라 공존을 위한 상생과 협력일 것이다. 재난의 시대에 상생과 협력을 위한 시간과 공간, 주체형성의 내용들은 생태적-문화적 삶을 확장하는 코뮌의 형성인 것은 분명하다. 경제적 낭비, 자산의 사유화로부터 공통의 자본을 유지하고, 상품미학이 제공하는 삶의 기표적 욕망보다는 호혜적이고 생태적인 감성의 공유와 연대를 위한 코뮌적인 삶의 실천

들은 이른바 파시즘적인 폭력-재난의 시대를 견뎌낼 수 있는 대안이
될 수 있다. 민중의 집을 대중공간으로 확산시킬 수 있는 프로그램들
을 기획하고, 개인의 문화적 자산들을 서로 공유할 수 있는 '문화생
협'과 같은 문화적 어소시에이션 운동을 위한 지적 설계들이 제시되
어야 한다. 더불어 문화자본과 시장의 독점적 구조를 해체시키고, 대
중들의 과도한 문화비용들을 절감할 수 있는 대중적 캠페인의 논리
개발과 문화적 공공성의 공간을 더 확장시킬 수 있는 이론적 투쟁이
병행되어야 할 것이다. 생태문화적 가치를 설파하는 이론적 기획들은
현재 국가와 시장의 선별적 수혜 원리에 입각한, 사회적 자본과 사회
적 기업들의 한계를 넘어서 개인-집단들의 자율적인 삶의 프로그램
에 기반하여야 하고, 그것이 구조로부터 이탈된 자유주의적 행동이
아니라 구조를 내파하고 체제를 재구성하려는 실천적 힘으로 나아갈
수 있도록 지속적인 지적 구상과 토론이 필요하다.

이 글에서 본격적으로 다루지 못했지만 『문화/과학』이 2009년 이
후 주목했던 GNR로 대변되는 과학기술혁명에 개입하는 문화운동의
통섭적 실천을 구체적으로 구상해 보는 것이 당면한 과제이기도 하
다. 경제적 공황의 위기와 GNR로 대변되는 과학기술의 무차별한 발
전이 서로 임계점에 다다랐을 때, 예상되는 가공할 만한 정치적 파시
즘의 도래는 끔찍한 재앙을 예상케 한다. "자본주의가 다시 공황을
맞고, 새로운 파시즘의 발흥이 우려되는 시점에 인공지능에 의한 지
배"[28]의 순간이 그리 먼 미래가 아니라고 한다면, 과학기술운동과 문
화운동의 생산적인 연대는 그 어느 때보다도 중요하다. 이는 "자연과

28. 강내희, 「'GNR 혁명'과 탈인간주의 시대의 지식생산」, 『문화/과학』 57호, 2009년 봄,
16.

사회 사이에 과학적 생산이라는 제3항을 개입시켜 인간과 비인간이라는 구성원을 가진 집합적 네트워크"를 제시해서 "자연과 사회의 분리를 뛰어넘어 과학적 생산과 정치적 조절을 통해 자연생태계와 사회생태계와 인간생태계가 맞물려 순환하게 되는"[29] 브루노 라투르의 정치생태학의 실험에 "민주주의의 심화와 급진화하는 사회적 과정"[30]을 동반하는 노력들은 과학·기술과 사회·문화라는 두 문화의 창조적 만남을 통해 가능해질 것이다. 이 두 문화의 만남은 이론적 만남일 뿐 아니라 연구방법의 만남이기도 하다. 『문화/과학』이 앞으로 기획하게 될 과학·기술과 사회·문화의 만남을 위한 지적 실천은 과학기술운동과 문화운동의 만남을 가능케 할 것이다. 더불어 이 두 문화의 만남에 대한 이론적 연구는 적어도 현실 문화운동에서 근대적 예술의 재현행위를 넘어서는 새로운 형태의 디지털 문화운동의 장을 열어줄 것이며, 디지털 기술에 대한 아방가르드적인 미적 실천, 인지자본주의에 대한 문화적 저항의 계기들을 열어줄 것이다. 이는 『문화/과학』의 새로운 편집위원 집단들이 만들어 나갈 이론적 실천이다.

『문화/과학』이 오랫동안 주목해 왔으면서도 본격적으로 다루지 못했던 이론적 토픽 중의 하나가 바로 소수자 주체형성에 대한 연구이다. 사회적 소수자는 사회적으로 이미 결정된 것이 아니라 항시적으로 구성된다. 자본주의 근대 시대의 기층 노동자계급에서부터 후기자본주의 시대의 사회적 추방자인 호모 사케르에 이르기까지, 사회적 주변부 주체로 내몰린 여성에서 청소년, 장애인에 이르기까지, 그리

---

29. 심광현, 「21세기 과학·기술 혁명에 대한 철학적 성찰: 'GNR' 혁명의 문화·정치적 함의를 중심으로」, 『문화/과학』 57호, 125.

30. 같은 글, 127.

고 성적 자기결정성에 의거한 다양한 성적 소수자들에 이르기까지 우리 사회 사회적 소수자들은 여전히 정치적, 경제적, 문화적 차별과 싸우고 있다. 소수자에 대한 이론적 실천이 본질적 차이의 결정이 아닌 되어감의 존재성에 기반한다면, 소수자 운동에 대한 분파주의, 본질주의적 한계를 극복하고 소수자의 차이들의 연대가 가능해질 것이다. 또한 소수자로서의 차별적 지위들의 상호교차와 모순들의 갈등은 소수자 운동의 새로운 이론 구성의 필요성을 제기해준다. 『문화/과학』은 소수자들의 사회적 차별에 대한 복합적인 인식을 이론화하는 작업을 통해서 소수자들의 문화적 생태적 코뮌을 구성하는 운동을 기획하고자 한다. 특히 복합적 소수자 주체성을 갖고 있는 청년세대들과의 연대는 무엇보다도 중요하다. 사회적 문제를 개인에게 해결하게 만들어버리는 신자유주의적 자기계발의 논리[31]를 깨기 위해서 청년 주체들이 스스로 자신들의 삶을 향유할 수 있는 문화적 권리를 주장하고 더불어 기본소득, 무료교육, 무료의료라는 급진적 현물 복지체계를 요구할 수 있는 현실 청년문화의 '이론-운동'의 기획이 절실하다. 『문화/과학』의 청년 주체형성론과 최근 사회운동의 새로운 형태로 주목을 받고 있는 '청년유니온' 운동과의 이론-장의 연대가 본격적으로 시작될 시점이다. 이렇듯 『문화/과학』의 이론적 실천은 문화운동의 현장과 접목되고, 문화운동의 현장은 『문화/과학』의 이론적 발견에서 그 역사적 의미를 각인하는, 이론-실천의 상호작용은 신자유주의체제가 야기할 가공할 만한 공황과 재난에 슬기롭게 대처하는 대안으로 여전히 유의미하지 않을까? (2012)

---

31. 『문화/과학』 편집위원회(대표집필 최철웅), 「'청년운동'의 정치학」, 『문화/과학』 66호, 2011년 여름, 42.

제11장

문화적 어소시에이션과 생산자 – 소비자연합 문화운동의 전망

대선이 남긴 문화운동의 교훈

제 18대 대통령 선거는 새누리당 박근혜 후보의 승리로 끝났다. 야권은 선거를 며칠 앞두고 야당의 반전이 마침내 가시화되었다느니, 선거 당일 날 높은 투표율로 사실상 정권교체에 성공할 것이라고 설레발을 쳐댔지만, 결국 승리는 유신의 딸 박근혜에게 돌아갔기에 어떤 전략적 이유로든 야당을 지지했던 사람들에게 그 충격과 심리적 공황 상태는 클 수밖에 없었다. 민주당의 무능함, 문재인 후보의 승부사적 기질의 부족, 진보정치의 실종 등이 대선 패배의 이유로 거론되고 있는데, 대선 패배에 대한 정치적 진단과 진보정치의 재구성의 필요성 못지 않게, 중요한 것은 이명박 정권 하에서 큰 곤란과 동요를 겪었던 문화운동이 대선 결과를 냉철한 현실로 받아들이면서 앞으로 어떤 전망을 세울 것인가이다. 문화운동의 향후 재구성과 관련해서는 세 가지 문제설정을 고민하게 만든다.

첫째, 박근혜 체제는 보수 권력의 장기집권 정당성을 확보하기 위해 노동, 복지, 안보 의제를 이른바 '안전사회'라는 프레임으로 묶어 대중을 향한 헤게모니 투쟁을 본격화할 것이다. '시장 자율화'와 '남북 대치'라는 노동과 안보 프레임은 한국의 글로컬한 신자유주의체제의 특이성을 보여주는 정치-경제-이데올로기 복합체로서 박근혜 체제가 일관되게 보수적 정책을 견지할 때 갖게 될 기본 관점이다. 이 프레임 정책을 대중들에게 설득하기 위한 장치로 복지 담론이 지속적으로 사용될 것이며, 이 과정에서 방송, 언론을 포함한 국정 홍보 장치를 이용해 대중적 동의를 이끌어내는 헤게모니 싸움이 계속될 것으로 전망할 수 있다. 복지담론은 박근혜 체제에서 유효한 헤게모니 블록이다. 이 과정에서 문화운동 진영 역시 문화복지 담론 투쟁에서 곤경에 빠질 위험에 노출되어 있다. 좌-우파 이념적 코드라는 단순한 이분법에 의해 문화계를 갈라놓았던 이명박 식 문화정치와는 다르게 박근혜 식 문화정치는 문화복지 담론을 발판으로 문화민주주의, 문화 공공성의 의미를 형식적으로 적극 견인하여 문화예술계의 동의를 이끌어내는 데 진력할 것이다.

둘째, 진보정치의 소멸의 근원이 무엇인가에 대한 성찰이다. 제18대 대선은 1987년 민주화 체제 이후 역대 총선, 대선, 지방선거 등 현실정치의 싸움에서 진보세력이 가장 처참하게 패배한 경우다. 제18대 총선이 있었던 2008년 진보정당의 지지율은 13%를 기록하여 진보정치의 대중화를 기대하게 만들었고, 제19대 총선에서 진보정당 지지율이 15% 이상 상승할 것으로 전망했다. 그러나 당초 기대와는 달리 제

19대 총선에서 진보정당의 지지율은 10.3%로 하락했다. 2010년 지방선거에서 민주노동당이 전략적 단일화 효과로 비교적 선전했지만, 진보신당은 참패했고, 제19대 대선에서는 야권단일화라는 프레임에 걸려 주요 야권 후보들이 사퇴했고, 전략 전술이 부재한 채 등장한 좌파 후보자들의 특표수(율)는 사실상 공식적 통계 그래프에서 실종될 정도로 미미한 것이어서 진보정치 세력의 존재감 없음을 사실상 증명하는 꼴이 되었다.

박근혜-문재인 양자대결 구도로 인해 진보정치, 혹은 진보진영의 대권 후보가 설자리를 잃은 것이 진보정치 실종의 표층적인 상황이었다면, 대중들을 설득할 수 있는 대안정책의 의제 발굴과 그것을 대중들에게 전달하는 화법과 수사의 전략이 없었다는 것이 심층적 상황이었다. 진보정치는 박근혜 식 복지담론, 문재인 식 경제민주화 담론에 끌려 다니면서 진보정당이 주장하는 복지 및 경제의 혁신적 대안이 무엇인지를 구체적으로 제시하지 못했다. 더욱이 진보정치의 대중적 활동을 책임지고 있는 대권 후보들이 자신의 화법과 수사의 기술을 발견하지 못하고, 대중적 인지도를 넓히려는 목적으로 나꼼수 류의 포퓰리즘 정치에 끌려다니거나, 다른 한편으로는 배타적 신원주의를 정당화하려는 환상에 사로잡혀 대중들의 피부에 와닿는 다양한 정책의제들을 개발하지 못했다. 진보정치만의 급진적 상상력, 즐거운 화법과 표현의 정치는 진보정치의 '진보'에서 문화는 무엇인가라는 질문을 던지게 만든다.

셋째, 이번 대선의 결과는 지식-담론과 기술-장치의 낡은 패러다임으로부터의 단절이 절실하게 필요함을 알려준다. 이번 대선 국면에서 지식-담론과 기술-장치는 모두 야권에 유리할 것으로 누구나 예상했다. 전통적으로 한국사회 지식-담론을 주도하는 시민사회계는 야권 연대, 후보 단일화를 일관되게 요구했고, 직접민주주의 혁명의 단초를 마련하는 데 결정적으로 기여한 SNS의 기술-장치도 정권 교체의 교두보를 마련할 것으로 기대했기 때문이다. 그러나 결과적으로 이러한 예상과 기대는 다른 방향으로 가고 말았다. 정권교체를 위한 시민사회계의 단일화 요구의 지식-담론은 단일화를 과정이 아닌 목적으로 간주하여, 어떤 진보적 정치 의제들이 그 과정에서 개입할 것인가에 대한 지식-담론을 생산하지 못했다. 이른바 시민사회의 원로회의가 수행한 것은 오로지 단일화를 위한 형식적 절차, 즉 기자회견-언론보도-상징적 권위를 이용한 우회적인 압박이 전부였다. 내용 없는 원로회의들의 형식적 요구들은 자신의 상징권력의 효과를 확인받고 싶은 심리적 기제로만 작동하여, 정작 그들이 담당해야 할 대중을 설득하는 새로운 형식의 지식-담론의 생산을 기각했다. 제19대 총선과 제18대 대선에서 시민사회의 지식-담론 생산에 큰 영향을 미친 원로회의의 핵심 인물인 백낙청의 '2013년 체제론'은 '복지-생태-분단'의 복합적이고 중층적인 위상들을 어떻게 진보적 의제로 현실화할 것인가에 대한 고민보다는 분단체제의 극복을 위한 과도적 단계로 복지와 생태를 어설프게 설정하여, 미리 재단한 대선의 결과에 대입시키려 한다.[1]

---

1. 백낙청의 2013년 체제론은 분단체제 극복을 위한 단계론을 설명하고 있는데, 그것이 총선-대선 승리-정권교체를 통한 민주적 복지국가론 수립-남북국가연합으로 이행이다. 그러나 그의 2013년 체제가 두 번의 선거에서 야권이 승리하는 것을 기정사실로 하고 있다는 점, 2013년 체제의 기반이 되는 국가론에 대한 입장은 박근혜가 주장한 복지국가론과 크게 다르지 않다는 점, 복지국가론에 생태적, 성평등적 복지국가를 근거 없이 대입하고 있다는 점, 세계자본주의체제의 위기에 대한 객관적 분석이 없고, 신자유주의체제에 대한 진보적 시각이 부재한 점, 특히 한국사회 계급구성의 변화에 대한 분석이 부재하다는 점을 지적하지 않을 수 없다. 그가 지적한 '안철수 현상', 젊은 세대의 정치 복

결과적으로 그가 예상한 것은 모두 현실화되지 않았다. 오히려 그는 중요한 정치적 캠페인을 이용하여 자신의 주장을 확장시키거나, 자신의 지식-담론의 권력을 선거 정치세력에 의존해 재생산하고자 한다. 민주당-원로회의 연합 체제는 이번 대선에서 그 원로들의 지식-담론 체제가 얼마나 낡은 생각과 정치적 토대 위에 있는지를 여실히 보여주었다.

온라인과 소셜네트워크서비스(SNS)의 기술-장치의 정치적 형세 역시 이번 대선을 통해서 그것이 곧바로 진보적 결과로 이행하지 않는다는 것을 절감하게 해주었다. 미디어의 빅뱅을 낳았던 SNS의 혁명의 순간들이 과연 한국사회에서 제대로 현실화되었는가를 반문해 보면, 오히려 기술-장치의 진보적 역주행을 언급하지 않을 수 없다. 가장 큰 문제는 바로 소수자들의 목소리가 배제된 SNS의 표상의 정치의 '불편한 진실'이다. 폭로를 진보로 가장한 나꼼수 류 포퓰리즘과 진중권, 조국, 공지영과 같은 지적 셀레브리티들의 자기도취적 계몽주의는 SNS의 확성기로 자처하면서 사회적 소수자들과 대중들을 오히려 피곤하게 만들었다. SNS 공간 역시 몇몇 지식인 그룹의 표상의 정치가 지배했고, 이른바 자크 랑시에르가 미학과 정치의 관계를 설명할 때 언급한 '감각적인 것의 분배'가 SNS의 진보의 공간에서 이루어지지 못했다.[2] 기술-장치의 표상의 정치에서 소수자 정치로 이행하는

귀, 민주통합당과 통합진보당의 전열 정비, 박근혜 대세론의 붕괴와 '조기등판'에 따른 정치적 타격론은 모두 객관적 진단을 결여하고 있다.

2. 랑시에르는 민주주의는 두 가지 형태로 분리된다고 말한다. 하나는 합의에 기반한 윤리적 민주주의 견해로서 이것은 자유주의 시장원칙이나 민주주의적 정부와 통치성의 원칙들을 갖는다. 시장과 정부는 "민주주의가 민주주의에 의해서 위협받고 있다고 불만을 토로하고, 개인의 민주성 대중성 등의 등장에 대한 불만"을 갖는다. 다른 한편으로 이견, 불일치의 민주주의가 있다. 랑시에르는 이것이 정치학의 핵심이라고 본

주체형성의 기회를 확장하고 이를 통한 문화적 역능에 대한 급진적인 상상력을 어떻게 가능하게 할 것인가?

결과적으로 박근혜 체제 하에서 문화운동은 문화복지 담론에 대한 헤게모니 투쟁, 진보정치의 문화적 재구성, 새로운 주체형성을 향한 문화적 역능의 발견이란 문제설정을 간파하고, 구체적인 실천경로를 만들어야 한다. 이 글에서 그러한 실천경로들의 모든 지도를 그릴 수는 없다. 다만 이 세 가지 문제설정을 가로질러가는 문화운동의 구체적인 경로로 문화적 어소시에이션을 위한 생산자-소비자연합운동을 제안하고자 한다. 이 제안은 문화복지 담론을 넘어설 수 있는 자생적이고 독립적인 문화 생산-소비의 공간을 만들고, 삶으로서 진보정치의 대안을 찾는 과정에서 문화적 재구성의 계기들을 탐색하며, 표상과 대변의 정치가 아닌 직접적인 대중 행동을 통해 기술-장치의 역능을 발견하는 실천을 담고 있다. 이 실천경로를 탐색하기 위해 먼저 어소시에이션이 무엇인지에 대한 이론적 탐구와 그 개념에 기반한 최근 문화적 실천 사례들을 설명해 보자.

어소시에이션이란 무엇인가—가라타니 고진 이론의 비판적 독해

어소시에이션 이론은 사실 19세기 유럽의 파리코뮌과 20세기 초 러시아 혁명기에 있었던 혁명적 노동자들의 자발적 코뮌주의로 거슬

다. "불일치는 대립적인 당사자들, 부자와 가난한 자, 지배자와 피지배자의 갈등 그 이상을 의미한다. 오히려 그것은 단순한 지배와 반역의 게임에 보충을 하는 것"이다. 랑시에르가 말하는 민주적 보충은 결국 능력이 없는 자들의 능력, 자격이 없는 자들의 자격을 의미한다. Jacques Rancière, "The Aesthetic Dimension: Aesthetics, Politics, Knowledge,"*Critical Inquiry*, Vol. 36, No. 1 (Autumn 2009), 8-9.

러 올라갈 수 있고, 심지어는 그 기원을 원시공동체 사회나 종교 공동체주의로까지 소급할 수 있지만, 현대자본주의 사회에서는 대체로 협동조합의 흐름과 맥을 같이 한다. 주류 자본과 시장에 포섭되지 않고 자본주의 시대를 살아가는 대중들이 어떻게 서로 뜻을 같이 하는 사람들과 연합해서 살아갈 수 있을까 하는 것이 현대 어소시에이션 운동의 출발이다. 이와 관련하여 어소시에이션의 이론을 가장 독특하게 제시한 이론가가 일본의 맑스주의 문화비평가 가라타니 고진이다. 고진의 어소시에이션은 맑스주의와 코뮌주의에 기초하지만, 생산양식과 경제적 토대를 강조했던 맑스의 정치경제학과는 달리 교환양식, 생활-세계로서의 상부구조를 강조한다. 고진의 어소시에이션 이론의 시작은 사회구성체 양식의 초점을 생산양식에서 교환양식으로 이동하는 데 있다. 고진은 교환양식이 중요한 이유로 네이션(국민)과 국가(스테이트)의 기능이 달라지면서 경제적 토대로서의 생산양식의 개념이 불명확해졌기 때문이라고 말한다.

그러나 자본제 이전의 사회구성체에서는 국가도 말하자면 생산양식의 일부입니다. 즉 거기에 경제적 구조와 정치적 구조의 구분이 없습니다. 생산양식이란 관점에서 서면, 마치 그런 구별이 있는 것처럼 보이게 됩니다. 따라서 이와 같은 혼란을 피하고 자본제 이전을 포함하여 사회구성체의 역사를 보편적으로 보기 위해서는 '생산양식'이라는 표현을 쓰지 않는 게 좋습니다.[3]

---

3. 가라타니 고진, 『세계공화국으로』, 조영일 옮김, 도서출판b, 2006, 32. 이후 이 책에서의 인용은 본문에 그 쪽수를 표시한다.

고진은 이러한 교환양식의 관점에서 세계사의 구조를 밝히고자 하는데, 그에 따르면 역사적으로 인류의 교환양식은 네 가지로 변화했다. 먼저, 교환양식A는 증여와 답례에 기반한 방식으로 원시공동체 사회를 말하고, 교환양식B는 약탈과 재분배에 기반한 방식으로 전제군주가 지배하는 세계-제국의 시대이다. 교환양식C가 합의에 의한 상품교환에 기반한 방식으로 자본주의 세계-경제의 시대라면, 교환양식D는 새로운 형태의 호혜적, 상호증여의 교환에 기반한 방식으로 원시공동체의 교환양식A를 고차원적으로 회복하는, 자본-국가의 지배양식을 거부하는 어소시에이션 사회를 꿈꾼다. 대안사회로서 어소시에이션은 "자본-네이션-국가가 인간 사회의 불평등을 구조화시키는 현실에 대항해서 이뤄내야 하는 인간과 인간 사이의 상호 자율성과 상호 보살핌의 관계를 회복시키자는 것이다."[4]

고진은 현재의 교환양식의 상태를 교환양식C의 단계, 즉 자본-네이션-국가의 연합 체제로 규정한다. 그렇다면 자본제-네이션-국가의 연합으로서 사회구성체는 어떤 형태를 말하는 것인가? 고진은 현재 자본주의체제가 자본제-국가-네이션의 상호 견제와 협력을 통해 작동된다고 본다. 무한 이익을 얻으려는 자본제의 논리와 수탈과 재분배의 역할을 하는 국가의 논리와 그에 적절하게 대응하는 네이션의 논리의 결합을 고진은 자본제-네이션-스테이트의 삼위일체라고 언급한다.

『트랜스크리틱』에서 나는 다음과 같이 서술했다. 네이션-스테이트란

---

4. 김민웅, "2012년 대선 결과를 만든 초대형 방정식," 〈프레시안〉, 2013. 1. 11.

이질적인 국가와 네이션이 하이픈으로 결합되어 있다는 것을 의미하고 있다. 하지만 근대의 사회구성체를 보기 위해서는 거기에 자본주의 경제를 부가해야 한다. 즉 그것은 자본-네이션-스테이트로서 보아야 한다. 그것은 상호보완적인 장치이다. 예를 들어, 자본제 경제는 반드시 경제적 격차와 대립으로 귀결된다. 그러나 네이션은 공동성과 평등성을 지향하는 것이기 때문에 자본제가 초래하는 격차나 모순을 해결하기를 요구한다. 그리고 국가는 과세와 재분배나 규칙들을 통해 그것을 행한다. 자본도 네이션도 국가도 서로 다른 것이고, 각각 다른 원리에 뿌리를 두고 있지만, 여기서 그들은 보로메오의 매듭처럼 어느 것 하나라도 없으면 성립하지 않을 정도로 결합되어 있다. 나는 그것을 자본-네이션-국가라고 부르기로 했다(14-15).

고진은 이러한 자본-네이션-국가의 삼위일체를 극복하는 대안으로 어소시에이션을 제안한다. 어소시에이션은 현실사회주의 국가 체제를 유지했던 이념으로서 어소시에이셔니즘과 다르다. 그것은 자본주의체제의 이항 대립적인 대척점으로서 사회주의 이념을 내세우는 것이 아니라 자본을 내파하고 그 안에서 새로운 체제를 구성하려는 의지를 가진다. 이러한 체제 내 내파의 대안으로 어소시에이션을 제시하기 위해서는 자본-국가를 중요하게 지탱하는 네이션-화폐에 대한 재해석, 기능전환이 필요하다.

네이션이 나타나는 것은 그 후, 즉 절대왕권이 시민혁명에 의해 무너진 이후이다. 간단히 말해, 네이션이란 사회구성체 중에서 자본-국가의 지배 하에서 해체되어 가던 공동체 내지 교환양식A를 상상적으로 회복하는 형태로 등장한 것이다. 네이션은 자본-국가에 의해 형성된 것이지만, 그것은 동시에 자본-국가가 가져오는 사태에 항의하고 대항하는 것으로, 그리고 자본-국가의 결탁을 보충해서 메우는 것으로 출현했다. …네이션의 감성적 기반은 혈연적, 지연적, 언어적 공통체이다. 하지만 그것이 네이션의 비밀을 명확히 만드는 것은 아니다. 그와 같은 공통체가 있다고 해서 반드시 네이션이 성립하는 것이 아니기 때문이다. 네이션은 자본-국가의 성립 이후에 등장한다. 따라서 네이션의 형성은 우선 두 가지 시각에서 볼 수 있다. 하나는 주권국가이고 다른 하나는 산업자본주의이다. 바꿔 말해, 전자는 교환양식B라는 측면이고, 후자는 교환양식C라는 측면이다. 네이션은 이들의 계기를 통합함으로써 성립한다(303-304).

네이션은 국가와 자본과의 밀접한 관계 하에서 형성된다. 인민 주권자로서의 네이션은 산업자본주의의 내셔널리즘에 의해 형성된 네이션(상상적으로 호명된 국민)으로 변형된다. 말하자면 프로테스탄트 윤리의식처럼 신의 소명 아래 최선을 다해 노동하는 자본주의 주체로 네이션이 호명되는 것이다. "시간을 엄수하고 강한 인내심을 가지고 일하는 태도, 그리고 모르는 타인과 협동하는 능력이 필요하다. 타인과 협동하기 위해서는 공통의 언어나 문화를 갖는 것이 불가결하다"(307)는 고진의 설명은 네이션이 자본의 논리에 따라 국가에 의해 흡수-통합되는 것을 강조한 것이다. 따라서 네이션은 인민주권자라는 의미와 국가-자본에 호명된 노동-국민이라는 서로 다른 의미를 동시에 내포한다. 자본-국가의 수동적 산물로서 네이션은 자본-국가에 종속되는 네이션(국민경제, 내셔널리즘)으로 포섭될 수 있다. 그러나 고진에 따르면 네이션은 반드시 호명된 주체로 존재하는 것만은 아니다. 네이션은 자본-국가가 만들었지만, 스스로 자본-국가에 대항하기 위해 출현했기 때문이다. "네이션은 노동능력이나 경제적 이익이라는 차원만으로 말할 수 없다. 오히려 그것에 대한 반발을 품고 있다. 그런 의미에서 네이션은 말하자면 감정이라는 차원에 근거하고 있다고 해도 좋다"(308)라는 주장은 네이션은 이익의 주체가 아니라 감정의 주체라는 것을 강조하는 대목이다. 고진이 말하는 감정의 주체로서 네이션은 자유-평등-우애의 슬로건 중에서 우애에 해당된다. 그것은 다른 의미로 말하자면 네이션은 연대의 감정을 간직한 주체라는 점이다. "네이션이 '감정'으로서 나타난다는 것은 네이션이 국가와 자본과는 다른 교환양식에 뿌리를 두고 있다는 것을 의미한다"(309)는 지적도 그런 의미에서이다.

여기서 긍정적 의미로서의 네이션의 해석을 통해 교환양식D(호혜적 교환양식)의 가능성이 발견된다는 것이 고진의 해석이다. 이것이 고진이 제시하려는 어소시에이션이다. 그것은 교환양식의 매개체로서 화폐교환의 기능전환, 그것의 수행적 전복을 기획하는 것이다. 이것이 어소시에이션의 두 번째 해석으로 잉여가치를 만들지 않고 상호 호혜적인 관계(어소시에이션)를 만드는 것을 말한다. 이 과정에서 국가의 수탈-재분배 기능을 무력화하는 것이 관건이다. 고진은 어소시에이션의 현대적 실천을 구상하는 관점으로 종교적 사회주의를 꿈꾸던 청교도주의와 과학적 사회주의를 꿈꾸던 프루동주의를 근대적 어소시에이션의 사례로 제시한다. 그 이유는 교환양식D의 호혜적, 등가적 관점을 이 두 가지 예에서 발견할 수 있다고 보기 때문이다. 종교적 호혜성과 분배적 등가성은 모두 종교주의와 사회주의의 원리에서 추출할 수 있는 부분이다. 종교를 부정하되 종교 안의 '윤리'를 잃어서는 안 된다는 관점은 종교를 비판하면서 종교의 윤리적 핵심, 즉 교환양식D를 구출하는 과제를 추구하자는 논리로, 고진은 이러한 관점에 서있던 사상가가 칸트라고 말한다. "타자를 수단으로서가 아니라 목적으로 다뤄라" 하는 칸트의 도덕법칙은 자유의 상호성, '세계시민적 도덕적 공동체', 즉 세계 공화국으로 나아가는 길의 철학적 기초이다.

칸트가 말하는 영원평화란 단순히 전쟁이 없는 상태가 아니라 '모든 적대감이 끝나는' 상태를 의미한다. 국가가 무엇보다도 먼저 다른 국가에 대하여 존재한다는 것을 생각한다면, 그것은 국가가 끝난다는 것이다. '세계 공화국'이란 국가들이 지양된 사회를 의미한다. 그리고 이것은 단순히 정치적인 차원으로만 끝나는 것이 아니다. 국가와 국가 간의 경제적인 '불평등'이 있는 한, 평화는 존재할 수 없다. 영원평화는 일국만이 아닌 다수의 나라에서 '교환적 정의'가 실현됨으로써만 실현된다. 따라서 '세계 공화국'은 국가와 자본이 지양된 사회를 의미한다(334-345).

고진은 어소시에이션의 원리로 개인의 자유를 가장 높게 평가한다. 그는 18세기 프랑스 시민 혁명의 이념이었던 '자유-평등-우애' 중에서 자유를 가장 높은 가치로 평가한 프루동의 견해를 지지하면서 어소시에이션의 구성 원리에서 자유가 가장 앞선 것으로 생각한다. "그는 평등을 자유보다 우월한 것으로 만드는 사고에 반대"(339)한다. 평등은 국가에 의한 재분배로서 국가의 강화로 인도하는 반면, 우애는 공동체 형성 과정에서 내셔널리즘으로 종결될 가능성이 높다는 것이

고진의 판단이다. 고진은 개인의 자유를 먼저 고려한 평등과 우애만이 진정한 어소시에이션을 이룰 수 있다고 본다. "공동체와 한번 절연된 개인(칸트의 언어로 말하자면, 세계시민)에 의해서만 진정한 우애나 자유로운 어소시에이션이 가능하다"(340)는 고진의 주장은 개인의 자발적인 동의와 적극적인 자기 활동이 어소시에이션의 제1 원리라는 점을 강조한다. 결국 어소시에이션은 "자유에 기초한 개인들의 호혜적 상호성"으로 정의할 수 있다. 즉 공동체의 전체주의, 파시즘, 종교적 환원주의에 빠지지 않기 위해서는 개인들의 자유에 기반을 둔 호혜적, 상호적 교환양식이 자본-네이션-국가의 삼위일체를 해체하는 대안사회의 기초가 되어야 한다는 것이 고진의 궁극적인 주장이다.

고진의 어소시에이션 이론은 자본-네이션-국가의 동맹 지배 체제를 넘어설 수 있는 현실적인 대안을 제시한다는 점에서 긍정적인 측면이 있지만, 다음과 같은 이론적, 실천적 한계를 가지고 있다. 무엇보다도 그의 어소시에이션 이론은 교환양식에 기초하고 있기 때문에 생산자연합의 가능성을 배제하고 있다는 점을 지적할 수 있다. 고진은 맑스가 언급하는 경제적 토대로서 생산양식 자체를 부정하지는 않는다. 현대 자본주의에 올수록 국가가 생산양식의 역할을 대체하는 상황에서 상부구조에 영향을 받는 생산양식 그 자체에 대한 강조는 별 의미 없음을 말하기 위해 사회구성체의 변동을 교환양식으로 보려고 한다. 그러나 그럼에도 생산양식 자체를 생산자의 지배적 독점의 관점으로 일별할 수는 없다. 생산자, 생산양식 역시 자본주의 지배체제에서 벗어난 대안적 방식으로 작동할 수 있다. 물론 고진의 어소시에이션운동은 자본의 대항운동으로서 자본의 잉여가치 회로에서 벗어

난 생산과 소비 형태를 창조하는 것을 강조한다.[5]

고진은 일하지 않으면서 사지 않는 것보다는 일하면서 살 수 있는 대안을 마련하는 것이 더 중요하며 이 대안은 노동자(생산자)와 향유자(소비자)의 연합을 이루는 협동조합운동을 통해서 가능하다고 말한다. 그러나 그의 이러한 주장과는 다르게 어소시에이션운동은 거의 대부분 노동주체들이 소비자주체로 전환되는 시점, 즉 생산관계에 개입하는 노동조합운동으로서 노동자운동이 아닌 능동적 소비자로서 노동자운동의 시점을 주되게 강조한다. 그가 주장하는 자본 대항의 가장 큰 계기는 소비자로서 노동자의 상품구매 보이콧 운동이다. 자본의 자기증식을 막을 수 있는 길은 자본제 경제의 내재적 투쟁을 통해서 즉 "노동자가 소비자로 나타나는 장, 즉 유통의 장에서 연결시킬 수 있다"(498)는 주장은 노동자-소비자의 상호작용에 따른 노동운동의 선순환 과정을 사실상 고려하지 않는다. 그가 언급하는 생산-소비 협동조합에서 '생산'은 단지 자본과 노동에 의해 주어진 것으로만 간주된다. 따라서 그의 어소시에이션운동은 사실상 소비자운동으로 대체될 수 있으며, 생산자-소비자 간의 내적인 어소시에이션의 가능성을 간파하지 못한다.

둘째, 고진 스스로 언급했듯이 자본-국가에 포섭되지 않는 긍정적 네이션이라는 전제가 현실화될 수 있는 경로는 무엇인가에 대한 구체적인 설명이 부족하다. 자본-국가에 포섭되지 않는 긍정적 네이션은 고진에게 어떤 이상적 상태로 지시될 뿐 그것이 구체적으로 어떻게 가능한지를 설득력 있게 제시하지 못하고 있다. 주지하듯이 자본

5. 가라타니 고진, 『트랜스크리틱』, 송태욱 역, 한길사, 2005, 492.

주의 생산관계의 재생산이 가능한 것은 국가-자본이 네이션을 포섭, 흡수했기 때문이고, 이 위험성에 대해 1960년대부터 서양의 많은 철학자, 정치사상가, 문화이론가들이 언급했다. 그람시의 헤게모니론, 알튀세르의 이데올로기 국가장치론, 그리고 기 드보르의 상황주의, 스튜어트 홀의 인코딩-디코딩 이론 모두 국가-자본의 강력한 네이션 포섭 기제를 비판한 것이다. 어소시에이션의 대안경제, 대안주체로 긍정적 네이션은 사실상 네이션이란 기표를 버릴 때 가능한 것이고, 이 문제를 안토니오 네그리와 같은 자율주의 이론 진영에서는 네이션을 넘어서는 주체, 즉 다중으로 설명하려 한다. 어쨌든 긍정적 네이션이 어소시에이션의 주체로 전환할 수 있는 객관적 근거가 고진의 설명에는 결여되어 있다.

셋째, 어소시에이션의 작동 원리에서 가장 중요하게 언급되는 '자유'의 의미가 무엇인지 구체적인 설명이 부족하다. 고진은 자유의 상호성을 자본-네이션-국가를 극복하는 어소시에이션의 가장 중요한 원리로 간주하면서, 그것이 칸트가 말하는 윤리와 도덕성의 의미와 부합한다고 언급한다. 프랑스 시민혁명에서 자유란 봉건영주와 국가권력의 억압에서 벗어난 시민들의 자발적인 주권 능력의 쟁취로 정의할 수 있다. 개인의 주권능력은 노동자계급을 시민주체로 전환하는 도덕적, 윤리적 의지를 내장하고 있어야 하지만, 그것으로는 충분하지 않다. 개인들의 주권능력으로서 자유는 정치적 의사결정의 자발성뿐 아니라, 문화적, 감성적 주체로서의 자율성을 함께 견지할 때 가능하다. 고진의 자유의 상호성에서는 칸트의 윤리, 도덕성의 수준을 넘어서는 문화적 역능, 감성의 활성화의 의미가 무엇인가에 대해 언급되지 않고 있다. 오히려 칸트의 철학에서 발견할 수 있는 감각적 주체로서의 개인의 문화적 역능에 대해서는 어소시에이션의 주체 혁명의 중요한 조건으로 고려하지 않고 있다.

마지막으로 어소시에이션의 실천에 있어 공간적, 지리적 스펙트럼이 매우 불안전하고 유동적이라는 점을 지적할 수 있다. 고진은 이론적 층위에서는 어소시에이션의 공간을 세계 공화국으로까지 설정하고 있다. 자본-네이션-국가의 삼위일체로부터 벗어날 수 있는 최대치를 국민-국가 경계를 넘어서는 대규모 어소시에이션 즉, 세계 공화국으로의 이행으로 상상할 수 있다. 그러나 실제로 이 상상력이 이론적 가능성을 넘어 현실적으로 불가능하다는 점은 이미 20세기 초 국제 사회주의 운동의 전사를 통해서 확인한 바 있다. 그러나 고진이 자본에 대항하는 어소시에이션의 실천 운동으로 제시한 것은 능동적 소비자운동으로서 렛츠LETS와 '남NAM: New Associationist Movement'이다. 렛츠는 지역통화 화폐 운동으로서 화폐를 재화의 교환을 위한 서비스의 등가물로만 기능하게 하는 공동체의 호혜적 교환을 강조하는 소비자운동이다. '남'은 렛츠 운동의 일본식 버전으로 2000년에 고진을 중심으로 일본의 비판적 지식인들이 주도했지만, 2003년에 해산했다. 고진 역시 초국적 소비자 협동조합운동으로서 어소시에이션을 주장하고 있지만 국지적 규모의 성공가능성도 담보되지 않은 상황에서 그 주장은 이론적 상상에만 머무를 수밖에 없다.

이상과 같이 고진의 어소시에이션 이론의 가능성과 한계를 염두에 두고 이를 극복하는 대안적 어소시에이션을 구상해 보면, 다음과 같은 세 가지 문제설정이 가능하다. 생산양식-교환양식의 상호작용을 통한 대안적인 생산자-소비자 어소시에이션의 형성, 지역화폐, 협동조합운동을 넘어서 자유와 자율에 기반한 문화적 어소시에이션의 가능성 탐색, 생산자-소비자연합을 통한 문화적 어소시에이션의 구체적인 실천경로에 대한 제안이다. 이 세 가지 문제설정을 구체적으로 설명하기 전에 최근 한국에서 다양하게 일어나고 있는 문화적 어소시에이션 사례들을 비판적으로 검토하고자 한다.

문화적 어소시에이션의 양상들

이명박 정부 이후 문화운동은 자생적인 물적 토대 구축이 어려워지면서, 조직 운영과 활동이 약화되는 등 큰 위기를 맞았다. 2000년대 중반부터 집단지성-대중정치의 부상으로 물리적 거대 조직을 가진 문화운동 조직의 영향력도 크게 위축되었다. 현실 문화운동 조직의 양대 축이라 할 수 있는 한국민족예술인총연합(민예총), 문화연대 모두 조직적 위기를 맞은 것이 사실이다. 특히 민예총은 이명박 정부 기간 동안 정규 사업 예산지원 중단과 내부 조직 혼란 등으로 1988년 창립 이후 가장 큰 위기를 맞았다. 민예총은 예술가 장르별 협회와 지역 조직만 남고 중앙 컨트롤 기능은 사실상 붕괴되었다고 해도 과언은 아니다. 한편 문화연대는 한미FTA 반대 운동, 용산 참사, 쌍용자동차, 희망버스 등 사회운동과의 연대를 통해서 나름 자기 역할을 했지만, 조직력 약화와 이론의 재생산 능력의 저하로 문화운동의 생산성 차원에서 부침 현상을 거듭하고 있다. 국민의 정부, 참여정부 기간 동안 일정한 물적 토대를 확보하면서 활발한 활동을 벌였던 장르별 문화운동 단체들도 이명박 정부를 지나오면서 적지 않은 어려움을 겪고 있다.

문화운동의 조직적인 위기가 장기 지속화하는 상황에서 2000년대 후반부터 기존의 문화운동 조직과는 다른 새로운 문화적 흐름이 만들어졌다. 이러한 흐름을 하나로 명명할 수 있는 담론이 구체적으로 발견되지는 않았지만, 대체로 이러한 흐름들은 '집단지성' '자율주의' '사회적 경제'라는 지적, 정치적 흐름을 반영하는 것이었다. 예컨대 사회적 대안경제를 표방하고 나선 문화기획가 그룹들이나, 독립이 아닌 자립을 선언한 문화예술가들, 그리고 탈도시적 삶 속에서 대안문화를 꿈꾸는 문화귀촌운동, 취미공동체를 통해 집단공작의 즐거움을 꿈꾸는 메이커커뮤니티 문화 등이 그 예들이다. 이러한 현상들은 공교롭게도 1980년대부터 뿌리를 두고 있는 문화운동 조직들의 위기와 맞물려 나타나기 시작했고, 그 조직들의 운동방식과는 다른 양상들을 가지고 있다. 나는 이러한 흐름을 통칭하여 '문화적 어소시에이션'이라고 부르고자 한다. 앞서 열거한 사례들은 각기 발생배경이나 실천경로 및 전망이 다르지만, 삶-운동을 일치시키는 문화적 협동사회를 지향한다는 점에서 전통적인 문화운동 조직과 구별할 수 있지 않을까 싶다. 이제 구체적으로 이들의 운동 사례들을 언급하고자 한다.

사회적 기업의 문화적 리모델링

먼저 언급하고 싶은 것은 사회적 기업의 출현과 문화예술가 집단의 변화에 대한 것이다. 2000년 초반에 한국에서 시작된 사회적 기업은 유럽 사회에서 1980년대부터 본격화되었던 사회적 경제 운동에서 비롯되었다. 2002년에 만들어진 '아름다운 가게'가 최초의 사회적 기업 사례로서 기존 먹거리 중심의 생활협동조합운동과는 달리, 자발적 기부와 호혜적 거래를 통한 공익경제를 창출하는 것이었다. 2004년에 산업자재와 재활용품을 활용하여 퍼포먼스 그룹을 만든 '노리단', 컴

퓨터를 비롯해 전기-전자 폐기물을 친환경적으로 재활용하여 제품을 만든 '컴윈', 그리고 10여개의 청소업종 자활공동체가 모여서 만든 '함께하는 세상'이 초기 사회적 기업의 대표적인 사례이다. 2012년 12월까지 '사회적기업인증지원센터'에서 인증 받은 사회적 기업은 총 680개나 된다. 사회적 기업으로 인증 받으면, 법인세의 절반을 감면해 주며, 4년간 채용 직원의 급여 일부를 지원해 준다. 사회적 기업들이 하는 일들은 주로 노동, 복지, 환경, 생태, 문화 분야에서 공공적 가치가 있는 영역들을 개발하여 그것을 경제활동으로 전환하는 것이다. 사회적 기업은 경쟁적인 시장자본주의와 비경제적 NGO 활동의 중간에서 새로운 인력과 시장을 창출하는 것을 목적으로 하지만, 사실상 대안적 경제활동에 더 많은 비중을 두고 있다.

사회적 기업들 중 문화활동에 종사하는 기업들은 103개로 전체 680개 기업 중 15.14%를 차지하고 있다. 문화 분야의 사회적 기업은 대체로 2009년과 2010년에 인증을 많이 받았다. 문화예술 분야의 소규모 기획 창작 집단이 자생적으로 조직을 운영하는 것이 현실적으로 어렵다는 점을 감안하면, 초기 활동에서 경제적 지원을 받을 수 있는 문화예술 분야의 사회적 기업들은 앞으로 많이 생겨날 것으로 예상할 수 있다. 문화예술 분야의 사회적 기업은 지역 오케스트라단체, 시각문화 그룹, 공연기획사, 문화기획자 그룹 등 다양한 영역에 걸쳐있다.

문화 분야의 사회적 기업 사례들을 살펴보면 독립적인 문화예술 기획 집단으로 시작했다가 경제적 활동을 강화하기 위해 사회적 기업으로 전환한 경우와 문화예술 분야의 자생적인 기획사로 시작했다가 사회적 기업의 지원을 받기 위해 공공사업을 강화하는 경우로 구분할

<표 1> 문화예술 분야 사회적 기업 분류 사례

영역	대표적 기업 명	인증연도	주요사업
음악	광명 심포니오케스트라	2010년	신나는 예술여행 "꿈, 희망을 전하는 음악여행"(2005)
	서울오케스트라	2010년	오감만족 콘서트
	유유자적 살롱	2010년	청소년 밴드음악교육 사업
영상 및 시각예술	공공미술프리즘	2008년	공공디자인, 생활문화공동체사업
	예술과 시민사회	2010년	미술비평연구, 미술교육과 워크숍
	시민영상기구 영상미디어센터	2010년	시민영상제작, 미디어 교육
공연 및 퍼포먼스	노리단	2007년	에코퍼포먼스, 교육 워크숍
	자바르테	2007년	문화마을만들기, 문전성시 사업
	듀비 커뮤니케이션	2010년	댄스뮤지컬 '사랑을 하려면 춤을 배워라'
전통문화 예술	들소리	2008년	전통연희공연과 교육워크숍
	밝은 마을	2010년	환경체험과 전통문화교육체험학교운영
	한울누리	2010년	지역 전통예술 프로그램 사업
문화기획	서울프린지 네트워크	2010년	서울프린지페스티벌 개최
	시민문화네트워크 티팟	2008년	공공미술기반 공동체 문화 프로그램
	일상예술창작센터	2010년	생활창작시장, 생활창작기획
기타	놀이로 문화짱	2010년	버려진 가구를 활용한 재활용 가구만들기
	한빛예술단	2010년	시각장애인 중심의 공연예술작품 제작

수 있다. 말하자면 사회적 기업은 문화 창작 및 기획 집단을 대안 경제활동에 참여하게 하면서 문화적 공공성을 중성화하는 장치로 기능한다. 사회적 기업은 문화예술 활동가들에게는 사회적 진출의 장벽을 완화시키는 기능을 하지만, 경제활동의 필요에 의해 문화적 자발성을

위축시키고, 창작의 독립성을 위축시킬 수 있다. 사회적 기업은 문화예술 행위-행동의 변형된 공공성을 조장할 수 있다. 그것은 또한 신자유주의체제에서 자본-시장의 위기에 대한 탈출 방편으로 유휴 노동력의 경제적 효과를 독려하는 국가의 개입 행위에서 비롯된 면도 있다. 문화예술 분야에서 사회적 기업은 특히 예술가의 사회적 진출을 구조적으로 봉쇄한 상황에서 차선으로 선택한 임시방편의 일자리 창출 프로젝트로서의 의미가 크다.

물론 사회적 기업 제도를 적절하게 활용하면 대안적인 문화조직으로 가는 기초를 만들 수 있다. 사회적 기업으로 성공한 그룹들이 최근 개정된 협동조합기본법을 활용하여 협동조합으로 전환하려는 움직임을 보이고 있어 경제적 조직에서 문화공동체의 역할이 강조될 수 있는 가능성의 조짐이 보인다. 그러나 아직까지 대부분 문화예술 분야의 사회적 기업들은 소위 문화를 비즈니스 모델로 확장시키기 위한 방법으로 활용하는 경우가 대부분이고 문화를 통해 대안적 어소시에이션을 형성하려는 전망을 갖고 있지는 못하다.

대안으로서 '자립'과 '조합'의 연대: 자립음악생산조합과 예술인소셜유니온

사회적 기업이 대안경제 효과를 염두에 둔 것이라면, 문화자립운동은 좀 더 독립적인 태도를 견지한다. 문화자립운동과 사회적 기업의 차이는 경제적 생존방식의 차이에 있다. 사회적 기업이 국가의 공공성에 부분 의존하여 자신의 활동을 펼친다면, 문화자립운동은 자신들의 독립 활동의 연합을 통해서 자립 생존을 기획한다. 그 차이를 한마디로 말하자면 자생적 자립과 공공적 지원으로 구분할 수 있겠다.

문화자립운동의 대표적인 사례가 바로 자립음악생산조합이다. 자립음악생산조합은 홍대 인디음악의 변질된 독립정신을 비판하면서 독립, 인디라는 언어 대신에 자립이라는 말을 선택하였다. 이때 자립의 의미는 경제적 자립을 의미한다. 어떤 점에서 자립음악생산조합은 사회적 기업이 강조하는 대안적 경제활동의 중요성을 인지하고 있다. 자립을 위한 조합의 형태는 경제적 활동에서의 생산과 분배의 공동 운명책임제의 의미를 갖는다. 그러나 그들이 선택하는 경제적 활동의 방식과 태도는 사회적 기업에 비해 훨씬 자생적이고 자율적이다. 그들의 이러한 자생적인 태도는 그들이 생산하는 음악 스타일에도 두드러지게 나타난다. 자립음악생산조합에 속해 있는 회기동 단편선, 무키무키만만수, 밤섬해적단, 아마추어 증폭기 등은 인디음악 신에서도 가장 날것 그대로의 음악적 퍼포먼스를 추구한다. 그들이 추구하는 자립과 조합의 의미는 경제적 자립과 협동조합의 의미를 급진화한 것이라 할 수 있다.

자립음악생산조합은 음악가들의 연대와 연합으로 스스로 자신들의 음악 창작활동과 환경을 만들어가고자 한다. 자립 음악가들의 조합은 자신들의 음악적 자립을 위한 생산자조합으로 출발하지만, 그들만의 이해관계만을 대변하지 않는다. "경쟁이 아닌 상생으로, 분열이 아닌 연대로, 의존이 아닌 자립으로"라는 슬로건으로 이들은 지역, 생활, 민중의 가치를 지향한다. 자립음악 생산자로서 이들이 추구하는 실천은 1) 기본권으로서 음악권(음악이 누구나 즐길 수 있는 기본권이라는 발상에서, 자유로운 음악권을 침해하는 모든 압력에서 해방), 2) 음악가들의 노동권(음악가가 고용되었을 때 정당한 처우를 받을 권리를 뜻하며, 조합 주최 공연 시 공연자에게 1인당 최저 1만원석 급여를 지급), 3) 조합원들의 생활권(조합은 조합원들의 생활권을 지원하기 위함과 동시에 열정의 착취구조를 지양하기 위해 모든 수익금의 1/3을 인건비로 지출)을 추구한다.[6]

그러나 자립음악생산조합의 이러한 자립정신이 정형화된 홍대 인디음악의 새로운 대안활동으로 자리매김 될지는 미지수이다. 무엇보다도 이들이 원하는 음악적, 경제적 자립의 '자립'이 온전하게 성취되었다고 보기 어렵고, 사회적 기업의 형태로 있는 문화예술 창작집단과 현재 준비 중인 '예술인소셜유니온' 사이에서 그들의 위치가 어떻게 자리매김 될지 의문이다. 또한 2012년 협동조합기본법의 개정으로 설립조건이 대폭 완화된 상황에서 자립음악생산조합이 '자립'과 '조합'이라는 이 두 개념을 어떻게 변화시킬 것인지도 궁금하다. 협동조합기본법 개정은 협동조합의 설립 기준을 대폭 완화하여 조합구성의 자발성을 높일 수 있는 제도적 계기를 마련하였는데, 조합 설립을 위한 구성원과 재원 마련에서 상대적으로 어려움을 겪고 있는 자립음악생산조합에게 이번 개정안은 공식적인 협동조합 구성에 유리한 내용을 담고 있는 것은 분명하다.

협동조합 제도를 제대로 활용하여 자립의 진용을 잘 갖추는 것이 반드시 나쁜 것만은 아니다. 특히 이번 개정된 협동조합 제도를 잘 활용한다면, 자립음악생산조합의 가장 취약한 점이라 할 수 있는 소비자연합으로 확장되는 계기를 마련할 수 있을 것이다. 자립음악생산조합 구성원들은 협동조합으로의 제도적 편입에 대한 구체적인 입장을

6. 이동연, 「진정한 독립을 꿈꾸는 문화 어소시에이션, 자립음악생산조합」, 『플랫폼』 35호, 2012년 7-8월호, 인천문화재단.

제시하지는 않고 있지만, '생산의 자립'과 '소비의 연합'의 상호작용을 위해서 진지하게 고민할 지점이 아닐까 싶다. 자립음악생산조합에서 '자립'이 인디음악 신에서 오랫동안 사용했던 독립의 낡고 변질된 용어를 대체하기 위해 사용한 것이라면, 경제적, 음악적 자립을 위한 생산자연합의 대안 모델을 만들어야 한다. 또한 '조합'의 언어가 어소시에이션으로서의 협동조합을 기획하는 것이라면, 소비자연합과의 생태적 순환 구조를 만들어야 한다. 자생적 생산자연합과 생태적인 소비자연합의 상호작용이야말로 자립음악생산조합이 앞으로 해결해야 할 과제이다.

자립음악생산조합과 같은 자생적인 음악 생산자들의 연합과는 다른 맥락에서 최근 '예술인소셜유니온 준비위원회'의 흐름들을 눈여겨볼 필요가 있다. 홍대 주변 공간의 막개발에 저항했던 두리반 투쟁이 계기가 되어 결성된 자립음악생산조합이 홍대 인디음악의 비판적 진화의 한 흐름이라면, 예술인소셜유니온운동은 역사적 문화운동 궤적의 현재적 진화의 한 양상이다. 물론 예술인소셜유니온운동이 기존의 수목적 문화운동 조직들이나 '임투'를 기반으로 하는 노동조합운동의 계보를 비판하면서 나온 것은 분명하다. 그러나 예술인소셜유니온운동은 자립음악생산조합에 비해서 상대적으로 역사적 문화운동과 노동운동의 궤적에 가깝다. 그것은 어쨌든 현재 존재하고 있는 문화적 어소시에이션운동 중에서 가장 정치적이고 진보적인 문화운동의 성격을 갖고 있다. 예술인소셜유니온이 아직 결성된 것이 아니기 때문에 객관적인 자료를 바탕으로 운동의 목표와 조직 성격, 활동방향과 내용을 분석할 수 없지만, 지금까지 논의된 내용들을 정리하면 예술가의 당사자 운동을 어떻게 할 것인가에 집중되어 있다.

예술가 당사자 운동이란 관점에서 기존 문화운동을 리뷰하면 예술가의 생존권을 위한 운동이 역사적 문화운동의 실천 지형에서 전면적으로 등장하지 않았다는 점을 먼저 언급할 수 있다. 예술가들의 생존권 문제를 각자 알아서 해결할 문제로 보거나, 현실 노동운동 조합이 해결할 문제로 간주했다. 두 경우 모두 예술가의 생존권 운동에 있어서 당사자 운동을 배제했다. 생계-생활과 직결되는 예술가들의 생존을 개인의 문제로 간주하는 것은 문화운동에서 당사자 운동을 삭제하는 것이나 다름없고, 반대로 노동조합운동 내에서 해결해야 한다는 것도 민주노총 산하 문화예술 분야의 노동조합에 포함되지 않은 다수의 예술가들의 당사자 운동을 배제하는 것이다.

물론 예술가 생존의 문제를 문화운동의 이슈로 부각시킨 제3의 사례가 없는 것은 아니다. 2000년대 들어 문화와 예술의 시장화가 가속화되면서 생산-소비-유통의 독점화 현상이 심해졌고 그로 인해 기초예술의 위기 담론이 등장하여 이른바 예술가 생존의 문제를 국가 문화정책이 어떻게 해결할 것인가 하는 문제가 쟁점이 되었다. 특히 인디밴드 출신의 이진원씨와 최고은씨가 생활고에 시달리다 건강이 악화되어 사망한 사건이 있고 난 후에 예술인 생존권 문제는 사회적 화두로 떠올랐다. 이 두 사람의 사망으로 세상에 알려진 예술인들의 생존 문제는 영화, 방송, 대중음악 산업 분야에 종사하는 기층노동인력뿐 아니라, 개인적으로 창작활동을 하는 다수의 예술가들에게 절실하다. 그러나 예술가들의 생존권에 대한 당사자 투쟁은 역사적 문화운동의 전력에 비해 상대적으로 부족한 것이 사실이고, 최근에서야 비로소 그 심각함이 직시되면서 예술가들의 당사자 운동이 시작되었다. 그러나 이 당사자 운동 역시 두 작가의 사망에 따른 사회적 봉합을 위한 국가의 예술인 복지정책 안으로 수렴되기에 이르렀다. 2011년 11월에 제정된 이른바 '예술인복지법'이 그간 예술인 생존권 문제가 여론화되면서 만들어진 것이지만, 그 내용을 들여다보면 한심하기 그지없다. 예술가 생존권을 위한 기본 권리 조항도 삭제된 채, 예술인복지법은 다만 예술인복지재단의 설립 근거를 마련하는 법으로 전락하고 말았는데, 그 한계를 지적하면 다음과 같다.

현행 예술인복지법의 수준은 현행 '문화예술진흥법'과 '근로복지법'의 기계적인 결합을 형식적으로 표현한 것에 불과하다. 쉽게 설명하면 '예술'과 '노동'의 특수성에 대한 상호인식에 대한 충분한 생각보다는 예술을 노동으로, 노동을 예술로 단순하게 대입하려는 생각에 머물러 있다는 점이다. 예술인복지법의 기본 철학이 가난한 예술가들에게 돈을 더 많이 주는 것에 있을까? 불쌍한 예술가들에게 생활하는 데 최소한의 재정 지원을 해주어 예술 활동에 불편함을 덜어주는 데 있을까? 사실 이것만이라도 제대로 보장된다면, 예술인복지법의 제정 목적은 충분히 달성될 수 있을 것이다. 그러나 이 법의 조문만으로 보면 그러한 목적이 달성될 수 있는 여지는 그리 많지 않아 보인다. 더욱이 예술인복지법은 예술에서 노동의 가치와, 노동에서의 예술의 가치를 동시에 고려하여 예술가들에게 복지의 기본 토대가 되는 예술가로서의 자존감을 법의 가치로 담고 있지 않다는 점이 더 큰 문제가 아닐까 싶다.[7]

7. 이동연, 「예술과 노동 사이: '예술인복지법'을 넘어선 예술인 복지」, 『시민과 세계』, 2013년 봄호 참고.

당사자 운동으로서 예술인소셜유니온운동은 예술가의 생존권과 복지권을 주요한 실천 과제로 제시하지 않을 수 없는데, 그런 점에서 예술인복지법에 대한 비판적 개입은 불가피하다. 예술인소셜유니온운동은 우선적으로 현행 예술인복지법 개정에 대한 제도적 투쟁을 전개하면서 동시에 예술인복지법의 범위와 한계를 넘어서는 자기정체성 확립이 필요하다. 이와 관련하여 예술인 유니온은 예술인복지법 개정을 위한 제도적 개입과 함께, 단체 임금협상과 정리해고 저지투쟁 중심의 노동조합운동을 넘어서는 새로운 형태의 예술인 생존권 운동, 사회적 기업의 문화적 확산과 협동조합기본법 개정에 따른 예술가들의 안정된 활동기회의 폐해들을 넘어서는 기획들이 당면한 과제가 아닐까 싶다. 예술인소셜유니온이 예술인 생존권을 위해 문화복지 담론, 협동조합 담론, 사회적 기업 담론을 넘어서야 하는 역설과 딜레마에 빠지게 되는데, 그 과정에서 다시 예술가 생존은 알아서 해결하자는 식의 원론적인 선명성으로 회귀하는 것이 아니라면, 예술인 복지 담론과 관련하여 복합적이고 전략적인 인식이 필요하다. 다음의 인용문은 그러한 고민을 반영한 것이다.

미조직 개인들과 기존 조직들이 수평결합하며 상호포괄 하는 동맹 (내지 동맹적 노동조합)의 형태로 허브의 역할을 하고자 한 '예술인소셜유니온'은 공론장을 통하여 공유지를 만들어내야 한다. 개별 이익 단체화한 일부 조직의 한계를 극복하는 네트워크를 통해 작게는 업계 관행과 관성적 관념의 개선, 구체적 사안의 의제화, 사각지대 문제의 해결과 문화정책 제안을 시도하고, 크게는 시장·사업자 중심의 정책기조와 산업구조를 노동·예술인 중심으로 재편할 것을 요구하고자 했다. 또한 앞서 예술인들의 죽음에서 배웠듯이 보편적 인민복지, 특수한 예술인복지, 구체적 예술정책이 사회·문화 생태계에 모두 필요하다는 인식을 확산시키면서 각각의 보편성과 특수성 그리고 구체성을 이해하고 돌파하는 장을 마련해나가고 있다. 실질적인 문제해결력을 위하여 실태조사와 노동상담을 위한 법률지원 서비스 체계도 장기적으로 구상하고 있다. 아울러 문화예술의 공공성 확보를 통해 문화예술정책 전반의 관점 변화, 문화예술 교육시스템에 대한 적극 개입, 거대기업의 문화산업 독식에 대한 대응, 해외 사례 연구와 발표에 의한 의식구조 개선 등이 제안되고 있다. 공동의 문제 제기와 사회연대의 모색, 특히 독립예술에 대한 지원체계에 관한 고민은 합의점에 다다랐다. 물론 최종 목표는 예술인의 노동·생존권을 제기하는 당사자 연대를 통하여 예술인의 권리를 증진하고 예술 환경을 본질적이고 진보적으로 개선하는 것이다.[8]

생활 – 생태적 어소시에이션: 문화귀촌과 메이커커뮤니티운동

신자유주의체제의 무한 경쟁과 문화자본의 독점화, 그리고 이명박 정부 하에서 생활세계에서의 문화적 억압의 가중은 많은 사람들로 하여금 대안문화를 상상하게 만들었다. 대안문화는 역으로 생각해보면, 무한 경쟁으로부터의 탈주, 독점적인 문화자본이 생산하는 소비 패턴으로부터의 해방, 그리고 자율적인 문화 생활세계의 발견으로 요약할 수 있다. 특히 대안문화의 상상은 어떤 거대한 문화운동 조직을 새로 만들고 사회적인 이슈를 위해 정치적 폭로 행위를 수행하는 것

---

8. 나도원, 「공동체를 위한 당사자 운동―'예술인소셜유니온'의 과정과 전망」, 『문화/과학』 73호, 2013년 봄.

보다는 자신들의 생활세계에서 비자본주의적, 비경쟁적 삶을 사는 것에 더 많은 관심을 갖게 되었다. 이러한 생활세계 중심의 대안문화를 생활-생태적 어소시에이션으로 부르고자 하며, 그 대표적인 사례로 문화귀촌운동과 메이커커뮤니티운동을 언급하고자 한다.

　문화귀촌운동은 대안사회 운동의 하나인 귀농운동의 문화적 버전이라 할 수 있지만, 단순히 예술가들의 귀농이나, 귀농 인구들의 문화적 생활로의 업그레이드 운동을 목표로 하지는 않는다. 물론 예술가들의 귀농과 귀농인구들의 문화활동 활성화가 문화귀촌운동의 구성요소인 것은 사실이지만, 예술가의 생활세계 공간의 확장으로서 귀촌의 의미를 간파하는 것이 더 중요한 목표이다. 이 문제를 충분하게 사고하기 위해서는 예술가의 비도시적 삶의 생태적 전환을 위해 귀촌이 어떤 의미를 갖는가와, 귀촌의 행위가 귀촌이란 공간에서 어떻게 이루어지는가에 대한 구체적인 경로를 밝히는 것이다. 전자의 질문이 귀촌이 문화의 대안이 될 수 있을까라면, 후자의 질문은 문화가 귀촌의 대안이 될 수 있을까이다. 이 말을 다른 방식으로 질문하자면 예술가의 대안적 삶에서 귀촌은 어떤 의미를 가질 수 있으며, 그러한 대안적 삶을 선택한 예술가로 인하여 비도시적 삶의 공동체가 어떤 문화적 전환을 이루는가이다. 현재 문화귀촌운동의 담론은 전자의 문제의식을 많이 강조하고 있다.

　문화연대가 말하는 문화귀촌은 창의적 삶으로의 새로운 이행이다. 사회에 대한 문제의식, 현재의 소비 중심의 체제에 의해 살지 않기 위한 근본적인 변화와 관점으로 지역을 사고하고 자신의 삶의 기반을 바꾸는 선택으로서의 생태적 문화귀촌을 강조한다. 자립은 커뮤

니티와 연대를 통해 더 풍성한 생태계를 만들 수 있듯이 문화귀촌
또한 준비하는 개인들이 실패하지 않도록 이를 지원할 수 있는 문화
적 접근과 과정의 디자인이 필요하다. 따라서 다른 방식의 귀농 귀
촌을 준비하는 사람들에게 문화귀촌이라는 담론과 방법론은 중요
한 방향을 제시할 수 있을 것으로 기대된다.[9]

문화귀촌운동이 도시에서 농촌으로 예술가의 생활세계의 이동을
위한 것이라면, 메이커커뮤니티운동은 도시 생활세계 안에서 일에서
놀이로 자신의 일상을 재조직하는 것이다. 비도시적 삶의 생활공간이
전자의 중요한 키워드라면, 비자본주의적 취미 공동체가 후자의 중요
한 키워드이다. 그러나 두 흐름의 차이에도 불구하고 모두 생태적인
삶에 대한 대안을 상상한다는 점에서 공통점을 발견할 수 있다. 메이
커커뮤니티운동의 유형은 크게 두 가지로 구별된다. 하나는 생태적
재생활동을 통해 비자본주의적 삶을 중시하는 유형이고, 다른 하나
는 개인들의 일상문화를 공작활동을 통해 활성화하는 취미공동체의
유형이다. 물론 이 두 가지 유형이 결합된 경우가 대부분이지만, 메이
커커뮤니티 집단의 성격에 따라 강조하는 지점이 서로 다르다. 문제는
메이커커뮤니티운동이 생태적 생활공동체의 의식을 실현하는 자급자
족의 원리와 일상생활의 취미생활을 활성화하는 라이프스타일의 원
리를 어떻게 연계할 것인가에 있다.

메이커 문화의 가능성은 현재의 소비주의를 벗어나 자립문화를 활

---

9. 송수연, 「새로운 문화정치의 장―자립문화운동: 문화귀촌, 청년의 소셜네트워크, 메이커
  문화를 중심으로」, 『문화/과학』, 73호.

성화하는 것과 관련 있을 것이다. 앞서 언급한 생산의 개인화가 어떤 방향으로 우리의 삶을 자극할지 아직 예측할 순 없지만, 제작은 자립에 필요한 최소한의 기술을 습득함과 동시에 행동하게 만들고 그런 행위는 일상을 해체하고 재구성하는 잠재적 힘이다. 따라서 제작은 결과물이 중요한 게 아니라 경험 자체가 중요하다. 제작은 새로운 것을 만들어내는 생산 이전에 기존에 있는 사물의 이면을 들여다보는 행위—해체하고 재조립하며 변형하는 과정—이다. 이는 익숙한 시스템을 다시 생각하게 하고, 자신을 둘러싼 환경과의 관계를 확장시키며 삶의 능동적 주체를 형성하게 한다. 또한 제작은 일상의 재구성과 함께 일상의 정치성을 회복한다. 제작 행위를 통해 사회의 자원 순환의 문제, 기술의 문제, 노동의 문제를 읽을 수 있다. 모든 사물, 제작물에는 다양한 이력이 있고 그 이력은 나와 사회와 관계를 가질 수밖에 없기 때문이다.[10]

문화귀촌운동과 메이커커뮤니티운동은 문화적 비용을 과도하게 지출하고, 정형화된 문화소비 패턴을 따를 수밖에 없는 문화독점의 시대에 개인들, 혹은 소수집단이 선택할 수 있는 대안문화 운동의 한 형태인 것은 분명하다. 신자유주의 문화독점의 시대에 예술가들, 혹은 대중들은 어떻게 살아가는 것이 바람직할까? 이러한 질문에 문화귀촌은 예술가 당사자 운동의 개인화 경향을, 메이커커뮤니티 문화는 소비자 당사자 운동의 소수집단화 경향을 대표적으로 보여준다. 최근 문화운동의 경향이 문화행동, 예술인소셜유니온, 창작과 기획 집단의

---

10. 같은 글.

사회적 기업으로의 전환과 같은 예에서 알 수 있듯이 문화와 예술의 사회적 성격을 재구성하려는 점을 강조하는 것과 다르게, 문화귀촌과 메이커커뮤니티 문화처럼 개인화, 소수집단화하는 경향이 두드러진다. 특히 후자의 경우가 사회운동에 결합하는 문화운동, 문화행동의 집단적 개입의 태도에서 벗어나 비정치적, 복고적, 개인취향적인 소수집단이 등장하여, 문화자본의 감정노동에 대항하는 대안적 감정을 형성하려는 특징을 보이고 있다.

이러한 개인화, 소수집단화의 경향을 현실 문화운동의 관점에서 비판적으로 바라볼 수 있지만, 생활-생태적 어소시에이션을 기획한다는 점에서 이 운동의 흐름들을 앞서 설명한 사회적 기업, 문화협동조합, 자립음악생산조합, 예술인소셜유니온의 사례와 더불어 생산자-소비자연합 문화운동을 구성하는 실천적 자원으로 간주할 수 있다. 지금까지 언급한 문화적 어소시에이션의 사례들은 생산자-소비자연합 문화운동으로 이행하는 데 있어 과도기적인 징후들이자, 부분적 한계를 안고 있는 흐름들이다. 앞서 열거한 문화 어소시에이션의 사례들은 가라타니 고진이 언급한 자본-국가-네이션의 연합 체제의 관점에서 보면 부분적인 한계를 가진다.

예컨대 자립음악생산조합, 예술가유니온, 문화귀촌은 문화기획자, 예술생산자들의 새로운 어소시에이션을 강조하지만, 소비자연합으로 확장하는 구체적인 실천경로를 확보하지 못하고 있다. 반대로 사회적 기업과 메이커커뮤니티 문화는 소비자-대중의 어소시에이션의 대안을 제시하지만 예술가 연합은 상대적으로 부족하다.

〈표 2〉 자본－국가－네이션의 관점에서 본 문화협동 최근 사례들의 위치

	자본(시장)	국가(수탈/분배)	네이션(국민)
사회적 기업	●	◐	◐
자립음악생산조합	◐	◐	◐
예술가유니온	◐	○	○
문화귀촌	○	◐	◐
메이커커뮤니티	◐	○	○

강함 ● 중간 ◐ 약함 ○

문화적 어소시에이션의 새로운 흐름들의 장단점을 파악하여 문화예술 생산자와 소비자-수용자가 서로 연합할 수 있는 새로운 문화운동은 새로운 어소시에이션운동으로 이행하는 데 있어 진일보한 실천 사례를 만들 수 있다. 그렇다면 생산자-소비자연합 문화운동이 왜 필요하고, 어떻게 만들 수 있을까?

문화자본의 독점화와 생산자－소비자연합 문화운동의 조건들

앞서 설명한 문화예술 분야의 사회적 기업의 확산, 협동조합법의 개정, 예술인복지법의 제정 등 예술가가 처한 문화환경이 변화하면서 과거 어느 때보다도 문화적 어소시에이션운동이 주목받고 있다. 특히 독립 예술가와 비주류 문화산업에 종사하는 기획자, 창작자들이 최근 달라진 문화환경에 대응하는 실천방식을 놓고 고민하는 사례들이 늘어났는데, 대부분 주어진 제도와 공공자원을 활용하여 지속가능한 대안적인 삶을 어떻게 만들 것인가에 집중하고 있다. 대안적 삶을 살고

싶은 예술가가 무엇을 할 것인가라는 질문과 함께 어떻게 살 것인가라는 생존권에 대한 자기 질문을 본격적으로 할 시점에 이른 것이다.

예술가들, 혹은 문화 창작자들의 자립, 자생을 위한 고민들은 달라진 법적, 제도적 환경 때문만은 아니다. 사실 더 중요한 것은 문화시장, 문화자본, 혹은 문화산업의 독점 강화 탓이다. 대안적인 삶을 원하는 예술가들에게 문화의 독점 강화는 창작의 종다양성과 유통의 다원화를 위축시키기 때문에 다른 방식의 창작-유통 체계를 형성하는 것이 중요하다. 문화산업의 독점화 경향은 갈수록 심각한 상황이다. 영화산업의 경우 2011년 말 전국 1,974개의 스크린 수 중 멀티플렉스는 1,844개를 차지해 전체 상영관의 93.4%를 점유하고 있다. 관객 수로 보아도 멀티플렉스에서 영화를 본 관객 수는 전체 관객 중에서 98.1%를 차지한다. 대규모 제작비를 들여 만든 작품들은 손익분기점을 넘기기 위해 현실 가능한 모든 방법을 동원해 스크린수를 확보해야 하고, 거액을 돈을 들여 영화 홍보에 심혈을 기울여야 한다. 영화자본의 독점을 위해 산업의 중간 고리에 해당되는 영화배급자본이 영화제작사업과 극장상영업을 동시에 소유하는 이른바 수직계열화 현상이 심화되고 있다. 대표적인 기업들이 시제이CJ와 롯데이다. 이 두 기업은 탄탄한 자금 지원으로 현재 한국영화산업의 배급과 상영업을 양분하고 있다. 특히 방송, 영상 분야에서 독보적인 독점적인 지위를 보유하고 있는 CJ는 사실상 한국에서 가장 강력한 영화산업의 독점적 수직계열화를 완성했고, 방송, 케이블, 게임 등 추가 문화콘텐츠 산업 분야에서도 비교 우위의 경쟁력을 가지고 있다.

〈표 3〉CJ · 롯데 기업집단의 한국영화 시장지배 현황[11]

구분	CJ	롯데	기타	합계
배급시장	CJ E&M	롯데엔터테인먼트		67.5%
	1.2%	26.3%		
상영시장	CJ CGV 프리머스 시네마	롯데시네마	메가박스	86.6%
	42.2%	25.3%	19.1%	
케이블 TV	CJ E&M			100.0%
	100.0%			

〈그림 1〉CJ그룹의 계열사 현황[12]

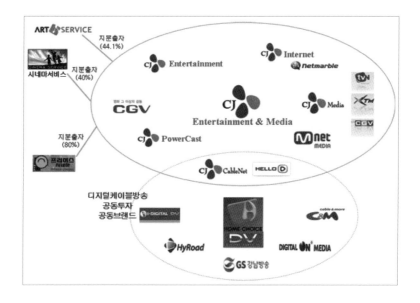

11. 최현용, 「한국영화산업 독과점의 실태와 문제점」, 한국영화를 사랑하는 의원모임 주최
    국회 토론회 '외화내빈, 설자리를 잃어가는 영화창작자'(2012. 7. 9.) 자료집 참고.
12. 같은 글 참고.

케이팝의 글로벌 열풍을 몰고온 메이저 연예제작사의 시장 독점도 심각한 수준이다. SM, YG, JYP의 연간 매출액과 상장된 주식 가치들의 합은 다른 수백 개의 연예기획사의 그것보다 많다. 이들 3대 기획사가 방송 프로그램에 출연하는 독점력도 막강하여, 소속 기획사 출신 연예인들의 방송출연 빈도와 맨 파워는 방송제작 지속 여부를 가늠할 정도로 커다란 지배력을 가지고 있다. 더욱 큰 문제는 3대 메이저 연예기획사가 제작하는 음악 콘텐츠가 대부분 아이돌 그룹 중심의 케이팝이어서 아이돌 그룹 중심으로 재편된 유행형식의 판도를 너무 오랫동안 지속하게 만든다. 일례로 2012년 9월 30일부터 10월 21일까지 4주간 SBS의 대중음악 프로그램인 〈SBS 인기가요〉의 출연진들을 조사해본 결과 아이돌 그룹으로 분류될 수 있는 팀들은 총 74팀 중 64팀이 될 정도이다.

〈표 4〉 3대 연예기획사 매출액과 주식가치 현황

연예기획사	매출액(2012년, 억원)	주식가치(2013년 2월 초)
SM 엔터테인먼트	1,702억	7,762억(이수만 지분 21.50%)
YG 엔터테인먼트	1,054억	6,471억(양현석 외 2인 지분, 42%)
JYP 엔터테인먼트	400억(추정)	1,211억(박진영 외 3인 지분 15.94%)

한국의 문화콘텐츠 산업 중에서 가장 높은 자본 경쟁력을 가지고 있는 게임산업 역시 최근 넥슨의 엔시소프트 인수로 1인 지배체제로 바뀌었다. 4-5개의 메이저 기업들이 차별화된 게임 장르를 특화시켜 경쟁하던 상황에서 넥슨이 엔씨소프트를 인수하고, 국내외 주요 모바

일 게임 유통시장을 인수·합병하면서 제작-퍼블리싱을 통합하는 독점 체제로 변화하고 있다. 2012년 기준으로 넥슨의 연매출액은 1조 5,275억 원으로 2위권에 해당되는 엔씨소프트의 7,535억 원과 네오위즈의 6,751억을 합친 것보다 훨씬 많다. 넥슨은 탄탄한 자본력으로 지속적으로 게임 퍼블리싱 영역을 확대할 것으로 예상되어 매출 독점력은 갈수록 확대될 것이다.

영화, 대중음악, 게임뿐 아니라 출판, 뮤지컬, 인터넷 서비스, 모바일 커뮤니케이션 등 디지털 문화콘텐츠에서 문화자본의 독점은 개인들의 문화비용 상승과 라이프스타일의 표준화를 야기한다. 개인들의 일상문화는 이러한 독점적인 문화산업이 제공하는 콘텐츠 소비에 많은 시간을 보낸다. 문화적 비용을 지불하지 않고 일상문화를 즐길 수 있는 기회는 갈수록 줄어들기 때문에 대안적인 생산자-소비자연합의 문화적 어소시에이션을 실현하는 것도 갈수록 어려워진다. 그러나 문화산업의 독점화와 라이프스타일의 표준화가 대안적 생활세계 형성을 어렵게 하는 것은 사실이지만, 과거보다 더 심각해진 자본의 독점화 현상을 거부하고 대안적 문화를 만들려는 생산자연합의 흐름들은 지난 몇년 사이에 강화되고 있다. 앞서 언급했던 자립음악생산조합 외에 1990년대 후반부터 대안적 독립음악 생산의 거점 역할을 했던 홍대 인디음악 신은 독점적인 음악 제작방식과 관료화된 음악저작권 시장에 반기를 들고 독립음악제작의 연합을 선언했다. 영화산업의 경우, 연간 수입 1,100만원에 불과한 영화제작 분야 기층 노동자들의 권리를 쟁취하기 위한 전국영화산업 노동조합이 결성되어 활발한 활동을 보이고 있다. 이밖에 예술창작들 역시 앞서 언급했듯이 예술인소셜유니온 결성을 준비하는 등 문화예술계의 생산자연합운동은 다양한 방식으로 표출되고 있다.

그러나 이러한 생산자연합운동은 대안적 문화어소시에이션의 선순환 구조를 만들기 위한 문화환경의 토대 구축에 있어 소비자연합으로 이행하는 경로들을 충분하게 만들지 못하고 있는 실정이다. 생산자연합의 당사자 운동은 대안적인 문화어소시에이션운동의 필요조건이지만 충분조건은 아니다. 소비자연합의 형성 없는 생산자연합운동은 절반의 어소시에이션운동에 불과하다. 소비자연합에 대한 구상 없이 유통과 소비의 과정을 문화자원의 공공성에만 의존할 경우 지속가능한 대안시장을 형성하기는 사실상 불가능하다.

문화어소시에이션운동에서 소비자연합을 어떻게 형성할 것인가에 대한 논쟁은 아직까지 본격적으로 논의된 바는 없지만 어소시에이션에 관심을 가진 생산자들과 문화운동 그룹들이 각자 자신의 입장에서 고민하고 있는 것은 사실이다. 어떤 사람들은 현재 활성화되고 있는 문화예술 분야의 사회적 기업의 확대를 통해서 소비자연합을 형성해야 한다는 의견이 있는가 하면, 생산자연합의 창작 콘텐츠가 좋으면 소비자연합도 자연스럽게 형성될 수 있다는 관점을 제시하기도 한다. 일부에서는 현재 문화자본의 독점화에 제동을 걸지 않는 한 대안적인 소비자연합을 형성하는 것은 불가능하다는 비관적 입장을 드러내기도 한다. 각자 자신의 위치에서 언급한 일리 있는 말이지만, 나름의 한계를 가지고 있는 것도 분명하다. 사회적 기업의 활성화를 위한 소비자연합은 지속가능한 연대를 할 수 있는 적극적인 소비자연합을 구성할 수 없고, 생산자연합의 능력을 강조하는 것도 유통의 확대에 대한 고민 없이는 궁극적인 한계를 갖는다. 소비자연합의 구성 불가능성을 언급하는 것도 생산자-소비자의 경계구분이 사라지고, 획일화된 문화콘텐츠 소비를 거부하고 대안적인 문화 취향을 원하는 소비자들 등장의 새로운 흐름들을 지나치게 간과한다.

결국 생산자-소비자연합 문화운동이 많은 한계와 난관에도 불구하고 현재 진행 중인 다양한 문화어소시에이션운동을 한 단계 진일보시킬 수 있는 대안이라는 점은 분명한 듯하다. 주지하듯이 '두레생협' '한살림' 등 이미 오래전부터 먹거리 분야의 생활협동조합이 생산자-소비자연합의 성공적인 사례로 등장했고, 최근 의료-주택 분야의 생활협동조합의 경우에는 생산자-소비자연합의 경계를 허무는 통합적인 활동을 하고 있다. 욕구와 욕망을 동시에 실현해야 하는 문화 분야에서의 어소시에이션은 이들 협동조합운동의 예보다는 훨씬 복잡한 조건과 관계가 성립해야 한다. 더불어 영향력은 커졌지만 상당부분 시장경제 안으로 흡수된 생활협동조합의 전례를 그대로 밟을 수는 없는 어떤 새로운 운동의 관점과 실천경로들이 제시되어야 할 것이다. 이제 마지막으로 대안적 문화어소시에이션 구성을 위해 생산자-소비자연합 문화운동의 실천 경로들을 언급하고자 한다.

생산자–소비자연합 문화운동의 실천 경로들

2000년대 들어 문화운동의 지난 궤적들은 주로 국가의 문화정책에 비판적으로 개입하고, 문화산업의 독점화를 반대하고, 조직을 강화하고 조직의 인지도를 높일 수 있는 전략적 캠페인 운동에 집중했지만, 정작 문화 생산자의 다른 편에 서 있는 문화소비자들을 위한 운동을 적극적으로 전개하지 못했다. 문화소비자 운동은 문화산업의 독점 반대운동으로 대체되었고, 시민들을 위한 일상문화의 활성화 운동은 시민들을 문화운동의 대상으로 간주하는 형식적 절차에 머물렀다. 정작 중요한 것은 문화소비자인 대중들이 얼마나 다양한 문화를 즐길 수 있는가에 대한 생산자연합의 충분한 고민들이 부족했다는 점이다. 생산자-소비자연합 문화운동은 이념적, 이론적, 거시적 문화운동의 한계와 공백을 메울 수 있는 대안운동으로 제시될 수 있다. 그렇다면 생산자-소비자연합 문화운동을 어떻게 만들 수 있을까? 이 제안을 구체적으로 말하기 위해 생산자-소비자연합 문화운동의 기본 방향, 생산자-소비자연합 문화운동의 주요 내용, 생산자-소비자연합 문화운동의 실천을 위한 로드맵 구상의 세 가지로 나누어 설명하고자 한다.

생산자-소비자연합 문화운동의 기본 방향

생산자-소비자연합 문화운동의 가장 핵심적인 기본방향은 대안적인 문화생산을 원하는 생산자연합과 대안적인 문화소비를 원하는 소비자연합을 어떻게 연결시킬 것인가에 있다. 그렇다면 먼저 대안적인 문화생산자 그룹들에는 어떤 사례들이 있을까? 가장 먼저 떠오르는 것은 홍대 인디 뮤지션들의 음악이다. 홍대 인디 음악은 음악산업의 독점화 추세에도 불구하고 어려운 환경 속에서도 여전히 자생적인 생태계를 유지하고 있다. 매일, 매주 홍대 클럽에 가면 인디밴드들의 음악을 즐길 수 있고, 어느 정도 기량을 검증받은 그룹의 경우는 음반 제작을 하고 일부 밴드들은 대중적인 인기를 누린다. 홍대 인디음악 생태계는 네 가지 유형으로 분류되는데, 첫 번째 유형은 '크라잉넛' '노브레인' '언니네이발관'과 같이 홍대 인디밴드 1세대들로서 대중적인 인기를 누리고 있는 그룹들이다. 사실상 이들 밴드들은 인디음악의 장에 있다고 보기는 어렵다. 두 번째 유형은 '장기하와 얼굴들' '브로콜리너마저' '국카스텐' '10cm' 등 최근 음악성을 인정받으면서 대중들에게 인기를 얻고 있는 그룹들이다. 이 두 유형은 인디음악 신과 주류음악 신을 넘나드는 활동을 전개하고 있다. 세 번째 유형은 1-2장의 정규앨범이나 EP(Extended Play) 앨범을 내고 홍대 인디 신에서는 유명하지만, 대중적인 인지도가 위의 두 유형에 비해 높지 않은 밴드들로 최근에 활동하는 '9와 숫자들' '아폴로19' '전기뱀장어' 같은 밴드이다. 마지막 네 번째 유형은 홍대 인디클럽에서 정기적인 공연활동을 통해 인지도를 높여나가는 무명의 밴드들로서 현재 홍대 인디음악 신에서는 가장 많은 생태계 수를 형성하고 있다.

독립영화의 경우는 인디음악보다 대중들에게 소개될 수 있는 기회가 훨씬 적다. 기본적으로 독립영화를 상영할 수 있는 공간이 부족한 데다, 상업적인 영화가 대중들의 문화소비를 철저하게 지배하고 있기 때문이다. 독립영화들이 대중들에게 선보일 수 있는 가장 큰 장소는 각종 영화제에서이다. 유통·배급·상영의 어려움에도 불구하고 매년 독립영화들의 제작 편수가 상업적인 영화제작 편수보다 월등하게 앞서 있고 다루는 소재들도 다양하지만, 독립영화 관객 수를 환산하기가 어려울 정도로 철저하게 관객들에게 외면당하고 있다. 이밖에 문학 출판 부문에서는 전통적인 출판사 권력과 근대적 등단제도를 뛰어넘을 만한 새로운 흐름을 발견하기가 어렵다. 이런 사정은 게임 콘텐츠 분야에서도 두드러져 상업적으로 성공한 모바일 게임콘텐츠들을 독립적인 콘텐츠로 볼 수 없다면, 인디게임이 게임마니아들에게 대중적으로 소비되는 경우는 극히 미약하다. 웹툰의 경우에는 인터넷 포털 사이트의 유통 서비스로 인해 독립적인 창작물들이 네티즌들에게 비교적 다양하게 소개되어 상대적으로 독자적인 소비자층을 형성하고 있다.

시각문화예술 분야에서 독립적인 창작자들의 창작활동은 활발하게 이루어지고 있지만, 독립적인 전시회 이외에 대중들과 만날 수 있는 기회는 상대적으로 부족하다. 이는 시각분야의 독립예술가들이 대부분 대안공간에서 활동하거나 서울시가 제공하는 아트팩토리 상주작가로 활동하는 과정에서 발생하는 문제이다. 이들은 창작의 시간을 비교적 여유롭게 가지는 장점이 있지만, 실제 창작물을 가지고 관객들과 대면하는 기회를 충분하게 마련하지 못한다. 오히려 독립적인 시각예술가들은 창작자로서 관객 대중과 만나는 방식보다는 사회운동의 현장에서 문화행동가로 대중들과 만나는 기회가 늘어난 점이 특이하다. 이 과정에서 작가들의 창작능력이 문화행동 현장에서 새로운 가능성을 발견하는 경우가 많았는데, 문제는 투쟁 기금을 마련하기 위한 행사 이외에 이러한 창작의 잠재성을 실제 생산자-소비자를 연결하는 대안적 시장으로 연계하는 플랫폼이 부족하다는 사실이다. 특히 시각문화 예술가들의 작품들을 비싸지 않은 가격으로 구입할 수 있거나, 대중적으로 구매할 수 있는 공방제작에 대한 연계된 작업이 원활하게 이루어지지 못했다. 결론적으로 문화어소시에이션을 위한 생산자들의 창작 환경들이 열악한 상황 속에서도 각각의 영역에서 소비자와 연합할 수 있는 콘텐츠들을 보유하고 있는 것은 사실이다. 문제는 독립적이고 대안적인 각 분야의 창작물들이 소비자들에게 전달될 수 있는 유통경로와 새로운 흐름을 어떻게 생성할 것인가에 있다.

생산자-소비자연합 문화운동은 기존의 지역 화폐운동처럼 호혜적인 태도에 기초한 문화적 능력들의 자발적 상호교환과 잉여가치를 남기지 않는 부조행동과는 다르게 대안적이고 독립적인 시장을 창출하는 것을 목표로 한다. 물론 여기서 말하는 대안적인 문화시장은 생산자들의 막대한 수익창출을 위한 것이 아니라 합리적인 교환행위에 기초한 것으로 소비자들이 접근하기 어려운 비주류 문화예술의 창작콘텐츠들을 저렴한 비용으로 소비자에게 제공하는 것을 말한다. 어떤 점에서 대안적인 문화시장을 만드는 것도 중요한 목표이지만, 좋은 창작콘텐츠들을 대중들에게 유통시키는 것도 그 못지 않게 중요한 목표이다.

물론 생산자연합이 자신들의 창작콘텐츠를 소비자에게 유통시키는 노력을 하지 않은 것은 아니다. 홍대 인디 음악 제작자들은 인디 음악의 대중화를 위해 매월 마지막 주 금요일에 '라이브데이'를 개최했고, 다양한 형태의 음악페스티벌을 개최하기도 했다. '비트볼 뮤직' '파스텔 뮤직'과 같은 인디음반을 전문적으로 유통하는 레이블 역시 인디뮤지션들의 대중소통을 위해 드라마와 영화 OST 프로모션을 적극적으로 진행하기도 했다. 독립영화의 경우도 매년 개최되는 독립예술제뿐 아니라, 시네마테크, 영상미디어센터, 예술영화 전용 스크린을 통해서 관객과 만나려는 노력을 기울였다. 그럼에도 비주류 영역에서 활동하는 생산자들의 연합은 아직 충분하게 소비자들에게 소개되지 못한 것이 사실이다. 생산자연합의 수많은 노력에도 불구하고 이들의 창작콘텐츠가 소비자들에게 제대로 전달되지 못하는 이유는 무엇일까?

물론 비주류 영역의 창작콘텐츠 자체가 대중적이지 않아 대중적 취향과 어울리지 않고, 방송 미디어의 문화자본의 독점 논리 때문인 탓이 크지만, 정작 중요한 것은 대안적인 문화소비를 원하는 다수의 대중들을 하나로 묶을 수 있는 어떤 문화적 경향이나 흐름이 생성되지 못하기 때문이다. 말하자면 서로 영역별로 분리된 생산자연합의 연합이 필요할 뿐 아니라 그 생산의 흐름을 이어갈 수 있는 소비자연합의 형성이 필요하다. 인디음악, 독립영화, 대안미술공간, 대안공연예술, 인디게임과 같은 대안적인 창작콘텐츠들을 소비자들에게 적절하게 제공해줄 수 있도록 공동의 목적을 가지고 재연합하는 계기가 필요하다는 것이다. 소비자연합은 생산자연합에 비해 불안정하고 일관된 요구를 유지하기 어려운 것이 사실이다. 그러나 특별한 문화적 취향을 보유한 소비자들의 연합이 생산자연합의 연합과 만날 수 있는 문화적 계기와 호혜적 교환의 플랫폼이 마련된다면 적극적인 역량을 발휘할 수 있다. 문화자본의 독점으로 소비자들의 문화적 선택의 기회가 줄어들고 그만큼 문화적 취향이 획일화된 면이 분명하지만, 다른 한편으로는 다른 문화적 소비활동, 다른 문화적 취향을 갖고 싶어하는 개인들도 늘어나고 있다. 다만 이러한 다양한 개성을 가진 문화소비자들을 견인하려는 생산자연합의 노력이 부족했다.

그런 점에서 생산자-소비자연합의 문화운동의 기본 방향은 먼저 생산자연합의 연합을 만드는 것이 중요하다. 그 다음 단계로는 비주류 문화취향을 가진 소비자들의 연합을 생성할 수 있는 문화적 계기를 만들고, 마지막으로 생산자연합의 연합과 소비자연합을 연결할 수 있는 대안시장의 플랫폼을 구상하는 식으로 나가야 한다. 대안시장의 플랫폼은 과거처럼 일시적인 페스티벌이나 이벤트가 아닌 실제로 교환행위가 일상적으로 벌어질 수 있는 새로운 장의 형성을 통해서 가능하다.

생산자-소비자연합 문화운동의 주요 내용

새로운 대안시장의 형성은 문화생산자와 소비자를 상시적으로 연결시켜 주는 온라인 문화협동조합과 같은 형태를 통해서 가능할 수 있다. 온라인 문화협동조합은 생산자연합의 연합을 통해서 예술가들이 보유한 다양한 창작콘텐츠 정보들을 통합적으로 관리 유통시키는 대안시장의 공간을 만드는 것을 가장 중요한 사업으로 구상할 수 있다. 생산자들 역시 온라인 문화협동조합의 공급자 회원으로 가입할 수 있고, 소비자들은 일정한 회비를 지불하고 생산자연합이 제공하는 다양한 콘텐츠들을 저렴한 비용으로 구매할 수 있는 기회와 자격을 획득한다. 창작콘텐츠들의 소비는 모두 온라인에서 이루어지는 것은 아니다. 예컨대 음반구매, 공연관람, 영화관람 등은 모두 오프라인 시장을 통해서 거래된다. 그러나 문화협동조합의 형태를 유지하는 데 있어 온라인 방식이 중요한 것은 온라인 네트워크가 생산자연합과 소비자연합을 일상적으로 연결시켜 주는 플랫폼으로 기능할 수 있고, 특히 소비자연합의 잠재력을 확대시킬 수 있기 때문이다. 비주류 창작콘텐츠들을 대규모로 통합 유통시킬 수 있는 온라인 문화협동조합의 운영프로세스는 다음과 같다.

먼저 생산자연합의 연합의 형성을 위한 제작자들의 공동 모임과 합의가 필요하다. 예컨대 독립음악제작자협회, 서교음악자치회, 한국독립영화협회, 우리만화연대, 프린지페스티벌, 대안공간 그룹들 간에 생산자연합의 연합을 위한 공동의 노력이 먼저 선행되어야 하며, 그 합의 과정에 따라 각 영역별로 공급 가능한 창작콘텐츠들을 온라인에서 통합적으로 관리 유통시킬 수 있는 문화협동조합을 구축하는 것이 관건이다. 여기서 온라인 문화협동조합은 온라인 유통에 필요한 최소한의 운영 경비만을 사용하는 것을 원칙으로 해야 한다. 유통시장 자체가 이익을 남기는 것을 배제하는 것이 생산자연합의 연합을 유지할 수 있는 가장 중요한 원칙이다. 고진이 언급한 소비자들의 대안적 유통을 활성화할 수 있는 장이 우선되어야 하지만, 유통을 통한 화폐 이익의 경제는 배제하는 것이다.

다음으로, 온라인 문화협동조합의 구축과 함께 이에 대한 가치와 의미를 부여하는 담론적 실천이 이루어져야 하며, 담론적 실천이 소비자연합의 계기들을 만들어 내야 한다. 소비자연합은 자생적이고 자발성을 가지고 있어야 하지만, 자신의 문화적 소비에 일정한 비용을 지불할 수 있는 태도를 가져야 한다. 온라인 문화협동조합에 가입을 원하는 소비자들은 일정한 연회비, 혹은 월회비를 내면 온라인에서 제공하는 다양한 형태의 독립적인 창작콘텐츠들을 할인하여 구매할 수 있는 권한을 부여받게 된다. 구매 방식은 회원들의 회비가 구매 가격에 모두 합산되는 방식보다는 회원들의 구매에 할인율을 적용하는 방식으로 가는 것이 타당하다. 왜냐하면 소비자들이 구매를 사전에 결정하는 것이 아니기 때문에 연회비, 혹은 월회비는 구매를 위한 최소한의 비용으로 처리되어야 하기 때문이다. 가령 연회비 10만원, 월회비 1만원으로 듣고 싶은 음반이나 음원, 독립영화, 웹툰을 구매할 때, 일정한 구매 횟수에 따라 할인율이 적용되고 나머지 금액을 구입 시에 결제하는 방식을 택하는 것이다.

소비자연합이 미리 지불하는 회비는 거꾸로 생산자연합이 창작콘텐츠를 제작할 때 제작 자본으로 활용될 수 있다. 소비자연합의 회비를 어떤 방식으로 생산자들에게 분배할 것인가 하는 방식은 별도의 규정이 필요하지만, 적어도 소비자들의 회비는 생산자연합의 콘텐츠 제작에 투자 자본으로 활용될 수 있다. 가령 10만 명의 소비자들이 연 10만원의 회비를 내어 콘텐츠제작의 투자비용으로 활용될 수 있다면, 생산자연합은 100억에 해당되는 제작 자본을 미리 확보할 수 있다. 소비자연합은 회비를 투자로 전환할 수 있으며 생산자연합은 투자자본을 콘텐츠 생산으로 전환하여 소비자들에게 다시 재판매할 수 있다. 이 과정에서 온라인 문화협동조합의 운영에서 이익을 남기지 않는다면, 이익은 온전히 생산자연합에게 돌아갈 수 있으며, 소비자는 저렴한 가격에 다양한 문화콘텐츠들을 소비할 수 있다.

투자와 제작, 구매와 이익의 선순환 구조는 생산자연합과 소비자연합의 호혜적 관계를 통해서만 가능하다. 따라서 이익의 배분과 소비의 분배는 결론적으로는 주류 문화자본의 독점에 대항하는 대안시장을 창출하지만, 그것은 단순히 경제적 교환행위에서만 그치지 않고 문화적, 상징적 교환행위로 확산될 수 있다. 새로운 호혜적 문화시장을 만들려는 의지와 열정, 감정의 공유가 대안시장을 유지하기 위한 가장 중요한 관건이며, 이를 통해서 생산자연합과 소비자연합의 생산-소비의 이분법의 경계가 허물어질 것이다. 호혜적 교환행위를 통한 대안문화 시장의 생성은 생산자연합과 소비자연합의 공동의 노력과 책임을 통해서만 가능하기 때문이고, 모두가 대안문화를 형성하는 주체가 될 수 있기 때문이다. 그것은 생산자연합 문화운동임과 동시에 소비자연합 문화운동이기도 하다.

생산자–소비자연합 문화운동의 실천을 위한 로드맵

비자본주의적 삶을 살아가기 위한 생활공동체의 역능이 먹거리, 주택, 의료와 같은 생활 필수 영역만이 아니라 문화의 영역에서도 가능할 수 있으려면, 이 문제의식을 대중적인 문화운동의 형태로 가지고 가야 할 것이다. 앞서 설명했듯이 생산자연합과 소비자연합의 연결에서 가장 중요한 것이 교환행위를 활성화시킬 수 있는 대안적인 플랫폼을 만드는 것이라면, 생산자-소비자연합의 문화운동의 성공의 열쇠는 창작자와 수용자를 연결시킬 수 있는 매개자 운동 주체들의 역할이다. 서로의 다른 이해관계와 관심사를 가진 생산자연합을 하나로 묶을 수 있는 근거와 명분을 누가 만들 것인가 하는 것은 문화활동가 당사자들이 해야 할 몫이다. 소비자연합의 흐름을 만드는 주된 역할역시 문화활동가들의 몫이다. 마지막으로 생산자-소비자연합 문화운동의 실천을 위한 경로를 다음과 같이 제시하고 글을 마치고자 한다.

먼저 대안문화 시장을 형성하기 위한 생산자연합의 연합을 설득력있게 제시할 수 있는 이론적 구성이 선행되어야 하고, 개별 문화예술장르 단체들을 중심으로 이 문화운동의 목적과 내용을 설명할 수 있는 내실 있는 제안서 구성이 필요하며, 함께 이 문제를 놓고 토론할수 있는 담론적 공간이 필요하다. 그리고 서로 다른 창작콘텐츠들을하나의 유통구조로 통합할 수 있는 연합의 연합, 즉 통합적 조직형태를 구상해야 한다. 나는 앞선 설명에서 온라인을 기반으로 한 문화협동조합 형태를 제시한 바 있다. 물론 문화협동조합은 최근의 협동조합기본법의 개정, 예술인복지법의 개정, 사회적 기업의 확산이라는 중립적인 문화환경의 흐름을 진보적이고 독립적인 관점으로 전환해야하는 과제를 안고 있다. 통합적인 유통망을 구축하는 협동조합의 형태 없이는 생산자-소비자연합의 운동은 성공할 수 없다.

온라인 문화협동조합의 형태는 사실 궁극적으로는 그 자체로 목적이 될 수는 없다. 그것은 대안문화 시장을 창출하기 위해 일시적으로 필요한 기능을 행사할 뿐이다. 생산자-소비자연합 문화운동의 궁극적인 형태는 연합의 연합에서 다시 연합의 재분화로 나가야 한다. 각기 자율적인 문화예술의 영역들이 더 많은 발전을 위해 자기 진보를 이루어야 하고 소비자들은 더 강력한 연합의 능력을 보여주어야 한다. 소비자연합은 처음에는 호혜적 태도로 시작했다가 나중에는 능동적, 적극적 태도로 바뀌어야 하고, 생산자연합의 연합은 처음에는 대안시장의 유통의 힘에 의존하다 나중에는 독자적인 제작과 유통의 능력을 확보해야 할 것이다.

생산자-소비자연합운동에 대한 제안은 많은 논쟁지점을 안고 있고 앞으로 분명한 입장과 자기 설정이 요구되기도 할 것이다. 문화예술 창작자들과의 많은 토론과 논쟁이 필요하고 문화소비자들에게 설득력 있는 제안을 위한 담론적, 제도적 실천을 해야 한다. 문화어소시에이션운동으로서 생산자-소비자연합 문화운동의 아주 구체적인 실천경로들은 지면의 한계로 인해 충분히 설명하지는 못했다. 구체적 실천경로는 담론적·이론적 논쟁과 함께 문화예술의 생산자들과 소비자들의 연대를 위한 다양한 현장에서의 모임과 토론을 통해서 구체화될 수 있을 것으로 기대한다. 생산자-소비자연합의 새로운 문화운동을 위한 추가 논의들은 앞으로 계속되어야 한다. (2013)

제12장

—

문학장의 위기와
대안 문학생산 주체

신경숙 표절 사태가 야기한 문학장의 국면

소설가 신경숙씨의 표절 사태를 바라보는 가장 중요한 관점은 '창작-비평-출판'의 구조화된 공간으로서 문학장의 위기와 변동에 대한 징후적 독해가 아닐까 싶다. 신경숙 표절 사태가 문학장의 어떤 중요한 국면을 몰고 왔다면, 그것의 핵심적인 쟁점은 신경숙 표절의 윤리적, 도덕적 문제를 질타하는 것을 넘어, 그리고 2000년대 이후 신자유주의 시장 독점과 경쟁 논리에 종속된 문학권력의 문제를 비판하는 것을 넘어, 지배적 문학 장의 내파가 진지하게 시작되었음을 징후적으로 읽는 일일 것이다. 소설가 이응준씨의 문제제기로 시작된 "신경숙 표절-문학권력"이란 커넥션은 사실 문학계에서는 이미 '전가의 보도'처럼 알고 있던 바이지만, 이를 다시 환기시켜 그 구조적 모순들을 복기하고 다른 국면으로의 이행을 위한 논의의 출발점으로 삼는 것은 지금 이 시점에서 중요한 일이다. 신경숙 표절 국면을, 문학장의 위기가 참을 수 없을 만큼 임계점에 도달했다는 징표로, 문학장의 내파의 가능성은 현실성으로 이행할 수 있다는 판단의 계기로 삼자는 것이다. 표절의 국면에서 논란의 주체의 위치를 신경숙에서 "문학장의 타자화된 주체"로 전도시키는 인지적 사유는 문학권력을 비판하는 진영에서조차 시도가 쉽지 않은 것이 분명하지만, '창작-비평-연대'의 대안적 흐름들을 생산할 수 있는지를 질문하지 않고서는 정문순에서 이응준에 이르기까지 신경숙 표절을 공론화하려는 자들의 궁극적인 목적에 화답할 수 없다.

신경숙 표절 사태가 왜 이토록 관심을 끌게 된 것일까? 신경숙의 도덕적, 윤리적 거짓 행위에 대한 국민적 충격, 그녀가 썼던 주옥같은 문장을 읽고 마음에 치유를 받았던 독자들의 배신감, 한국문학이 이것밖에 안되는가를 스스로 힐책하는 문단계의 자조감, 그리고 표절에 대한 작가 본인과 그녀의 책을 출간했던 출판사, 그 출판사에서 비평 활동을 했던 편집위원의 궁색한 변명, 이것들이 사태의 현상을 극렬하게 과열시킨 원인이다. 그리고 소셜네트워크서비스SNS를 통한 정보의 빠른 확산, 미디어의 과열·과잉보도, 그리고 이 과열 사태를 여성 혐오주의 연장으로 보는 시각을 둘러싼 논란 등등이 더해지면서 신경숙 표절 사태는 최근 몇 년 동안 한국 문학과 관련된 내용 중에서 가장 높은 대중적 관심을 받고 있다.

신경숙 표절 논란의 높은 관심은 일차적으로 신경숙 본인의 표절행위에 대한 대중적 충격과 온라인 공론장의 과열에서 비롯된 것이다. 그러나 다른 한편으로 이 사태에 대한 높은 관심은 지배적 문학장에서 벗어나 뭔가 다른 탈출구를 찾고 싶어 하는 사람들의 의지에서 비롯된 것이기도 하다. 인신공격에 가까운 표면적 감정의 상태를 제외하고는 신경숙 표절 사태는 지배적 문학장에 새로운 변화가 필요하다는 잠재의식이 응축되었다가 폭발하게 한 계기가 되었다. 결과적으로 신경숙 표절 사태는 한국문학의 미래를 위해 매우 중요한 국면이 된 셈이다. 그래서 문제는 신경숙 표절과 문학권력에 대한 동어반복적인 비판에 가세할 게 아니라 지배적 문학의 장을 내파하는 대안적 문학생산 주체를 생성하는 것이다.

문학장은 배제와 전복의 법칙이 가동되고 있다. 피에르 부르디외의 언급대로 입장의 구조화된 공간으로서 문학장에서는 신경숙 표절을 비판하는 자들을 배제하려는 자들과 그 비판을 통해 지배적 문학장을 전복하려는 자들과의 암묵적 싸움이 벌어지고 있다. 문학의 게임의 규칙에서 성찰, 윤리, 도덕성에 대한 요구는 아무런 의미가 없다. 왜냐하면 지배적 문학의 장에 위치하고 있는 사람들이 표절의 윤리와 도덕, 성찰을 모르는 게 아니기 때문이다. 그들은 단지 문학장의 배제와 전복의 법칙을 생성하는 주체들로서 그 표절의 사실을 외면하고 기각하길 원할 뿐이다. 지배적인 문학의 장 안에 참여한 자들에게 "윤리가 없다, 성찰이 없다"고 비난을 하는 것은 사태의 상황을 잘 모르는 행위이다. 그들은 윤리와 성찰이 없는 게 아니라 장의 논리에 따라 윤리와 성찰을 외면할 뿐이다. 그런 점에서 신경숙과 문학권력을 비판하는 화법의 위치는 오히려 표절의 당사자, 문학권력의 당사자를 향한 것이 아니라 비판자 자기 자신을 향한 것이어야 한다.

문학장이란 무엇인가?

여기서 잠시 피에르 부르디외의 논의를 빌어 문학장의 일반적 원리에 대해 언급하고자 한다. 부르디외는 문학의 지위는 하나의 장의 형태로 존재한다고 본다. 그에 따르면 장이란 공시적으로 파악할 때, "입장들의 구조화된 공간"[1]으로 드러난다. 장에는 장의 일반적인 법칙이 있다. 부르디외는 그 법칙을 장의 전유와 배제의 법칙으로 간주한다. 가령 모든 장에는 그 장에서만 사용되는 입회권의 빗장을 부수려는 신참자와, 독점을 옹호하고 경쟁을 배제시키는 지배자 사이의 투쟁이 있다. 하나의 장은 다른 장들의 고유한 이해관계와 목표로 환원될 수 없다. 하나의 장이 가동되기 위해서는 게임의 목표와 그 게임을 행할 사람들, 다시 말해 게임의 내재적인 법칙과 목표 등에 대한 인식과 인정을 함축하는 아비투스를 지닌 사람들이 있어야 한다. 부르디외는 장에서 활동하는 개인들의 아비투스가 감정의 형태가 아닌 상징적 자본의 형태로 존재하는 것으로 보면서 장의 구조들 간의 자본의 분배방식에 주의를 기울였다. "장의 구조는 투쟁에 참여한 주체자 혹은 제도들 사이의 역학관계, 이전의 투쟁을 통해 축적되어 이후 그 전략의 방향을 결정짓는 특정 자본의 분배관계의 상태이다. 장에서 발생하는 투쟁들은 해당 장의 특징을 나타내는 합법적인 폭력의 독점을 다시 말해 특정 자본의 분배구조의 전복, 혹은 보존을 목표로 삼고" 있는 것이다(129).

부르디외는 전복과 보존을 위한 장에서의 투쟁이 명시적으로 드러

---

1. 피에르 부르디외, 『상징폭력과 문화재생산』, 정일준 역, 새물결, 129. 이하 이 책에서의 인용은 본문에 그 쪽수를 표시한다.

나는 것만은 아니라고 본다. 그것은 장에 참여한 모든 사람들이 장의 기본적인 이해관계를 너무나 자명하게 받아들이기 때문이다. 이 과정에서 적대관계 속에 감춰져 있는 객관적인 공모가 이루어진다. 그 공모는 명시적으로 합의한 것이 아니라 구조화된 장에서 무의식적으로 생산된 것이며, 그래서 장의 게임에 참여하는 사람들은 자신들이 함께 공모했다는 사실을 망각한다. 부르디외는 장의 형성과 장의 재생산은 바로 이 망각된 공모의식이 구조화되면서 이루어지는 것으로 본다.

사람들은 투쟁이란 마땅히 투쟁해야 할 것, 자명한 것 속에 억압되어 있는 것, 지배견해에서 유기된 것, 다시 말해 게임 규칙, 목표 그리고 사람들이 게임을 행하고 게임에 참여하고 있다는 사실 때문에, 미처 알지도 못한 채 은연중에 받아들이고 있는 그 모든 전제들 등, 그 장 자체를 이루고 있는 모든 것에 대한 적대자들 사이의 합의를 전제로 한다는 사실을 잊고 있다. 투쟁에 참여한 사람들은 장에 따라 제법 완벽하게 게임 목표의 값어치에 대한 믿음을 만들어 내는 데 이바지함으로써, 그 게임의 재생산에 기여한다(130).

전유와 배제의 법칙, 제도적 법칙과 자본의 분배, 상징적 자본의 형태로 가동되는 권력관계, 그리고 장의 재생산과 무의식적인 공모관계 등이 "장의 일반적인 원칙"이라고 한다면, 문학의 장은 그 원칙들 내에서 어떤 특성을 가지는가? 먼저 언급할 것은 문학의 장이 사회의 장과 권력의 장 안에 수렴되면서도 그것과 구별되는 나름의 특성을 가진다는 점이다. 문학장의 특성은 언어적 자산 혹은 문학성의 상징자본에서 비롯된다. 부르디외가 언어를 자산으로, 문학성을 상징자본으로 간주하려는 점은 문학의 특수성을 순전히 정신의 구현인 문학성으로 간주하려는 휴머니즘 전통과는 아주 다른 위치에 있다. 그러나 부르디외가 말하는 경제적 자산과 상징자본은 문학의 외재적인 요소가 아니다. 오히려 그것은 언어, 스타일, 대화, 화법 등 문학텍스트 내의 구체적인 서사 속에서 발견되는 내재적인 문제이다. 요컨대 문학의 텍스트가 내부에 있고, 문학의 장이 외부에 따로 존재하는 것이 아니다. 문학의 장이 구조적이고 상호텍스트적인 형태를 띤다는 것은 바로 이런 의미에서이다. 장의 구조는 오직 문학의 언어를 통해서만, 문학의 언어는 오직 장의 구조를 통해서만 그 객관성을 확보할 수 있다.[2] 이제 문학의 장의 기원과 구조를 검토하기 위해서 다루어야 할 중요한 문제들을 정리하면 다음과 같다. 1) 문학장의 위치, 2) 문학장의 구조적 형태, 3) 문학장의 실천전략. 이를 좀 더 구체적으로 요약하면, 첫째 사회의 장과 권력의 장 내부에서 문학이 차지하는 위치, 둘째 행위자들의 객관적인 특성뿐 아니라 장 안에서 벌이는 행위

---

2. 가령 다음과 같은 언급을 보자. "결론적으로 부르디외는 문학예술 작품들을 구체적인 언어를 소유한 것으로 간주하기 위해, 외재적인 분석의 실패를 비판한다. 그렇다고 이것이 우리가 보았듯이 그가 문학언어, 혹은 문학성만이 문학, 혹은 문학적 실천에 대한 적절한 설명을 제공해 줄 수 있다는 형식주의자의 주장을 수용한다는 의미가 아니다. 문학의 형식과 언어에 대한 분석은 문학연구에 있어 본질적인 부분이지만, 그것이 상호텍스트적으로 이해되었을 때에만, 그것이 도출된 사회적 관계의 객관적 장 안으로 들어갈 때에만 그 의미를 십분 발휘할 수 있다. 부르디외의 견해에서는 각기 다른 가능성들 내에서 실제 이해관계를 쥐고 있고, 모든 전략을 펼칠 사회적 행위자(작가, 비평가 등)들 사이의 힘들의 균형을 무시할 수 없다. 각기 다른 입장들의 체계로 간주되는 상호텍스트성이란 생각이 유지되고, 사회적 관계들의 구체적인 단위에서 행위자(생산자), 행동(의식적이든 무의식적이든)이라는 통념들이 재도입되는 유일한 방법만이 예술작품의 내재적이고 외재적인 독해의 화해할 수 없는 차이들을 넘어설 수 있다. 그것이 바로 부르디외가 장과 아비투스라는 개념으로 발전시키려 하는 방법이다"(Randal Johnson, "Preface," in Pierre Bourdieu, *The Field of Cultural Production* [New York: Colombia University Press, 1993], 14).

자들의 투쟁의 양상과 그들의 특정 구조, 셋째 장과 아비투스의 실천이라는 것이 부정적이면서도 긍정적, 수동적이면서도 능동적이고, 정통이면서도 이단적인 이중성을 가지며, 문학장에 대한 투쟁은 후자를 통한 전자의 전복이라는 점이다. 대안적인 문학생산의 장을 논의하는 이 자리에서 이 세 가지를 모두 설명하는 것은 적절하지 않아 마지막 세 번째 문학장의 실천전략에 대해서만 언급하고자 한다.

문학장의 구조는 어떻게 구조화되는가? 문학장은 유용한 위치들의 분배(봉헌된 예술가/고뇌하는 예술가, 소설가/시인, 예술을 위한 예술과 사회주의 예술)에 의해서, 그 위치들을 견지하는 행위자들의 객관적인 성격들에 의해 구조화된다. 장의 역동성은 이러한 위치들 사이의 투쟁에 기초한다. 부연하자면 장의 역동성은 "기성전통의 정통성과 새로운 문화실천의 양식들의 이단적인 도전 사이의 갈등에서 표현된 투쟁이다."[3] 부르디외는 이 투쟁의 대립적인 관계를 입장position과 입장취하기position-takings로 명명한다.

입장과 입장취하기 사이의 관계는 개별 행위자들의 성향들과 그들이 장 안에서 벌이는 게임에 대한 감정에 의해 매개된다. "장이 위치들 사이의 객관적인 관계들(지배나 종속, 보충이나 적대성)의 그물"[4]이라고 했을 때, 입장은 그 장 내부의 안정된 배치관계를 의미한다. 입장은 그런 점에서 장의 자본과 권력관계들을 배분하는 구조에 종속된다. 이에 비해 입장취하기는 안정된 장을 내파시키고 장의 새로운 형성을 유도하는 행위자의 실천을 말한다. 사실 모든 문학의 장은 이러

---

3. Ibid., 16.
4. 피에르 부르디외, 『예술의 규칙』, 하태환 역, 동문선, 1999, 231. 이하 인용은 본문에서 그 쪽수만 표시한다.

한 입장과 입장취하기라는 객관적인 두 구조 사이의 관계에서 생성된다. 부르디외는 이 두 관계를 "생산장 속에서 입장들 사이의 객관적 관계들의 구조와 작품들의 공간 속에서 입장취하기 사이의 객관적인 관계들의 구조"(233)라고 불렀다. 입장취하기는 장의 외적인 힘에 의해서 형성되는데, 이 외적인 힘은 행위자의 독특한 성향이나 아비투스일 수 있으며, 경제적인 조건의 변화나 정치적 혁명의 계기들과 같은 것들이 장에 미치는 영향이 될 수도 있다.

여기서 한 가지 짚고 넘어가야 할 사실은 부르디외가 말하는 입장취하기는 단지 정치적인 입장뿐 아니라 문학의 내적인 스타일까지 포함한다는 점이다. 장의 보전과 전복 사이의 투쟁은 장의 형태를 변형시키는 투쟁인데 이때 이 투쟁의 핵심은 정치적 이념이 아니라 정치적, 실험적 스타일의 능동성이다. 결론적으로 문학의 장에서의 투쟁은 이렇듯 기존의 위치를 보존하려는 입장들의 객관적 구조와, 새로운 입장을 생성하려는 입장취하기의 객관적 구조 사이의 내적인 투쟁[5]으로 볼 수 있다.

문학의 장은 그 안에 들어오는 모든 사람들에게 작용하는 힘들의 장이다…그리고 또 문학장은 이 힘들의 장을 보존하거나 변형하려는 경쟁적 투쟁들의 장이다. 분석의 필요 때문에 대립'체계'로 취급

---

5. 이 투쟁의 과정에서 위치취하기를 어떻게 할 것인가에 대한 전략strategy과 궤도 trajectory 정립이 중요하다. 전략은 실천의 구체적인 방향으로 이해된다. 아비투스의 산물로서 전략은 의식적인 계산에 기반하는 것이 아니라 오히려 실천을 향한 무의식적인 성향들에서 연원한다. 궤도는 일련의 연속적인 문학장의 상태들에서 동일한 작가에 의해 점유된 입장이나 위치들의 계열들로서 행위자와 장 사이의 관계가 객관화되는 한 방식이다(Randal Johnson, 17-18).

할 수 있는 입장취하기들(작품들, 선언들, 정치적 선언들 등)은 객관적인 이러저러한 동의적 형태의 결과가 아니라, 영구적인 갈등의 산물이고 내기물이다. 달리 말하면, '이 시스템'의 생성적이고 통일적인 원칙은 투쟁 그 자체이다(232).

한국 문학장의 변동과 문학권력

문학의 장은 배제와 전복이란 대립적인 투쟁의 장이다. 앞서 부르디외의 논의를 전개하면서 언급했듯이 문학의 장은 새로운 주체들을 배제하려는 '입장'과 그러한 입장을 전복하려는 '입장취하기' 사이의 투쟁인 것이다. 그러나 상황과 국면에 따라 문학장의 배제와 전복의 법칙은 각기 다른 세력들을 형성한다. 신경숙 표절 사태는 한국 문학장의 변화된 양태를 가장 극적으로 보여준다.

신경숙 표절 사태는 2000년대 이후 지배적 문학장의 세력과 그들 간의 공모관계가 바뀌었음을 확인케 해준다. 2000년대 이전에 한국 문학장의 지배적 구도는 문학을 바라보는 정치적 이념과 문학의 사회적 역할에 대한 차이를 통해 형성되었다. 이른바 '민족문학 진영 대 순수문학 진영' '노동자계급 문학 대 부르주아 문학' '창비와 문지' '민족문학작가회의 대 예총 문인협회' 등 지배적 문학장의 구조는 정치적 이념과 문학의 사회적 역할이라는 논리에 의해 명확하게 그 대립이 형성되었다.

그러나 2000년대 이후 지배적 문학장의 구조는 새로운 변화를 경험하기 시작했다. 특히 '문학동네'의 등장 이후 창비 대 문지라는 오랜 문학장의 대립구도가 깨지고 모두 각자의 문화적 아비투스를 자원으로 삼아 문학시장에서 생존하려는 움직임들이 일어났다. 이러한 상징적 아비투스의 구별짓기는 문학이 시장으로 본격 편입되는 사이에 한동안 유지되는 듯하다. 2000년대 중반 이후 문학시장의 대형화 흐름에 모두 편입되면서 자신들의 문화적 아비투스의 차이들을 스스로 기각시키는 상황이 초래했다. 이제는 "어느 출판사 출신의 작가"라는 특이성이 "어느 작가가 출간한 출판사"라는 일반성으로 전환되었다. 이로서 '창비'와 '문학동네' 사이의 출판자본의 전쟁은 종식되고 베스트셀러 작가들을 공유하는 평화로운 시장의 '벨 에포크' 시대가 도래했다. 지배적 문학의 장은 "시장의 논리, 문화자본의 논리"로 재편되면서 어제의 적이 오늘의 동지가 되었다. '창비' '문학동네' '민음사' '문지'는 당대 지배적 문학장을 공동으로 구성하는 지배 내 분파들이 되었다.

한국의 지배적 문학의 장이 갖는 또 한 가지 변동 지점은 바로 문학을 생산하는 집단들 사이의 공모관계이다. 민주적 정권 교체 이후 문학 장 내에서 대립했던 문학단체들은 "공공성을 빌미로 한 형식적 거버넌스의 논리"를 내세우며 지배적 문학의 장을 새롭게 구성했다. 국가지원이나 정부의 사업보조금의 이해관계가 표면화되면서 민예총, 예총이 하나의 지배적 문화예술의 장을 형성하게 되었다. '문학의 공공성과 거버넌스'라는 논리 하에서 문학단체들이 벌인 공공지원이란 인정투쟁은 물론 정권이 바뀌면서 일시적인 전략수정을 했다. 그러나 국면에 따라 입장취하기를 다르게 선택한 진보적인 문학단체나 보수적인 문학단체들의 공공지원 인정투쟁은 모두 지배적 문학 장의 권력효과에서 비롯된 것이라 할 수 있다. 국민의 정부와 참여정부 시절에 정부보조금을 받았던 민족문학작가회의는 자신들이 지배적 문학의 장에 위치한다는 것을 그것으로 입증한 셈이다. 민족문학작가회의의 전신인 한국작가회의가 이명박 정부 하에서 한국문화예술위원회의 보조금 집행 시에 요구했던 이른바 '불법집회 미참여 확인서'를 강력하게 비판하며 보조금 집행을 거부한 바 있다. 그러나 2014년 1월 7일 자 성명서에 보조금 제한 규정 개정안에 환영의 뜻을 표명한 성명서를 낸 것은 결국 공공지원에 대한 전면적인 철회가 아닌 제한적 조건에 대한 철회를 요청한 것으로 파악할 수 있다. 자기 단체 출신의 야당 국회의원을 통해 국가예산으로 한국근대문학관 설립을 오랫동안 요구해온 한국작가회의나 예술인회관을 통째로 말아먹고 있는 예총과 그 산하 단체 한국문인협회나 모두 지배적 문학의 장에 위치하고 있음을 스스로 입증하려고 한다. 그리고 소위 "공공성을 빌미로 문학 지원 재원의 확대와 문학계로의 집중된 지원요구"라는 공모관계는 여전히 유지되고 있어 보인다.

흥미로운 점은 지배적 문학의 장에 위치한 출판사들과 문학단체들이 모두 자신들이 스스로 지배적 문학의 장 안에 참여하고 심지어는 동일한 문학(문화)권력의 장 형성에 공모하고 있다는 사실을 망각하고 있다는 점이다. 신경숙 표절 사태는 자신들이 지배적 문학의 장에 공모하고 있다는 사실을 일깨워 주었다. 따라서 현재 문학장의 배제와 전복이라는 지배적 구조는 창비냐 문지냐, 창비냐 문학동네냐, 민예총이냐 예총이냐, 한국작가회의냐 예총 문인협회냐의 대립구조를 표상하는 것이 아니라 이들이 모두 하나의 지배적 문학장을 형성하고 있다는 점을 지각하게 해준다.

이런 지배적 문학장의 공모관계를 고려할 때, 지배적 문학장을 보존 유지하려는 창작-비평-출판-문단-담론 진영과 이들을 전복하려는 새로운 문학장의 주체 형성과의 싸움이 바로 신경숙 표절 사태의 핵심이다. 중요한 것은 이들을 모두 문학장의 구세력으로 규정하고 이 낡은 세력에 맞서 새로운 문학장의 출현이 가능한가에 대한 성찰과 실천이다.

대안적 문학생산 주체들의 생성은 가능한가?

그렇다면 새로운 문학장의 출현은 가능한가? 물론 쉽지 않고 불가능할 수 있다. 워낙 문학장 자체의 위력이 경제 사회의 장에 비해 약하고, 문화산업의 시장 내에서의 생존이 힘들어진 상황이라 오히려 지배적인 문학장을 지키려는 이들의 무의식적이고 암묵적인 공조는 더 강화될 것이다. 지배적 문학의 장은 신경숙 표절 사태로 인해 더 공고해질 수도 있다. 신경숙 표절 사태로 '창비'나 '문학동네'가 무너지는 것을 원치 않는 문학장의 이해관계 하에 놓여 있는 세력들은 출판 시장이 어려워진 상황에서 문학권력의 존재를 오히려 반길지도 모르겠다. 마치 문화자본 독점에 대한 해체가 한국 문화산업의 시장기반을 훼손할 것이라는 주장과 마찬가지로, '창비'와 '문학동네'의 몰락은 불가능할 뿐더러 바람직하지도 않다고 보는 입장도 많다. 신경숙 표절로 한국문학의 세계화가 위축되면 안 된다는 일종의 "글로벌 국민문학파"들의 의견도 적지 않다. 이는 케이팝에 대한 대중들의 "초국적 국민주의" 반응과 유사하다.

그러나 새로운 문학장을 형성하려는 실천들에 대한 비평운동과 문학인들의 사회적 실천에 대한 사회적 연대에 대한 요청이 전혀 없는 것은 아니다. 그리고 문학의 공공성에의 요구로 공공지원을 요구하는 낡은 방식에서 벗어나 창작인들의 자유로운 연합을 가능케 하는 문학의 어소시에이션과 사회적 투쟁에 참여하는 문학의 정치적, 경제적, 문화적 커먼스commons의 흐름이 가시화되고 있는 만큼 이에 대한 이론화가 필요한 시점이다.

의미심장하게도, 최근 신경숙 표절이 공론화되기 이전에 지배적 문학장을 내파하려는 새로운 실험들이 생겨났다는 점은 신경숙 표절 사태의 국면과 무관하지 않다. 예컨대 배수아, 백가흠, 정용준이 편집위원으로 참여하고 있는 격월간 소설 전문 문예지 『악스트Axt』,[6] 2013년 봄에 창간한 『소설문학』, 2015년 6월에 창간한 '미스테리물' 전문 격월간지 『미스테리아』, 2014년에 창간된 웹진 〈소설리스트〉 등 새롭게 창간하는 문학잡지들의 등장은 그 위력의 현실적 강도와 상관없이 지배적 문학장의 내파를 위한 징표들이다. 이밖에 2015년 여름에 창간한 『문학과 행동』 역시 문자의 행동과 수행성을 중시하는 잡지로서 문단에서 소외된 작가들이나 원로작가들의 작품들을 적극적으로 발굴하

---

6. 7월 1일자로 창간된 『악스트』는 위축된 국내 소설시장을 활성화시키기 위해 2900원이라는 저렴한 가격으로 판매하고 있다. 이 잡지의 편집장 백다흠씨는 한 인터넷 통신사와의 인터뷰에서 『악스트』가 '문단권력'에 대한 대안으로서 나온 것이 아니라, "소설 독자들을 다시 소설로 끌어들이려는 '시장의 요구' 때문에 생겨난 것"(〈뉴스1〉 2015년 7월 3일자 인터뷰, "책은 우리 안의 얼어붙은 바다를 깨는 도끼" 참고)이라고 밝혔지만, 이들이 시도하고 있는 창작경향과 출판방식은 지배적 문학장의 법칙과는 다른 법칙을 가지고 있다. 창간호에 실린 소설가 천명관씨의 인터뷰도 지배적 문학의 장에 대한 날선 비판을 담고 있다. "지금의 문단 시스템은 독자와 상관없이 점점 더 대학에 종속되어가고 있다. 문창과가 없으면 문학도 사라질 거라는 얘기들을 한다. 선생님들은 모두 대학을 근거지로 삼아 물밑에서 문단에 보이지 않는 영향력을 행사한다. (…) 처음엔 나도 다들 외로우시니까 잔칫상에 와서 한두 숟가락 떠드시는 거라고 좋게 생각했다. 나아가 문학을 사랑하는 충정이라고까지 이해했다. 하지만 한두 숟가락 정도가 아니라 아예 문학의 형질을 바꿔놓고 있다는 게 문제다. 자신들의 권위를 위해 문학을 고립무원의 산중으로 끌고 들어가 작가와 독자들의 거리를 점점 더 벌려놓고 있다"(천명관, 『악스트』 창간호 인터뷰; 『경향신문』, 2015년 7월 2일자 기사 재인용).

고 게재하려는 전략을 가지고 있다. 이 역시 지배적 문학장을 응시하
는 다른 출판방식을 기획하면서 대형출판사와 문단의 카르텔을 문제
삼고 있다.[7] 소설가 이인성, 시인 김혜순, 평론가 성민엽, 정과리가 참
여하는 새로운 문학동인 〈문학실험실〉도 문학권력의 지배적 장에 대
한 문제의식에서 비롯되었다.[8] 이미 오래 전에 제기되었다가 수면 아
래로 가라앉았던 신경숙 표절이 뒤늦게 공론화를 통해 큰 논란을 일
으킨 것과 그 시점에 즈음하여 대안적인 문학생산 주체들의 목소리가
다성적으로 등장한 것은 단지 우연의 일치만은 아닐 것이다.

창작주체들의 새로운 잡지창간이나 문학공동체의 시도들과 함께
사회적 투쟁과 연대에 적극적으로 동참하는 소수집단의 문학공동체
들이 존재한다. 시인 심보선, 송경동, 김선우 등이 참여하는 '304낭독
회'는 세월호 희생자 304명을 추모하기 위해 만들어진 문학공동체 그
룹으로 "'304번의 한 달'이라는 슬로건으로, 가슴 한 구석 응어리에
서 돌아오지 못한 세월호 희생자 304명을 추모하기 위해 총 304번의
행사"[9]를 이어나간다. 그리고 대학에서의 인문학 연구 지배체계의 한
계를 간파하고 대학 밖에서 인문학의 장을 열고자 하는 '인문학협동

---

7. 이 잡지의 발행인인 시인 이규배는 2015년 7월 14일자 〈연합뉴스〉와의 인터뷰에서 "대
형 출판사들이 견고한 카르텔을 형성하고 작가와 작품이 상품화돼 버렸다는 중견 작가
들의 문제의식이 모였다"며 "명망에 의존하기보다 묻혀 있는 작가나 원로 작가의 작품을
적극적으로 싣고 사회 참여적인 발언도 적극적으로 담을 계획"이라고 말했다.

8. 〈문학실험실〉의 동인 중 하나인 이인성은 『국민일보』, 2015년 7월 10일자 인터뷰에서
"문학이 일회성 소모품으로 취급받는 등 문학의 가치가 심하게 훼손되고 있다는 데 문
제의식을 같이하고 지난해 말부터 함께 준비해 왔다"면서 "거대 출판사의 시장논리에서
벗어나 본격 문학, 무엇보다 실험정신이 발현될 수 있는 독립적인 문학공동체를 추구하
고자 한다"고 밝혔다.

9. 〈노컷뉴스〉, 2015년 4월 9일자 기사 "세월호 304명을 기억하며 1달에 1번씩…'304낭독
회'" 참고.

조합'이나 일반 독자들의 자발적인 독서 연합체인 땡땡책협동조합,[10] 독립 문예잡지로서 개인들의 소셜 펀딩으로 운영되는 〈더 멀리〉[11]도 기존의 전통적인 문학계간지 회원 방식과는 다른 시스템을 시도한다. 창비와 문학동네와 같은 거대 상업적 출판사들의 지배적 장을 내파시키는 일이 어려운 일이지만, 새로운 "창작-비평-출판-운동 주체들"의 등장은 신경숙 표절이 공론화된 시점에서 새로운 문화운동의 가능성을 엿보게 해준다. 지난 6월 23일 첫 번째 토론회에서 토론자로 나선 심보선 시인의 다음과 같은 토론문은 원래 존재했던 대안적 "창작-비평-출판-운동 주체들"의 형성의 가능성을 탐사할 수 있게 해준다.

10. 땡땡책협동조합 카페에는 다음과 같은 소개 글이 있다. "땡땡책협동조합은 책을 읽고 쓰고 만들고 전하는 모든 이들과 함께 책 읽기를 바탕으로 스스로의 삶을 성찰하고 이웃과 연대하며 자율과 자치를 추구하는 독서 공동체입니다. 건강한 노동으로 책을 만들고 합당한 방식으로 나눌 수 있는 구조를 만들어가는 게 저희들의 목표죠. 대개 독서는 혼자 하는 거라 여기지만, 함께 책을 읽고 생각을 나누며 즐거운 모임을 이어나가는 일에는 삶을 조금씩 흔들고 나아가 기반을 바꿔놓는 저력이 있어요. '국가폭력' 기획독서회, '기본소득' 기획독서회처럼 공부모임을 만들고 늘려가며 독서모임과 독서모임을 잇고, 자본과 유통의 힘에 휘둘리는 소규모 독립 출판사들과 협약을 통한 도서 직거래도 시도하고 있어요. '밀양 송전탑' 문제처럼 엉망으로 굴러가는 이놈의 세상에서 사회적 참여가 필요한 일들에 나서기도 하고요. 그밖에 땡땡이 유랑독서회나 책 박람회, 땡땡이 소식지도 만들고, 땡땡이출판협동조합 준비모임도 고민하고 있어요. 조합원의 책꽂이를 공유하고 헌책을 나누는 땡땡이 책방, 도서관도 만들어보려고 하고요. 이 원대한 계획을 성사시킬 힘은 우리 관계 속에 있다고 믿어요. 함께 손잡고 버티며 가실 분들은 망설임 없이 문을 두드려 주세요."

11. 독립 문예잡지 『더 멀리』를 소개하고 있는 텀블벅 사이트에서 다음과 같이 소개하고 있다. "『더 멀리』는 기존 문예지들이 갖고 있는 의의와 한계에 대한 고민으로부터 시작되었습니다. 두껍지 않게, 무겁지 않게, 딱딱하지 않게. 문학 전문지들과는 다른 방식으로, 같은 곳을 향해 가보고자 합니다. 얇게. 가볍게. 물렁하게. 우리가 얼마나 문학적인 종들인지를 실험하고 싶습니다. 저쪽으로 내팽겨쳐진 문학을 이쪽으로 조금씩 끌어당겨 더 많은 사람과 가까운 자리에서 만나도록 하고, 조금 더 멀리 보내줄 수 있도록 하겠습니다. '문학적인 우리의 삶'을 꿈꿔보겠습니다."

한국문학은 비평적 개입에 의해 관리되고 정화되고 개선될 수 있는 그런 종류의 조직적 세계로 환원될 수 없습니다. 무엇보다 한국문학이란 한국어로 쓰여졌고 쓰여지고 쓰여질 온갖 종류의 글들, 그리고 그 글들을 읽는 독서 행위, 읽기와 쓰기의 상호작용으로 이루어진 유기적인 생태계입니다. 물론 이 유기적인 생태계를 폐쇄적 조직으로 만드는, 서로 경쟁하고 질시하는, 불평등하고 위계적인 조직으로 만드는 제도적 장치들이 존재합니다. 대표적인 장치가 바로 대형 출판사들과 그들이 운영하는 문학잡지입니다. (중략) 자율성을 지키기 위한 작가들의 싸움은 다양합니다. 물론 글쓰기 그 자체도 싸움입니다. 글쓰기는 널리 읽히고 싶은 욕망과 자기다운 글을 쓰고 싶은 욕망 사이의 싸움을 내포합니다. 하지만 다른 싸움들도 있습니다. 몇 가지 예를 들어보겠습니다. 일군의 젊은 작가들은 출판사나 기성 문학잡지나 문학조직과 무관하게 여러 형태의 실천을 실행해 왔습니다. 세월호 참사 이후 매달 진행되고 있는 "304 낭독회"는 유명작가와 무명작가의 구별, 심지어 작가와 비작가의 구별을 지우는 방식으로 이루어지고 있습니다. 304 낭독회는 비록 직접적인 방식은 아니지만 정치권력과 문학권력에 대한 비판을 동시에 수행하고 있습니다.

대안적 문학생산주체를 형성하는 것은 인위적으로 될 수도 없고, 소수의 사람들이 운동을 주도할 수도 없다. 개인들의 자발적 연합으로서, 문학의 정치적 커먼스를 실천하는 다양한 문학운동들의 흐름들을 지속적으로 대중들에게 소개하고 이들의 창작물을 다른 방식으로 유통·순환시키는 공통의 노력을 통해서 지배적 문학의 장을 내파시키는 싸움은 힘들지만, 창비, 문학동네를 포함해 민음사, 웅진, 시공사 등등의 지배적 출판사들에게 변화를 바라는 것보다는 쉽지 않을까 싶다. 그리고 대안적 삶을 원하고 오로지 자기 스타일의 글쓰기를 바라는 새로운 작가들에게 관심을 표명하는 것이 신경숙에게 표절에 대한 진정한 자기 성찰과 참회를 요구하는 것보다 쉬울 것이다. (2015)

제13장

촛불의 리듬, 광장의 문화역동

민주주의 정치를 위한 인식적 지도그리기

광장의 시간은 무엇을 기다리는가?

2016년 12월 9일, 박근혜 대통령에 대한 국회 탄핵이 234명의 압도적인 찬성으로 가결되었다. 78%라는 가결 비율은 탄핵을 원하는 81%의 민심을 반영한 것으로 국민의 힘, 촛불의 힘이 얼마나 위대한지를 보여주었다. 국회 탄핵을 앞둔 12월 3일, 주말 촛불집회는 전국에서 160만 명이 참여했고, 12월 31일 마지막 집회까지 총 1000만 명이 넘는 시민들이 광장에 나와 촛불을 들었다. 박근혜 정부를 심판하고 새로운 사회를 희망하는 대중들의 참여 정치는 1987년 6월 항쟁, 2008년 광우병 쇠고기 수입 파동 때의 대중 참여 정치를 압도하는 것으로 그 유례가 없을 정도로 시민혁명의 흐름으로 나아가고 있다. 국회 탄핵의 가결은 전적으로 국민의 힘에 따른 것이다. 박근혜는 국회 탄핵 결정 이후 국민 담화문에서 사실상 자발적 퇴진을 거부했다. 박근혜를 권좌에서 합법적으로 끌어내리기 위해서는 우리는 헌재의 판결을 기다려야 한다. 헌재의 탄핵 심리가 이루어지고 있는 지금도 매 주말마다 시민들은 박근혜 탄핵과 재벌 총수 구속 수사를 요구하며 광장에서 촛불을 들고 있다. 특검은 강도 높은 예술인 블랙리스트 수사를 통해 박근혜 정부의 총체적 검열 행위가 표현의 자유와 학문 사상의 자유를 침해하는 중대한 반-헌법적 범죄 행위임을 밝혔고, 핵심 관련자인 김기춘 청와대 비서실장과 조윤선 문체부 장관을 구속시켰다. 블랙리스트 예술인들은 정권의 검열에 저항하는 차원에서 11월 4일부터 광화문에서 비정규직 노동자들과 함께 텐트를 치고 노숙농성을 이어가고 있고, 블랙리스트 피해 집단소송과 함께 광화문 광장에서 즐거운 저항을 계속하고 있다.

국민과 민심은 법적 시간으로서 헌재의 탄핵 판결을 그냥 기다려주지는 않을 것이다. 이미 박사모를 비롯해 탄핵을 반대하는 극우 단체들의 반동적 맞불집회는 탄핵의 시간이 가까이 올수록 신경증적인 히스테리를 심화시킨다. 탄핵의 시간은 정치적 사건에 중요한 전환점을 가져다 줄 것이지만, 그것이 우리 민주주의의 미래를 보장해주지는 않을 것이다. 매 주말마다 광장으로 쏟아져 나온 시민 촛불들은 오로지 박근혜의 탄핵을 위한 대의 정치와 사법부의 결정에만 호소하지 않기 때문이다. 국회의 탄핵 가결은 촛불의 저항, 직접 민주주의 행동의 최소한 원칙에 부합한다. 물론 헌법재판소의 결정은 그 자체로 대한민국 헌정사, 우리의 근대 정치의 역사에 매우 중대한 사건이 될 것임은 분명하다. 그러나 광장에 나온 촛불의 저항과 더 나은 사회를 열망하는 시민 주체들의 입장에서 보면, 그것은 아마도 더 나은 사회로 가기 위한 '경과적 에피소드'에 불과할지도 모르겠다. 민심은 이미 박근혜라는 통치자를 역사의 기억에서 지운 지 오래다.

그렇다면 성난 민심은 과연 광장에서 무엇을 원하는가? 그것은 아마도 유신 체제의 종말, 혹은 새로운 사회 체제로의 리셋일 것이다. 유신 체제의 종말, 그것은 패권적 정치권력의 단절로서의 은유적 표현만은 아니다. 그것은 박정희에서 박근혜로 이어지는 '가족적-근친상간적' 유신 권력의 종말의 의미를 넘어서 유신 체제가 키우고 재배하고 육성한, 정치적, 경제적, 사회문화적 숙주들, 즉 한국사회의 부패한 기득권의 숙주를 청산하는 의미를 갖는다. 그것은 지난 50년간 유신 체제를 재생산하는 데 공모한 정치권력, 재벌, 관료, 사법권력, 학벌, 지연, 인맥의 모든 낡은 체제에 대한 청산이다. 예술인 블랙리스트 사태도 유신의 공안 문화정치로의 회귀를 읽을 수 있을 정도로 퇴행적이고 억압적이다. 그것은 유신 공안정치의 회귀이자 그것의 종말을 가장 극적으로 보여준다.

유신 체제의 종언과 새로운 사회 체제로의 리셋은 그냥 주어지지는 않는다. 그것은 그냥 다가오는 것이 아니라 앞당겨야 하는 것이다. 우리가 마냥 의회와 사법의 시간만을 기다릴 수 없고, 국민에 의한 광장의 시간을 지속시켜야 하는 이유가 바로 이 때문이다. 탄핵 이후 광장의 시간이 더욱 필요한 것도 바로 이 때문이다. 그렇다면 유신 체제의 종언과 새로운 사회 체제로의 리셋을 위해 광장은 탄핵 이후에 무엇을 해야 할까?

광장에 나온 많은 시민들이 원하는 것은 일차적으로는 박근혜 퇴진과 정권 교체이겠지만, 궁극적으로는 우리 사회의 오랜 역사적 적폐를 청산할 수 있는 새로운 민주주의의 미래이다. 그 중에서 한국 사회를 새롭게 리셋할 수 있는 정치적 상상은 다가오는 대선의 정치적 프로그램과 권력 교체의 프레임 안에 갇혀서는 안 된다. 이 글은 2016년에서 2017년으로 이어지는 촛불집회가 한국사회 민주주의 정치의 미래를 어떻게 상상할 수 있는지를 인식론적 차원에서 제안하는 것을 목적으로 한다. 촛불집회의 문화정치적인 의미를 심층적으로 이해하기 위해 바슐라르의 『촛불의 미학』과 앙리 르페브르의 『리듬분석』은 적절한 이론적 텍스트이다. 바슐라르의 『촛불의 미학』은 촛불과 촛불의 불꽃의 형태와 이미지가 갖는 원형의 의미와 그것의 사회적 해석이 최근 역동적인 촛불집회의 인식론적 의미를 이해하는 데 중요한 시사점을 던져준다. 그리고 앙리 르페브르의 『리듬분석』은 2008년의 촛불집회와 2016-17년의 촛불집회(이하 2017년 촛불집회)의 차이와 반복을 이해하고, 특히 2017년 촛불집회의 문화적 역동성을 강조하는 데 있어 적절한 텍스트이다. 이러한 목적을 위해 먼저 이번 촛불집회의 다양한 사건들의 내재성이 어떤 리듬을 가지고 있는지를 먼저 언급하고, 지금 촛불집회가 2008년 광우병 쇠고기 수입 사태에 있었던 촛불집회와 어떤 유사성과 차이점이 있는지를 살펴보며, 유신체제 종말의 징표로서 블랙리스트의 의미들, 새로운 민주주의 정치를 위한 광장에서의 예술인들의 직접행동의 사례들을 언급하고, 마지막으로 대의정치를 넘어서는 민주주의 정치의 미래를 위한 상상의 지도를 그려보도록 하겠다.

촛불의 수직성과 리듬: 시민 혁명의 알레고리

사상 유례가 없는 천만 시민의 촛불집회는 여러 한계에도 불구하고 참여 민주주의의 현장을 가장 잘 보여주었다는 점에서 살아 있는 정치적 텍스트이다. 그것이 보여준 거대한 파노라마의 시각성은 역사적 전환의 의미를 가질 수 있기에 촛불에 대한 인지적 원형에 대한 심층 해석을 요한다. 촛불의 이미지를 상징적으로 해석하는 데 있어 가스통 바슐라르의 『촛불의 미학』은 가장 적절한 시사점을 준다.

박근혜 탄핵 국면에 촛불은 어떤 의미를 가질까? 바슐라르는 촛불의 빛이 가진 모양이 우리를 친밀함의 오두막으로 이끌 것이라고 말한다. 촛불의 빛은 시민들에게 어둠 속에서 연대감을 가질 수 있도록 해준다. 촛불집회에서 항상 들을 수 있었던 "어둠은 빛을 이길 수 없다"는 노래 가사처럼 촛불의 빛은 어둠의 공간에 있는 우리들의 존재를 일깨운다. 촛불의 빛은 약할 수밖에 없다. 어느 극우파 국회의원의 나쁜 비유처럼 바람이 불면 꺼질 수도 있다. 그러나 촛불의 빛은 어둠에 맞서는 약한 빛들의 일체가 될 수 있다는 점에서 다른 상상을 하게 해준다. "우리는 가물거리는 빛뿐인 컴컴한 구석에 있는 것처럼 생각한다. 느끼기 쉬운 마음은 깨어지기 쉬운 가치를 좋아한다. 그것은 싸우는 가치와 일체가 되고, 따라서 어둠에 맞서는 약한 빛과 일체가 된다. 이리하여 작은 빛에 대한 우리의 모든 몽상은 오늘의 삶에서 심리적인 현실성을 갖는다"라는 바슐라르의 언급은 현실을 바꾸려는 촛불집회의 상상과 열망의 근원을 촛불의 약한 빛에서 찾을 수 있도록 교훈해 준다.

그렇다면 촛불의 약한 빛에서 우리가 얻을 수 있는 교훈은 무엇일까? 그것은 느림과 지속, 그리고 꿈과 희망에 대한 시간적 결합이다.

---

1. 가스통 바슐라르, 『촛불의 미학』, 이가림 옮김, 문예출판사, 2004, 29. 이하 이 책에서의 인용은 본문에 그 쪽수를 표시한다.

바슐라르는 약한 불꽃과 꿈꾸는 영혼 사이에는 하나의 친족 관계가 형성된다고 말한다. 그 친족 관계의 연결지점은 바로 '느림과 지속'이다. 촛불의 불꽃과 꿈꾸는 영혼, 모두 느린 시간 속에서 산다. 그래서 바슐라르는 이렇게 말한다. "꿈꾸는 쪽이든 여린 불빛이든 같은 인내가 작용한다. 그때 시간은 심화되고, 그리하여 이미지와 추억이 합쳐진다. 불꽃의 몽상가는 그가 현재 보고 있는 것과 과거에 보아왔던 것을 결합한다"(35). 촛불 시위자의 심리적 원형은 아마도 불꽃의 몽상가이지 않을까 싶다. "불꽃의 몽상가는 쉽사리 불꽃의 사상가가 된다." "불꽃의 살랑거리는 소리는 한 마디로 요약되지 않는다. 불꽃은 일관성을 유지하기 위하여 하지 않으면 안 될 모든 싸움을 말한다." (68)는 바슐라르의 언급은 촛불 집회에 참여한 시민주체의 인지적 상태를 가장 잘 표현해 준다.

촛불의 생명은 불꽃이다. 불꽃의 세기는 약하지만 그것이 새로운 세상을 원하는 사람들의 꿈을 상징적으로 대변해 주는 알레고리라면 그것은 촛불을 든 시민들과 친밀한 가족적 유사성을 갖는다. 촛불의 알레고리를 가장 잘 표현한 언어가 '수직성'과 '리듬'이다. 촛불의 수직성은 활력과 생명력과 그리고 바로 세움의 의지를 의미한다. 바슐라르는 촛불 불꽃의 수직성을 다음과 같이 말한다.

불꽃은 생명이 깃들어 있는 수직성이다. 모든 불꽃의 몽상가는 불꽃이 살아 있다는 것을 알고 있다. 그것은 자신의 수직성을 예민한 반사작용으로 지킨다. 연소에 지장이 생겨 천정으로 비약하는 데 방해를 받으면 불꽃은 바로 반사작용을 한다. 수직화의 의지를 가지고 불꽃 앞에서 교훈을 얻게 된 몽상가는 그 자신도 다시 곧바로 서야 함을 배운다. 그는 높이 타오르며 온 힘을 다하여 열정의 꼭대기까지 가고자 하는 의욕을 되찾는 것이다 (85).

불꽃의 수직성을 방해하는 장애물에 반사 작용을 하며 촛불은 바슐라르의 언급대로 "온 힘을 다하여 열정의 꼭대기까지 가고자 하는 의욕"을 갖는다. 역사적으로 그러한 촛불의 수직성의 의욕은 삶의 본능과 죽음의 본능이 대립하는 사태를 낳는다. 바슐라르는 그것을 "나방이 촛불의 불꽃 속으로 몸을 던지는 행위"(76)에 비유하였다. 그것은 쾌락의 본능과 죽음의 본능, 즉 에로스와 타나토스의 종합을 실현하려는 의지로서 극단적으로는 분신, 혹은 소신공양을 의미한다. 촛불의 수직성은 수직화의 의지를 반영한다는 점에서 본능이라 할 수 있으며, 바슐라르는 "이러한 본능이 삶속에 끊임없이 혁명을 이룩하는 리듬, 운명의 리듬 속에 움직이고 있음을 보여주는 것"(78)이라고 말한다.

촛불의 수직성은 선형적인 직선의 형태를 띠지 않는다. 그것은 자세히 보면 곡선과 굴곡의 형태를 가진다. 촛불의 불꽃은 수직으로 솟아오르는 일이 없다. 불꽃은 항상 흔들리고 곡선의 흐름을 갖는다. 그래서 촛불은 리듬을 가진 하나의 분자적인 형태를 가진다. 시로 말하자면 운율이 있고, 음악으로 말하자면 리듬이 있는 것이다.

촛불의 리듬의 원리를 이해하는 데 있어 앙리 르페브르의 『리듬분석』은 적절한 텍스트이다. 르페브르는 "우리는 자주 리듬을 운동, 속도, 동작, 혹은 사물들의 연쇄(가령 기계 같은 것)와 혼동한다. 그래서 리듬을 따르는 운동의 유기적인 측면을 외면하고 리듬의 기계적 측면에만 주목하는 것이다."[2]라고 말한다. 리듬의 기계적 반복을 극복하기 위해서 르페브르는 "시간과 공간 속의 반복, '재시작'과 회귀 즉 '율^律'"이 필요하다고 말한다. 그는 "'율'이 없다면 리듬도 없다"(60)고 말한다. 율은 음악적으로 말하면 특정한 음들의 배치와 결합을 당기고 밀치는 감각을 말한다. 율은 기계적인 박자반복이 아닌 리듬반복 즉, 악보상으로 표시된 음표와 박자와 리듬을 자기만의 감성으로 체화하는 것을 말한다. 일종의 소리의 역동성, 우발성, 긴장감을 말한다.

촛불을 향한 불꽃의 몽상가가 있듯이 리듬의 분석가도 있다. 리듬의 분석가는 르페브르의 언급대로 "자신의 모든 감각을 동원한다"(92). 자신의 몸과 일체가 되지 않는 리듬은 리듬이 아니다. 리듬은 "자신의 호흡, 혈액순환, 심장 박동, 말의 속도"를 기준 삼아서 구체적으로 자신의 신체에서 체험된 시간을 사유한다. 사실 이러한 리듬의 감각을 체화하기 위해서는 리듬의 시간을 견뎌야 하고, 그것의 차이를 인지해야 한다. 르페브르는 역사학자들이 생각하는 리듬은 "주체, 관념, 현실들과의 긴밀한 관계를 고려하지 않고 비인칭적 법칙들이 야기한 결과만을 보려는 경향"(59-60)이 있다고 한다. 여기서 말하는 역사가들의 리듬은 반복을 체험할 수 있는 실제 시간의 현장에 있지 않은 사람을 지칭한다. 르페브르는 차이가 리듬을 생성하는 것이며, 그 차이는 반복을 통해서만 가능한 것으로 본다. 그는 언제나 예상하지 못한 것 중의 하나가 반복적인 것에 새로운 것이 끼어드는 것이라고 말한다. 그것이 바로 차이이다(61). "반복은 차이를 배제하지 않으며 심지어 그것을 만들어낸다. 반복은 차이를 생산한다. 반복은 언젠가는

---

2. 앙리 르페브르, 『리듬분석』, 정기헌 역, 갈무리, 2013, 59. 이하 이 책에서의 인용은 본문에 그 쪽수를 표시한다.

도래하는 혹은, 반복적으로 생산되는 연속과 연쇄 속에서 돌발적으로 발생하는 사건과 맞닥뜨린다. 그 사건의 다른 이름이 차이다"(63).

르페브르의 이러한 리듬 분석은 질 들뢰즈가 『차이와 반복』에서 말한, 반복의 두 가지 상반된 개념에서 강조하려는 것과 유사하다. 들뢰즈는 반복의 개념을 음악에서 박자와 리듬을 구별하면서 그 특이성을 설명하고자 한다. 그는 '박자-반복'과 '리듬-반복'을 구별하고자 한다. 박자-반복은 시간의 규칙적인 분할이며 동일한 요소들의 등시간적 회귀이다. 그러나 강세와 강도를 지난 음가들의 집합체인 리듬-반복은 계량적으로 동등한 악절이나 음악적 여백들 안에서 어떤 비동등성과 통약불가능성들을 창조하면서 작용한다. "그 음가들은 항상 다》리듬을 가리키는 어떤 특이점, 특권적 순간들을 창조한다. 여기서도 여전히 동등하지 않은 것이 가장 실증적이다. 박자는 단지 리듬을 감싸는 봉투, 리듬들 간의 관계를 담고 있는 외피일 뿐이다. 동등하지 않은 점들, 굴절하지 않은 점들, 율동적인 사건들의 되풀이가 동질적이고 평범한 요소들의 재생보다 훨씬 근본적이다."[3] 들뢰즈는 박자-반복은 리듬-반복의 겉모습이거나 추상적인 효과에 불과하다고 보는데 이 두 유형의 반복을 구별하는 기본 원리는 동일성을 생산하는 반복인가 아니면 차이를 생산하는 반복인가에 있다.

르페브르의 리듬분석은 단지 미학의 영역에서 그치지 않고 도시의 시공간에 대한 분석으로 나아가는데, 그가 리듬분석을 통해서 궁극적으로 말하고자 하는 것은 변증법적 실천에 대한 것이다. 그는 "반복과 차이, 기계적인 것과 유기적인 것, 발견과 창조, 순환적인 것과

---

3. 질 들뢰즈, 『차이와 반복』, 김상환 역, 민음사, 2004, 68-69.

선형적인 것, 연속적인 것과 불연속적인 것, 양적인 것과 질적인 것"
(67)을 상호작용하여 그 이분법을 넘어서는 것을 리듬으로 보았고, 이
는 리듬의 사회적 의미를 정반합의 변증법, 맑스의 경제-사회-정치의
종합, 혹은 멜로디-하모니-리듬의 연결, 시간-공간-에너지의 역동성
(73)으로 설명하고자 했다.

촛불을 든 거대한 군중들은 개념적으로 보면 몰적 덩어리처럼 보
일 수 있지만, 그 흐름은 매우 선형적이지 않고 유동적이고, 순환적이
며 역동적이다. 주말마다 반복되는 촛불의 행렬은 기계적인 반복처럼
보이지만, 매 시간마다 서로 다른 공간마다 다른 리듬을 생산한다. 수
십 만 명의 촛불 시위대가 발화하고 보행하는 광장과 거리에서의 형
상에서 하나의 형태로 설명할 수 없는 다양한 리듬들의 변이를 발견
할 수 있다. 그것은 시위의 시공간에 차이를 생산하고 운동의 리듬을
생성한다. 촛불집회는 시간에 따라, 공간의 이동에 따라 각각 다양한
목소리와 스타일을 만들어 낸다. 촛불집회는 개념적으로 보면 박근혜
탄핵과 새로운 민주주의 정치를 원하는 하나의 목소리로 연합하지만,
그 안을 자세히 들여다보면 다양한 차이들이 광장을 메우고 있다. 시
위대의 깃발 중에는 '전국설명충연합회' '전국견주연합' '전국고양이노
동조합' '민주묘총얼룩말연구회' 등 기존 운동 조직들을 풍자하는 깃
발이 있을 뿐 아니라, '장수풍뎅이 연구회' '혼자 온 사람들' '한국 곰
국학회' '무도본방사수위원회' 등의 이색 깃발들도 나부꼈다. 이러한
풍자, 이색 깃발들은 중앙집중형 단일대오 시위의 관행에서 벗어나 참
가자들의 개성을 살리는 취지뿐 아니라 풍자와 이색적인 언어가 내포
하는 사회적 의미들을 광장에서 함께 제시하고자 한다. 촛불의 수직
성과 리듬은 언어적 알레고리 차원을 넘어서 역사적 유산과 정치적

이행, 그리고 새로운 사회를 꿈꾸는 주체들의 열정을 담고 있다. 그렇다면 역사적 유산과 정치적 이행에서 촛불시위는 어떤 변이를 생산했는가?

촛불 주체형성의 변이들—2008년에서 2017년으로

2008년 촛불집회와 2017년 촛불집회는 어떤 유사성과 차이가 있을까? 2008년 촛불집회의 가장 큰 특이성은 대규모 시위와 집회, 사회 참여에 있어 기존 통념과 관습이 깨졌다는 데 있다. 대규모 시위에 대한 기존 통념은 주로 민주노총과 같은 거대 운동조직이 주도하고, 단일대오의 구호와 깃발이 시위 공간을 점유하며, 운동권 노래와 구호와 행진을 반복하는 것이었다. 그러나 2008년 촛불집회는 이러한 대규모 시위의 오랜 관습을 무너뜨렸다. 기존에 시위에 참여하지 않았던 사람들, 시위에서는 발견할 수 없었던 언어들이 다양하게 등장하였다. 아래의 인용문을 보자.

2008년 한국사회는 5월 초 이후, 근 석 달에 걸쳐 '촛불 정국'이라는 미증유의 사태를 맞고 있다. 처음에는 '미친 소, 미친 교육' 반대를 외치며 여중고생이 촛불을 들고 집회를 열기 시작하더니, 이어서 386세대가 합류하고, 사회운동단체들이 대책회의를 만들어 집회와 시위의 정례화를 이뤄내자, 예상치도 않게 요리정보사이트('82쿡닷컴'), 인테리어 정보사이트('레몬테라스'), 성형수술커뮤니티('쌍코'), 패션커뮤니티('새틴', '소울드레서') 등 사회비판과는 거리가 멀어 보이던 인터넷 동호회의 여성 회원들이 참여하고, 급기야는 유모차를 끄는 젊은 어머니들이 합세하는 등, 이전에는 볼 수 없었던 시위 양상이 벌어진 것이다. 2008년 여름, 대한민국 서울은 이리하여 광화문 네거리나 청계천 입구 및 시청 앞 광장에 적게는 수백, 수천에서 많게는 수만, 수십만에 이르는 군중이 연속으로 모여 집회와 시위를 거듭하는 비상사태의 일상화를 목격하게 된다.[4]

새롭게 등장한 참여적 군중은 일반의지가 아닌 일반지성 또는 집단지성을 통해 구성되며 비국가적 영역에서 공적 지식의 공유를 추구한다. 따라서 이런 대중은 국가주의로 귀결되는 것이 아니라 비국가적 정치 형태와 의사결정 구조 또는 비대의적 민주주의 형태를 모색하는 주체가 된다.[5] 2008년 촛불집회는 동시대를 살아가는 다양한 주체들의 다양한 힘을 집합적으로 분출시키는 사건이었다. 그것은 "꼬나투스의 집합적 분출, 융합적 폭발, 분출적 용기로 해석"할 수 있으며, "역능의 실현으로서 직접행동"[6]이다. 그것은 또한 새로운 커뮤니케이션 사건으로 "개방된 의사교환, 평등한 의미공유의 합리적 대화과정을 포함하면서 나아가 육체적 확장과 그에 따른 신체적 접촉 및 집단결속, 권력행사의 뜻을 포괄"(119) 한다.

2008년 촛불집회가 민주화 운동 이후의 한국사회 정치운동과 시민사회 참여 방식에 던지는 가장 심각한 경고는 바로 사회적 매개가 상실되었다는 것이다. "기존 운동조직이나 시민단체들의 매개의 상실,

4. 강내희, 「촛불정국과 신자유주의―한국 좌파의 과제와 선택」, 『문화/과학』 55호, 2008년 가을, 66.
5. 김성일, 『대중의 계보학』, 이매진, 2014, 265.
6. 전규찬, 「촛불집회, 민주적 자율적 대중교통의 빅뱅」, 『문화/과학』 89호, 2017년 봄, 112.

정치적 대의제와 관련된 상실, 주류 미디어 매개의 상실"[7]이 2008 촛불집회의 가장 큰 문제제기인 것이다. 이는 자신의 권리를 자신이 행사하지 못한 자들의 분노와 참여로 요약할 수 있다. 시민주체의 직접 행동이 본격화한 것이다. "민주주의와 무관해 보이는 인터넷카페들은 민주주의 직접 행동이 잘 되어 있고, 그걸 지향한다는 곳은 오히려 직접 행동의 모델에서 볼 때, 훈련이 잘 안 되어 있다"(25)는 지적 역시 대의제에 기반한 거대운동 조직들과 다르게 온라인을 기반으로 한 다양한 소수집단들은 직접 민주주의의 활동에 익숙하다는 점을 강조한 것이다.

이렇듯 2008년 촛불집회는 '새로운 참여주체의 직접행동과 새로운 참여 양식'으로 집약할 수 있는데, 현재 진행되고 있는 2017년의 촛불집회와 비교하기 위해서는 촛불집회의 정치적, 경제적, 문화적 관점에서 두 사건이 어떤 점에서 유사하고, 어떤 점에서 차이가 드러나는지 검토하는 것이 중요하겠다. 먼저 2008년 촛불집회는 정치적으로는 대의제 민주주의의 비판과 참여민주주의 실험으로 요약할 수 있다. "이번 집회는 유례없는 직접 민주주의의 실천"[8] "민주적으로 수립된 정부가 반민주적 정책을 강행하여 국민적 저항을 야기했다는 점에서 2008년 촛불집회는 민주주의에 관한 새로운 질문을 제기했다"[9]는 지적은 2008년 촛불집회에 대한 정치적 관점에서 공통된 진단을 하고 있다. 2008년 촛불집회는 국가가 시민들의 건강과 생명에 위협을

---

7. 고병권, 「특집좌담: 좌파, 2008년 촛불집회를 말하다」, 『문화/과학』 55호, 2008년 가을, 16-17.
8. 김세균, 「특집좌담: 좌파, 2008년 촛불집회를 말하다」, 『문화/과학』 55호, 21.
9. 홍성태, 「촛불집회와 민주주의」, 『촛불집회와 한국사회』, 문화과학사, 2009, 19.

가했다는 점에서, "생태적 차원에서 민주주의의 심화를 촉구했으며, 이를 위해 정치적 경제적 차원에서 민주주의의 심화를 요구했다"(34). 그것은 민주화의 민주화운동(44)이라고 볼 수 있는데, 민주화의 민주화 운동은 독재를 타도하고 대의제 민주주의를 실현했던 민주화 운동을 기반으로 참여민주주의와 생활민주주의를 추구하는 것을 의미한다. 2008년 촛불집회는 대의정치와 시민정치의 위기에 대응하는 것으로 볼 수 있다. 대의정치와 시민정치의 차원에서 2008년 촛불집회는 "민주주의를 복원, 방어, 또는 전진시켜야 하는 이중적 과제에 직면"[10]했다. "촛불집회는 제도정치의 위기와 저항운동의 지도세력의 부재에도 불구하고 그러한 한계를 뚫고 나갈 시민사회의 주체와 동력은 매우광범위하게 존재함을 보여주었다. 촛불집회가 남긴 과제는 촛불의 시민사회의 에너지와 기존의 진보적 정치 사회운동이 만나서 정치개혁과 시민사회의 강화라는 이중적 민주화의 과제를 유기적으로 연계시키고 동시에 추진하는 일이다"(58-59)라는 지적 역시 1987년 민주화 체제 이후 새롭게 야기된 모순을 극복하려는 민주주의의 성찰을 요구한다.

경제적인 관점에서 보면 2008년 촛불집회는 신자유주의 체제의 심화에 따른 위기의 분출로 볼 수 있다. 2008년 촛불집회가 단순하게 다양한 사람들이 다양한 이해관계를 가지고 다양하게 자신의 의사를 표현했다는 의미에 국한하지 않고, 이들이 왜 광장으로 나왔는지에 대한 근본적인 원인 진단이 필요하다. 그 근본 원인을 따져보면 신자유주의 체제 하에서 야기된 무역질서, 교육경쟁, 고용불안정, 사

---

10. 신진욱, 「정치위기와 사회운동의 새로운 주기」, 『촛불집회와 한국사회』, 56.

회적 양극화에 기인한 것이다. 2008년 촛불집회는 신자유주의 체제에 대한 전반적인 저항, 반발[11]에 따른 것이다. 그것은 "탈물질화된 가치의 정치가 아니라 물질적 이해관계 안에서 형성된 욕망의 분출"[12]이다. 2008년 촛불집회가 미친 소로 대변되는 국민들의 생명과 직접 관련을 가지는 감성의 문제를 자극했지만 그 이면에는 "신자유주의 경쟁적 인간교육을 받은 청소년들의 반발"[13]이 내재되어 있다. 촛불집회의 국민적 확산에 결정적인 기여를 했던 여중고생의 구호들("미친 소 먹고 민영의료보험으로 돈 없어 죽거든 대운하에 뿌려주오")에는 한국사회 신자유주의 모순이 압축적으로 표현되어 있다. "의료민영화와 대운하 건설은 한국 사회 신자유주의 문제와 무관하지 않"[14]으며, 이른바 '1+5의제'라 할 수 있는 "광우병 쇠고기 문제-교육자율화, 대운하 건설, 공기업민영화, 물사유화, 공영방송장악의도 등의 의제"들이 바로 신자유주의의 지배적 경제체제를 정면으로 반대하는 것이다.

문화적 관점에서 2008년 촛불집회는 참여 주체의 스타일로 요약할 수 있다. 먼저 촛불집회에서 눈에 띄는 특징 중의 하나가 "10대 청소년들의 적극적인 활동"[15]이다. 2008년 5월 3일 촛불 문화제의 전체 참여자 2만여 명 중에서 60-70%가 중고생이었고, 특히 급식문제를 들고나와 처음 촛불을 밝혔던 여학생들은 '촛불소녀'라는 아이콘으로

11. 박영균, 「특집좌담: 좌파, 2008년 촛불집회를 말하다」, 『문화/과학』 55호, 2008년 가을, 19.
12. 박영균, 「촛불의 정치경제학적 배경과 정치학적 미래」, 『진보평론』 37호, 2008년 가을, 46-48.
13. 박영균, 「특집좌담: 좌파, 2008년 촛불집회를 말하다」, 26.
14. 강내희, 「촛불정국과 신자유주의-한국 좌파의 과제와 선택」, 71.
15. 김철규 외, 「촛불집회와 10대 참여자들의 사회적 특성」, 『촛불집회와 한국사회』, 130.

자리잡으며 촛불집회의 핵심주체가 되었다(130). 촛불집회의 주체형성에서 10대들의 참여는 사회운동의 주체, 정치적인 것의 의미를 다시 사고하게 만들었다. "촛불집회 탄생의 주역이었던 10대 여중고생의 참여는 사회운동에서 감정, 감수성, 스타일과 같은 문화적 함의와 그것의 정치적 성격을 주목하게 만든다. '촛불소녀'의 권리와 생명의 안전에 대한 감수성, 정부정책에 대한 불만과 분노의 감정은 촛불집회의 동력이자 10대 청소년들의 문화적 자원과 저력"[16]이었다.

10대들의 두드러진 참여와 함께 눈여겨 보아야 할 것은 참여 주체들의 스타일이다. 촛불집회는 참여 민주주의의 성장과 진화를 보여준 사건이지만, 다른 한편으로 눈여겨 볼 점이 바로 촛불집회는 스타일의 정치라는 점이다. 촛불집회에 참가한 사람들이 구사한 수많은 수사들과 몸으로 표현했던 행동들, 그리고 거리에서 보여준 수많은 저항의 형식들은 새로운 스타일의 정치를 보여준다.[17] 2008년 촛불집회의 유산은 1987년 민주화운동과 2002년 한일 월드컵에서 온 것으로 볼 수 있다(154). 촛불집회를 대표하는 키워드를 '민주주의' '광장' '자유로운 표현' '카니발'로 요약할 수 있다는 점에서 2008 촛불집회는 호헌철폐 독재타도라는 민주주의의 요구와 이성과 규칙이 무장해제된 카니발적 욕망이 오버랩된 문화정치적인 의미를 가진다.

그렇다면 2008년 촛불집회와 달리 2017년 촛불집회는 어떤 특이성을 가지는가? 물론 2017년 촛불집회는 아직 끝나지 않았기 때문에 어느 정도 시기가 지난 후 이 집회에 대한 역사적 평가가 이루어질 것

---

16. 이해진, 「촛불집회와 10대 참여자들의 주체형성」, 『촛불집회와 한국사회』, 169.
17. 이동연, 「촛불집회와 스타일의 의미」, 『문화/과학』 55호, 2008년 가을, 153.

이다. 다만 지금까지 진행된 촛불집회를 중심으로 정치적, 경제적, 문화적 특이성에 대해 평가를 내리고자 한다. 먼저 정치적인 차원에서 2017년 촛불집회는 박근혜 퇴진과 탄핵, 재벌 해체와 국가의 총체적인 리셋을 원하는 총체적인 국민적 분노를 표현하는 것이었다. 이는 세월호 재난 이후 구체적으로 드러나기 시작한 국가 통치성의 무능에 대한 국민의 분노가 축적된 형태로 급진화된 것이다. 최순실 비선 실세의 국정농단과 이를 방조 및 협력한 박근혜의 전제군주적 통치성과, 그러한 제왕적 통치에 복종한 정치-관료들의 무능함의 실체가 사실로 드러나면서 촛불집회는 급속도로 확산되었지만, 그 참여 의지와 분노의 감정들 이면에는 보수정권 10년간 자행된 사회적 양극화와 권력의 부패에 대한 국민적 심판이 들어있다.

2017년 촛불집회 역시 정치적으로는 여의도 대의정치에 실망한 시민들의 참여 민주주의의 힘을 보여준 사건이다. 이른바 시민 민주주의의 힘을 보여준 것이다. "시민 민주주의는 대의민주주의의 결점과 한계를 직접적 행동과 적극적 개입을 통하여 메우고자 하는 민주주의의 발전된 유형이다."[18] 그러나 이번 촛불집회가 정치적 차원에서 2008년 집회보다 더 뚜렷한 점은 시민의 주권의식과 계급의식의 확산이다. "광화문의 촛불이 진짜 위대한 이유는 시민들이 기존에 그들에게 주어진 규칙을 깨부수고 광화문 광장으로 몰려나온 그 순간, 그들은 이 나라의 주권자가 누구이며 국가권력이 누구로부터 나온 것인가를 정확하게 보여주기 때문이다"[19]라는 지적이나, "이제 국가폭력

---

18. 송호근, 『촛불의 시간』, 북극성, 2017, 121.
19. 박영균, 「박근혜 퇴진을 위한 광장의 정치와 경로」, 박근혜퇴진과 시민정부구성을 위한 예술행동위원회, 광장토론회 1차 자료집, 2016, 12.

의 구조를 직시하고 넘어서며 '광장'의 고립을 해제시켜야 한다. 박근혜 체제가 여전히 '공권력'에 기대어 버티고 있다면 우리는 차라리 주권자의 이름으로 물리력을 조직해야 한다. 그때 '광장'은 평화로워질 것이다"[20]라는 지적들은 촛불집회에 참여한 수많은 시민들의 다성적인 목소리 중에서 이들이 표출하는 주권의식에 주목해야 한다는 점을 강조한다.

다른 한편으로 2017년 촛불집회는 정치적인 차원에서 계급의식, 노동자 민중의 이해와 요구를 더 많이 외쳤다. 물론 이러한 요청들이 있다고 해서 촛불집회가 민주노총을 포함하여 노동자 조직이 주도했다는 것을 의미하지는 않는다. 그러나 박근혜 퇴진과 탄핵이라는 촛불시위의 중심적인 구호 외에도 비정규직 철폐, 재벌해체와 같은 구호들이 촛불시민의 행렬에서 나올 때 전혀 어색하지 않고 자연스럽게 함께 외쳤던 점은 그만큼 현재 한국사회의 노동과 계급의 문제가 과거보다 훨씬 심각한 이슈라는 것을 알게 해준다. 촛불 주체가 향후에 정치적 조직화로 확산되어야 한다는 주장[21]은 촛불의 주체가 광장의 관객이나 객체로 머무르지 않고 스스로 주권자임을 확인하는 것이다.

한국사회의 경제적 지배체제를 비판하는 관점도 2017년 촛불집회가 훨씬 더 강했다. 최순실 비선실세에 농락당한 재벌의 한심한 지원 행태가 적나라하게 드러났기 때문인지는 모르겠지만, 한국의 재벌과 재벌 총수들에 대한 시민들의 분노는 그 어느 때보다 심화되었다.

---

20. 미류, 「광장은 인권을 원한다? 원한다!」, 박근혜퇴진과 시민정부구성을 위한 예술행동 위원회, 광장토론회 1차 자료집, 2016, 9.

21. 배성인, 「'광장정치'의 정치학―조직개입과 확장이 필요하다」, 박근혜퇴진과 시민정부구성을 위한 예술행동위원회, 광장토론회 8차 자료집, 2017, 3.

광화문 광장에서 촛불시민들의 목소리와 예술인들의 예술행동 안에
는 재벌 해체와 구속의 목소리가 과거 그 어느 때보다도 자연스럽고
빈번했다. "삼성그룹이 과거 행한 구조적 불법을 답습하는 이재용 체
제, 계속되는 삼성그룹 계열사들의 노조 탄압과 노동자 기본권 유린,
제일모직-삼성물산 합병과 국민연금 동원은 지배경영권 세습을 위해
시민들의 노후 안정을 희생시키는 정경 유착은 박근혜 퇴진과 함께
청산해야 할 적폐들"[22]이라는 지적과 "노동조합으로 조직된 노동자들
이 전면에 나서야"하며, "노동자 계급의 독자적인 조직과 대오를 갖추
고 박근혜 퇴진과 더불어 노동자 민중의 요구를 전면에 내걸고, 일터
에서 거리로 총궐기 투쟁에 앞장서야 한다."[23]는 지적 역시 급진적 노
동운동계의 주장만으로 축소할 수 없는 2017년 촛불집회 안에 내재
한 민심을 반영하고 있다.

  2017년 촛불집회는 문화적 관점에서 2008년의 집회와 비슷하면서
도 차별화된 양상을 띤다. 무엇보다도 2017년 촛불집회 역시 시민들
의 다양한 감수성과 감각들이 광장에서 표출되었다는 점에서 유사성
을 가진다. 2008년에도 '쌍코' '세바녀(세상을 바꾸는 여자들)' '82쿡'
'개념찬 여자들' '엽기 혹은 진실'과 같은 개성이 강한 인터넷 카페 회
원들이 광장에서 나온 것과 마찬가지로 2017년 촛불집회 역시 다양
한 주체들이 저마다의 깃발을 들고 나왔다. "얼룩말 연구회, 한국 고

22. 권영은, 「탄핵과 재벌」, 박근혜퇴진과 시민정부구성을 위한 예술행동위원회, 광장토론
    회 3차 자료집, 2016, 14.
23. 김수억, 「박근혜 퇴진하고도 세상이 바뀌지 않는다면!」, 박근혜퇴진과 시민정부구성을
    위한 예술행동위원회, 광장토론회 1차 자료집, 2016, 6.

산지 발기부전 연구회, 독거총각결혼추진회, 노처녀 연대, 트 잉여 운동연합, 혼자 온 사람들, 사립돌연사박물관, 행성연합 지구본부 한국지부, 대한민국 아재연합, 전국 집순이 집돌이 연합, 먹사랑, 오버워치 심해유저 연합회, 범야옹연대, 장수풍뎅이 연구회, 각종 야구팀 팬 깃발, 아이돌 팬 깃발, 덕후에게 덕질만 걱정할 자유를, 응원봉 연대, 덕후의 덕질이 보장되는 사회"와 같은 다양한 깃발의 이름들은 한국사회의 다원화 양태를 보여주는 사례들이다.[24]

그러나 문화적 관점에서 볼 때 2008년 촛불집회에 비해 이번 촛불집회에서 두드러지게 나타난 차이가 있다면 바로 여성혐오 논쟁과 예술행동의 구체화이다. 특히 'DJ DOC'가 광화문 촛불집회에 부르기로 예정되었던 "수취인 분명"이란 노래가 여성혐오 논란에 휩싸이면서 'DJ DOC'의 무대가 아예 취소되었는데, 이를 계기로 여성혐오는 광장의 민주주의와 함께 갈 수 없다는 목소리가 높아졌다. 이는 최근에 촉발된 여성혐오 논쟁의 연장에 있으며 광장에 나온 수많은 시민들의 다성적 목소리에서 여성주의 감수성이 매우 중요하다는 것을 일깨워 주었다.

다른 한편으로 블랙리스트와 예술검열 사태로 인한 예술인들의 분노와 그에 따른 광장에서의 급진적 행동은 2017년 촛불집회의 매우 중요한 특이성으로 주목할 필요가 있다. "텐트들이 촌을 형성하며, 마을 회관, 마을 창고, 토론 천막 등 그야말로 공동체를 형성해갔다. 함께 연대했던 문화활동가, 파견미술작가, 시각 작가, 넋전춤, 어린이글모임, 연극인, 박근혜퇴진청소단, 광장신문, 304개의 구명조끼, 촛불 형

---

24. 박태균, 「촛불의 역사적 의의와 한국사회」, 지식협동조합좋은나라, 『현안과 정책』 162, 2016.

[표 1] 2008 촛불집회와 2017 촛불집회의 비교

토픽	2008 촛불집회	2017 촛불집회
슬로건	한미 FTA 광우병 쇠고기 협상 철회	박근혜 퇴진, 박근혜 탄핵 유신 적폐 청산
시위방식	폭력과 비폭력 시위	비폭력 평화시위
깃발이름	미친소, 미친 교육반대, 노처녀연대, 깃발내려	민주묘총, 한국곰국학회, 주마맞기 캠페인 운동본부, 무도 본방사수 위원회
상징적 아이콘	명박산성, 국민토성	경찰차벽, 꽃스티커, 촛불탑
정치적 논쟁	대의제 민주주의 불신 참여민주주의 실험 탈중심적인 정치주체들의 출현	보수우익 단체 태극기 집회 대립 대선국면 정권교체 요구
경제적 논쟁	한미 FTA 철회 신자유주의 양극화 위기 심화	재벌해체 비정규직 노동 개혁
문화적 논쟁	10대들의 자발적 참여와 언어 촛불 주체의 다양한 라이프스타일 문화축제와 콘서트의 탈정치성 논쟁	블랙리스트와 예술검열 광화문 광장 예술인 노숙농성과 예술행동 여성혐오논쟁

상물 등 저마다 연대와 협력을 통해 누구나 주인이 되어 다양한 광장의 목소리를 펼쳐내고 있었다. 예술과 사회가 어떠한 관계여야 할 것인가에 대한 수많은 고민들이 텐트촌 안에 펼쳐 있었다. 누구나 주인이었고, 누구나가 연대 할 수 있으며, 함께 결정하고, 자유롭게 토론이 가능한 수평적인 질서 속에 자신을 더욱 내어 놓는 것이었다."[25] 이 지적은 예술행동이 2008년의 촛불집회보다 매우 중요한 역할과 실천을 하고 있다는 점을 짐작케 해준다. 광화문 광장에서 100일 훨씬 넘게 노숙농성을 하면서 다양한 예술행동을 감행하는 예술인들은 광장의

25. 임인자, 「광화문 캠핑촌의 미학, 해방구를 상상하다 "매일을 지켜가는 것이 예술이다"」, 박근혜퇴진과 시민정부구성을 위한 예술행동위원회, 광장토론회 5차 자료집, 2016, 19.

정치를 매우 역동적으로 만들었다. 광장의 정치에서 예술인들의 노숙농성과 예술행동은 특별한 의미를 가지고 민주주의 정치의 현장성, 급진성, 직접성, 그리고 감수성을 최전선에서 실천한다는 점에서 별도의 언급을 하고자 한다.

블랙리스트 예술행동의 최전선

블랙리스트는 문화공안정국의 인장이자, 유신의 징표이다. 블랙리스트는 그 자체로 검열의 증거일 뿐 아니라, 문화현장에서 검열의 가이드라인으로 작동했다. 그것은 윗선의 지시로 전달되었고, 문서화 되었으며, 실제로 실행되었고 확인과정까지 거쳤다. 그런 점에서 블랙리스트 작성을 주도한 박근혜 대통령은 "모든 국민은 학문과 예술의 자유를 가진다"는 헌법 22조를 위반했다. 이 사실 하나만으로도 통치자의 탄핵사유는 충분하다. 블랙리스트는 최순실. 차은택, 김종 등 비선실세들이 문화정책과 행정을 파탄내고 돈과 권력을 사유화한 것과 무관하지 않다. 비선실세는 블랙리스트 작성에 공모했거나 묵인했다. 블랙리스트로 인해 배제와 포함의 논리가 공고해지면서 비선실세에 의한 돈과 권력의 사유화가 본격적으로 가능해졌다. 블랙리스트는 진보적 예술가를 배제함으로써 누군가에게 더 많은 이익을 제공할 여지를 만들어 주었고, 관료들을 겁박하거나 관직을 미끼로 그들에게 자발적 동참을 요구함으로써 관료 체계 내 감시와 견제 장치를 소멸시켰다.[26]

26. 이동연, 「블랙리스트와 유신의 종말」, 『문화/과학』 89호, 2017년 봄.

박근혜 정부가 자행한 블랙리스트 사태로 인해 예술인들은 광화문 광장에서 블랙리스트 반대, 책임자 처벌을 위한 시국선언을 마치고 곧바로 텐트를 치고 노숙농성에 들어갔다. 이 정권이 작성한 블랙리스트 문건이 세상에 공개되면서 시작된 블랙리스트 사태는 예술인들의 저항을 결집시켰다. "우리가 블랙리스트 예술가"라는 집단적 커밍아웃은 역설적이게도 부러움의 대상이 되었고, 역으로 블랙리스트 명단에 실수로 포함되지 않은 예술가들에게 매우 심리적 스트레스를 주었다. 그러나 매우 역설적이게도 블랙리스트라는 전제군주적 억압은 예술가들을 광장의 최전선에 서게 만들었다.

2016년 11월 4일, 블랙리스트 예술가들이 노숙농성을 시작하면서 광화문 광장은 시위의 공간을 넘어서 점거의 공간이 되었다. 예술인 노숙농성이 촛불시위에서 중요한 의미를 가지는 것이 바로 광장정치의 직접성과 급진성이다. 예술인들이 광장에서 24시간 점거함으로써 광장은 매우 많은 실험과 실천을 할 수 있었다. 그것은 단지 예술인들을 위한 행동이 아니라 광장에 참여한 시민들의 참여와 광장의 공유문화적 가치들을 실감하게 만들었다.

캠핑촌에는 예술가들만이 있는 것은 아니다. 비정규직 노동자들, 성직자들, 일반 시민들이 함께 노숙 농성을 하고 있다. 캠핑촌 촌민들은 매일 낮과 밤 다양한 예술인들이 참여하는 문화제를 연다. 시간이 지날수록 만화가, 국악인, 클래식 연주자, 영화인들의 참여가 늘어났다. 광화문 캠핑촌은 매일 예술난장이 벌어지는 곳이다. 낮에는 '새마음애국퉤근혜자율청소년봉사단'을 만들어 빗자루를 들고 청소를 하며 청와대로 간다. 청와대에서 썩은 냄새가 난다는 제보를 받고 청소하러 간다고 한다. 청소하러 가면 경찰들이 따라붙는다. 청와대 주변에 이르면 예외 없이 길을 가로막는다. 화가 나지만, 그들은 룰루랄라 매일 빗자루 들고 청소하며 청와대로 향한다. 지난 2017년 1월 11일에는 블랙리스트 예술인들 250명이 세종시 정부종합청사로 달려가 조윤선 문체부 장관의 퇴진과 문화행정 파괴 진상규명을 촉구하는 1박 2일 투쟁을 진행하였고, 2월 10일에는 박근혜 즉각 탄핵과 재벌해체 및 재벌 총수 구속을 요구하며, 강남-여의도-광화문을 행진하는 1박 2일 시위를 가졌다. 그리고 2017년 1월 16일에는 블랙리스트에 속한 예술가들이 국가를 상대로 집단소송을 벌여 461명의 예술가들이 손해배상 소송에 참여하였다. 그 어느 때보다도 예술인들이 직접민주주의의 최전선에 나선 것이다.

예술인 캠핑촌은 매주 '광장신문'을 발행한다. 토요일판으로 나오는 첫 번째 광장신문은 박근혜 대통령의 하야 발표를 호외로 실었다. 물론 가상 기사이지만 잠시 시민들의 간절한 바람을 대변했다. 두 번째 신문은 박근혜 대통령의 전격 구속, 이재용 구속영장 청구 결정을 특종으로 삼았고 세 번째 신문은 탄핵 이후의 우리 사회 민주주의의 미래를 이야기했다. 이 역시 민주주의와 사회정의의 회복을 바라는 시민들의 염원을 대변했다. 예술인 캠핑촌에서는 매주 토요일 밤, 촛불집회가 공식 마무리되는 시간에 '하야하롹 콘서트'를 개최하고 있다. 2016년 11월 17일-19일까지 3일간 15개 팀이 참여하여 박근혜 퇴진을 외쳤고, 11월 26일에는 전국 9개 도시에서 50여 개 팀이 동시다발로 참여하는 '하야하롹 공연'이 열렸다. 크래시, 말로, 폰부스, 안녕바다, 노선택과 소울소스가 참여한 토요일 밤 광화문 공연은 메탈, 록, 재즈, 레게 사운드가 한 장소에서 하나의 목소리를 낸, 좀처럼 경험할 수 없는 감동의 순간이었다. 2017년 2월 11일부터는 박근혜의 즉각 탄핵을 외치는 뮤지션들의 3주간 공연이 이어졌다. 예술인 캠핑촌은 여기서 그치지 않고 매주 광장토론회를 열어 광장의 의미, 광장의 저항에 대해서 이야기하기 시작했고, '광장에서 혁명을 말하다'라는 주제로 아카데미도 개최했다. 예술인들이 힘을 모아 문체부의 문화행정 파탄을 풍자삼아, 우리만의 '궁핍현대미술광장'을 만들었고, 예술 검열에 저항하는 연극인들이 중심이 되어 '블랙텐트'를 만들어 연극과 춤과 영화와 공연을 올리기 시작했다.

이 추운 겨울에 텐트 치고 농성하는 예술인들에게 꼭 그렇게까지 해야 하나, 동료 예술인들을 불편하게 만드는 과한 행동이 아니냐고 간혹 문제제기 하는 사람들이 있다. 그러나 혹독한 추위를 견뎌내며 살아가는 예술인들의 노숙농성은 송경동 시인의 말대로 그냥 박근혜 하나 바꾸는 것만이 아닌 일을 위해 싸우고 있다. 예술인 캠핑촌에 참여한 사진작가 노순택이 자신의 페이스 북에 올린 글에서 노숙농성에 참여한 예술가들의 진실된 마음을 읽을 수 있다. "광장에서 열흘 먹고 자면서 들었던 생각. 장기노숙 농성하는 수많은 분들, 특히 비정규직 해고 노동자들의 힘겨움을 새삼 느끼게 되었다." "새벽 세시. 아이들의 사진이 밤새 빛나는 분향소 옆에 내 몸이 누워있다."

광화문은 어느새 예술의 공유지가 되었다. 광화문 캠핑촌에는 초라한 텐트이지만 예술인 레지던스가 있고, 수많은 뮤지션들이 참여한 '하야아락' 무대가 있고, 촛불 시민의 열정과 분노를 담은 '궁핍현대미술광장'이 있고, 연극인들과 그 동료 예술인들이 만든 블랙텐트가 있다. 촛불시민들이 가장 많이 사진을 찍는 조형물인 '촛불탑'이 있으며, 광화문 광장에서 명물이 된 최병수 작가의 블랙리스트 면도날 조형물도 만날 수 있다. 박근혜-이재용-김기춘-조윤선 등 촛불 5적 피규어도 있다. 매일 많은 예술인들이 공연을 하고, 광장의 곳곳에는 커뮤니티 아트가 넘실댄다. 광화문 캠핑촌은 예술인들의 해방구가 되었다. 광화문 캠핑촌은 예술행동의 역사적 사건, 예술적 커먼스 운동의 사건으로 기록될 만하다. 그들은 과연 광장에서 무엇을 원하는 것일까?

표상과 대의 체제를 넘어서 ─ 급진적 민주주의 정치

캠핑촌 노숙농성 예술인들은 박근혜 퇴진만을 원하지 않는다. 비정규직 노동자가 없는 세상, 세월호 희생자들의 진상이 규명되는 그날을 위해 그들은 광화문광장의 최전선에 있다. 광화문 캠핑촌 예술인들, 블랙리스트 예술인들은 정권교체가 희망이지만 그것은 필요조건에 불과하다. 중요한 것은 충분조건이다. 그들은 정권교체가 되는 것을 넘어서 제대로 된 문화정책, 문화행정, 예술가들의 자유와 주권이 실질적으로 보장받는 세상을 원한다. 문화 관료와 정치인들이 문화의 주인이 아니라 시민과 예술가가 문화의 주인이자 주체가 되길 원한다. 이것이 광장에서 노숙농성을 하는 예술인들이 원하는 촛불집회 투쟁의 충분조건이다. 총 누계집계로 1000만 명을 훌쩍 넘긴 전국의 촛불집회와 그 참여자들의 행동을 통해서 많은 사람들은 문화에서 표현의 자유, 사상의 자유, 집회 결사의 자유와 그 자유를 보장하는 평등이 얼마나 중요한지를 알았다. '박근혜 퇴진과 시민정부 구성을 위한 예술인행동위원회'의 광장토론회에서 발표한 천정환 교수의 아래의 발제문은 이번 촛불항쟁에서 문화의 의미를 이렇게 말하고 있다.

1) 항쟁은 문화를 거쳐 촉발·전파된다. 미디어 기술과 도덕 감정이

항쟁의 교향곡을 합주한다. 대의·상징·언어·프레임·감정·이념·서사가 각종 미디어를 통해 행동을 촉발한다. 2008년 촛불부터 인터넷과 디지털미디어는 가장 중요한 조직자(네트워커)가 되었다. 또한 그 속성은 운동의 조직 방식 전체에 영향을 끼쳤다. SNS에서의 조직과 확산이 이번 항쟁의 큰 특징이다. 참가자들은 실시간으로 시위 참가에 대한 '소셜한 공감'을 끌어냈고, 거대 미디어가 잡아낼 수 없는 집회·시위의 세부를 중계했다. 광화문 인근에 결집한 미디어와 채널의 수는 참가자×N=(거의) 무한대였다. 이는 지배의 '송출량'을 압도해버렸다. 이는 언제나 버벅거려온 박근혜의 '베이비토크'를 풍자와 시국성명의 언어가 양과 질에서 압도한 현상과 비교될 수 있다. 2) 시위나 저항행동 자체만이 아니라 연설·토론회, 문학·음악·미술·공연 등 복합·종합적인 문화예술의 작용으로 광장 민주주의의 '현장'과 그 안에서 주체성이 구성된다. 투쟁의 문화화·축제화는 2000년대 이후 증대돼왔으며 이번 촛불항쟁에서도 두드러진 특징이다. 주류 언론은 '문화화'를 곧 촛불의 '비폭력·평화'와 등가로 놓고 촛불의 진행과정을 규정하거나 통제하려 했다. 지배의 프레임에 갇힌 '비폭력·평화'를 비판하면서 '문화화'를 비판하는 경우도 있었다. 그러나 광장의 문화는 단순한 수단이나 투쟁의 어떤 부산물·결과물이 아니다. 3) 운동·봉기·항쟁은 새로운 문화적 주체와 산물을 만들어내어 빠르고 큰 문화적 변화를 야기하고 가속화한다. 혁명의 문화는 개방적이고 자유주의적이며, 동시에 '당연히' 평등주의적이다. 그러나 아직 초기적이며 혁명의 급진화·내재화(습속과 사회세계 속에 스미게 하는 것)하지 않은 단계에 있는 2016년 촛불의 문화적 효과가 무엇일지 짐작하기 어렵다. 87년 7-9월 노동자대투쟁이 그

랬듯, 촛불이 어떤 사회개혁의 요구와 접속하여 불길이 될지, 아직은 미지수다. 그러나 반드시 그래야 한다.[27]

천정환의 언급은 문화가 촛불항쟁의 플랫폼이고, 투쟁의 현장화, 축제화를 만들었고, 그런 점에서 문화를 항쟁의 수단이나 부산물로 보아서는 안 되지만, 그러한 개방적인 문화항쟁이 앞으로 어떤 사회개혁으로 이어질지는 앞으로 눈여겨 볼 대목이라고 말한다. 예술검열, 블랙리스트에 저항하며 예술인 시국선언과 광화문 예술인 캠핑촌을 차린 예술가들은 블랙리스트에 대한 철저한 진상규명과 책임자 처벌을 원하며 이번 촛불항쟁을 통해 시민들과 예술인들의 세상이 근본적으로 바뀌기를 희망하고 있다. 과연 우리는 무엇을 바꾸어야 할까?

2008년과 2017년 촛불집회에서 우리는 아주 다양한 시민주체들의 다양한 목소리를 들을 수 있었다. 민주주의를 향한 시민 주체들의 직접적인 행동은 새로운 사회를 꿈꾸는 자들의 희망을 대변했다. 그것은 우리 스스로 새로운 세상을 만들 수 있다는 직접행동에 대한 믿음이다. 그러나 "대중이 거리로 나와 스스로 외치고 발언하는 행동은 직접 민주주의의 계기일 수는 있지만, 그것 자체로 직접 민주주의가 될 수는 없다"[28]는 지적대로 대중들의 직접 행동의 경험들이 곧바로 직접 민주주의 정치를 보장하지는 않는다. 우리는 1848년 프랑스 혁명을 통해서 노동자들의 직접 투쟁이 대의제 공화국으로 귀결되었음

27. 천정환, 「촛불 시민항쟁의 문화정치: 다중적 주체성과 비폭력·합법주의」, 박근혜퇴진과 시민정부구성을 위한 예술행동위원회, 광장토론회 5차 자료집, 2016.
28. 백승욱, 「경계를 넘어선 연대로 나아가지 못했다」, 『그대는 왜 촛불을 끄셨나요』, 산책자, 2009.

을 목도한 바 있다.

탄핵 이후 제도 정치권이 할 수 있는 일은 헌재의 판결을 기다리는 것, 그리고 각 정당과 정파들이 차기 대권구도를 짜는 것이다. 헌재의 판결도 국민의 승리, 정치의 정의를 수호하는 목적이라기보다는 대권을 잡기 위한 명분으로 사용되는 데 그칠지 모르겠다. 정치권은 국회의 압도적 탄핵 가결이 모두 국민들의 엄중한 뜻을 받는 것이라고 하지만, 그것은 어디까지나 박근혜 탄핵이라는 정치적 과정에서만 한정된 말이다. 오히려 정치권의 이후의 움직임들은 촛불의 민심을 집권이라는 최종 텍스트의 레퍼런스 정도로 삼으려는 태도로 돌변할 것이다. 탄핵 이후, 특히 대선 국면에서는 아마도 정치가 민심을 수렴하기보다는, 정치가 민심을 당파적으로 이용하는 방향으로 전환할 것이다. 여기서 맑스가 『루이 보나파르트의 브뤼메르 18일』에서 프랑스 1848 혁명의 반동의 결과로, 통치 권력의 왜곡된 현실을 언급한 부분을 인용해 보자.

이렇게 헌법은 대통령에게 실질적인 권력을 부여해 주었다면, 의회에서는 도덕적 권력을 확보해 주었다. 대통령 선출행위는 주권적 인민이 4년마다 한번 씩 하는 트럼프 놀이다. 선거에 의해 선출된 의회는 국민과 형이상학적 관계를 유지하고 있지만, 대통령은 국민과 개인적 관계를 지닌다. 사실 의회는 개별적 대표자들을 통해 국민정신의 다양한 측면을 나타내지만 대통령 안에서는 국민정신 그 자체의 현신을 발견한다. 의회와 달리, 대통령은 일종의 신권을 보유한다. 한마디로 그는 인민의 은총을 받은 대통령인 것이다. 이상과 같은 것이 1848년의 헌법이었다. 이 헌법은 1851년 12월 2일, 머리에 의해 무너진 것이 아니라 모자가 단지 한번 스쳐지나가는 것만으로도 붕괴하기에 충분했다. 그 모자는 다름 아닌 나폴레옹의 삼각 모자였다. 곧 헌법은 어머니의 태내에 있을 때부터 인민에게 겨누어진 총검에 의해 보호받았으며, 총검에 의해서만 세상에 나올 수 있었다는 점이다. 이 "존경할만한 공화파들"의 선조들은 그들의 상징인 삼색기를 유럽 전체에 전파했다. 그들은 차례로 또 하나의 발명품을 만들어냈다. 그것은 저절로 전 유럽대륙을 여행했으며, 한층 새로워진 예정을 가지고 프랑스에 돌아와서는 프랑스 행정구역의 절반 이상에서 자연스러운 것이었다. 그것은 바로 계엄령이었다.[29]

맑스의 『루이 보나파르트의 브뤼메르 18일』은 1848년 프랑스 노동자계급 혁명에 의해 정초된 헌법이 대통령의 일방적 권한에 의해 어떻게 무력화되는지를 잘 포착하고 있다. 노동자들이 혁명을 통해 그토록 원했던 것이 만인의 투표권이었지만, 인민의 투표로 결정된 의회는 인민을 대변하지 못하고, 인민의 은총을 받은 대통령이 행사했던 권한은 오로지 헌법 파괴, 의회 해산이었다. 인민 위에 군림하는 의회, 의회 위에 군림하는 대통령, 이것이 노동자들이 피를 흘리며 원했던 민주주의는 아니었을 것이다. 인민을 기만한 부르주아 공화파의 기만적인 처세와 인민이 호명한 루이 보나파르트의 기만과 독재술의 관계를 잊어서는 안 될 것이다. 헌법을 단숨에 무력화시킨 나폴레옹의 독재술을 예리하게 분석한 맑스의 이 책에서 우리는 대선을 앞두고 있는 제도정치, 의회정치의 어두운 거울을 보는 듯하다.

29. 칼 마르크스, 『루이 보나파르트의 브뤼메르 18일』, 최형익 역, 비르투출판사, 2012.

물론 이런 사태는 일어나지 않아야 한다. 많은 사람들의 촛불로 시작된 시민혁명, 혹은 명예혁명의 결과가 고작 전제군주 나폴레옹1세의 조카인 루이 보나파르트의 등극과 같은 비극이 되어서는 안 되겠다. 유신체제를 형식적으로 종식시킬 수 있는 정권교체, 죽 쒀서 개에게 주는 정치적 반동을 제어하는 것의 의미를 완전히 부정할 수는 없을 것이다. 그러나 그것보다 더 중요한 것을 시민들은 원한다. 그것이 무엇일까?

표상과 대의제를 넘어서는 민주주의 정치를 위해 첫째, 가장 중요한 것은 세월호 사건의 진상규명이다. 세월호 재난은 한국사회의 근대적 발전주의의 모든 모순이 응축된 것이라는 점에서 그 진상규명은 민주주의의 정치를 바로 세우는 데 있어 결정적이다. 세월호 재난과 그 재난을 더 끔찍하게 만든 통치의 재난 안에는 유신체제 유령의 모든 사이비 주술이 압축되어 있다. 이는 재난의 진실을 규명하는 것이자 국가와 권력의 존재를 묻는 것이기도 하다. 세월호 재난의 진상규명을 통해 안전사회와 생명존중의 사회의 가치를 중시하고, 국가의 통치적 장치들의 전복을 요청함으로써 대의 정치와 전제군주적 정치의 한계를 넘어 21세기 생태적 문화사회로 이행할 수 있다.

둘째, 모든 사람들이 평등하고 공평하게 살 수 있는 법적, 정치적, 사회적, 문화적 체제의 구성이다. 그렇게 하기 위해서는 먼저 재벌의 해체, 친일파 청산, 기득권의 박탈에 대한 분명한 정치적 프로그램이 필요하다. 법적, 제도적 강제에 의한 재벌의 지배구조를 해체하고, 하청 노동자, 비정규직 노동자의 노동권의 복원과 학벌과 인맥 지연의 적폐를 위한 사회개조 프로그램이 시작되어야 한다. "박근혜 정치의 청산과 새로운 사회의 구성을 위한 맹아가 만들어져야 한다. 신자유주의에 입각한 효율성 추구가 기업과 정권의 카르텔을 형성하게 만들었고 시민들의 삶을 어떻게 위기에 빠뜨렸는지를 드러내야 한다. 우리에게는 신자유주의를 넘어서는 사회적 가치 형성이 중요하다. 세월호참사로부터 확인된 생명무시, 청년들에게 헬조선을 선사한 경쟁과 위계, 그리고 모든 것을 개인책임으로 돌리는 각자도생 논리를 뛰어넘어, 생명과 개인에 대한 존중, 기업과 권력에 대한 사회적 통제와 책임, 그리고 공동체성 확보라는 원칙을 다시 세워야 한다."[30]

셋째, 시민정부의 수립이다. 국가 권력의 제도적 정당정치에 한국사회의 미래를 맡기지 말고, 직접 민주주의와 시민 참여정치의 장을 확대할 수 있는 '정당-시민' 정치의 연합 정부를 구성할 수 있는 대안에 대해 논의해야 한다. "이처럼 시민이 광화문만이 아니라 각 마을, 공장, 학교에 공정하고 공평한 공공영역을 확보하고 이를 바탕으로 공론을 모으고 시민 각자가 주체가 되는 시민위원회를 구성하자. 그동안수탈당하고 억압당한 이들이 적(노동)·녹(환경)·보(여성 및 소수자) 동맹을 맺어 지배동맹체에 맞서는 시스템을 정치의 장, 경제의 장, 사회문화의 장에 건설한다. 이를 더 큰 단위로 확대하며 시민의회와 시민정부를 구성한다. '몫 없는 자의 민주제'를 실시하여, 각 위원회의 위원들이나 의원들의 일정 부분은 선출하지 않고 추첨으로 한다."[31]는 주장은 시민정부 수립의 단초를 제공해 준다.

마지막으로 청년세대를 위한 대안사회의 실질적인 내용들에 대한

30. 김혜진, 「박근혜를 퇴진시키기 위해 '광장'은 무엇을 할 것인가?」, 박근혜퇴진과 시민정부구성을 위한 예술행동위원회, 광장토론회 3차 자료집, 2016, 16.
31. 이도흠, 「박근혜를 '진짜' 어떻게 퇴진시킬 것인가」, 박근혜퇴진과 시민정부구성을 위한 예술행동위원회, 광장토론회 2차 자료집, 2016, 13.

대화적 상상력이 필요하다. 헬조선을 극복하는 사회, 여성혐오의 자명성을 넘어서는 사회, 학력과 배경의 결정으로부터 자유로운 사회, 다양한 사회적 주체들이 공유하고 공존하는 사회를 위해 촛불의 민주주의 정치는 여전히 급진적 상상력을 필요로 한다. (2017)